LIEBE
Das Höchste der Gefühle

Francesco Alberoni

LIEBE
Das Höchste der Gefühle

Aus dem Italienischen von Anja Giese

WILHELM HEYNE VERLAG
MÜNCHEN

Titel der Originalausgabe: Ti amo

Umwelthinweis:
Dieses Buch wurde auf chlor- und säurefreiem Papier
gedruckt.

Copyright © 1996 by Francesco Alberoni, first published in Italy
by Rizzoli Editori
Copyright © 1998 der deutschen Ausgabe by Wilhelm Heyne Verlag
GmbH & Co. KG, München
Umschlaggestaltung: Atelier Adolf Bachmann, Reischach
Umschlagillustration: Norbert Gerstenberger, München
Satz: Leingärtner, Nabburg
Druck und Bindung: Graph. Betrieb, Pößneck
Printed in Germany

ISBN 3-453-13000-6

Inhalt

ERSTES KAPITEL
Die Liebe in der Partnerschaft

Eine Liebeswissenschaft 11
Bindungen 13
Wo beginnen? 15
Verliebtheit 17
Das Liebespaar 20
Die Liebe aus einer anderen Perspektive 22

ZWEITES KAPITEL
Die Verliebtheit

Warum verlieben wir uns? 28
Wann verlieben wir uns? 32
In wen verlieben wir uns? 38
Liebe auf den ersten Blick 48
Momente der Diskontinuität 50
Die Wahlverwandtschaften 54
Aus Freundschaft wird Liebe 58

DRITTES KAPITEL
Die Bindungsmechanismen

Das Lustprinzip 60
Bindung durch Verlust 62
Bindung durch Indikation 68
Der *Status nascendi* 70

VIERTES KAPITEL
Die Gemeinschaft

Das »Wir«, die Gemeinschaft 76
Schöpfung und Zerstörung 77
Geburt und Moral 79
Mann und Frau 82
Eine Frage der Moral 84

FÜNFTES KAPITEL
Wahre Verliebtheit 87

SECHSTES KAPITEL
Andere Formen der Liebe

Star-Liebe 98
Konkurrenzorientierte Liebe 109
Finanzielles Interesse und sozialer Status 115
Die Täuschung 118
Liebe als Trost 120

SIEBTES KAPITEL
Die Erotik

Erotik und Verliebtheit 123
Andere Formen der erotischen Liebe 128
Erotische Schwärmerei und gebremste Verliebtheit 132
Platonische Liebe 135

ACHTES KAPITEL
Die Leidenschaft

Die leidenschaftliche Liebe 139
Heimliche Liebe, die goldene Insel 143

NEUNTES KAPITEL
Die Eifersucht

Die Eifersucht in der anfänglichen Phase der Verliebtheit . 147
Eifersucht, die Liebe bremst 151
Eifersucht, die Liebe verstärkt 155
Die Eifersucht auf die Vergangenheit 157
Die eifersüchtige Liebe 161

ZEHNTES KAPITEL
Der Verzicht

Gebremste Verliebtheit 168
Der Verzicht 173
Frustration und Kreativität 178
Die Funktion des Hasses 181

ELFTES KAPITEL
Eroberung und Zurückeroberung

Verführung 187
Späte Verliebtheit 194
Die Zurückeroberung 198

ZWÖLFTES KAPITEL
Eine Partnerschaft aufbauen

Verschmelzung und Individualisierung 202
Die Prüfungen 204
Der Kampf mit dem Engel 209
Der Punkt ohne Wiederkehr 212
Der Liebespakt und die Institution der Gegenseitigkeit . . 214
Die Ehe 216

DREIZEHNTES KAPITEL

Die Institution – Geistige und materielle Vergegenständlichungen der Liebe

Die Institution 219
Die Regeln des Zusammenlebens 220
Das Geschenk 224
Vom Nomadentum zur Seßhaftigkeit 227
Die Frau und ihre Wohnung 230
Unstimmigkeiten 233

VIERZEHNTES KAPITEL

Formen des Zusammenlebens

Das tägliche Zusammenleben 235
Getrennte Wohnungen 237
Das Leben mit Kindern 239
Liebschaften 242

FÜNFZEHNTES KAPITEL

Treue/Untreue

Treue und Exklusivität 246
Sexuelle Rastlosigkeit 249
Der Treueschwur 255
Sich überschneidende Liebesbeziehungen 259
Die offene Ehe 261
Liebeszyklen 263

SECHZEHNTES KAPITEL

Die vorzeitige Krise

Warum kommt es zur Krise? 267
Es fehlt die Verliebtheit 267
Pseudoverliebtheit 274
Unvereinbarkeit der Lebenspläne 278
Äußere Faktoren 279
Den anderen schwächen 280
Überschreiten eines *Punktes ohne Wiederkehr* 283

SIEBZEHNTES KAPITEL

Dauerhafte Beziehungen

Sich gemeinsam entwickeln 286
Freundschaft 290
Intimität 292
Komplizenschaft 296

ACHTZEHNTES KAPITEL

Die späte Krise

Wie kommt es dazu? 299
Der Einbruch der Vergangenheit 302
Divergente Entwicklung 304
Konkurrenzdenken und Neid 307
Bosheiten und Provokationen 309
Andere Zeiten, andere Lebenszyklen 312
Verliebtheit, die durch einen erneuten *Status nascendi*
beendet wird 314

NEUNZEHNTES KAPITEL

Was ist Liebe? 318

ZWANZIGSTES KAPITEL

Das Liebespaar

Das verliebte Paar 324
Ständige Erneuerung 327
Eine lebendige Gemeinschaft 332
Vergangenheit und Bestimmung 334
Erotik 337
Das Paar – ein komplexes Gefüge 340

Anmerkungen 343

Register der Fallbeispiele 359

Namenregister 361

Sachregister 364

ERSTES KAPITEL

Die Liebe in der Partnerschaft

Eine Liebeswissenschaft

Es gibt viele verschiedene Arten von Liebe: Mutterliebe, Geschwisterliebe, die Liebe in der Freundschaft. In diesem Buch werden wir uns hauptsächlich mit der erotischen Liebe befassen, mit der Leidenschaft, der Liebe der Geliebten, der Liebe in der Ehe, der Partnerschaft, kurz: mit der Liebe, die uns sagen läßt: »Ich liebe dich«. Wir werden versuchen zu verstehen, wie Liebe entsteht, welche Formen sie annimmt, wie sie sich entwickelt, mit welchen Problemen sie konfrontiert wird, warum sie vergeht und warum sie bestehen bleibt. Liebe kann langsam aus einer Freundschaft entstehen, es kann aber auch ein einziger Blick ausreichen, und es ist um einen geschehen. In einigen Fällen handelt es sich um eine vorübergehende Schwärmerei, die nur wenige Tage oder Monate anhält, in anderen Fällen dauert die Liebe viele Jahre oder sogar ein ganzes Leben lang. Liebe kann als heißer Sex oder als zärtliche Zuneigung erlebt werden. Manchmal bleibt sie eine unerfüllte Sehnsucht, manchmal führt sie vor den Traualtar. Dem einen bringt sie den Sonnenschein ins Haus, dem anderen nur Streit und Zwietracht. Manchmal erlischt die Liebe in der Eintönigkeit des Alltags, manchmal brennt das anfängliche Feuer ein Leben lang.

Wer liebt, und wiedergeliebt werden will, stellt sich unzählige Fragen. Schließlich ist es kein Geheimnis, daß Träume, Ideale, Leidenschaft, Eifersucht, Erotik und Liebe einem das Leben nicht nur zum Paradies, sondern im schlimmsten Fall auch zur

Hölle machen können. Die Gesten, die uns glücklich machen, und die Worte, die uns in die tiefste Verzweiflung stürzen – sie kommen von den wenigen Menschen, zu denen wir eine intensive Beziehung haben.[1] Die geliebte Person kann uns durch mangelnde Aufmerksamkeit oder ein einziges böses Wort unseren größten Triumph vergiften. Doch wie findet man eine Antwort auf all diese Fragen? Es gibt noch keine umfassende Theorie und keine »Liebeswissenschaft«, die uns weiterhelfen könnten.

Dabei nimmt die Partnerschaft in unserer modernen Welt eine überaus wichtige Stellung ein. Früher gab es Großfamilien, man lebte inmitten seiner Verwandtschaft. Doch heutzutage heiratet man, weil man »sich gefällt«, weil man »verliebt ist«. Und man bleibt so lange zusammen, wie man sich gefällt bzw. solange die Verliebtheit anhält. Selbst Kinder sind kein Grund mehr, eine Partnerschaft aufrechtzuerhalten, wenn man sich »nicht mehr liebt«. Gefestigt wird die Bindung zwischen einem Mann und einer Frau einzig und allein durch die Liebe. Die Liebe verbindet zwei Menschen, die viel freier, erfahrener und reifer sind, als dies früher der Fall war, und die beide einen eigenen Freundeskreis, einen eigenen Beruf und eigene politische und religiöse Überzeugungen mit in die Beziehung bringen. Das Paar ist eine dynamische Einheit, in der zwei Persönlichkeiten miteinander verschmelzen, sich vereinigen, miteinander diskutieren und sich ergänzen, um einer immer komplizierteren Welt gemeinsam entgegenzutreten. Die Liebe ist dabei die Brücke, die zwischen diesen beiden Menschen geschlagen wird.

Was bedeutet eigentlich dieses »Ich bin verliebt«? Und was heißt »Ich liebe dich«?[2] Es gibt Leute, die behaupten, sich alle naselang zu verlieben bzw. ständig verliebt zu sein. Andere dagegen sind der Überzeugung, daß man sich nur wenige Male im Leben wirklich verlieben kann. Es kommt vor, daß einem eine Person, mit der man sich längere Zeit unterhalten hat, gesteht, daß es zwar zahlreiche Beziehungen in ihrem Leben gegeben habe, jedoch nur eine einzige wahre Liebe. Hinter den Begriffen »Verliebtheit«, »Liebe«, »sich gern haben«, »Zuneigung«, »Zärtlichkeit«, »Leidenschaft« und »erotische Anziehung« verstecken sich unterschiedliche Bedeutungen. In diesem Buch werden wir versuchen, ein wenig Ordnung in dieses Chaos zu bringen. Unsere Absicht ist es, eine Grundlage für eine echte

»Liebeswissenschaft« zu schaffen, eine Art Klassifizierung der unterschiedlichen Formen der Liebe, in der sich jeder wiedererkennen kann. Wir werden beschreiben, wie diese Formen der Liebe entstehen und welche Möglichkeiten der Weiterentwicklung sie mit sich bringen. Dieses Buch ist als eine Art Wegweiser gedacht, der Erklärungen zu den vielen Fragen geben will, mit denen das Thema »Liebe« behaftet ist.

Bindungen

Wir unterscheiden zwischen drei verschiedenen Graden der Verbundenheit in Liebesbeziehungen: stark, mittelstark und schwach. Eine *starke Bindung* entwickelt sich in der Kindheit zwischen Kindern und Eltern oder zwischen Geschwistern. Diese Bindungen sind nicht auf andere Personen übertragbar. Niemand kann den Platz unserer Mutter, unseres Vaters oder unserer Kinder einnehmen. Eine starke Bindung übersteht auch äußerliche und charakterliche Veränderungen. Ein Sohn wird seine Mutter auch dann noch lieben, wenn diese alt und häßlich ist oder an einer Krankheit leidet. Und die Eltern werden nicht aufhören, ihr Kind zu lieben, selbst wenn dieses straffällig, drogensüchtig oder durch eine Krankheit entstellt wird.

Außerhalb der in der Kindheit geknüpften Beziehungen, der familiären Bindungen, gibt es nur eine einzige Kraft, durch die eine derart starke Bindung zustande kommen kann, nämlich die *Verliebtheit*. Zwei sich vollkommen fremde Menschen, die sich ineinander verlieben, kommen nicht mehr ohne den anderen aus, genauso, wie auch ein Kind für seine Eltern unentbehrlich ist. Ein wirklich beunruhigendes Phänomen!

Eine *mittelstarke Bindung* besteht zwischen innigen Freunden, die sich gegenseitig vertrauen und keine Geheimnisse voreinander haben. Eine wahre Freundschaft ist frei, selbstlos und kennt die Eifersüchteleien nicht, denen man bisweilen unter Geschwistern begegnet. Allerdings hat selbst die stärkste Freundschaft ihre Grenzen. Wenn uns ein Freund hintergeht oder verrät, zerbricht etwas in uns unwiderruflich. Wir können ihm wohl verzeihen, die Freundschaft hat jedoch einen Riß bekommen, den man nur schwer wieder kitten kann. Wenn wir dagegen mit unseren Eltern oder unserem Bruder streiten, ändert sich an unserer Bindung grundsätzlich nichts. Manchmal dauert es seine Zeit, doch irgendwann ist alles vergeben und vergessen. Anders bei der Freundschaft: Ein heftiger Streit, Beleidigungen, Drohungen und Kränkungen hinterlassen eine mehr oder weniger sichtbare Narbe. Es kann wohl vorkommen, daß man einen Freund dem eigenen Bruder vorzieht und mehr Vertrauen zu ihm hat, trotzdem bleibt eine Freundschaft nur eine mittelstarke Bindung. Sie ist anfällig gegenüber Kränkungen, und wenn sie zerbricht, ist sie durch nichts mehr zu retten.

Schließlich gibt es noch die *schwache Bindung*, die sich zwischen Arbeitskollegen, Nachbarn und Urlaubsbekanntschaften entwickeln kann. Viele Formen der sexuellen Anziehung, so intensiv sie auch sein mögen, führen nur zu einer schwachen Bindung. Eine Person kann uns anziehen, vielleicht verzehren wir uns sogar vor Lust nach ihr, doch häufig reicht ein unfreundliches Wort oder eine vulgäre, abfällige Geste, und schon vergeht uns die Lust gründlich. Manchmal verschwindet das Begehren sofort nach dem Geschlechtsakt, und man möchte am liebsten schon wieder angezogen sein und weit weg.

Doch auch eine schwache Bindung mit jemandem bedeutet nicht, daß wir sie vergessen würden. Im Gegenteil: Es kommt vor, daß uns eine kurzfristige Beziehung ein Leben lang angenehm in Erinnerung bleibt. Einige sexuelle Erfahrungen bleiben uns unauslöschlich im Gedächtnis haften. Man erinnert sich an die vielsagenden Blicke, die Lust, die fiebrigen Berührungen der beiden Körper. Man denkt zuweilen mit leiser Sehnsucht daran, was nicht alles hätte sein können. Zwischen zwei Personen, die miteinander geschlafen haben, bleibt nicht selten ein Band des Vertrauens und der Vertrautheit bestehen, das einer Freundschaft ähnlich ist. Daß es sich um eine schwache Bindung handelt, bedeutet lediglich, daß man nicht das Bedürfnis verspürt, mit dieser Person ständig zusammen zu sein, daß man sie nicht vermißt. Was fehlt, ist das Gefühl, eine Einheit mit ihr zu bilden, das Gefühl der Gemeinsamkeit, des Wir. Es gibt kein gemeinsames Ziel. Es gibt nicht den Wunsch, Verantwortung oder Pflichten zu übernehmen.

Wo beginnen?

Wo fangen wir also an mit unserer Untersuchung über die Liebe in der Partnerschaft? Mit welcher Art der Bindung nimmt alles seinen Anfang? Eine Partnerschaft ist eine stabile Beziehung, die über einen längeren Zeitraum hinweg dauert. Deswegen müssen wir uns den Beziehungen zuwenden, in denen eine *starke Bindung* besteht. Wenn man Leute fragt, warum sie geheiratet haben, dann lautet die Antwort meist: »Weil ich verliebt war«. Deswegen werden wir uns zunächst mit dem Verliebtsein beschäftigen.

Blättert man in Zeitschriften, wird man schnell feststellen, daß zwar über die Liebe in der Partnerschaft geschrieben wird, über das Sich-Verlieben wird in der Regel jedoch kein Wort verloren. Im allgemeinen ist die vorherrschende Meinung die von Freud[3], daß nämlich Liebe nach und nach aus einer befriedigten sexuellen Anziehung hervorgeht. Es beginnt alles mit einem Blick. Wird dieser erwidert, geht man langsam zu Berührungen über. Erst berühren sich die Hände ganz zufällig, dann fester. Später kommt dann der erste Kuß, die erste Verabredung, und wenn alles gut geht, folgt die erste gemeinsame Nacht, die Vereinigung zweier Körper. Schließlich werden sich auch Zärtlichkeit, Leidenschaft und Vertrautheit einstellen. Denn diese Theorie besagt, daß die Liebe um so stärker ist, je besser man sich versteht und gegenseitige Befriedigung findet. Bis man eines Tages nicht mehr ohne den anderen auskommt und seine Abwesenheit als schmerzhaft empfindet. Erst dann sind wir verliebt. Laut dieser Theorie entsteht das Verliebtsein also nach und nach aus der gegenseitigen Befriedigung.

Diese Theorie des schrittweisen Sich-ineinander-Verliebens wird aber durch die Wirklichkeit widerlegt. Die Liebe ist am Anfang unsicher und holperig, und schlägt dann in der Regel ganz überraschend und heftig wie ein Blitz ein. Dies wird besonders bildhaft im Englischen und Französischen ausgedrückt, wo »sich verlieben« mit *fall in love* bzw. *tomber amoureux* übersetzt wird. Häufig verlieben sich zwei Menschen ineinander, die noch keine sexuellen Erfahrungen geteilt haben. Sie begehren sich, bevor sie sich wirklich kennen, und sie suchen die Nähe des anderen, selbst wenn dieser ihre Gefühle nicht erwidert.[4] Die Leidenschaft wächst nicht etwa Stück für Stück, und auch nicht im gleichen Maß wie die gegenseitige sexuelle Befriedigung. Sie bricht vielmehr unerwartet zwischen zwei Fremden aus und zieht sie – vielleicht sogar gegen ihren Willen – zueinander hin. Und es handelt sich dabei nicht nur um sexuelle Begierde oder Zärtlichkeit. Es ist etwas anderes. Ein vollkommen neues Gefühl – unerwartet, unbekannt und berauschend. Gerade zu Beginn einer Beziehung erlebt man einen wahren Liebesrausch, knisternde Begierde, leidenschaftliche Hingabe. Zumeist nimmt die Intensität der Gefühle im Laufe der Zeit ab, je besser sich die Partner kennen und je vertrauter der Umgang zwischen ihnen ist. Das genaue Gegenteil also von dem, was laut der oben erwähnten Theorie geschehen müßte.

Will man die Dynamik von Liebesbeziehungen verstehen, sollte man nicht das Pferd beim Schwanz aufzäumen und mit der sexuellen Anziehung beginnen, sondern dort, wo Liebesbeziehungen ihren eigentlichen Anfang nehmen, nämlich beim Verliebtsein. Dabei darf man allerdings nicht den Fehler begehen, Verliebtsein mit Erotik oder Lust gleichzusetzen. In jemanden verliebt zu sein, ist eine einmalige und unverwechselbare Erfahrung, die einen zutiefst aufwühlt. Die Sinne, der Geist, das Herz – alles öffnet sich. Erst dadurch kann die Distanz, die zwischen zwei fremden Menschen besteht, überwunden werden. Wenn man verliebt ist, sieht man die Welt mit anderen Augen – es ist eine Erfahrung, die einen verändert, die Erfahrung des Erhabenen. Es ist ein Zustand der Verrücktheit, der einem die Möglichkeit gibt, sich selbst zu entdecken, die eigenen persönlichen Wahrheiten, die eigene Bestimmung im Leben. Verliebtsein ist Verlangen, Begierde, gleichzeitig aber auch Elan, Heroismus, Selbstvergessenheit. »Ich liebe dich« heißt in unserem Kulturkreis nicht nur: »Du gefällst mir«, »Ich mag dich«, »Ich begehre dich«, »Ich stehe dir nahe«, »Ich fühle mich zu dir hingezogen«, sondern auch »Du allein zählst für mich, du bist das einzige, wovon ich träume, ich begehre nur dich, ich brauche dich und nur dich und das für immer«. Schon in der Bibel, im »Hohenlied«, heißt es: »Sechzig sind es der Königinnen und achtzig der Nebenfrauen, dazu Mädchen ohne Zahl. Doch einzig ist sie meine Taube, meine fehlerlose.«

Wenn wir am Boden der Wirklichkeit bleiben wollen, müssen wir vom Sich-Verlieben ausgehen, um den Vorgang der Paarbildung genauer untersuchen zu können, das heißt, von einem diskontinuierlichen, leidenschaftlichen und außergewöhnlichen Ereignis. Damit wollen wir allerdings nicht behaupten, daß alle Paare auf die gleiche Art und Weise zusammenfinden. Einige Paare haben über die sexuelle Anziehung zusammengefunden, andere über die Freude, zusammen zu sein. Manche vereint die Gewohnheit, die Hilfsbedürftigkeit, finanzielle Gründe oder andere Faktoren, die wir alle im folgenden behandeln werden. Doch die Verliebtheit ist nach wie vor die treibende Kraft, mit der im Erwachsenenalter starke amouröse Bindungen zustande kommen.

Verliebtheit

Wenn wir uns verliebt haben, ist die geliebte Person für uns einmalig und durch keine andere zu ersetzen. Sie ist die einzige Person auf dieser Welt, die uns Freude bringen kann. Wem immer wir auch begegnen – und sei es unser Idol höchstpersönlich –, im Vergleich zur geliebten Person würde jeder verblassen. Ohne sie ist die Welt kalt und leer. Eine verliebte Person, die sich fragt, ob sie wiedergeliebt wird, die an Gänseblümchen ihre Chancen abzählt, ist sich ihrer eigenen Liebe absolut sicher. Nur wie es um die Liebe des anderen steht, weiß sie nicht – mehr noch, sie fürchtet, jemand könne ihr die geliebte Person »wegnehmen«. Deswegen muß sie sich auch ständig der Liebe des anderen versichern. Sie wird es nie leid, ständig die Frage »Liebst du mich?« zu stellen und darauf die Antwort »Ja, ich liebe dich« zu hören. Mit diesem einen Satz steht und fällt für die verliebte Person die Welt. Ihr ganzes Universum hat einen neuen Mittelpunkt bekommen: Alles dreht sich um die geliebte Person. Ohne deren Liebe sind keine anderen Wünsche, keine anderen Aktivitäten mehr erstrebenswert.

Wenn man verliebt ist, befindet man sich in einem außergewöhnlichen Zustand. Man lebt in einer Art Rausch oder Verzückung. Platon betrachtete das Verliebtsein als ein von Gott ausgelöstes Delirium, einen göttlichen Wahnsinn, ähnlich der künstlerischen Eingebung oder der Sehergabe. Ein Verliebter sieht alles mit anderen Augen: Die Natur, die Luft, die Flüsse, das Licht, die Farben – alles wird leuchtender und intensiver wahrgenommen. Man fühlt sich wie von einer kosmischen Kraft getrieben, die einen seinem Ziel und seiner Bestimmung näherbringt. Die Widersprüche des täglichen Lebens verlieren an Bedeutung. Man fühlt sich wie ein Sklave, ein Gefangener, doch zugleich fühlt man sich auch frei und glücklich. Man leidet, quält sich, doch um nichts in der Welt würde man auf diese Liebe verzichten.

Das Verliebtsein wirkt auf die Seele wie Feuer auf Metalle. Metalle werden flüssig, beginnen zu glühen und können sich so mischen, miteinander verschmelzen, neue Formen annehmen, endgültige Formen. Durch die Liebe werden Menschen formbar: Sie verschmelzen, verändern und vereinigen sich. Was dabei entsteht, sind *starke Bindungen*, die Erschütterungen, Konflikte und Enttäuschungen überstehen können.

Wir können gegen die Liebe ankämpfen, uns gegen sie wehren, alle erdenklichen Verrenkungen anstellen, um der Person, die wir lieben, fernzubleiben und sie zu vergessen. Wir können sie als schlecht bezeichnen, sie grausam schimpfen, sie sogar hassen. Wir können unsere Liebe als eine Krankheit ansehen, uns mit Zweifeln und Eifersucht quälen – unsere Liebe wird dadurch jedoch in keiner Weise geschmälert. Sie drängt sich uns auf, gewinnt die Oberhand über uns. Sie widersetzt sich all unserer Vernunft, ja sie versteht es oft sogar, diese für sich einzunehmen. Selbst wenn uns die geliebte Person schlecht behandelt, sind wir die ersten, die eine Entschuldigung für ihr Verhalten finden. Wir glauben, daß sie sich ändern würde, wenn wir nur die richtige Saite in ihrem Herzen zum Schwingen bringen könnten. Wenn man verliebt ist, ist man überzeugt davon, die geliebte Person besser zu kennen, als diese sich selbst kennt. Man glaubt, daß sie nicht umhin könne, unsere Liebe zu erwidern, wenn sie sich nur gleichermaßen gut kennen würde, wie wir dies tun.

In unserer Verliebtheit – und ist sie von noch so kurzer Dauer – sind wir davon überzeugt, daß unsere Liebe ewig währen wird, was immer auch geschehen mag. Unwillkürlich kommen einem dabei die Worte in den Sinn, die wir von Trauungen her kennen: »Nehmen Sie diese Person als Ihre Angetraute an und versprechen Sie, ihr die Treue zu halten in guten und in bösen Tagen, in Gesundheit und Krankheit, und sie zu lieben, zu achten und zu ehren, bis der Tod Sie scheidet?«

Wenn man verliebt ist, liebt man den anderen für das, was er ist. Selbst seine Fehler, Unzulänglichkeiten und Krankheiten finden wir liebenswert.[5] Wir haben den Eindruck, als ob uns die Augen geöffnet würden. Wir sehen die Welt plötzlich in einem ganz anderen Licht: Daß es die geliebte Person gibt, erscheint uns wie ein Wunder. Jedes Lebewesen ist in sich vollkommen, unterscheidet sich von allen anderen, ist einmalig und unverwechselbar. Und so sind wir unserem Geliebten dankbar dafür, daß es ihn gibt, denn seine Existenz bereichert nicht nur uns selbst, sondern die Welt im allgemeinen. Properz sagte dazu: »*Tu mihi sola domus, tu Cynthia sola parentes omnia tu nostrae tempora laetitiae.*«[6] Cynthia ist mehr für ihn als eine begehrenswerte Frau, die ihm gefällt. Sie ist sein einziges Zuhause, seine ganze Familie, sein höchstes Glück.

Und genau das fühlt eine Mutter für ihr Kind und das Kind für seine Mutter. Wenn man sich verliebt, entsteht genau diese Verbundenheit schlagartig zwischen zwei Personen, die sich nie zuvor begegnet sind. Aufgrund ihrer Verliebtheit fühlen zwei Fremde eine innige Zusammengehörigkeit, sie entdecken in sich eine gemeinsame Substanz, eine gemeinsame Natur, die über ihre bewußt wahrnehmbare Person hinausgeht. Deswegen können sie auch sagen: »Ich bin du, und du bist ich.« Im »Symposion« von Platon erklärt Aristophanes diese Art der Erfahrung damit, daß es eine Zeit gab, in der die Menschen noch nicht getrennt waren, sondern eine Einheit bildeten. Diese Einheit wurde von Zeus in zwei Teile aufgespalten, die seitdem ständig auf der Suche nach ihrer verlorenen Hälfte sind.

Im Gegensatz zu jenen Blutsbanden, die ohne weiteres Zutun bestehen, muß die Bindung zwischen zwei Liebenden erst aufgebaut und gefestigt werden. Die Erfüllung der Liebe wird von den beiden Partnern als eine heilige Aufgabe betrachtet, als eine Pflicht, ähnlich der, die man gegenüber seinem Vaterland empfinden kann. Wenn man verliebt ist, fühlt man sich verpflichtet, eine Bindung einzugehen, ein Versprechen zu geben. So ist die Liebe nicht nur Lust, Begehren, Gefühl und Leidenschaft, sondern auch Verpflichtung, Versprechen und Gelöbnis. Es reicht nicht mehr, für immer an den anderen zu denken, man muß sich auch für immer dem anderen verpflichten. Das bedeutet, daß man sich das *Ziel* setzt, etwas gemeinsam aufzubauen, das zeitlich nicht begrenzt ist.

Das Liebespaar

Haben sich Menschen auch früher schon ineinander verliebt, oder ist die Verliebtheit eine Errungenschaft unserer modernen Welt? Die Antwort ist ganz klar: Es hat sie schon immer gegeben. In der Bibel wird von der Liebe Abrahams zu Sarah gesprochen, von der Jakobs zu Rachel, von der Leidenschaft der Frau Potiphars zu Joseph, von der Verliebtheit Davids zu Batseba und der Samsons zu Delila. Platon schreibt über die Verliebtheit in seinen Werken »Phaidros«, »Lysis« und »Symposion«. Im Dialog »Lysis« ist Hippothales unsäglich in Lysis verliebt. Ständig wiederholt er ihren Namen. Er ruft sie im Traum, errötet, besingt ihre Schönheit und Tugenden in allen möglichen Variationen, in Versen und in Prosa. Im »Phaidros« wird Sokrates nach längeren leichtfertigen Reden plötzlich ernst und verkündet, daß er gegen den Gott Eros gesündigt habe und das eben Gesagte berichtigen müsse. Die Liebe sei ein Geschenk der Götter und dürfe deswegen nicht leichtfertig für Plänkeleien mißbraucht werden. Wie die Sehergabe und die Gabe künstlerischen Schaffens ist auch die Liebe eine Art von *göttlichem Wahnsinn*. Dieser »Wahnsinn« ist ein Geschenk, eine Offenbarung, eine Brücke zur erhabenen Welt der Ideen. Wer liebt, löst sich von der Welt und kann einen Blick auf die absolute Schönheit werfen. In der geliebten Person wird die ewige Vollkommenheit eines Gottes sichtbar. Im »Symposion« erklärt Diotima dem Sokrates, daß die Liebe der Wunsch nach Unsterblichkeit sei, weil die Liebe unbeirrbar nach dem Guten strebe. Das Streben nach dem Guten zeigt sich als Schöpfung, als Aufstieg zu Höherem, zum Absoluten.

Im alten Rom wird die Liebe in den Gedichten von Catull und Properz besungen. Sie ist Thema im »Mahābhārata« der Inder und in »Tausendundeine Nacht« der arabischen Muslims. Das Thema zieht sich durch die gesamte Literaturgeschichte des Abendlandes hindurch, angefangen von Dantes »Vita nova« bis hin zu Nabokovs »Lolita«. Überall wird von diesem heftigen und leidenschaftlichen Gefühl berichtet, das die beiden Liebenden mitreißt und sie in eine höhere Welt entführt. Die wahre Liebe, die Liebe also, die vereint, wird als außergewöhnliche Erfahrung erlebt, als Offenbarung und Leidenschaft.

Die Untersuchungen von Anthropologen bekräftigen unsere These. Helen Fisher schreibt, daß selbst die Völker, die behaupten, den Begriff »Liebe« oder »Verliebtheit« nicht zu kennen, sich in ganz ähnlicher Weise verhalten. »Die Einwohner der polynesischen Insel Mangaia legen ein eher ungezwungenes und freies sexuelles Verhalten an den Tag. Trotzdem kommt es gelegentlich vor, daß ein junger Mann aus Verzweiflung darüber, daß er seine Freundin nicht heiraten darf, Selbstmord begeht... Liebesgeschichten, Mythen, Sagen, Gedichte, Lieder, Handbücher, Liebestränke und Liebeszauber, Streit zwischen Liebenden, Rendezvous, Flucht mit dem Liebhaber und Selbstmord gibt es in traditionellen Gesellschaften der ganzen Welt.«[7] Bei einer Übersicht über 168 Kulturen fanden die Anthropologen William Jankoviak und Edward Fischer bei 87 Prozent dieser sehr verschiedenartigen Völker direkte Nachweise für die romantische Liebe.[8]

Es gibt dafür nur eine einzige logische Schlußfolgerung: Die Verliebtheit ist kein regionales Phänomen, sondern ein weltweites, und stellt in der Tradition des Abendlandes einen wesentlichen Bestandteil bei der Bildung einer Partnerschaft dar. Die Verliebtheit als Grundlage der Ehe ist eine der Voraussetzungen für die Monogamie, auch wenn sich die Verliebtheit im Verlauf der Ehe ändert. Über Jahrtausende war die Ehe eine Verhandlungssache zwischen zwei Familien. Man war überzeugt davon, daß sich die Liebe durch die ständige Nähe der Ehepartner, durch die gegenseitige Hilfe und die Geburt von gemeinsamen Kindern automatisch einstellen werde. Die Verklärung der romantischen Liebe ist ein Produkt der bürgerlichen Gesellschaft. Sie ist eine Folge aus der immer stärker gewordenen Betonung des Individuums, das eigene und freie Entscheidungen treffen darf. Erste Anzeichen dafür finden sich bereits im Florenz des frühen 13. Jahrhunderts in den Gedichten von Dante, bei den Troubadours, in den Dichtungen des Mittelalters und in der Liebe zwischen Abälard und Héloise. Dennoch werden im Mittelalter noch keine Liebesehen geschlossen. Das aufkommende Bürgertum ist weiterhin tiefgehend von den kulturellen Herrschaftsmodellen und dem Klerus geprägt.

Die Überzeugung, daß Liebe die Grundlage einer Ehe darstellen sollte, verbreitet sich erst in der volkstümlichen Literatur des 18. Jahrhunderts. In der Welt der Intellektuellen läuft dieser Prozeß sehr viel zögernder ab.[9] George Sand sieht die Ehe als Übergriff auf die persönliche Freiheit, als Beschränkung und Gefängnis, und lehnt sie demzufolge ab. Stendhal behandelt zwar ausführlich mehrere unterschiedliche Formen der Liebe, der Heirat aus Liebe und dem ehelichen Leben räumt er jedoch keinen Platz ein.[10] Im Laufe des 19. Jahrhunderts verbreitet sich schließlich das Modell einer Heirat aus Liebe in allen sozialen Schichten des Abendlandes, bis es sich im 20. Jahrhundert – nicht zuletzt durch die Filmindustrie Hollywoods – in der ganzen Welt durchsetzt.

In den Jugendbewegungen der letzten Jahre konnte man eine Tendenz zur Promiskuität und dem Leben in Kommunen feststellen, doch durch die Rückbesinnung auf die Individualität des einzelnen haben die Verliebtheit, das Leben zu zweit und die Ehe erneut an Bedeutung gewonnen. Heutzutage, wo die Lebenserwartung gestiegen ist, die Frauen sich emanzipieren und die Geburten rückläufig sind, ist diese Art der Liebe die einzige Macht, die zwei erwachsene Menschen in einer liebevollen Partnerschaft vereinen kann.

Die Liebe aus einer anderen Perspektive

Die wenigsten Soziologen und Psychologen haben die Bedeutung der Verliebtheit richtig erkannt. So betrachtet Ortega sie als einen vorübergehenden geistigen »Blackout«, als eine Art seelischer Schnupfen.[11] Für de Rougemont ist sie ein altes Überbleibsel aus einer mittelalterlichen Irrlehre, in der die Welt verachtet und der Tod verherrlicht werden.[12] Fromm ist der Auffassung, daß wahre Liebe eine Sache des Willens ist und wundert sich darüber, daß sie bisweilen aus dem feurigen und unberechenbaren Zustand der Verliebtheit hervorgeht.[13] Amerikanische Psychologen und Soziologen betrachten sie als ein kulturelles Produkt neueren Ursprungs.[14] Weit gefehlt! Wie wir bereits gesehen haben, ist die Verliebtheit seit Anbeginn der Menschheit ein bekanntes Phänomen.

In der Psychoanalyse wird davon ausgegangen, daß Verliebtheit die Folge eines unerfüllten sexuellen Dranges ist, während die Vereinigung zwischen den Geliebten als *Regression* interpretiert werden muß, also als eine Rückkehr zu den ersten Lebensmonaten eines Menschenlebens, in denen das einzige Objekt aller Begierde noch die Mutter war.[15] Alle Verhaltensweisen der Liebenden werden so mit der Regression erklärt. Flüstern sich Verliebte etwa nicht zärtliche Worte zu, verwenden sie nicht Kosenamen? Suchen sie nicht den Körper des anderen, um dessen Haut zu berühren, wie es auch ein Säugling mit der Brust seiner Mutter tut? In der Psychoanalyse wird so die geliebte Person als Ersatz für die Mutter aus der frühesten Kindheit gesehen.

Auch diese These ist nicht haltbar. Durch die Verliebtheit werden Kreativität, Intelligenz und die Fähigkeit, auf konkrete Probleme zu reagieren, gefördert. Es ist sicher richtig, daß Verliebte körperlich und seelisch auf ähnliche Weise miteinander verschmelzen, wie sie in ihrer Kindheit auch eine Einheit mit ihrer Mutter gebildet haben. Der Unterschied ist, daß sie keine Kinder mehr sind. Deswegen sollte der Begriff *Regression* nur mit Vorsicht verwendet werden. Freud hat ihn eingeführt, um Neurosen und Psychosen zu erklären, also leidvolle und krankhafte Erfahrungen. Es handelt sich dabei um einen Vorgang, bei dem die kritischen Fähigkeiten einer Person geschwächt sind und der einen verleitet, in der Vergangenheit zu leben. Verliebt zu sein dagegen bedeutet Freude am Leben, ist ein Streben nach der Zukunft, läßt diese lebenswert erscheinen und veranlaßt die Liebenden, Pläne zu schmieden. Im Gegensatz zum regressiven Zustand – der eine Lähmung durch eine Neurose ist – bedeutet das Verliebtsein Befreiung und Heilung.

Zwei junge Menschen, die immer nur in ihrer Familie gelebt haben und von ihrem Vater und ihrer Mutter abhängig waren, finden dank ihrer Verliebtheit die Kraft, ihre Familien zu verlassen, selbständig zu werden und eine eigene Familie zu gründen. Dank ihrer Verliebtheit können zwei Personen unterschiedlicher Rasse, Herkunft und Religion die Energie und den Mut aufbringen, die erforderlich sind, um sich von ihrer eigenen gesellschaftlichen Stellung zu lösen und eine neue Daseinsform zu bilden, in der Haß und eingefahrene Vorurteile keinen Platz mehr haben. Durch ihre Liebe brechen sie mit ihrer Vergangenheit und schaffen eine soziale und kulturelle Lebensform, die es für sie zuvor nicht gab.

Dies soll nun unser Ausgangspunkt sein. Um ein Phänomen verstehen zu können, muß man seine verborgene Bedeutung ergründen und seine Auswirkungen auf das soziale Umfeld beobachten. Der grundsätzliche Fehler, der in allen Studien über die Verliebtheit begangen wurde, ist der, daß sie als ein psychologisches und individuelles Phänomen betrachtet wurde, als positive oder negative Veränderung des Geistes oder der Seele, als Neurose oder Psychose, als normaler oder krankhaft veränderter emotionaler Zustand. Man stelle sich vor, daß man während des Krieges einen Soldaten dabei beobachtet, wie er auf andere Menschen schießt oder mit Sprengkörpern Brücken und Häuser in die Luft jagt. Wenn man seine Handlungen verstehen will, ist es sinnlos, sich über seine Gefühle den Kopf zu zerbrechen. Statt dessen muß man versuchen, das Phänomen Krieg zu verstehen, seine Dynamik und seine Auswirkungen auf den einzelnen.

Wenn wir also nun einen verliebten Menschen beobachten und die Bedeutung seines Seins und Handelns für die Gesellschaft untersuchen, stellen wir fest, daß seine Liebe und seine Gefühle soziale Bindungen lösen und dafür neue schaffen. Aus den beiden Personen von vorher sind nun zwei andere, neue Personen geworden, die in eine *neue Kollektivität* eingebunden sind, das Paar. Der richtige Ansatzpunkt für eine Analyse ist hier nicht die Individualpsychologie des einzelnen, sondern die Soziologie, und im speziellen die *Soziologie der kollektiven Bewegungen*.[16]

Nur auf diese Art und Weise wird verständlich, warum es diese besonderen Gefühle gibt, warum die einzelnen eine solch durchgreifende und außergewöhnliche Veränderung der eigenen Person erfahren. Denn sie sind in diesem Moment gleichzeitig Drehbuchautor und Hauptdarsteller bei der Entstehung einer neuen Gemeinschaft.

Ein Mensch wird von seiner Mutter geboren und bildet mit ihr eine Zweierbeziehung, in der er in allem von ihr abhängt.

Umgangssprachlich sagt man auch: »Ich habe eine Mutter *mit* einem Kind auf dem Arm gesehen.« Dieses *mit* impliziert, daß das Kind als Objekt und nicht als Subjekt empfunden wird, als eine Art Verlängerung der Mutter, ohne die es nicht lebensfähig wäre. Es ist ein grundlegender Fehler der Psychoanalyse, diese Beziehung als Paradigma für alle anderen Beziehungen zu nehmen. Die Dynamik der Mutter-Kind-Beziehung und die der Beziehung zwischen zwei Verliebten sind diametral. Im Laufe der Zeit gewinnt das Kind an Reife, wird selbständig und löst sich schließlich von seiner Mutter. Wenn zwei Personen ineinander verliebt sind, handelt es sich bei beiden um erwachsene und selbständige Individuen, die sich vereinen, um eine neue Lebensgemeinschaft in der Gesellschaft zu bilden.

Diese Gemeinschaft wird nicht geboren wie ein Kind von seiner Mutter. Sie entsteht durch die Begegnung und Verschmelzung zweier erwachsener Menschen unterschiedlicher Herkunft und unterschiedlicher Traditionen, die ihre persönliche Lebensgeschichte und ihr kulturelles Erbe vereinen. Mit der Fusion ihrer beiden unterschiedlichen kulturellen Hintergründe rufen sie etwas vollkommen Neues ins Leben, eine Art *gesellschaftlichen Mutanten.*

Beim sexuellen Akt umarmen sich zwei Menschen, sie dringen ineinander ein, ihre Seelen berühren sich kurz im Augenblick des Orgasmus und dies reicht, um eine Eizelle zu befruchten, einen Embryo zu erzeugen. Wenn zwei Menschen jedoch ineinander verliebt sind, umfaßt diese Verschmelzung die ganze Person und den jeweiligen persönlichen Hintergrund der beiden Individuen, welche aus der Vereinigung dann verändert und durch eine tiefgreifende und dauerhafte Bindung vereint hervorgehen. Eine Bindung, durch die sie sich verändern und sich dem anderen annähern, in der sie sich miteinander auseinandersetzen, zusammenleben und ihre sozialen Beziehungen neu festlegen müssen. Die Verliebtheit ist der Prototyp und das Musterbeispiel für diese gesellschaftliche Neugeburt, sie ist der *Urknall,* der zur Entstehung einer neuen Gemeinschaft führt, die sich ihrerseits eine eigene ökologische Nische und ihre eigene Welt schaffen wird.

Das Leben besteht in der Tat nicht nur aus einer einzigen Geburt und Kindheit, sondern aus mehreren. Wenn wir uns von unserer Familie zu lösen beginnen und mehr und mehr Zeit mit unseren Jugendfreunden verbringen, wenn wir uns dann verlieben und ein Paar bilden, wenn wir eine neue und interessante Arbeit annehmen, wenn wir auswandern oder an einer gesellschaftlichen, politischen oder religiösen Umwälzung teilnehmen, ist dies für uns eine Wiedergeburt, die sowohl den einzelnen als auch die Gemeinschaft betrifft. Eine neue Gemeinschaft kann nur dann entstehen, wenn die Individuen ihrerseits eine Änderung oder »Wiedergeburt« durchmachen. Die einmalige Erfahrung, der »göttliche Wahnsinn« der Verliebtheit, ist alles andere als eine Regression oder Neurose. Sie ist vielmehr ein Erwachen, ein *Neubeginn*. Wie am ersten Tag der Schöpfung erscheint alles möglich. Wenn man sich verliebt, erlebt man seine ganz persönliche Neugeburt, die Schöpfung einer neuen Welt.

Durch Verliebtheit entsteht die kleinstmögliche Gemeinschaft, nämlich die, die aus nur zwei Personen besteht. Gleichzeitig bedeutet dies auch die Neugeburt des einzelnen, denn es gibt nur insofern Individuen, als es eine Gemeinschaft gibt. Um bei der Metapher »Geburt« zu bleiben, könnte man vom »Schrei des Neugeborenen« reden, durch den die Entstehung eines neuen Ich markiert wird, das eine eigene Geschichte und ein eigenes Leben haben wird.

Sowohl die Geburt des Individuums als auch die Geburt der Gemeinschaft in dem Moment, in dem die beiden Individuen sich zueinander bekennen, ist mit Freude und dem Streben nach Vollkommenheit verbunden. Wir wissen nicht, was ein Kind bei seiner Geburt empfindet. Freud hat die Geburt als eine angstbehaftete und traumatische Erfahrung interpretiert, die für alle anderen Formen der Angst beispielhaft ist.[17] Ist das aber wirklich so? Wir wissen mit Sicherheit nur, was ein Erwachsener empfindet, der sich verändert und erneuert, wenn er eine religiöse Bekehrung erfährt, eine Entdeckung macht, sich verliebt oder die Bildung einer neuen gesellschaftlichen Gruppe miterlebt. Und dies ist gewiß nicht Angst. Er durchstößt eine Hülle, die ihn einengt, befreit sich von einem Zwang, er bricht aus einem Gefängnis aus, legt eine falsche Lebenseinstellung ab, die er schon zu lange mit sich herumgetragen hat. Es ist eine Art Erwachen, das ihm die Augen öffnet, ein Staunen. Die Welt, die sich dem

Menschen nun darbietet, scheint ihm unsagbar schön, vollkommen, wie gemacht für ihn, dessen Bestimmung es ist, darin zu leben.

Die Geburt und das Herausbilden der Individualität sind keine schmerzvollen Abschiede vom vorgeburtlichen Zustand einer friedlichen Glückseligkeit. Es handelt sich dabei keinesfalls um einen schmerzhaften Riß, wie Heidegger es mit dem Begriff *In-die-Welt-geworfen-sein* beschreibt.[18] Vielmehr handelt es sich um ein Erwachen, eine Befreiung, einen Blick nicht auf eine Wüstenei, sondern auf das Gelobte Land. Wenn man wiedergeboren wird, erkennt man in allem den Wert und das Gute. Maslow hat diese Erfahrung der ekstatischen Freude als *Peak Experience* umschrieben, als eine Seinserfahrung.[19] Das Sein ist in sich schön und gut. Und es kommt dem sich entwickelnden Individuum vor, als ob in eben diesem wunderbaren Universum ein Plätzchen für ihn geschaffen wurde, mit einem Ziel und einer Bestimmung.

Die Wiedergeburt eines erwachsenen Individuums ist gleichzeitig auch die Geburt seiner neuen Lebensgemeinschaft, die sich in der Welt behauptet. Also nicht ein Ausdruck von Regression, sondern ein Ausdruck der Reife des einzelnen. Die Liebe zwischen Héloise und Abälard, die von Dante für Beatrice, die Liebesgeschichten, die von Dichtern und Schriftstellern erzählt wurden – von Shakespeare über Goethe bis zu Manzoni – sind Teil des Fortschritts unserer Zivilisation.

ZWEITES KAPITEL

Die Verliebtheit

Warum verlieben wir uns?

Beginnen wir mit einem Fall, der auf den ersten Blick die Theorie der Psychoanalytiker zu belegen scheint, daß sich zwei Personen ineinander verlieben, weil ihr unterdrückter sexueller Drang an einem gewissen Punkt explosionsartig an die Oberfläche kommt, wobei das jeweilige Objekt der Begierde stark idealisiert wird. Nehmen wir nun den Fall eines jungen Mannes, den wir einfach *Student* nennen werden. Dieser hatte, bevor er sich verliebte, ein paar unbedeutende sexuelle Erfahrungen. Er war schüchtern, gehemmt und hatte ständig erotische Phantasien. Nach einer leidenschaftlichen und unglücklich geendeten Liebe wird er nun plötzlich zum draufgängerischen Don Juan. Dies könnte einen dazu verleiten, die Schlußfolgerung zu ziehen, daß seine Verliebtheit alle inneren Schranken niedergerissen und so das Ventil zu seiner unterdrückten Sexualität geöffnet hat, die er nun endlich frei ausleben kann.

Wenn wir jedoch die Einzelheiten dieses Falles genauer unter die Lupe nehmen, werden wir sofort feststellen, daß diese Interpretation nur oberflächlich richtig ist. Unser schüchterner *Student* hat die Universität besucht, die ersten Prüfungen bestanden und ist allgemein recht erfolgreich. Eines Tages beginnt er, sich für eine Kommilitonin zu interessieren. Bald schon fühlt er den brennenden Wunsch, sie häufiger zu sehen, Zeit mit ihr zu verbringen und sich mit ihr zu unterhalten. Es gehen ihm dabei keine speziellen erotischen Phantasien durch den Kopf, keine erotischen Träume oder ähnliches. Ihm reicht es, wenn er in ihrer Nähe ist, und er denkt an sie, wenn sie nicht da ist. Daß er verliebt ist, kommt ihm dabei nicht in den Sinn. Er sieht keinen Zusammenhang zwischen dem Wort »Verliebtsein« und seinem Zustand. Und das, obwohl er bereits als Heranwachsender eine amouröse Erfahrung erlebt hat, eine Jugendliebe, an die er sich sehr wohl erinnert.

Allmählich wird seine Sehnsucht nach ihr stärker, er leidet zusehends. Jetzt erkennt er das Gefühl auch und kann ihm seinen richtigen Namen geben: Er ist verliebt. Er verspürt den Drang, dies seiner Angebeteten mitzuteilen. Also postiert er sich jeden Abend vor ihrer Wohnung. Er hofft, sie auf diese Weise treffen und mit ihr reden zu können. Sie jedoch weicht ihm aus, denn sie hat sehr wohl begriffen, daß dieser junge Mann mit dem sehnsüchtigen Blick, der allabendlich vor ihrer Wohnung Stellung bezieht, in sie verliebt ist. Und da sie ihn nicht ermutigen will, läßt sie sich nie allein blicken. Monatelang geht sie nur in Begleitung eines Freundes oder einer Freundin aus. Er erkennt dieses Verhalten erst nach längerer Zeit als das, was es ist, nämlich als Ablehnung.

Unsere Frage ist nun folgende: Wenn die Verliebtheit nur das Symptom eines sexuellen Dranges wäre, dann hätte sich dieser Drang doch in irgendeiner Form manifestieren müssen. Wie sollte es möglich sein, daß nichts an dem Symptom auf den Drang hindeutet, der es angeblich erzeugt hat? Das Symptom ist ein Kompromiß. Was zieht den jungen Mann nun an dieser Frau an, in die er sich verliebt? Nicht etwa ihr Körper. Dieser hat keine erotische Wirkung auf ihn. Was ihn vielmehr fasziniert, ist ihre Art zu reden, ihre Anmut und ihr sozialer Status, der dem seinen überlegen ist und ihm deswegen als interessanter und besser erscheint. Der *Student* ist arm, sie dagegen kommt aus einer wohlhabenden Familie. Sie erzählt ihm von ihrem Ferienhaus, von ihren Autos und ihren Reisen in ferne Länder. Alles Dinge, die er sich vorher eigentlich nie gewünscht hat, die sich aber aus ihrem Mund wie Märchen aus Tausendundeiner Nacht anhören. Seine Kommilitonin verkörpert für ihn ein Leben, das ihm immer erstrebenswerter erscheint.

Welches unbewußte Ziel verfolgt nun der *Student*, indem er sich verliebt? Das Ausleben seiner Sexualität oder das Erreichen eines höheren sozialen Status? Was drückt seine Verliebtheit wirklich aus? Steht das Begehren nach einem weiblichen Körper im Vordergrund oder der Wunsch, aus der einfachen und beschränkten Umgebung auszubrechen, in der er seit jeher gelebt hat, um mit dieser Frau Zutritt zu einer anderen, gänzlich neuen Lebensform zu bekommen?

Was er wirklich anstrebt, ist ein neues Leben. Vor seiner Verliebtheit hat er seine Sexualität ausgelebt, und er wird es auch danach wieder tun, denn wie wir bereits weiter oben erwähnt haben, hat der junge Mann einen starken erotischen Trieb. Doch was ihn in seiner Verliebtheit interessiert, ist etwas vollkommen anderes: eine echte Liebesbeziehung mit seiner Angebeteten, eine geistige und körperliche Nähe zu ihr, die sein ganzes Leben dauern könnte. Er ist bereit für diese neue Erfahrung, die er nie zuvor gemacht hat.

Und hierin liegt die eigentliche Bedeutung, der entscheidende Schritt nach vorne, der Reifungsprozeß, der durch seine Verliebtheit ausgelöst wurde. In ihm entsteht etwas, das nicht nur seine sexuellen Bedürfnisse angeht, sondern viel mehr. Er sucht keinesfalls eine neue Mutterfigur, die ihn umsorgt, sondern eine Beziehung, in der er als erwachsener Mann mit einer ebenfalls erwachsenen Frau existiert. Was er will, ist eine echte Partnerschaft, zu der ein ganz spezielles Gemeinschaftsleben, gemeinsame Freunde und ein eigenes Heim gehören. Ein Leben also, an das er noch nie gedacht hatte. Zuvor gab es zwar andere Personen in seinem Leben, er war jedoch nicht bereit, es mit einer einzigen zu teilen, Ehemann zu sein mit all den Verpflichtungen und Aufgaben, die sich daraus ergeben.

Eine Frau hätte sich anders als unser *Student* verhalten. Sie hätte keine Probleme gehabt, ihren Gefühlen den richtigen Namen zu geben, denn Frauen werden häufig immer noch von Kindheit an daran gewöhnt, ihr Leben in Hinblick auf Partnerschaft, Ehe und Kinder, also sich selbst als Teil eines Paares zu sehen. Die Gedanken unseres jungen Mannes verlaufen jedoch in ganz anderen Bahnen. Und so kommt es auch, daß er diese für ihn neuartigen Gefühle nicht sofort zuordnen kann. Es wird ein genetisches Engramm, ein Erinnerungsbild, aktiviert, bei dem es sich nicht um das Engramm des sexuellen Dranges handelt. Vielmehr handelt es sich dabei um den Wunsch, eine Partnerschaft einzugehen und Teil eines Paares zu werden. Er kann nicht mehr ohne seine Partnerin sein, weil nur sie den Wunsch nach Partnerschaft in ihm weckt. Seine Verliebtheit bewirkt also die Umwandlung des »Ich« in ein »Wir«. Und genau aus diesem Grund sieht er sich selbst nun als einen unvollständigen Menschen. Vorher war er ein Sohn, ein Schüler, ein Mitglied einer Gruppe von Freunden. Jetzt empfindet er sich als eine Hälfte eines Paares, das es noch nicht gibt.

Doch seine aufkeimende Liebe wird nicht erwidert. Sie wird bereits in dem Moment im Keim erstickt, in dem er sich ihrer bewußt wird – ohne zweite Chance. Unser *Student* ist fast ein Jahr lang krank vor Liebeskummer. Er kann nicht begreifen, wie eine solch große Liebe unbeachtet bleiben kann. Die Welt erscheint ihm sinnlos, er denkt an Selbstmord.

Nach dieser schmerzlichen Erfahrung zieht unser *Student* eine klare Trennlinie zwischen Sexualität und Liebe. Als er endlich begreift, daß seine Angebetete ihn noch nicht einmal sehen will, fragt er sich, wieso sie mit anderen Männern ausgeht, was an den anderen so besonders ist und was ihm selbst fehlt. Und er kommt zu dem Schluß, daß der Grund für sein Versagen in seiner Unerfahrenheit und Schüchternheit liegt. Er beobachtet andere Männer seines Alters und bemerkt, daß diese viel sicherer auftreten als er und sich darauf verstehen, mit jungen Mädchen zu flirten. Besonders imponiert ihm ein Bekannter, der mit Abstand der erfahrenste und draufgängerischste aus seiner Gruppe ist – ein wahrer Frauenheld. Und zum ersten Mal in seinem Leben empfindet er Eifersucht, denn er ist überzeugt davon, daß dieser Don Juan mit seiner Erfahrung dort erfolgreich gewesen wäre, wo er versagt hat. Also nähert er sich ihm, umschwirrt ihn, die beiden werden schließlich Freunde. Als er sich dann der Freundschaft des anderen sicher ist, vertraut er sich ihm an und erzählt ihm von seiner unglücklichen Liebe. Einen Freund kann man bitten, sich von der Frau fern zu halten, die man liebt, man kann ihn sogar um Hilfe bei den eigenen Liebeswerbungen bitten. In der Zwischenzeit beobachtet er seinen Freund, lernt von ihm und ahmt ihn schließlich nach.

Diese Freundschaft und die Identifizierung mit seinem Freund erlauben ihm, die ersten holprigen Schritte in eine Richtung zu unternehmen, die sich grundlegend von der unterscheidet, die er vor seiner Verliebtheit angestrebt hatte und die er auch weiter verfolgt hätte, wenn seine Liebe erwidert worden wäre. Um nie mehr in die Situation zu kommen, sich in eine Frau zu verlieben, die er dann aus Unerfahrenheit nicht erobern kann, nimmt er sich seinen erfahrenen Freund zum Vorbild. Sie gehen zusammen tanzen und lernen Frauen kennen. Unser *Student* macht sexuelle Erfahrungen, ohne daß diese ihm jedoch wirkliche Befriedigung verschaffen. Eigentlich liegt ihm nichts an diesen Abenteuern, doch er macht sie, um zu lernen. Und er lernt. Er ist sogar ein ausgezeichneter Schüler, seine Fortschritte sind überdurchschnittlich. Er wird selbstsicher, aggressiv, begehrenswert. Seine Liebesabenteuer häufen sich, mehr und mehr Frauen erliegen seinem Charme. Doch die Frauen, mit denen er sich einläßt, sind kein Ersatz für die Frau, die er liebt. Er benutzt sie nur, um die weibliche Mentalität zu begreifen, um zu lernen, wie man Frauen verführt, um des erotischen Spiels mächtig zu werden – kurz gesagt: um nie mehr den gleichen Fehler zu begehen, um für die Liebe gerüstet zu sein. Sexualität und Verführung sind keine Ziele, sondern Mittel.

Was lehrt uns nun diese Geschichte? Sie lehrt uns, daß man sich nicht einfach verliebt, nur weil ein sexueller Drang sich Bahn bricht. Genauso wenig kann man Verliebtheit als Regression bezeichnen. Verliebtheit ist dagegen ein Reifungsprozeß, bei dem man sich auf ein Leben zu zweit vorbereitet, auf eine erotische und zärtliche Gemeinschaft zweier erwachsener Personen. Im Falle unseres *Studenten* scheitert der Versuch. Deswegen bereitet er sich auf seine nächste große Liebe vor, die auch eines Tages Wirklichkeit wird. Jahre später verliebt er sich leidenschaftlich in eine Frau. Und dieses Mal wird seine Liebe erwidert. Zusammen mit der geliebten Frau kann er nun endlich eine außergewöhnliche erotische und liebevolle Beziehung erleben.

Wann verlieben wir uns?

Wir verlieben uns, wenn wir bereit sind, uns zu verändern und eine Etappe abzuschließen, die uns nichts Neues mehr bieten kann. Um uns zu verlieben, ist der »élan vital«, ein Drang zu neuen Erfahrungen, zu einem neuen Leben erforderlich. Wir müssen bereit sein, Fähigkeiten zu nutzen, die wir bislang haben brachliegen lassen, Welten zu erforschen, die uns bisher fremd waren, und Träume und Wünsche zu verwirklichen, auf die wir lange verzichtet haben. Wir verlieben uns, wenn wir zutiefst mit unserem Leben unzufrieden sind und die innere Energie aufbringen können, eine neue Etappe unseres Daseins zu beginnen.

Es gibt Leute, die behaupten, es vergehe kein Monat oder Jahr, ohne daß sie sich nicht mindestens einmal verliebten. Dies ist jedoch nicht möglich. Sie verwechseln einfach den Begriff der Verliebtheit mit dem der vorübergehenden Anziehung oder sexuellen Begierde. Wenn sie kurzzeitig in jemanden vernarrt sind, nennen sie das gleich »verliebt sein«, ohne sich darüber im klaren zu sein, daß es sich dabei um nichts weiter als ein *Ausprobieren* handelt, das zu keiner echten Verliebtheit führt.

Wahre Liebe ist etwas anderes. Untersuchen wir nun den Fall, den uns Dino Buzzati in seinem Roman »Un Amore« erzählt. Ein Mann mittleren Alters, *Antonio*, verbringt seine Tage einsam und allein, bis er sich leidenschaftlich in eine junge Prostituierte namens Laide verliebt. Warum? *Antonio* selbst gibt uns am Ende des Buches eine Erklärung dafür, als Laide, die er eifersüchtig beobachtet, schließlich ein Kind erwartet. Erst dann findet er Ruhe und begreift. Er versteht, daß sein Leben unvollständig war, bevor er sich verliebt hatte. Vor seiner Liebe zu Laide hatte er stets auf Frauen verzichtet. Er war keine Liebesbeziehungen eingegangen, aus Angst vor einer Niederlage. Die Liebe zu Laide ist also keine Torheit, sondern der Beweis seiner Reife, die sich schon vor Jahren hätte entwickeln müssen. Antonio fragt sich am Schluß: »Was ist Laide denn anderes gewesen als die Personifizierung lang gehegter und nie befriedigter Wünsche?«[1] Wünsche und Begierden, die all die Frauen in ihm geweckt hatten, denen er entweder aus Unerfahrenheit oder aus Angst nie näher gekommen war. »Wenn er ihnen begegnete, schienen sie unerreichbare Kreaturen, es war unnötig, sich mit ihnen zu beschäftigen, sie würden ja doch nicht einwilligen ... Wenn er zu ihnen sprach, schienen sie ungehalten, seine Blicke waren ihnen unangenehm, wenn er sie betrachtete, drehten sie den Kopf zur Seite, immer ist es so gewesen«.[2] Und so kam es, daß *Antonio* sein ganzes Leben lang darauf verzichtet hat, Frauen zu verführen oder zu erobern. Er hat auf ihre Liebe verzichtet und sich stets mit Prostituierten zufriedengegeben. Das Leben von *Antonio* verläuft ohne Liebesbeziehungen, bis er sich an der Schwelle des Alters befindet. Erst jetzt bricht etwas unvermutet aus ihm hervor und treibt ihn in die Arme einer jungen Frau, in die er sich bis über beide Ohren verliebt. Keine Frau, der er nach ein paar leidenschaftlichen Augenblicken einen Schein in die Hand drückt, sondern eine Frau, die ganz allein ihm gehört, eine Frau, die ihn liebt. »Doch war es nicht zugleich seltsam und komisch, daß ihm alle diese Bedenken erst jetzt, mit fünfzig Jahren, kamen?«[3] So überraschend ist dies nicht. Antonios Verliebtheit ist nichts anderes als der letzte, verzweifelte Versuch, sein Leben zu ändern und all das zu erlangen, was auch andere gehabt haben. Er wünscht sich, die Ganzheit und Würde zu erlangen, auf die jeder Mensch ein Anrecht hat.

Genau betrachtet unterscheidet sich der Fall *Antonios* nur geringfügig von dem unseres *Studenten. Antonio* ist zwar beträchtlich älter als der *Student*, doch bei beiden ist der Übergang von sexueller Begierde zum Wunsch, eine Partnerschaft einzugehen, vorhanden. Das Sich-Verlieben ist ein Reifungsprozeß, der beim *Studenten* schon mit zwanzig und bei *Antonio* erst in späten Jahren eintritt, als sein Leben sich bereits dem Ende nähert. Beide verlieben sich jedoch erst, als sie ihrer Vergangenheit gründlich überdrüssig sind und genügend »élan vital« aufbieten können, um einen Neubeginn zu wagen, ohne Rücksicht auf Verluste.

Es gibt also Zeitabschnitte im Leben eines jeden Menschen, in denen es nicht möglich ist, sich zu verlieben, egal, wie stark die Versuchung ist, wie günstig die Gelegenheit. Ein Mensch kann sich beispielsweise nicht verlieben, wenn er an Depressionen leidet. Einem Depressiven fehlt der erforderliche »élan vital« und die Lust am Leben[4], er hat kein Vertrauen in die Zukunft. Damit sich ein Mensch verlieben kann, muß er wenigstens einen kleinen Funken Hoffnung haben, daß seine Liebe erwidert wird.[5] Ähnliche Mechanismen laufen auch nach dem Tod einer geliebten Person ab: Ein *trauernder* Mensch konzentriert seine ganze Lebenskraft darauf, seine Wunden zu lecken.[6] Die Welt erscheint ihm leer und sinnlos.

Des weiteren können wir uns auch nicht verlieben, wenn wir bereits verliebt sind, denn die Liebe des geliebten Menschen ist die Quelle all unserer Wünsche und Begierden. Mit ihm wollen wir am Tisch sitzen und essen, tanzen gehen, einen Abend gemeinsam mit Freunden verbringen. Ohne den geliebten Menschen verspüren wir keine Lust mehr, etwas zu unternehmen, unsere Seele ist wie versteinert. Wenn wir verliebt sind, können wir nur dann Gefallen an einer anderen Person finden, wenn wir uns der Gefühle der geliebten Person sicher sind. Sobald wir an seinen oder ihren Gefühlen zweifeln, verlieren wir jegliche Lust am Leben und isolieren uns innerlich von unserer Umwelt. Die geliebte Person stellt nicht nur ein mögliches Liebesobjekt unter vielen dar. Sie ist die Tür[7], die uns die Augen für die Welt öffnet.

Wenn uns jemand erzählt, er sei erst in eine Person verliebt gewesen und habe sich dann plötzlich in eine andere verliebt, dann sollten uns starke Zweifel bezüglich seiner ersten »Liebe« und ebenso starke Zweifel bezüglich seiner zweiten »Liebe« kommen. Sich in eine Person zu verlieben heißt, diese über alle anderen Personen zu erheben, sie als einzigartig und unersetzbar einzustufen. Alle anderen verblassen gegen sie. So schreibt Roland Barthes, »*Atopos* ist der andere, den ich liebe und der mich fasziniert. Ich kann ihn nicht einordnen, eben weil er der Einzigartige ist, das besondere Bild, das sich wundersamerweise herbeigelassen hat, auf die Besonderheit meines Verlangens zu reagieren.«[8] Wenn jemand behauptet, in zwei Personen gleichzeitig verliebt zu sein, meint er eigentlich etwas ganz anderes. Vielleicht findet er die eine attraktiv, ist aber in die andere verliebt. Oder er ist noch in der Phase des *Ausprobierens*. Verliebtheit beginnt immer mit dem *Ausprobieren*, das heißt mit Versuchen, von denen einige nicht weitergeführt werden. Wenn man sich noch in dieser Phase des Ausprobierens befindet, kann es vorkommen, daß man sich zwischen zwei unterschiedlichen Polen hin- und hergezogen fühlt. Zu diesem Zeitpunkt sollte man aber noch nicht von Verliebtheit sprechen.

Um sich zu verlieben, muß man also mit seiner Situation unzufrieden sein, es muß sich Spannung aufbauen, sehr viel Lebensenergie ist erforderlich, und schließlich muß ein Auslöser vorhanden sein, ein entsprechender Reiz. Soziologen würden dies so beschreiben, daß es anfänglich zu einer Krise in der Beziehung zwischen dem Individuum und seiner Gemeinschaft kommen muß, damit sich das Individuum nach einer neuen Lebensform umsieht, bis es eine *Schwelle* erreicht, an der es endgültig mit seinem bisherigen Leben bricht und sich auf ein neues einläßt. Wahre Verliebtheit beginnt mit einer Krise der bestehenden Beziehungen, mit dem Eindruck, etwas falsch gemacht zu haben, einem Gefühl der Unwirklichkeit. Gleichzeitig besteht die Sehnsucht nach einem Leben, das wahrhaftiger, direkter und »wirklicher« ist.

Im Roman »Zeit der Unschuld« von Edith Wharton steht der junge Archer Newland kurz vor seiner Heirat mit May, als die Gräfin Olenska auf der Bildfläche erscheint. Beim Anblick dieser faszinierenden und geheimnisvollen Frau ist sich Archer seiner Welt plötzlich nicht mehr sicher. Seine Werte erscheinen ihm auf einmal überholt, unehrlich, unwahr. Archer heiratet trotz allem May, doch während seiner Trauung denkt er erneut über sich nach, über das, was er gerade tut, und hat den Eindruck, daß dies alles irreal sei. Und er sagt sich, daß es irgendwo auf dieser Welt Menschen geben müsse, die *wirklich* sind und denen *wirkliche* Dinge passieren.[9]

In »Lady Chatterley«[10] geht Constance während des Krieges eine Ehe ein. Als der Krieg zu Ende ist, kehrt ihr Mann gelähmt und impotent zurück. Sie richten sich auf einem Landgut ein, das sich in einem rußigen Grubengebiet befindet. Die Gegend gefällt ihr überhaupt nicht. Sie findet sie beängstigend. Das alte Gutshaus erscheint ihr vom Hauch des Todes umhüllt. »Keine Gefühlswärme hielt es zusammen. Das Haus war ebenso trübselig wie eine unbegangene Straße. Im übrigen war es Nichtdasein [...] die Diener [...] waren nur Phantome, sie existierten nicht wirklich.«[11] Ihr Ehemann erklärt ihr: »Nur die lebenslange Gemeinschaft hat einen Sinn. Das Zusammenleben von einem Tag zum andern, darauf kommt es an, nicht auf das gelegentliche miteinander schlafen. Du und ich, wir sind verheiratet, ganz gleich, was uns geschieht. Wir sind einander zur Gewohnheit geworden. Und Gewohnheit, glaube ich, ist wesentlicher als irgendeine gelegentliche Erregung. Ganz allmählich, im Miteinanderleben, geraten zwei Menschen in eine Art Gleichklang, in eine untrennbare Einheit. *Das* ist das Geheimnis einer Ehe.«[12] Sie aber verspürt eine immer größer werdende Leere, ein Gefühl der absoluten Nutzlosigkeit überkommt sie: »Alles in ihrer Welt, in ihrem Leben schien Connie verbraucht, und ihre Unzufriedenheit war älter als die Hügel.«[13] Und genau da erscheint der Waldhüter Mellors auf der Bildfläche, der ihr Liebhaber wird. Mit ihm hat auch dieses Gefühl der Unwirklichkeit und des Todes ein Ende. Für ihn verläßt sie ihren Ehemann und baut ein komplett neues Leben, eine neue Gemeinschaft auf.

Der Abstand zum alten Leben, der sich hier – wie übrigens in den meisten Fällen – innerlich vollzieht, kann jedoch bisweilen auch auf äußere Umstände zurückzuführen sein. Es ist allgemein bekannt, daß sich während des Urlaubs zahlreiche Liebesbeziehungen anbahnen. Der Grund hierfür ist, daß man den Urlaub wie eine Insel empfindet, auf der man sein Alltagsleben für einige Wochen ablegt. Alle Gewohnheiten – und dazu zählen auch die gewohnten Beziehungen – werden im Urlaub zurückgestellt. Der »élan vital« blüht wieder auf und treibt einen dazu, neue Ufer zu erkunden. Aus dem gleichen Grund ist es auch sehr viel wahrscheinlicher, daß sich ein junger Mensch während seines Studiums an der Universität verliebt als in seinem späteren Leben. Die Universität ist eine neue Welt, ein neues Leben, das häufig mit einer neuen Liebschaft zusammentrifft. Andere verlieben sich, wenn sie ihren Arbeitsplatz oder Wohnort wechseln, besonders auch dann, wenn sie über einen längeren Zeitraum hinweg von ihrem Lebenspartner getrennt leben müssen. Sie können sich durch den Wechsel dem Neuen öffnen, es fließen neue Energien durch ihre Adern, sie sind voller Tatendrang. Die alten Gewohnheiten und Beziehungen scheinen weit weg, verlieren langsam an Bedeutung. Der Lebenspartner hat nicht mehr an ihren Problemen teil, das Miteinander ist gestört. Dagegen verbringen sie vielleicht an ihrem neuen Arbeitsplatz Tage und Wochen mit einem Kollegen oder einer Kollegin, arbeiten mit ihnen an den gleichen Zielen, schmieden mit ihnen Pläne und unternehmen eventuell auch Reisen. Langsam keimt eine schüchterne Freundschaft zwischen ihnen auf, sie vertrauen sich immer mehr, es kommt eine erotische Komponente hinzu. In dieser Situation kann es leicht geschehen, daß sie sich ineinander verlieben. Nichts Ungewöhnliches ist diese Dynamik in der Filmindustrie, wo Schauspieler oft über Monate hinweg in einem anderen Land auf engstem Raum mit einem Kollegen oder einer Kollegin zusammenarbeiten müssen. Vielleicht spielen sie in dem Film, der gedreht wird, auch noch ein Liebespaar. Jedenfalls befinden sie sich in einer Si-

tuation, in der sowohl gemeinsame Interessen, als auch die Abgeschiedenheit eines Urlaubs und die physische Nähe zum Tragen kommen.

Aus dem oben Gesagten läßt sich folgender Grundsatz ableiten: Wenn sich eine Person verändert, wandelt oder tiefgreifende
neue Erfahrungen macht, sind alle Voraussetzungen dafür gegeben, daß sie sich erneut verlieben kann. Daher sind ein langes,
interessantes Leben und eine einzige große Liebe schwer vereinbar. Damit wollen wir nicht behaupten, daß es nicht Paare gäbe,
die sich ein ganzes Leben lang innig lieben. Doch selbst in diesen Partnerschaften ist es sehr wahrscheinlich, daß mindestens
einer der beiden sich einmal in eine andere Person verliebt bzw.
verliebt hat. Ob diese Verliebtheit dann ausgelebt wird, hängt
nicht zuletzt davon ab, ob man das Risiko eingehen will, seine
Lebensgemeinschaft mit dem derzeitigen Partner zu gefährden.

In wen verlieben wir uns?

In der Psychoanalyse hat sich die These durchgesetzt, daß wir
uns in Personen verlieben, die uns an jemanden erinnern, den
wir in unserer Kindheit geliebt haben. So verliebt sich ein Mann
beispielsweise in eine Frau, die von ihrem Aussehen oder ihrem
Charakter her seiner Mutter ähnelt. Eine Frau orientiert sich dagegen an ihrem Vater. Es kann sich aber auch um eine beliebige
andere Person handeln, sofern diese einen Bezug zur eigenen
Kindheit hat. In der Psychoanalyse wird davon ausgegangen,
daß sich alle wichtigen Begebenheiten im Leben einer erwachsenen Person auf ein Erlebnis aus ihrer Kindheit zurückführen lassen. Auch wenn sich eine Person verliebt, wird dies von Psychoanalytikern an einer Erinnerung aus Kindheitstagen festgemacht.

Als Erklärung dieses Phänomens wird häufig Freuds Werk
»Der Wahn und die Träume in Wilhelm Jensens ›Gradiva‹«[14] angeführt. Die Geschichte ist folgende: Der junge Archäologe Norbert Hanold entdeckt ein pompejanisches Tiefrelief, das eine
junge Frau im Akt des Gehens darstellt. Das Bildnis bezaubert den jungen Archäologen und er gibt ihm einen Namen:
Gradiva, die Wandelnde. In einem deliriumsähnlichen Zustand
reist er nach Pompeji, wo er vor dem Haus des Meleagros auf

die junge Frau aus dem Tiefrelief stößt. Zuerst denkt er an eine Vision, dann glaubt er, ein Gespenst vor sich zu haben, schließlich entdeckt er, daß es sich um eine Frau aus Fleisch und Blut handelt, deren Name Zoe ist, und die ihn zu kennen vorgibt. Zoe selbst klärt ihn nun über die Zusammenhänge auf. Als Kinder waren sie befreundet und hatten oft zusammen gespielt. Sie mochten sich. Später hatten sie sich dann aus den Augen verloren. Als Hanold das pompejanische Tiefrelief entdeckte, fühlte er sich davon so angezogen, weil Gradiva eine starke Ähnlichkeit mit Zoe hatte. Die Geschichte endet damit, daß Hanold und Zoe – verliebt und glücklich – heiraten.

Hier ist festzustellen, daß unsere Zukunft nach Auffassung der meisten Psychoanalytiker stets von den Bildern und Liebeserfahrungen unserer Vergangenheit beherrscht wird.[15] Eine neue Version der gleichen Theorie liefert uns John Money, nach der Kinder zwischen dem fünften und achten Lebensjahr eine sogenannte *Lovemap* entwickeln. Entsprechend ihren Erfahrungen entsteht in ihnen ein geistiges Bild von ihrem Traumpartner und den Situationen, die sie als erregend und verführerisch empfinden. Wenn sie dann später jemandem begegnen, der diesen Anforderungen entspricht, verlieben sie sich in ihn.[16]

Unsere Auffassung von der Liebe und Verliebtheit, so wie wir sie in diesem Buch darstellen, geht in die entgegengesetzte Richtung. Unserer Meinung nach wird die Liebe, auch wenn sie auf den Wünschen und Träumen der Vergangenheit basiert, durch die Zukunft ausgelöst. Eine große Liebe ist eine Beschleunigung des persönlichen Wandlungsprozesses, eine Vorwärtsbewegung. Sie ersetzt eine alte Lebensgemeinschaft durch eine neue, eine verschlissene erotische Beziehung durch eine aufregendere; so bildet sich eine neue Partnerschaft, eine neue Lebensgemeinschaft. Natürlich ist es nicht ausgeschlossen, daß diese Liebe scheitert. Doch ihre Bedeutung liegt darin, daß sie ein Ausloten der Möglichkeiten ist, das eigene Leben besser und reicher zu gestalten.

Wir verlieben uns, wenn wir jemandem begegnen, der uns hilft, zu wachsen und neue Möglichkeiten zu verwirklichen. Jemand, der uns in eine Richtung führt, die unseren inneren Bedürfnissen und den Anforderungen entspricht, die die Gesellschaft an uns stellt. Die Tatsache, daß die geliebte Person unserer Mutter, unserer Tante oder einer anderen Person aus unserer Kindheit ähnelt, ist lediglich das Mittel, über das sich unser »élan vital« manifestiert. Wenn wir von einer Person geträumt haben oder eine berühmte Schauspielerin bewundern und von ihr schwärmen, wird uns die Person, in die wir uns verlieben, an diese erinnern. Wir wählen diese eine Person aus, weil wir ihr im rechten Moment begegnen, weil sie uns – zumindest auf einer symbolischen Ebene – als die richtige Person erscheint, um unser gegenwärtiges existentielles Problem zu lösen.

Goethes Wilhelm Meister[17] liest als junger Mann das Buch »Befreites Jerusalem« von Torquato Tasso. Bei der Szene, in der Tankred seine geliebte Clorinda tödlich verletzt und sich über sie beugt, bricht Meister in Tränen aus. Wilhelm träumt von einer kriegerischen Frau wie Clorinda. Als er nun eines Tages im Theater die junge Schauspielerin Mariane sieht, die als Offizier verkleidet ist und ein rotes Jackett und einen Federhut trägt, verliebt er sich in dieses Bild der modernen Kriegerin, die so sehr Clorinda ähnelt. Er folgt ihr und wird selbst Schauspieler.[18]

Was ist nun der Hintergrund zu dieser Geschichte? Etwa, daß sich Wilhelm Meister verliebt, weil er einer Frau begegnet, die als Mann verkleidet ist und Ähnlichkeit mit Clorinda aufweist? Ohne Zweifel, doch das ist nicht alles. Wichtig ist auch, daß er ihr in einem Theater begegnet und daß sie Schauspielerin ist. Denn Wilhelm Meister träumte bereits früher vom Theater, von einem freien und ungebundenen Leben, wo er seine Phantasie und sein schauspielerisches Talent zum Ausdruck bringen kann. Als er nun das rote Jackett sieht, werden die Träume seiner Kindheit in ihm wachgerufen, ebenso sein Bedürfnis nach Liebe und sein künstlerisches Talent. Mariane ist nicht nur das geistige Bild seiner Traumfrau Clorinda, sondern auch eine Möglichkeit, eine Berufung, eine Bestimmung.

Jeder große Entwicklungsschritt im Leben von Wilhelm Meister ist von einer Liebesbeziehung gekennzeichnet. Als Mariane ihn verläßt, führt er jahrelang eine graue und freudlose Existenz, bis er sich endlich einer neuen Schauspielertruppe anschließt. Dort verliebt er sich in Philine, eine einfache und fröhliche Frau. Mit ihr erreicht er den Höhepunkt seiner schauspielerischen Laufbahn: Er wird Theaterdirektor einer eigenen Schauspielertruppe. Dies ist die zweite große Etappe in seinem Leben, auf die eine dritte folgt, in der er den Weg in die Gesellschaft der Adligen und die Welt der Kultur findet. Diese Entwicklung wird ihm durch seine Liebe zu Natalie ermöglicht. Auch hier beeinflußt ihn wieder ein Traum aus seiner frühen Kindheit. Als Kind verweilte er oft lange Zeit vor einem Gemälde seines Großvaters, auf dem der junge Antiochos der Königin krank zu Füßen liegt. Eines Tages wird Meister, als er einen Wald durchquert, angegriffen und verletzt. Als er das Bewußtsein wiedererlangt, sieht er eine junge Reiterin – Natalie – über sich gebeugt, die von einer Truppe Soldaten umringt ist. In diesem Bild verschmelzen zwei Erinnerungen: der kranke Prinz aus dem Gemälde und die sterbende Clorinda.[19] Und so verliebt er sich in Natalie, die allerdings keine Schauspielerin ist, sondern die Schwester des Adligen Lothario, bei dem er als Gast weilt. Natalie heiratet Meister, wodurch er Zugang zu einer neuen Gesellschaft, der Aristokratie, findet, die von den Idealen der Freimaurerei und der Aufklärung durchdrungen ist.

Wir können uns also in jemanden verlieben, der ein Bild aus unseren Kindheitstagen heraufbeschwört, in eine Traumperson, ein Idol, eine Figur aus einem Roman, dem Fernsehen oder dem Kino, in einen Star. Doch was zählt, ist der augenblickliche, symbolische Wert dieser Person, die Tür zur Zukunft, die sie öffnet. Erica Jong bemerkt dazu, daß sich viele Feministinnen und Schriftstellerinnen leidenschaftlich in »böse Buben«, in Rebellen verlieben. So schreibt sie denn auch: »Junge Frauen träumen von Romantik und Leidenschaft, wie Männer von Eroberung träumen, weil diese Träume ein notwendiger Ansporn sind, das Zuhause zu verlassen und erwachsen zu werden. Wie sonst können wir die Tatsache erklären, daß die vehementesten Feministinnen auch die vehementesten Liebhaberinnen waren? [...] Wir machen einen Fehler, wenn wir denken, sie seien nur Opfer gewesen. Zuerst waren sie Abenteurerinnen.«[20] Diese Frauen verliebten sich in das, was ihr Schicksal für sie bereithielt.

Wenn eine Person bereits aufnahmefähig für eine durchgreifende Änderung ist, reicht schon ein Nichts aus, um eine Verliebtheit auszulösen. Hier stimmt es nun wirklich, daß man sich in die erstbeste Person verliebt, der man in diesem Augenblick begegnet, ähnlich wie es in »Der Rasende Roland« von Ludovico Ariosto an der Liebesquelle im Wald der Ardennen der Fall ist.[21] Ein Beispiel dafür ist der Mann, den ich den *Mann aus Turin* nennen werde.

Der *Mann aus Turin* heiratet eine Frau, in die er nicht wirklich verliebt ist. Zu dieser Zeit hat er gerade eine schwere Enttäuschung hinter sich, und als er dann diese zärtliche und mütterliche Frau trifft, die ihm Sicherheit vermittelt, heiratet er sie. Nach der Hochzeit vergräbt er sich wie ein Besessener in seine Arbeit. Seine künstlerischen Fähigkeiten vernachlässigt er dabei vollkommen. In seiner Arbeit ist er erfolgreich, er verdient nicht schlecht und ist mit seiner Position in der Firma und dem gesellschaftlichen Ansehen, das er genießt, zufrieden. Und doch flüstert ihm eine leise innere Stimme zu, daß er seine eigentliche Berufung verraten hat. Er hat Schicht für Schicht einen Panzer um sich herum aufgebaut, aus dem er nun nicht mehr herauskommt, und der ihn zu ersticken droht. Je mehr Zeit vergeht, desto häßlicher und beschränkter findet er seine Frau. Ihr Körper stößt ihn ab. Auch schläft er nur noch mit ihr, um seinen ehelichen Pflichten zu genügen. Wahre Lust verspürt er nur mit Prostituierten. In der Arbeit kommt es immer häufiger zu Konfliktsituationen mit seinem Vorgesetzten. Er fühlt sich unverstanden, leidet an Verfolgungswahn. Mit der Zeit entwickeln sich bei ihm schwere psychosomatische Störungen, die ihn veranlassen, eine Psychotherapie zu beginnen. All dies spielt sich in einem aufgewühlten politischen und sozialen Klima ab. Eines Abends, als er noch trübsinniger und einsamer als sonst ziellos durch die Stadt streift, trifft er einen Freund, der ihn zu einem avantgardistischen Kulturkreis mitnimmt. Dort begegnet er einer jungen, lebhaften und ausgelassenen Frau, die sich einen Spaß daraus macht, ihn zu necken. Sie erzählt ihm, daß sie Regisseurin werden möchte, und lädt ihn ein, mit ihr ins Theater zu gehen. Er nimmt die Einladung an. Die unbekannte Umgebung fasziniert ihn. Sie unterhalten sich bis in die frühen Morgenstunden über Gott und die Welt. Sie ist ein Freigeist. Ihre Lebensenergie bringt ihn dazu, alle Zwänge abzulegen, frei zu sein, all das zu tun, was er sich schon immer im geheimen gewünscht hat. Sie küssen sich, schlafen miteinander. Und er merkt, daß er sich in sie verliebt hat.

Bei dieser Liebe handelt es sich um eine Auflehnung. Der monotone und gesittete Lebensstil, den sich der *Mann aus Turin* selbst auferlegt hat, wird gründlich auf den Kopf gestellt. Ein ähnliches Beispiel finden wir in Buzzatis Roman »Un Amore«. Die Auflehnung richtet sich bei der Hauptperson gegen den Lebensstil, den sie bis zu dem Moment geführt hat. Sie zeigt sich dann, wenn die Spannung eine *kritische Schwelle* erreicht. Wenn diese erreicht ist, sind die Eigenschaften der Person, die die Verliebtheit auslöst, eher nebensächlich. Sie muß lediglich einen freien und unbeschwerten Lebensstil symbolisieren, eine lustvolle Regelverletzung darstellen. Es ist relativ unbedeutend, ob sich die beiden Betreffenden auf intellektueller und gefühlsmäßiger Ebene auf der gleichen Wellenlänge bewegen.

In den bislang betrachteten Fällen ist der Drang zur Änderung so stark, daß der äußere Reiz sofort zur Verliebtheit führt. Viel häufiger kommt es jedoch vor, daß die Gelegenheit wohl da wäre, man selbst aber noch nicht bereit ist oder die Person, der man begegnet, nicht die richtige ist, oder irgendwelche anderen Voraussetzungen fehlen. In diesen Fällen kommt man über das Anfangsstadium der Verliebtheit nicht hinaus, sondern bleibt auf der Stufe einer flüchtigen Schwärmerei oder Verknalltheit stehen. Und nach kurzer Zeit fühlt man sich schon wieder von einer anderen Person angezogen. Man ist einfach noch auf der Suche nach jemandem, der in der Lage ist, die speziellen Probleme zu lösen, mit denen man sich herumschlägt. Also startet man neue Versuche, das *Ausprobieren* geht weiter.

So ist es auch mit der Frau, die ich als *Frau aus Mailand* bezeichnen werde. Diese Frau ist auf dem Land groß geworden, lernt eines Tages einen ehrgeizigen Manager kennen und heiratet ihn. Dieser Manager ist mit Leib und Seele seinem Beruf verschrieben. Eigentlich ist sie nie so richtig in ihn verliebt gewesen. Er gefällt ihr allein aus dem Grund, weil sie durch ihn Sicherheit und eine hohe soziale Stellung erlangt. Mit ihm hat sie zwei Kinder. In den letzten Jahren nun hat ihr Mann einträgliche Finanzgeschäfte abgewickelt und viel Geld nach Hause gebracht. Sie ist reich, aber einsam, und langweilt sich. Ihr Mann ist vielbeschäftigt, und wenn er einmal zu Hause ist, dann kümmert er sich um seine Kinder.

Eines Tages trifft sie einen jungen Kollegen ihres Mannes, der ihr aus Höflichkeit ein wenig den Hof macht. Sie entdeckt dabei »die Frau« in sich. Ein übermächtiges Verlangen ergreift sie. Die

Frau ist drauf und dran, den Kopf wegen dieses Mannes zu verlieren. Wie das Leben so spielt, werden sie aber durch äußere Umstände getrennt, und es geschieht absolut gar nichts. Wenn der junge Kollege allerdings ein wenig forscher gewesen wäre und sie nur ein einziges Mal die Gelegenheit gehabt hätten, allein zu sein, hätten sie sich zweifellos ineinander verliebt. Bei ihrem ersten Versuch scheitert die *Frau aus Mailand*. Was ihr bleibt, ist eine unsagbare Lebenslust. Sie beginnt eine Diät, geht zur Kosmetikerin und gibt ein Vermögen für neue Kleidung aus. Bald schon sieht sie um Jahre jünger aus. Männern schaut sie lüstern hinterher. Auf einer Party, die sie und ihr Mann bei sich zu Hause geben, ist auch ein gemeinsamer Bekannter anwesend. Er sieht gut aus, die Frauen liegen ihm zu Füßen. Er hat diese gewisse Art, spielt Klavier, singt – ein echter Don Juan. Sie vergleicht ihn mit ihrem langweiligen Ehemann, der sie schweigend beobachtet. Plötzlich überkommt sie eine ungeheure Wut auf ihren Mann. Sie will ihn für sein Schweigen und sein Desinteresse bestrafen. Der Don Juan lädt sie zu sich nach Hause ein. Sie schlafen miteinander, später noch ein paarmal. Sie weiß nicht, wie ihr geschieht, und ist überzeugt davon, verliebt zu sein. Sie schreibt ihm leidenschaftliche Briefe, auf die sie keine Antwort erhält. Er zieht sich immer mehr zurück, erzählt ihr, daß er längere Zeit unterwegs sein wird. Eines Tages trifft sie ihn in einem Urlaubsort mit seiner neuen Flamme. In dem Moment gehen ihr die Augen auf. Sie begreift, daß er sie betrügt und immer betrügen wird. Außer sich vor Zorn macht sie ihm schwere Vorwürfe, woraufhin er zurückgibt, daß sie sich zum Teufel scheren soll. Das ist das Ende ihrer Beziehung.

Einige Zeit später begibt sich die *Frau aus Mailand* mit einigen Freundinnen auf eine Kreuzfahrt. Sie lernt einen jungen deutschen Ingenieur kennen, der klassische Musik liebt. Auch dieses Mal ist sie kurz davor, sich zu verlieben. Der Ingenieur kehrt jedoch nach Deutschland zurück und läßt nichts mehr von sich hören. Ihr bleibt wiederum nichts als eine tiefe Sehnsucht und die Überzeugung, daß sie nun auf der Suche nach dem Mann ihres Lebens ist. Wütend läßt sie ihre Frustration an ihrem Ehemann aus, der die Ursache für ihr Unglücklichsein ist. Sie wirft ihm vor, daß er alt, humorlos und häßlich ist. Sie beschuldigt ihn, sie vergewaltigt zu haben. Schließlich fordert sie die Trennung. In der Zwischenzeit lernt sie einen brillanten und aggressiven jungen Mann kennen, der sich am Anfang einer steilen Karriere befindet. Er ist von dieser eleganten und energischen Frau fasziniert. Sie fühlt sich stark, frei, verliebt. Nach ihrer Scheidung heiratet sie ihn.

Wenn man sich in jemanden verliebt, heißt das jedoch nicht automatisch, daß es sich dabei um eine Auflehnung gegen die Langeweile und die bedrückende Enge des täglichen Lebens handelt. Manchmal ist das Sich-Verlieben nur der Weg in eine neue Welt, wie dies bei dem *Manager in Japan* der Fall ist. Dieser Manager wird von seinem multinationalen Unternehmen geschäftlich nach Japan versetzt, wo er mehrere Jahre lang arbeiten soll. Seine Kollegen warten voller Ungeduld auf den Augenblick, in dem sie nach Europa zurückkehren können. Er dagegen fühlt sich gleichermaßen abgestoßen wie auch angezogen von diesem fremdartigen Land. Er spürt die eigenartige Faszination, die dieses Land auf ihn ausübt, welches sich ihm verschließt. Er beginnt, die Landessprache zu erlernen und das Theater zu besuchen. Auch ist er kurzen Abenteuern nicht abgeneigt, in denen er eine ihm fremde und geheimnisvolle Erotik auskostet. Und doch fühlt er sich traurig und einsam, obwohl er voller Lebenslust ist. Er wartet auf etwas, das er selbst nicht genau definieren kann.

In diesem Moment lernt er an der Universität eine junge Dozentin kennen, die zwar verheiratet ist, ihren Mann jedoch nicht mehr liebt. Dieser ist nämlich in seinen Ansichten festgefahren und sehr auf Tradition bedacht, während sie neue Erfahrungen machen und die westliche Welt kennenlernen möchte. So beginnt sie ein Verhältnis mit dem Manager, beide mit der festen Absicht, ihre Beziehung auf der Ebene einer erotischen Freundschaft zu halten. Dennoch verlieben sie sich ineinander. Er wird in den Bann der asiatischen Erotik gezogen. Diese Frau erscheint ihm wie eine Geisha, erfahren in einer verwirrenden und geheimnisvollen erotischen Kunst. Besser noch als jede westliche Kurtisane weiß sie, wie sie ihren Körper verhüllen und enthüllen und welche Bewegungen sie ausführen muß, um ihn noch begehrenswerter zu machen. Gleichzeitig ist ihre Leidenschaft jedoch so rein, so entschlossen, daß er unwillkürlich an einen Samurai denken muß. Er hat den Eindruck, in ihr die

Essenz der Weiblichkeit entdeckt zu haben, einer Weiblichkeit, die im Westen vollkommen unbekannt ist. Über diese Weiblichkeit erschließt sich ihm die asiatische Welt, mit der er sich nun identifizieren kann. Es ist, als ob eine Mauer gefallen wäre oder sich eine Schranke gehoben hätte. Der Manager fühlt sich jetzt nicht nur als Mitglied der westlichen Welt, er fühlt auch einen japanischen Teil in sich. Diese Erfahrung ist für ihn eine außerordentliche Bereicherung.

Wenn man verliebt ist, erhält man von der geliebten Person eine unglaubliche Flut an Informationen. Man erlebt ein ganzes Leben durch den anderen, ja man beginnt, die Welt mit seinen Augen zu sehen. Eine ähnliche Erfahrung können nur Eltern machen, die miterleben, wie ihre Kinder wachsen, die teilnehmen an deren Spielen, an deren Vorstellungen, an deren musikalischen Vorlieben. In der Tat heißt es ja, daß Eltern mit ihren Kindern jung bleiben. Diese Entwicklung geht allerdings über Jahre hinweg. Bei der Verliebtheit dagegen bricht das Leben einer anderen Person in kürzester Zeit, manchmal in nur wenigen Monaten, in das eigene ein. Es ist, als ob sich ein neues Universum auftäte, denn jeder Mensch ist ein Universum für sich. Jemanden lieben bedeutet folglich auch in dem Sinn »wiedergeboren« werden, daß wir noch etwas anderes werden, uns praktisch verdoppeln, daß wir ein zweites Leben parallel zu unserem eigenen führen.

Wenn sich zwei Personen unterschiedlicher Kulturkreise begegnen, nehmen sie den des anderen in sich auf. Diese Erfahrung überwältigt beide und bereichert sie. Verwundert stellen sie fest, daß sie plötzlich die ihnen zuvor fremde Kultur nicht nur von außen kennen, sondern sie verinnerlicht haben, als ob sie selbst darin aufgewachsen wären. Sie übernehmen die besonderen Gesten des anderen, die Kinderreime, Kosenamen und Beziehungen zwischen den Verwandten, die Straßen, Plätze und die Farben des Himmels. Und zwar nicht nur die der Gegenwart, sondern auch die der Vergangenheit, so wie man sie durch die Augen der geliebten Person, als diese noch Kind war, erlebt. Als sich der *Manager in Japan* und die *Dozentin* kennenlernen und ineinander verlieben, machen sie genau diese Erfahrung. Ihm erschließt sich die asiatische Welt, ihr die westliche. Sie ergänzen sich gegenseitig und helfen so dem anderen, sein Ziel zu erreichen.

Im Gegensatz zu einer in der Psychoanalyse vertretenen Auffassung sind wir also der Überzeugung, daß sich ein Mensch nicht in seine Vergangenheit verliebt, sondern in seine Zukunft, also in das, was aus ihm werden kann. Auch im nächsten Beispiel kommt dies deutlich zum Ausdruck. Es handelt sich dabei um das *Mädchen, das studieren wollte*.

Sie wird als Tochter armer Leute in einer kargen Gegend Süditaliens geboren und hat von klein auf den brennenden Wunsch, an einer Universität zu studieren und Schriftstellerin zu werden. Doch dieser Traum scheint unerreichbar fern. Bis der Zufall sie nach Rom verschlägt, wo sie Bekanntschaften unter den unzähligen Randgestalten der Kino- und Filmwelt schließt. In dieser Welt schaffen es einige Glückliche, in kürzester Zeit erfolgreich zu werden, andere dagegen halten sich nur mit Not über Wasser und zehren von ihren Illusionen. Es ist eine Welt, in der sich eine Frau ihren Weg nach oben durch zahlreiche Betten schlafen muß. Unser junges Mädchen nun ist eine schöne und attraktive Frau, die gleich von mehreren Männern umschwärmt wird, die ihr eine steile Karriere versprechen.

Eines Tages trifft sie einen Manager vom Fernsehen, der ihr den Hof macht und zu dem sie sich hingezogen fühlt. Er ist intelligent, gebildet und rastlos. Besonders seine Bildung fasziniert sie. Sie sieht in ihm ein Vorbild. Durch ihn lernt sie Intellektuelle und Künstler kennen. Sie lebt in einer Art Rauschzustand. Doch er ist verheiratet und will die Beziehung zu seiner Frau, die reich und mächtig ist, nicht gefährden. Langsam entdeckt unser junges Mädchen, daß sich hinter seiner ganzen Bildung auch Feigheit und Verderbtheit verstecken. Und eines Abends stellt sie fest, daß er eine andere hat. Verbittert gibt sie ihm den Laufpaß.

Sie zieht nach Mailand, gibt sich mit einer bescheidenen Arbeit als Angestellte zufrieden und schreibt sich an der Universität ein. Hier entdeckt sie die wirkliche akademische Bildung. Sie findet darin all das, was sie sich in ihren Kindheitsträumen vorgestellt hat. Tagsüber arbeitet sie, abends lernt sie. Es ist ein anstrengendes Leben, doch sie ist glücklich. Obwohl viele Kommilitonen und sogar Professoren sie umschwärmen, geht sie ihnen aus dem Weg. Mehrere Jahre lang lebt sie wie eine Nonne. Bis sie eines Tages einen großen Gelehrten kennenlernt, einen wirklich außergewöhnlichen Mann. Sie treffen sich häufig, sie schätzt und bewundert ihn. Sie arbeiten zusammen, ohne jemals eine erotische Beziehung miteinander zu haben. Zwischen ihnen entwickelt sich eine wahre spirituelle Vertrautheit. Er lernt ihre Intelligenz, ihre moralische Integrität und ihren Mut schätzen. Sie führen lange Gespräche miteinander und werden Freunde. Eines Abends, als sie am Kanal entlang spazieren gehen, kommt es ihr vor, als ob das Licht zu flimmern beginne, und es durchflutet sie ein Gefühl des Friedens und der Glückseligkeit. Als er sich über sie beugt, um sie zu küssen, begreift sie, daß er ihre große Liebe ist. »Es war, als ob ich am Ziel angekommen wäre«, erzählt sie. »Als ob ich endlich zu Hause wäre.«

Auch in diesem Fall hat die Vorbereitung sehr lange gedauert. Das *Mädchen, das studieren wollte*, hatte bereits viele Erfahrungen hinter sich und alle Wege des geringeren Widerstandes verworfen. Sie hatte den wahren Wert der Dinge erkennen gelernt. Und der Mann, in den sie sich verliebt, ist nicht der erstbeste, sondern wirklich der für sie am besten geeignete Mann. Mit ihm kann sie das werden, wofür sie sich vorbereitet hat.

Die meisten Menschen haben eine sehr unklare Vorstellung von ihren Fähigkeiten und ihrer Bestimmung, andere eine etwas bessere. Das *Mädchen, das studieren wollte*, hatte seit der Kindheit eine ganz genaue Vorstellung davon. Am Anfang wollte sie im Vergleich zu ihren damaligen Möglichkeiten zu hoch hinaus. Heute jedoch können wir sagen, daß sie so hoch hinaus wollte, weil es ihre Bestimmung war, so weit aufzusteigen.

Liebe auf den ersten Blick

Wir können uns von einer Sekunde auf die nächste in eine Person verlieben, die wir nie zuvor gesehen haben. Diese Erfahrung wird mit dem Begriff »Liebe auf den ersten Blick« umschrieben. Ein typisches Beispiel dafür haben wir beim *Mann aus Turin*, der sich im Laufe einer einzigen Nacht verliebt hat. Ich habe jedoch auch andere Erfahrungen von Liebe auf den ersten Blick untersucht und dabei festgestellt, daß die Liebe sich in der Regel erst nach mehreren Anläufen, nach einer Reihe von Versuchen einstellt.

Dies wird besonders im Falle des *ehrgeizigen Mannes* deutlich. Dieser *ehrgeizige Mann* ist ein Manager, der eine eher häßliche, dafür aber um so reichere Frau geheiratet hat, und der sich in seinem Unternehmen im Gefolge eines skrupellosen Hochstaplers bis ganz nach oben hinaufgearbeitet hat. Unser Manager besitzt Macht, Ansehen, Reichtum und wird von zahlreichen Vorzeigedamen umzingelt, im Vergleich zu denen seine Frau sehr schlecht abschneidet. Es mangelt nicht an Gelegenheiten, und so betrügt er sie nach Strich und Faden. Sie rächt sich, indem sie ab und an mit ihren Kindern auf und davonläuft. Als das Unternehmen des Managers zugrunde geht, zerbricht nach kurzer Zeit auch seine Ehe. Er fühlt sich ungebunden und frei. Kurze Zeit lebt er mit einer sehr schönen und wesentlich jüngeren Frau zusammen, doch die Beziehung hält nicht lange. Dieses Spielchen wiederholt er mit einer anderen Frau, auch sie jung und hübsch. Innerlich fühlt er sich jedoch einsam und leer. Als er um diese Zeit herum einen alten Freund wiedertrifft, der ihm anbietet, Teilhaber seiner Werbeagentur zu werden, nimmt er begeistert an. Die neue Arbeit macht ihm viel Spaß, er schmiedet Pläne, ist viel unterwegs. Eines Tages trifft er auf dem Flughafen von Rom eine wunderhübsche deutsche Frau. Sie nehmen das gleiche Flugzeug nach Mailand. Es ist Liebe auf den ersten Blick. Unser *ehrgeiziger Mann* begreift in diesem Augenblick, daß er in seinem ganzen Leben noch nicht einmal wirklich verliebt war. Diese Entdeckung verwirrt und bestürzt ihn. Bis zu diesem Moment waren ihm nur seine Karriere und das liebe Geld wichtig. Frauen waren für ihn nichts weiter als Trophäen zum Herumzeigen. Doch dieses neue Gefühl, das ihn überkommt, ist Liebe. Und für diese Liebe lohnt es sich, bis zum letzten Atemzug zu kämpfen. Er folgt ihr durch ganz Deutschland und macht ihr hartnäckig den Hof, ohne dabei auf Zeit oder Geld Rücksicht zu nehmen. Verbissen kämpft er, bis sie sich schließlich von ihrem Mann scheiden läßt und ihn heiratet. Die Ehe ist sehr glücklich. Was uns der Fall unseres *ehrgeizigen Mannes* zeigt, ist, daß es sich bei der Liebe auf den ersten Blick in Wirklichkeit um den letzten Akt einer langen Suche handelt. Diese Suche dauert so lange, bis der Betreffende die erforderliche Reife erlangt und die Person gefunden hat, die seinen tiefsten Bedürfnissen gerecht wird.

Momente der Diskontinuität

Der Begriff »Liebe auf den ersten Blick« wird auch für andere Situationen verwendet, nämlich für die Augenblicke, die uns magisch erscheinen und einen besonders tiefen Eindruck bei uns hinterlassen. In dieser zweiten Bedeutung fällt der Moment, in dem es zwischen zwei Personen »funkt«, nicht mit dem des eigentlichen Sich-Verliebens zusammen, sondern stellt nur eine Etappe auf dem Weg des Zueinanderfindens dar. So haben wir den Eindruck, daß es bei jedem Liebespaar – auch wenn sich die Verliebtheit nur sehr allmählich, beispielsweise zwischen Bekannten oder Freunden, entwickelt – diesen einen, ganz besonderen Moment gibt, in dem die Freundschaft in Verliebtheit umschlägt. Es ist, als ob ein Schalter gedrückt würde, als ob ein Licht anginge oder ein Schleier fiele. Daher auch die Ausdrücke *tomber amoureux* und *fall in love*.

Woher kommt nun dieser Eindruck der *Diskontinuität*? Um eine Antwort auf diese Frage zu geben, untersuchen wir erneut den Fall des *Mannes aus Turin*. Der *Mann aus Turin* behauptet, sich dem Moment verliebt zu haben, in dem die Frau, die ihn mit auf ihren nächtlichen Streifzug genommen und ihm ihre Kindheit erzählt hat, ihm plötzlich die Arme um den Hals wirft und in Tränen ausbricht. Eigentlich hätte diese Geste keinerlei Folgen gehabt, wenn die beiden sich in den darauffolgenden Tagen nicht wiedergesehen hätten und später zusammengezogen wären. Der entscheidende Moment wird also nur im nachhinein als solcher erkannt. Während der *Mann aus Turin* ihn erlebte, war ihm nicht bewußt, daß etwas mit ihm geschah, das nicht mehr rückgängig zu machen war. Er verspürte wohl eine besonders intensive Regung, mehr jedoch nicht. Und doch waren es eben ihre Tränen, die der Liebe die Pforten öffneten. Nach diesem Tränenausbruch konnten die Schranken fallen, hinter denen er sich verbarrikadiert hatte. Wenn sie keine Bresche in seinen Schutzwall geschlagen hätte, wäre es ihm nicht möglich gewesen, sich in sie zu verlieben.

Wir wollen nun einen weiteren Fall untersuchen. Es handelt sich dabei um den *Mann aus Bari*. Dieser lebt in einer anderen Stadt als seine Ehefrau. Eines Tages begegnet er einer jungen

Frau, deren Augen ihn faszinieren. Ihr Blick ist leicht ironisch, verführerisch und aufreizend. Es vergehen einige Monate, bevor er sie wiedersieht. In der Zwischenzeit wird die Beziehung zu seiner Frau immer angespannter. Als er die junge Frau schließlich wiedersieht, lädt er sie zum Abendessen ein. Sie gehen zusammen aus, es kommt zu Zärtlichkeiten, er umarmt und küßt sie. Durch ihr Kleid spürt er ihren weichen und runden Körper, der sich gegen den seinen drückt. Dies hinterläßt einen nachhaltigen Eindruck bei ihm. Dennoch können wir bis zu diesem Punkt immer noch nicht sagen, daß der *Mann aus Bari* verliebt ist. Wenn er sie nie mehr wiedergesehen hätte, wäre ihm nur eine angenehme Erinnerung geblieben. Doch ausgerechnet in diesen Tagen erreicht ihn eine Nachricht, durch die die Beziehung zu seiner Ehefrau in die Brüche geht. Er ist außer sich, voller Zorn. Als er die junge Frau wiedertrifft, läßt er sich endlich gehen. Sie begeben sich in ein Motel, in dem er sie auszieht. Als er sie dann nackt auf dem Bett liegen sieht, wird er vom Anblick ihres wohlgeformten Busens augenblicklich verzaubert. Später wird er stets sagen, daß er sich genau in diesem Augenblick in sie verliebt hat. Wir jedoch erinnern uns daran, daß er schon Monate davor von ihren Augen beeindruckt war. Dann von ihrer leidenschaftlichen Umarmung. Der entscheidende Augenblick – nämlich die Verzauberung durch den Anblick ihres Busens – kommt aber erst, als die Beziehung zu seiner Ehefrau in die Brüche gegangen ist. Erst dann erliegt er ihrer Faszination und läßt sich gehen.

Bei diesen *Momenten der Diskontinuität* handelt es sich also um Augenblicke, in denen sich der Betreffende öffnet und gehenläßt. Wir wehren uns immer gegen die Liebe und gegen den Impuls, uns gehenzulassen. Die Reize, die uns stimulieren, nehmen wir nicht wahr. Früher oder später kommt jedoch der Moment, in dem wir unsere Abwehr aufgeben, unseren Schutzwall öffnen und uns ergeben. Es ist ein wenig wie bei der Hypnose, bei der der Widerstand des Betreffenden an einem gewissen Punkt nachgibt, und er beginnt, mit dem Hypnotiseur zusammenzuarbeiten. Wer sich jedoch gegen eine Hypnose sperrt, kann auch nicht hypnotisiert werden.

Was ist nun also die *Liebe auf den ersten Blick*? Man könnte sie als das Produkt aus der Entscheidung bezeichnen, sich vorbehaltlos und mit Leib und Seele der Faszination einer anderen Person hinzugeben. Wenn sich der Betreffende jedoch gegen seine Verliebtheit wehrt und nicht nachgeben will, erfolgt der Vorgang in mehreren Etappen bzw. Enthüllungen, das heißt in aufeinanderfolgenden *Momenten der Diskontinuität*. So ist es auch beim Fall des *vorsichtigen Mannes*. Dieser Mann hatte bereits zwei Scheidungen hinter sich und obendrein sein ganzes Leben lang unter einer beinahe krankhaften Eifersucht gelitten. Folglich hatte er innerlich sehr hohe Schutzwälle errichtet, um gegen jede Versuchung gewappnet zu sein. Eines Tages lernt er eine junge und hübsche Frau kennen, mit der er ein ganzes Jahr lang zusammenarbeitet, ohne sie im geringsten als mögliches erotisches Objekt zu betrachten. Er lernt sie mit ihren intellektuellen und geistigen Fähigkeiten schätzen. Sie werden Freunde, führen lange Gespräche. Eines Tages bei einem Empfang beobachtet er sie, wie sie sich leicht beugt, um die Gäste zu bewirten. In diesem Moment fällt ihm die Schönheit ihres Rückens und ihrer Beine auf. Zum ersten Mal nimmt er sie wirklich wahr. Das zweite Mal fällt es ihm »wie Schuppen von den Augen«, als er sie sonnengebräunt im Badeanzug sieht. Ihre Schönheit verschlägt ihm die Sprache. Trotzdem begreift er erst sehr viel später, daß er leidenschaftlich in diese Frau verliebt ist, nämlich als sie bereits zusammenleben und einen kleinen Streit haben. Er verläßt die gemeinsame Wohnung, um zur Arbeit zu gehen, als ihn plötzlich grenzenlose Panik überkommt. Vielleicht ist sie so verärgert über ihn, daß sie ihn nicht mehr sehen will? Voller Sorge macht er auf dem Absatz kehrt. Zu Hause findet er sie fröhlich und unbekümmert vor. Zitternd drückt er sie an sich. In diesem Moment ist auch die letzte Schranke gefallen. Er weiß nun, daß diese Frau sein ein und alles ist und daß er ohne sie nicht mehr leben kann.

Liebe entsteht tief im Innersten und ist auf die Zukunft gerichtet. Voraussetzung ist jedoch, daß sich die Person darauf einläßt, daß sie diese Liebe will. Im Konflikt zwischen dem Vorgang des Sich-Verliebens und dem Widerstand der Person kommt es zu Sprüngen, momentanen Zugeständnissen und Augenblicken plötzlichen Bewußtwerdens. Der *Mann aus Turin* begreift sofort, daß er sich verliebt hat. Er wendet den Begriff »Verliebtsein« sofort auf sich selbst an. Der *Mann aus Bari* dagegen ist dazu erst in der Lage, nachdem er die Nachricht erhalten hat, die seine Ehe in die Brüche gehen läßt. Der *Student* erkennt seine Verliebtheit erst sehr spät, weil seine Liebe nicht erwidert wird. Und der *vorsichtige Mann* wehrt sich gegen seine Verliebtheit, obwohl seine Freundin ihn tief und innig liebt.

Liebe auf den ersten Blick ist also sicher kein neurotisches Phänomen, wie so viele Psychoanalytiker behaupten. Ihrer Meinung nach können wir bei einer Liebe auf den ersten Blick die andere Person gar nicht kennen, und so sei das, was wir in ihr sehen, nur eine Projektion unserer Wünsche. Denn nur, wenn wir eine Person genau kennen, könne eine Liebe entstehen, die auf dem Realitätsprinzip beruhe. Die von uns angeführten Fälle widerlegen dies jedoch eindeutig. Die Person, wie wir sie in unserer Verliebtheit sehen, umgibt immer etwas Geheimnisvolles und Unbekanntes, auf das wir ansprechen. Selbst wenn wir uns in einen Freund oder eine Freundin verlieben, gibt es doch immer diesen einen wundervollen Augenblick, in dem wir ihn oder sie plötzlich mit anderen Augen betrachten und auf einmal feststellen, daß er oder sie außergewöhnliche Eigenschaften besitzen, die wir zuvor nie bemerkt hatten.

Die größte versteckte Gefahr bei der Liebe auf den ersten Blick besteht darin, daß die beiden Verliebten vollkommen verschiedene Lebensziele haben können, ohne dies auch nur im geringsten zu ahnen. Genau das geschieht den Hauptdarstellern im Film »Ossessione – Von Liebe besessen« von Luchino Visconti. Er ist ein Lastwagenfahrer, der reisen und die Welt kennenlernen will. Sie ist eine junge und hübsche Frau, die einen reichen, alten und ungehobelten Mann geheiratet hat. Die beiden verlieben sich ineinander. Nachdem sie den Ehemann in einem vorgetäuschten Unfall beseitigt haben, sind die beiden frei, ihre Liebe auszuleben. Doch just in dem Moment, in dem sie tun können, was sie wollen, tauchen Unstimmigkeiten zwischen ihnen auf. Er will nur sie und nicht auch ihr Haus und die Gaststätte. Er träumt von langen Reisen mit der geliebten Frau. Sie hat jedoch andere Pläne. Sie hat daran Gefallen gefunden, die Hausherrin zu spielen und über ihre Besitztümer zu verfügen. Diese möchte sie mit dem Mann, den sie liebt, teilen. Er aber weiß, daß es gefährlich ist, am Tatort zu bleiben und daß sie früher oder später entlarvt würden. Sie dagegen will bleiben, wo sie ist, und die Freuden des Wohlstandes genießen. Ihr Haus ist für sie das Symbol ihrer Eroberung, ihrer Befreiung. Also entschließt er sich, sie zu verlassen, und versucht, sich mit einer anderen Frau zu vergnügen. Es ist jedoch alles vergebens. Seine Liebe zu ihr ist stärker. Und so kehrt er zu ihr zurück. In der Zwischenzeit ist auch ihr klargeworden, daß sie dort nicht bleiben kann. Doch diese Erkenntnis kommt zu spät. Sie fliehen, die Polizei dicht auf den Fersen. Ihr Auto stürzt eine Böschung hinunter, und sie stirbt in seinen Armen.

Die Wahlverwandtschaften

Im Film »Das Piano« von Jane Campion wird eine junge Engländerin einem neuseeländischen Gutsbesitzer zur Frau gegeben. Die Engländerin ist seit ihrem sechsten Lebensjahr stumm und drückt sich mit Handbewegungen oder schriftlich aus. Sie spielt mit wahrer Hingabe Klavier. Als sie an der neuseeländischen Küste anlegen, wird auch ihr Klavier an Land befördert. Da es aber nicht durch den Urwald transportiert werden kann, bleibt es am Strand zurück. Weil ihr Ehemann und ihre Schwägerinnen ihrer Bitte, das Klavier zu holen, nicht nachkommen, bittet sie ihren Nachbarn, sie an den Strand zu begleiten, damit sie wieder Klavier spielen kann. Der Nachbar sagt zu. Als sie am Strand ankommen, fängt sie an, Klavier zu spielen. Er ist von ihrem Spiel zutiefst beeindruckt und kauft ihrem Ehemann das Klavier ab. Er bringt es zu sich nach Hause, läßt es stimmen und bittet schließlich die Frau, ihm Klavierstunden zu geben.

Als er sie spielen hört, wird er von ihr, den Klängen, die sie aus dem Klavier hervorzaubert, und ihrem Körper betört. Bereits nach kurzer Zeit wird ihm klar, daß das Klavier der Frau ihr ganzes Leben bedeutet, und so schlägt er ihr einen Tauschhandel vor: Er überläßt ihr das Klavier, wenn er ihre nackten Schultern betrachten darf, wenn sie sich berühren läßt und sich nackt neben ihn legt. Er bietet ihr an, das Klavier mit ihrem Körper zurückzukaufen, Stück für Stück. Und sie akzeptiert. An einem gewissen Punkt wird dem Mann allerdings klar, daß er sie wirklich liebt, und er gerät in eine Krise. Er schämt sich, daß er ihre Bedürftigkeit ausgenutzt und sie wie eine Prostituierte behandelt hat. Kurz entschlossen schenkt er ihr das Klavier und geht. Weil er sie liebt, will er nicht, daß sie etwas gegen ihren freien Willen tut. An diesem Punkt wird auch der Frau klar, daß sie sich in ihn verliebt hat. Sie liebt ihn, weil er der einzige ist, der sie und ihre Art der Kommunikation verstanden hat. Nach einem heftigen Kampf mit ihrem Ehemann flieht sie mit ihrem Geliebten. Während der Reise beschließt sie, vollständig mit der Vergangenheit zu brechen, und läßt das Klavier im Ozean versenken. Dieses jedoch zieht sie beim Fallen mit sich in die Tiefe. Sie hatte nicht bemerkt, daß das Seil, mit dem das Klavier am Schiff festgemacht war, um ihren Knöchel geschlungen war. Mit einer verzweifelten Willensanstrengung kann sie sich vom Seil losmachen und kommt wieder an die Oberfläche. Jetzt ist sie wirklich frei von ihrer Vergangenheit und kann zusammen mit ihrem Geliebten ein neues Leben in Europa beginnen.

In dieser reizenden Erzählung entsteht die Liebe durch eine Wahlverwandtschaft. Der Mann ist von der Frau fasziniert, die Klavier spielt: von ihrem Körper, ihrem Gesicht und der Art, wie sie sich ausdrückt, nämlich durch die Musik. Eine ihm fremde Kunst, die ihm seine eigene und ihre Seele offenbart. Die Musik ist etwas, das sie beide auf einmalige Art und Weise verbindet. Nur sie verstehen sie. Ihr Ehemann denkt nur daran, neues Land zu erwerben, und wartet darauf, daß die Liebe zwischen ihnen allein durch ihre ständige Nähe wächst. Er dagegen begehrt ihre ganze Person, Leib und Seele, auch wenn er sie wie eine Prostituierte behandelt. Denn die Musik ist ihre Seele. Er ist der erste Mann, der ihren Körper nicht von ihrer Musik trennt, sondern Sexualität und Kunst als Einheit erlebt. Dadurch wird die Sinnlichkeit der Frau geweckt. Diese bricht aus ihr heraus und gibt ihr gleichzeitig die Sprache wieder. Das, was die beiden verbindet, ist somit eine tiefe Seelenverwandtschaft. Sie respektieren gegenseitig ihre körperlichen und geistigen Wesensmerkmale.

Ein weiteres Beispiel echter Wahlverwandtschaft ist das Verhältnis zwischen dem Komponisten Giuseppe Verdi und der Sopranistin Giuseppina Strepponi. Verdi kam in einem kleinen Dorf in der Emilia als Sohn armer Eltern zur Welt. Ein wohlhabender und großzügiger Mann ermöglichte es ihm, zu studieren. Später heiratete er dann dessen Tochter. Doch die Schwierigkeiten, die ihm das Leben in den Weg stellte, und die

Verständnislosigkeit, die er als junger Mensch hatte erleiden müssen, hatten tiefe Narben hinterlassen. Vom Charakter her war er ein verschlossener und schweigsamer Mann. Wie für die Engländerin in »Das Piano« war auch für Verdi die Musik die einzig mögliche Ausdrucksform, und nicht das Wort. Giuseppina Strepponi nun, eine schöne und berühmte Sängerin, erahnt all das in dem jungen und argwöhnischen Komponisten. Sie dringt mit ihrer Musik in seine Seele ein und bringt sie zum Schwingen. Gleichermaßen sieht Verdi in der Strepponi die Verwirklichung seiner Musik und die Krönung aller Werte – wie Loyalität und Unkompliziertheit –, an die er glaubt. Er wird sie nie verlassen: Ihre Bindung wird ein Leben lang halten.

Diese Art der Wahlverwandtschaft darf nicht mit der verwechselt werden, die alle Verliebten empfinden und die von den dem *Status nascendi* innewohnenden Eigenschaften herrührt. Alle Verliebten haben den Eindruck, daß zwischen ihnen eine tiefgründige Seelenverwandtschaft besteht. Es kommt ihnen vor, als ob sie von jeher auf der Suche nach ihrem Geliebten gewesen seien und ihn endlich inmitten einer großen Menge *wiedererkannt* hätten. Dieses Phänomen des *Wiedererkennens* wird erklärlich, wenn man sich vor Augen führt, daß man in der anfänglichen Phase der Verliebtheit eine tiefgreifende emotionale und geistige Umwandlung erfährt. Man wird empfindsamer und aufnahmefähiger. Dies wiederum versetzt uns in die Lage, den anderen so, wie er ist, zu verstehen, zu schätzen und zu lieben. Fast könnte man sagen, daß wir das innerste Wesen des anderen – das ihm selbst verborgen bleibt – erkennen. Doch daß wir den anderen *wiedererkennen*, bedeutet nicht automatisch, daß zwischen uns eine tiefgreifende *persönliche Wahlverwandtschaft* bestünde, daß uns also die gleichen Dinge und Werte zusagen würden. Häufig kommt es vor, daß sich zwei ineinander verlieben und erst später merken, daß sie eigentlich grundverschieden sind.

Genau dies passiert *Madame Bovary*. *Madame Bovary* liebt ihren Mann nicht und fühlt sich in dem Dorf, in dem sie lebt, unverstanden. Sie liest romantische Bücher, Liebesgeschichten, und träumt von Abenteuern und Reisen. Eines Tages beginnt ein junger Student bei dem Notar im Haus gegenüber zu arbeiten. Er heißt Léon. Bald schon führen sie angeregte Gespräche über

Paris, das Meer, Reisen. Sie hat den Eindruck, jemanden gefunden zu haben, der die gleiche Empfindsamkeit und die gleichen Träume wie sie selbst hat. Doch hier irrt sie. Léon ist noch jung, er hat die Empfindsamkeit und die Träume eines jungen Menschen. Was ihm gänzlich fehlt, sind Charakterstärke und Abenteuersinn. Und so kommt es auch, daß er sich letztendlich von Madame Bovary aushalten läßt und nicht im mindesten die Tragödie der Frau versteht, die ihn liebt. Zwischen ihnen besteht keine wirkliche Wahlverwandtschaft, sondern nur eine oberflächliche Übereinstimmung von Wünschen und Träumen.

Der Fall des großen Komponisten Gustav Mahler und seiner Frau Alma ist ähnlich gelagert. Mahler ist Dirigent der Wiener Hofoper. Als Dirigent ist er berühmt, seine großartige Musik überfordert allerdings seine Zuhörer. Er kämpft verzweifelt darum, sie seinen Zeitgenossen verständlich zu machen und sucht dabei in seiner Lebensgefährtin eine Verbündete, eine Art Komplizin. Alma ist zu jener Zeit zweiundzwanzig Jahre alt. Sie ist hübsch, intelligent, attraktiv und komponiert auch selbst. Zwar schätzt und bewundert sie den Dirigenten in Mahler, seine Musik gefällt ihr jedoch nicht. Mahler ist leidenschaftlich in sie verliebt. Er schreibt ihr einige sehr dramatische Briefe, in denen er ihr mit absoluter Klarheit sein künstlerisches Ziel darlegt. Die Verwirklichung seines Zieles fordert von ihm unsäglich viel Kraft; es ist eine übermenschliche Anstrengung. Dazu braucht er sie und ihre Hilfe. Er bittet sie, auf die Musik, die allen gefällt, zu verzichten und sich ausschließlich der zu widmen, die er komponiert.[22] Alma willigt ein und heiratet ihn. In ihrem tiefsten Inneren ist sie jedoch nicht überzeugt. Bereits nach wenigen Monaten ist sie unglücklich. Ihr Ehemann gefällt ihr körperlich nicht, ihr fehlen ihre Freunde und Bewunderer und ihre eigene Musik. In Wirklichkeit bestand zwischen den beiden nie eine echte Wahlverwandtschaft. Das Ende der Geschichte ist, daß sich Alma in Walter Gropius verliebt. Kurze Zeit darauf stirbt Mahler.

Aus Freundschaft wird Liebe

Es gibt auch eine Form der Liebe, bei der Freundschaft langsam in Liebe umschlägt. Bei dieser Form schlägt die Liebe nicht blitzartig zwischen zwei Unbekannten ein, sondern die beiden Betreffenden begegnen sich zuerst auf dem Boden der gegenseitigen Achtung und Vertrautheit. Sexuelles Begehren keimt erst zu einem späteren Zeitpunkt auf. Außerdem ist die erotische Komponente – wenigstens zu Beginn – nur der Wunsch, sich noch besser kennenzulernen, eine Art Ergänzung der bereits bestehenden Beziehung. Denn nur über die sexuelle Nähe offenbaren sich bislang unbekannte und tiefgreifende Aspekte des anderen. Durch das Vertrauen, das sich in der Freundschaft gebildet hat, ist eine Hingabe ohne Vorbehalte möglich. Man muß sich nicht mehr verstellen oder seine Verführungskünste spielen lassen.

Bei der Liebe auf den ersten Blick kennen sich die beiden Verliebten nicht. Sie sind zwei sich unbekannte Menschen, die von ihrer Ähnlichkeit, gleichzeitig aber auch von ihrer Verschiedenheit angezogen werden und in Wirklichkeit nichts voneinander wissen. Wenn dagegen eine Freundschaft in Liebe umschlägt, bestehen bereits eine *Wahlverwandtschaft* und ein solides Fundament aus Vertrautheit, Wertschätzung und gegenseitigem Vertrauen.

Eins möchten wir jedoch betonen: Selbst wenn die Liebe aus einer Freundschaft hervorgeht, ist der Vorgang des Sich-Verliebens nach wie vor ein unvorhergesehenes und überraschendes Ereignis. Die Liebe blüht von alleine aus dem tiefsten Inneren auf. Es gibt immer diesen einen magischen Augenblick, in dem uns der Freund oder die Freundin, die wir so gut zu kennen glaubten, ganz plötzlich aus einer vollkommen anderen Perspektive erscheint, so weit weg und gleichzeitig von dieser geheimnisvollen Aura umgeben, die uns nur die Verliebtheit offenbaren kann. Die so entstandene Verliebtheit ist von ihrer Struktur her vollkommen identisch mit der, die zwischen zwei Unbekannten entsteht. Eine lange und unbeschwerte Freundschaft verleiht ihr jedoch etwas Wertvolles, etwas, das ebensoviel zählt wie der *Status nascendi* selbst. Denn das Sich-Verlieben ist kein Ereignis, sondern ein Vorgang, der aus sich abwechselnden Enthüllungen und Fragen, aus Ängsten und Prüfungen besteht. Damit aus einer Verliebtheit Liebe werden kann, müssen wir den anderen erfahren. Denn wir können uns durchaus in einen Menschen verlieben, der unsere ersten Erwartungen dann nicht erfüllt und sich als jemand anderes entpuppt. Jemand, der uns schlichtweg enttäuscht. All dies zeigt sich jedoch erst mit der Zeit. Wie erfahren wir, daß uns die geliebte Person auch wiederliebt? Oder daß sie uns nicht belügt? Wir stellen Fragen, geben dem anderen Prüfungen auf, und dieser macht es ebenso mit uns. Nur auf diese Art und Weise kann Liebe zu einem wahren Kennen werden, das mehr ist als nur ein Traum. Wenn die Liebe währen soll, müssen sich ihr Vertrauen und Achtung vor dem anderen hinzugesellen. Mit anderen Worten: Sie muß einige Elemente einer Freundschaft annehmen.

Die Liebe, die aus einer Freundschaft entstanden ist, hat bereits eine Etappe dieses Weges hinter sich. Wir kennen unseren Freund, seine Grenzen, aber auch seine Tugenden. Vor allem haben wir Vertrauen zu ihm und in seine Loyalität. Wenn dem nicht so wäre, dann wäre er nicht unser Freund. Freundschaft hat eine moralische Komponente. Die aufkeimende Liebe kann auf diese Kenntnis und auf die unausgesprochene moralische Sicherheit zählen. Die Liebe bedeutet trotzdem Aufgewühltsein und Furcht, Rührung und Tränen und die unsagbare Sehnsucht danach, unseren Geliebten bei uns zu haben. Doch außer diesen Gefühlen bringt die Freundschaft auch andere Gefühle in die Beziehung ein, nämlich Vertrauen, die gegenseitige Vertrautheit und den Respekt vor der Freiheit des anderen. Eine Verliebtheit, die aus einer Freundschaft entsteht, ist deswegen klarer und unbeschwerter als eine andere.

DRITTES KAPITEL

Die Bindungsmechanismen

Welches sind die grundlegenden Mechanismen, auf denen die Liebe beruht? Gelten diese für alle Formen der Liebe? Basieren auf ihnen auch der Vorgang des Sich-Verliebens und das Ziel der Partnerschaft? Die grundlegenden Mechanismen sind: das Lustprinzip, die Bindung durch Verlust, die Bindung durch »Indikation« und der *Status nascendi*.

Das Lustprinzip

Beginnen wir mit dem *Lustprinzip*. Auf diesem basieren die meisten Liebesbeziehungen, auch wird das Lustprinzip von den meisten als Bindungsgrund akzeptiert. Dieser Mechanismus gründet sich auf die Befriedigung unserer Bedürfnisse und Wünsche. Wenn uns eine Person Lust verschafft hat, kehren wir gern zu ihr zurück und werden versuchen, mehr Zeit mit ihr zu verbringen und eine engere Beziehung zu ihr zu knüpfen. Lust festigt Bindungen, Frustration schwächt sie. Dieser Mechanismus liegt den konditionierten Reflexen und allen Lerntheorien zugrunde. Aufgrund dieses Mechanismus' entsteht die Bindung zwischen einem Kind und seinen Eltern, denn diese befriedigen seine Grundbedürfnisse: Sie ernähren es und geben ihm die Zuneigung, die es braucht. Auf dem gleichen Mechanismus beruhen auch Freundschaften. Wir schließen Freundschaft mit Leuten, die uns sympathisch sind, die uns verstehen, die uns zuhören und mit uns Freude, Ärger und Kummer teilen.

Mit einem Freund verbringen wir gerne Zeit. Bei jeder Begegnung mit ihm lernen wir etwas Neues über uns selbst und die Welt.[1] Seine Erfahrung bereichert uns, und seine Solidarität gibt uns Rückhalt. Wir vertrauen einem Freund und wenden uns an ihn, wenn wir Hilfe benötigen. Wir vertrauen ihm Probleme und Geheimnisse an. Und weil er unsere Fragen beantwortet und unsere Bedürfnisse befriedigt, festigt sich die Bindung im Laufe der Zeit. Wenn uns ein Freund jedoch enttäuscht, uns betrügt oder hintergeht, bekommt die Freundschaft Risse und zerbricht schließlich ganz.

Mit jeder positiven sexuellen Begegnung, jeder Ekstase wird unser Bedürfnis, den anderen wiederzusehen, stärker. Wenn die gemeinsamen Erfahrungen von beiden Seiten gleichermaßen als lustvoll erlebt werden, wird sich zwischen den Betreffenden eine stabile Beziehung entwickeln. Jeder wird seinerseits versuchen, dem anderen zu gefallen, ihm Freude zu bereiten und ihn glücklich zu machen. Man wird alle unangenehmen Situationen vermeiden und die Begegnung so schön und vollkommen wie nur möglich gestalten, denn man will ja, daß die Beziehung weitergeht und daß man immer wieder zueinander findet.

Liebe keimt dann auf, wenn wir einer Person begegnen, die Eigenschaften besitzt, welche für uns wichtig sind, und wenn die Person unsere innersten Wünsche und Träume befriedigen kann, die sich im Laufe unseres Lebens, also von frühester Kindheit an und im Verhältnis zu unseren Eltern, gebildet haben.[2] Es kann sich dabei um wirkliche oder auch um symbolische Bedürfnisse handeln, die manchmal bewußt, manchmal aber auch unbewußt sind. Damit eine Liebesbeziehung nicht nur einseitig verläuft, müssen sich die Bedürfnisse der beiden Liebenden entsprechen. Doch um eine harmonische Partnerschaft zu erreichen, muß auch der Intellekt eingesetzt werden. Jeder der beiden Partner muß verstehen, was dem anderen gefällt, und dessen Ansprüche, Hoffnungen und Ängste im Hinterkopf behalten. Nur auf diese Art und Weise ist eine optimale Befriedigung der Bedürfnisse beider Partner möglich.

Das Lustprinzip allein kann den Vorgang des Sich-Verliebens nur teilweise erklären. Denn dieser Mechanismus erfordert Zeit, damit wirklich starke Bindungen geknüpft werden können. Dies ist zum Beispiel gewährleistet bei der Beziehung zwischen Kindern und Eltern oder zwischen Freunden. Eine starke Bindung ist das Ergebnis einer gut verlaufenden Beziehung. Wir können uns jedoch innerhalb kürzester Zeit in eine Person verlieben, die wir nicht kennen, von der wir nicht wissen, ob sie uns liebt, und deretwegen wir vielleicht sogar entsetzlich leiden müssen. Wenn wir uns verlieben, haben wir bisweilen den Eindruck, daß die Liebe uns überwältigt und gegen unseren Willen an eine Person mit einer Macht bindet, die man fast als Krankheit bezeichnen könnte, und von der wir uns befreien wollen. So lieben wir Menschen, denen wir nicht vertrauen und die uns betrügen. Wir können sie wohl hassen, weil sie uns leiden und verzweifeln lassen. Trotzdem hören wir nicht auf, sie zu lieben. So sagt auch Madame de Lafayette bei der Beschreibung des Geliebten der Prinzessin von Cleve, daß sein Anblick diese in nicht geringe Bestürzung versetzte, obwohl sein Erscheinen sie gleichzeitig glücklich machte. Ihr schien, sie müsse ihn hassen für den Schmerz, den ihr dieser Gedanke bereitete.[3]

Bindung durch Verlust

Der zweite Mechanismus ist der des Verlustes. Häufig merken wir erst dann, wenn wir im Begriff stehen, eine geliebte Person zu verlieren, wie wichtig sie für uns ist. Dies kann in Situationen der Fall sein, in denen diese sich von uns abwendet oder sie uns durch ein negatives Ereignis – Krankheit, Gewalt oder Tod – entrissen wird. Wir wollen dies anhand eines Beispiels verdeutlichen. Nehmen wir einmal ein Elternpaar, das vielbeschäftigt, überarbeitet und verärgert über seinen Sohn ist, der sich nicht fügen will, der nicht genug lernt und nicht auf es hört. Es hagelt zu Hause böse Worte. Eines Tages ist der Junge plötzlich verschwunden. Die Vorwürfe und der Ärger über sein Verhalten sind augenblicklich vergessen. Die Eltern lassen alles stehen und liegen und suchen verzweifelt nach ihrem Sohn. Ihr einziger Gedanke gilt ihm und wie sie ihn wiederfinden können. In diesen Augenblicken der höchsten Spannung wird ihnen klar, wie sehr sie ihn lieben und wie unwichtig alles im Vergleich zu ihm ist. Die geliebte Person, die man verloren hat, wird zum absoluten Liebesobjekt. Nur wenn sie wiedergefunden wird, haben alle anderen Dinge wieder Sinn. Das Ziel ist allein das Wiederfinden der geliebten Person, alles andere wird Mittel zum Zweck. Alle anderen Beziehungen werden diesem einen Ziel untergeordnet, man trennt klar zwischen Wesentlichem und Unwesentlichem. Wenn die Eltern ihren Sohn bereits nach wenigen Stunden wiederfinden, lösen sich die Angst und ihre Sehnsucht nach ihm wie ein böser Traum in Luft auf. Etwas bleibt jedoch zurück: Jetzt wissen sie, daß ihr Sohn für sie wichtig ist, daß sie ihn lieben. Wenn sich die Suche jedoch über Tage, Wochen oder gar Monate hinzieht, werden sie ihren ganzen Alltag in Hinblick auf die Aufgabe ausrichten, ihren Sohn wiederzufinden und in ihre Arme schließen zu können.

Durch eine derartige Erfahrung erkennen wir, daß uns die geliebte Person wichtiger ist als wir selbst, denn um sie zu retten sind wir sogar bereit, unser eigenes Leben zu opfern. Der Verlust einer geliebten Person läßt in unserem Leben eine Diskontinuität entstehen: Auf der einen Seite steht das Wesentliche, auf der anderen das Unwesentliche. Und diese beiden sind unermeßlich und unvergleichbar. Wir befinden uns im Reich der absoluten Werte, in dem das Gesetz des Alles oder Nichts gilt.

Der Mechanismus des Verlustes funktioniert nicht nur bei individuellen Liebesobjekten. Durch einen Verlust wird uns auch der Wert unserer kollektiven Objekte bewußt, wie zum Beispiel der unseres Vaterlandes, unserer ethnischen Gruppe oder unserer Freiheit. Der Wert dieser Objekte wird uns erst klar, wenn sie bedroht sind (zum Beispiel durch einen Feind, der in unser Gebiet eindringt oder einige aus unseren Reihen tötet). Für diese Objekte sind wir dann bereit, bis zum bitteren Ende zu kämpfen. In Masada töteten die Zeloten, als sie von den Römern belagert wurden, zuerst ihre Familien und anschließend sich selbst, um nicht in die Hände ihrer Feinde zu fallen und als Sklaven abgeführt zu werden. Die Römer starben lieber im Brand von Sagunt, als von den Karthagern gefangengenommen zu werden. Während des Massenmordes der Tutsi in Ruanda haben es viele Mütter vorgezogen, ihre Kinder selbst zu töten, anstatt mitansehen zu müssen, wie sie gefoltert und dann mit einer Machete zerstückelt wurden.

Es gibt zwei unterschiedliche Verlustsituationen. In der ersten gibt es keinen Gegner oder Feind, der uns bedroht und sich unserer Liebesobjekte bemächtigen oder sie zerstören will. Dies ist der Fall bei einem Kind, das sich verirrt, oder bei einer lebensbedrohlichen Krankheit. Genauso verhält es sich mit der Angst, die wir verspüren, wenn wir den Eindruck haben, die geliebte Person vernachlässige uns oder liebe uns nicht mehr. In der zweiten Verlustsituation hängt der Verlust von einem *Angreifer* ab, von einem *Feind*, der unser Liebesobjekt bedroht. Dies ist der Fall bei einer Entführung oder einer Invasion. Die *Eifersucht* ist das Produkt beider Komponenten. In der Tat muß es einen Rivalen geben, damit Eifersucht entstehen kann, jemanden, der uns die geliebte Person wegnehmen und unseren Platz einnehmen will. Auf der anderen Seite ist jedoch die Komplizenschaft und die Zustimmung der geliebten Person erforderlich. Wenn wir eifersüchtig sind, haben wir Angst, daß die geliebte Person den anderen bevorzugt. Deswegen kann sich unsere Aggressivität sowohl gegen denjenigen richten, den wir lieben, als auch gegen denjenigen, der ihn uns wegnehmen will. Um die Kraft zu bezeichnen, die uns die geliebte Person wegnimmt – ganz gleich, auf welche Art dies geschieht (Verlust, Krankheit, Verführer oder Feind) – werden wir die Bezeichnung *Macht des Negativen* verwenden.

Wenn wir eine Person verlieren, wird uns bewußt, daß wir jemanden lieben, den wir bereits zuvor liebten. Der Verlust ist eine Art brutale und dramatische Bestätigung dessen, was wir bereits hätten wissen müssen. In Wirklichkeit wird uns durch die Erfahrung des Verlustes nicht nur eine bereits bestehende Liebesbindung bewußt. Hinzu kommt, daß der drohende Verlust uns die Bedeutung der geliebten Person näher vor Augen führt und uns so noch enger an diese Person bindet. Folglich wird eine Liebesbeziehung durch mehrere aufeinanderfolgende Verlusterfahrungen gefestigt. Eine werdende Mutter erwartet ihr Kind bereits vor seiner Geburt sehnsüchtig und beschützt es vor Gefahren und Krankheiten, rettet es und bringt es schließlich zur Welt. Nach der Geburt ernährt sie es, wacht über es, wiegt es, wenn es weint, und pflegt es, wenn es ihm schlecht geht. Wenn es schläft, steht sie neben ihm und fürchtet, daß es aufwachen und vor Angst weinen könnte. Sie rettet es vor der *Macht des Negativen*, und jedes Mal erkennt sie das Kind wieder als absolutes Ziel, als Wert. Dies führt uns zu der wichtigen Schlußfolgerung: Durch einen Verlust wird uns nicht nur eine bereits vorhandene Liebe bewußt, sondern der Verlust trägt auch dazu bei, diese Liebe zu schaffen.

Als wir vom Lustprinzip gesprochen haben, haben wir gesagt, daß eine Liebesbeziehung das Produkt von aufeinanderfolgenden positiven Erfahrungen ist, die man mit der geliebten Person gemacht hat. Wir können nun hinzufügen, daß unsere Liebesbeziehungen auch das Produkt all der Kämpfe sind, die wir für sie gegen alle *Mächte des Negativen* geführt haben. So lieben wir das, was uns Lust oder Freude bereitet hat, wir lieben aber auch das, was wir vor dem Nichts gerettet, dem wir Leben eingehaucht und das wir am Leben erhalten haben.

Wir lieben das, was durch unsere Arbeit, unsere Anstrengung und unsere Hingabe eine Vergegenständlichung unserer selbst geworden ist; das, worin wir das Beste unserer Lebensenergie haben einfließen lassen. Wir lieben das Produkt unserer Großzügigkeit, das Geschenk unseres Lebens; dieses etwas, das von uns verschieden ist und uns wichtiger wird, als wir selbst uns sind.

Eltern lieben ihre Kinder, weil sie diese ernährt und beschützt haben, weil sie schlaflose Nächte an ihrem Bett verbracht haben und weil sie bei jeder drohenden Gefahr die Sicherheit ihrer Kinder an die erste Stelle gerückt haben. Sie lieben sie, weil sie aus ihnen das absolute Ziel ihres Lebens gemacht haben, und alles andere nichts als ein Mittel zum Zweck war.

Dies ist auch der Grund, warum die Liebe der Kinder zu ihren Eltern anders ist als die Liebe der Eltern zu ihren Kindern. Die Liebe der Kinder basiert auf dem Lustprinzip, das heißt auf der Befriedigung ihrer Bedürfnisse, wie dies auch in der Freundschaft oder in einer erotischen Bindung der Fall ist. Die Liebe der Eltern dagegen ist auf Hingabe und Selbstlosigkeit gegründet. Natürlich kann man diese beiden Mechanismen nicht klar voneinander trennen, denn von beiden fließt etwas beim Wachsen der Liebe ein. Die Eltern freuen sich zum Beispiel über die Zärtlichkeit und Zuneigung ihrer Kinder. Und den Kindern liegt viel am Leben der Eltern, und sie tun ihr möglichstes, um sie nicht leiden zu lassen oder sie unglücklich zu machen. Es ist jedoch wichtig, sich vor Augen zu führen, daß der Ursprung der Liebe in den beiden oben genannten Fällen auf unterschiedlichen Prinzipien beruht.

Im Gegensatz zum Lustprinzip, das eine Beziehung fördert, die immer stärker wird, je häufiger die Partner darin Befriedigung finden, unterliegt das Verlustprinzip einem Vorgang der *Sättigung*. Zu kämpfen, um die geliebte Person am Leben zu erhalten, bedeutet für uns Schmerz. Und wenn sich dieser Kampf zu lange hinzieht und wir folglich zu sehr leiden, lehnen wir uns gegen diese Situation auf und beginnen, uns zu wehren. Dies ist der Fall bei chronisch Kranken, bei unheilbaren Patienten, die wir mit Geduld und Hingabe pflegen. Im ersten Moment wird unsere Liebe nur noch größer, doch wenn sich die Situation zu lange hinzieht, sich keine Besserung einstellt oder kein Ende abzusehen ist, dann beginnt der Schmerz uns langsam aber sicher auszuhöhlen. Nach und nach nehmen wir immer weiter Abstand und wünschen uns nichts sehnlicher herbei, als daß diese Qualen ein Ende haben.

Das Verlustprinzip beruht im wesentlichen auf dem Kampf. Wenn es nun keine Hoffnung mehr auf Sieg gibt und uns der Kampf sinnlos vorkommt, erschöpft sich diese Liebe. Es gibt jedoch mindestens zwei weitere Situationen, in denen eine auf dem Verlustprinzip basierende Liebesbeziehung in die Brüche geht oder sogar in Groll umschlägt. Dies ist der Fall, wenn wir nach langen und hartnäckigen Kämpfen mit Undank belohnt werden, oder wenn wir merken, daß uns die geliebte Person erpreßt hat, durch eine vorgetäuschte Krankheit beispielsweise oder indem sie uns absichtlich eifersüchtig gemacht hat, um uns noch enger an sich zu binden.

Bei einem drohenden Verlust binden wir uns an das, was wir behalten wollen bzw. an das, was uns weggenommen wird. Es handelt sich dabei um einen Schutz vor einer äußeren Macht, nämlich der *Macht des Negativen*. Es gibt aber auch die Tendenz, daß man sich alles, was anderen gehört, aneignen, das eigene Territorium erweitern und andere unterdrücken, beherrschen und besiegen will. Tiere verteidigen ihr Territorium gegen alle Angriffe von außen. Gleichzeitig versuchen sie aber auch, in fremdes Territorium einzudringen. Durch diese Tendenz versucht das Individuum, sich gegenüber Rivalen *durchzusetzen*. Denken wir nur an zwei Persönlichkeiten wie Don Juan und Casanova. Sie verzehren sich vor Liebe, vor Begehren und vor Leidenschaft nach einer Frau. Also bedrängen sie sie mit ihren Verführungskünsten. Sobald die Betreffende jedoch »kapituliert«, das heißt sich ihnen hingegeben hat, wird sie uninteressant. Sobald sich ein Individuum *durchgesetzt* hat, verliert sich die Freude über den Sieg. Es entsteht dabei keine dauerhafte Liebe.

Viele Frauen setzen sich gegenüber Männern durch, indem sie sie verführen. Wenn wir eine Person verführen, gewinnen wir sehr viel Macht über sie. Und einigen Frauen sagt diese Art der Macht zu. Es gefällt ihnen, geliebt und verehrt zu werden. Sie beherrschen andere gern. Françoise Giroud behauptet, Alma Mahler, die Frau des großen Wiener Komponisten, habe einen solchen Charakter gehabt. Der Maler Klimt ist noch nicht berühmt, als er sich in sie verliebt. Alma hält ihn an der langen Leine. Abwechselnd flirtet sie mit ihm und verweigert sich ihm dann. Und er läuft ihr voller Verehrung wie ein Hündchen hinterher. Nach Klimt fällt dann das Los auf Almas Musiklehrer Zemlinsky. »Sie raubte ihm fast den Verstand«, schreibt Giroud. »Sie ließ sich von ihm küssen, streicheln, erlaubte ihm jede Intimität bis auf die letzte. Einen Tag sprach sie von Verlobung, dann wieder lehnte sie eine Heirat kategorisch ab. Sie unterhielt mit ihm einen glühenden Briefwechsel, stürzte ihn in ein Wechselbad der Gefühle und quälte ihn zwei Jahre lang.«[4] Auch die Geschichte von Lou Andreas-Salomé – die wir weiter unten ausführlich behandeln werden – ist vom gleichen Schlag. Sie will von Rée, Nietzsche und Andreas geliebt werden, sie am Gängelband haben, alle sollen sie verehren, doch hingeben will sie sich keinem. Und in all diesen Fällen ist der eigentliche Mechanismus, durch den Liebe und Abhängigkeit entstehen, der, der zurückhält und erhält, nämlich der Mechanismus des Verlustes.

Bindung durch Indikation

Dieser Mechanismus wurde ausgiebig von René Girard[5] analysiert, der ihn seiner sozialphilosophischen Theorie zugrunde gelegt hat. Laut Girard entstehen alle unsere Wünsche, weil wir die Wünsche anderer nachahmen, sie zu unseren eigenen machen. Nehmen wir einmal zwei Brüder. Wenn wir dem einen einen Apfel geben und dem anderen nicht, dann will nach kurzer Zeit auch der andere einen Apfel. Nicht etwa, weil er Hunger hat, sondern einfach aus dem Grund, weil sein Bruder einen hat. Er identifiziert sich mit seinem Bruder und wünscht sich somit das, was dieser eben bekommen hat. »Der Mensch ist von intensiven Wünschen beseelt«, schreibt Girard, »weiß aber nicht genau, was er wünscht: Er begehrt das Sein – jenes Sein, das ihm seinem Gefühl nach fehlt und von dem ihm scheint, ein anderer besitze es. Das Subjekt erwartet von diesem anderen, daß er ihm sagt, was gewünscht werden muß. [...] Das Modell zeigt dem Subjekt das begehrenswerteste Objekt nicht durch Worte, sondern durch seinen eigenen Wunsch an.«[6] Es sind die anderen, die uns durch ihr Begehren darauf hinweisen, was begehrenswert ist.

Wir wollen etwas auch aus dem Grund, weil wir uns mit einer Person identifizieren, die das gleiche haben will. Und gerade weil wir genau das gleiche Objekt wollen wie sie, befinden wir uns mit ihr im Wettstreit. Sie tritt uns nun als Rivale gegenüber. »Die Rivalität«, schreibt Girard, »ist nicht die Frucht einer zufälligen Übereinstimmung der beiden Wünsche, die auf das gleiche Objekt zielen. Das Subjekt begehrt das Objekt, weil der Rivale es selbst begehrt. Indem der Rivale dieses oder jenes Objekt begehrt, gibt er dem Subjekt zu verstehen, daß das Objekt begehrenswert ist«[7] und versperrt ihm gleichzeitig den Weg, weil er selbst es will. Jede Liebe ist deswegen eine Dreierbeziehung, die auch aus Eifersucht und Rivalität besteht.

Girard ist überzeugt davon, daß wir uns immer in jemanden verlieben, der bereits von einer anderen Person geliebt wird (dem sogenannten *Vermittler des Begehrens*), welche uns durch ihre Liebe darauf hinweist, daß die von ihr geliebte Person begehrenswert ist. Durch die Liebe dieses *Vermittlers* erscheint uns die von ihm geliebte Person außergewöhnlich und geheimnisvoll. Je mehr eine Person von anderen geliebt und bewundert wird, desto mehr wird man diese Person verherrlichen und verklären. Es handelt sich dabei um die *Liebe aus Eitelkeit*, von der Stendhal spricht. Die verliebte Person erkennt ihre Illusion erst, wenn sie ihr Ziel erreicht hat, nämlich dann, wenn die geliebte Person sich in sie verliebt hat und der Rivale von dannen gezogen ist. Doch in diesem Moment verschwindet auch die Liebe. Sobald der Gegner, der in uns das Begehren nach seinem Liebesobjekt ausgelöst hatte, aus dem Blickfeld verschwunden ist, verblaßt auch unsere Idealisierung der geliebten Person.

Wie wir noch sehen werden, ist dieser Mechanismus wichtig, um gewisse Formen der konkurrenzorientierten Liebe oder der Liebe, die Stars entgegengebracht wird, zu erklären. Stars werden von Millionen von Personen geliebt und verehrt. Durch diese kollektive Indikation erscheinen sie uns wunderschön, begehrenswert und außergewöhnlich. Dieser Mechanismus wird allerdings auch in ganz normalen Situationen wirksam. Wir kennen das Sprichwort:»Das Gras auf der anderen Seite des Zaunes ist immer grüner«.

Lust, *Verlust* und *Indikation* sind drei unentbehrliche Mechanismen, um Liebeserfahrungen zu erklären. Jeder für sich genommen reicht jedoch nicht aus, um zu erklären, wieso man sich schlagartig in jemanden verlieben kann. Beim Lustprinzip ist beispielsweise viel Zeit erforderlich, denn es muß zu zahlreichen positiven Erfahrungen mit der geliebten Person gekommen sein, die das Begehren verstärkt haben. Beim Verlust muß bereits eine Beziehung bestanden haben. Und der Mechanismus der Indikation kann nicht erklären, warum wir uns häufig in Personen verlieben, auf die uns keiner aufmerksam gemacht hat und bei denen wir es mit keinem Nebenbuhler zu tun haben. Deswegen müssen wir uns jetzt einem anderen grundlegenden Mechanismus zuwenden, dem wichtigsten von allen, nämlich dem *Status nascendi*.

Der *Status nascendi*

Welches ist das grundlegende Prinzip des *Status nascendi*? Es ist der Übergang vom Chaos zur Ordnung, die Lösung eines Problems.[8] Arthur Koestler schreibt in seinem Buch »Der göttliche Funke«: »Jedesmal, wenn wir vor eine Aufgabe gestellt sind, suchen wir sie mit Hilfe jener Regeln zu lösen, die es uns in der Vergangenheit ermöglicht haben, mit ähnlichen Problemen fertig zu werden. [...] Daneben gibt es aber [...] Situationen, die in mancher Hinsicht an andere erinnern, darüber hinaus jedoch neue Merkmale und Schwierigkeiten enthalten, die einer Problemlösung durch die in vergangenen Situationen angewandten Regeln entgegenstehen. In diesem Fall sprechen wir von einer blockierten Situation. [...] Die Blockierung steigert die Intensität des frustrierten Triebes. Sind alle Bemühungen erschöpft, das Problem mit Hilfe traditioneller Methoden zu lösen, so jagen die Gedanken in der blockierten Matrix im Kreis herum wie Ratten in einem Käfig. Danach scheint die Matrix des organisierten, zurechtgerichteten Verhaltens zu zerfallen: Planlose, ungezielte Versuche treten auf [...] begleitet von Wutanfällen und Verzweiflung. [...] Bis schließlich der Zufall oder die Intuition die Verbindung zu einer völlig anderen Matrix herstellt«.[9] In diesem Fall entdecken wir etwas gänzlich Neues.

Doch welches ist das Problem, für das das Verliebtsein die Lösung darstellt? Man kann es folgendermaßen definieren: Wir Menschen haben von klein auf das Bedürfnis nach absoluten und totalen Liebesobjekten, wie zum Beispiel unsere Mutter, Gott, unser Vaterland oder unsere Partei. Etwas, das wichtiger ist als wir selbst und das uns transzendiert.

Alle konkreten Liebesobjekte haben jedoch Grenzen und werden häufig unerträglich und frustrierend. Sie können uns sogar um so mehr enttäuschen, je wichtiger sie uns sind. Wenn uns etwas nur mäßig interessiert, kann es uns auch nur geringfügig Schmerz zufügen. Wenn jemand jedoch für uns lebenswichtig ist, kann uns bereits die geringste Unaufmerksamkeit verletzen. So kommt es, daß wir gegenüber den geliebten Personen – Kinder gegenüber Eltern, Ehefrauen gegenüber ihren Ehemännern und umgekehrt – Aggression empfinden. Diesem zweischneidigen Gefühlszustand hat Freud den Namen *Ambivalenz* gegeben. *Ambivalenz bedeutet Verwirrung, Unordnung* und letztendlich Leid für uns.[10] So versuchen wir, sie so gering wie möglich zu halten, indem wir unsere Liebesobjekte idealisieren. Dabei nehmen wir die Schuld an all dem auf uns, was geschieht, oder wir erklären es durch äußere Umstände.[11] Der Ehemann fühlt sich schuldig, wenn seine Frau gereizt ist. Die Frau entschuldigt die schlechte Laune ihres Ehemannes mit Müdigkeit, Überarbeitung oder Sorgen. Wir nennen alle Mechanismen, durch die wir die Aggressivität gegen uns statt gegen unser Liebesobjekt richten, *depressiv*, und alle diejenigen, mit denen wir die Verantwortung nach außen abschieben, *persekutorisch* oder Verfolgungsmechanismen.[12]

Unser Liebesobjekt (Ehepartner, Geliebte/r, Kind, Partei, Kirche – kurz alles, mit dem wir uns identifizieren und das wir lieben) ist deswegen immer eine Idealkonstruktion, das Produkt einer Bearbeitung in unserer Vorstellungswelt. Es ist eingeflochten in einen ganz persönlichen Mythos, der ständig neu bearbeitet und zurechtgestutzt wird, um Spannungen abzubauen, um das Liebesobjekt gut und strahlend erscheinen zu lassen, um den Grad der Ambivalenz gering zu halten. Doch das ständige Ausbessern, Anpassen, die Kompromisse und Korrekturen können in gewissen Fällen auch schiefgehen. Während unseres Lebens ändern wir uns. Das, was uns früher recht war, paßt uns plötzlich nicht mehr. Neue Erfahrungen lassen in uns neue Ansprüche entstehen. Nachdem wir ein Ziel erreicht haben, kommen all die Wünsche an die Oberfläche, die wir hintangestellt hatten. Auch die Personen, die wir lieben, ändern sich. Sie werden anders und wollen etwas anderes, was vielleicht nicht mit dem vereinbar ist, was wir wollen. Daran kann eine Partnerschaft zerbrechen. Dies ist der Grund, warum sich Leute mit ihren Freunden überwerfen, sich scheiden lassen, oder sich Eltern mit ihren Kindern streiten. Manchmal zieht man es aber auch vor, so zu tun, als ob alles beim alten geblieben wäre, auch wenn sich in Wirklichkeit alles geändert hat. Man spielt eine Komödie, in der man schon lange vergessen hat, was Wahrheit und was Lüge ist. Man hat sogar vergessen, was man ursprünglich wollte.

In genau dieser Situation der Ambivalenz, der Unordnung, der *Entropie*, versagen sowohl die depressiven Mechanismen als auch die Verfolgungsmechanismen, denn die Idealisierung der Liebesobjekte funktioniert nicht mehr. Mit den herkömmlichen Mechanismen ist dieses Problem nicht lösbar, sie sind *überlastet*. Was sich breit macht, ist ein Gefühl der Leere, der Nutzlosigkeit und des Versagens. Die Lebensimpulse haben kein Ziel mehr, auf das sie sich richten könnten, und so irren sie auf der Suche nach neuen Wegen umher. Der Betroffene hat dabei das Gefühl, als setze er ungeheure Mengen an Lebenspotential sinnlos in den Sand. Ihm kommt es vor, als wären nur die anderen glücklich. Er sieht sie lachen, sich vergnügen und verspürt einen unsagbaren Neid. Es ist, als könnten sich ihm seine innersten Wünsche nicht mehr direkt mitteilen. Er erkennt diese nur in den anderen. Einsam in seinem Zustand der Ambivalenz und Unordnung sieht er um sich herum grenzenlose Wünsche und Leidenschaften, ein Glück, das ihm verwehrt bleibt. So fühlen sich Jugendliche häufig. Sie sprühen zwar geradezu vor Leben, doch sind sie außerstande, dieser Lebensenergie eine Richtung zu geben.

Die Lösung dieses Problems ist stets eine *Neudefinition von sich selbst und der Welt*. Dies kann sich in einer religiösen *Bekehrung* ausdrücken. Von einer Minute auf die andere geht dem Betroffenen auf, daß alles, was ihm Leid brachte, eigentlich keinen Wert hat, daß er den falschen Pfaden folgte. In der neuen Sekte oder Kirche wird alles wieder einfach und klar. Es kann sich aber auch um eine politische Bekehrung handeln. Auch in diesem Bereich kann der Betroffene das Wesentliche finden und alles andere dem unterordnen, was für ihn nun wirklich zählt.

Und schließlich kann es sich auch um *Verliebtheit* handeln. Dabei wird eine Person zum Ziel, denn durch sie erkennt man alles, was begehrenswert ist und einen selbst vervollkommnet. Der *Status nascendi* bezeichnet den Moment, in dem die alte, ambivalente und chaotische Welt an Wert verliert und statt dessen eine neue, strahlende und helle Welt ersteht. Dieser Moment ist gleichzeitig Tod und Wiedergeburt.

Im Anfangsstadium eines *Status nascendi* ist die erste Erfahrung die des Staunens. Wir sind erstaunt, weil unsere gewohnte Welt uns fremd geworden ist und jeglichen Wert eingebüßt hat. Manchmal ergreift ein Gefühl der Traurigkeit und der Vergänglichkeit von uns Besitz. Doch im nächsten Augenblick schon erfaßt uns eine riesige Freude. Wir fühlen, wie uns alle Lebensenergien der Erde zuströmen. Es ist, als ob alles wie durch einen Zauber neu erblüht. Beim *Status nascendi* der Verliebtheit erfolgt diese Wiedergeburt des Lebens über die Nähe und die Beziehung zu einer ganz bestimmten Person. Diese ist die einzige Tür, die uns den Weg zu dieser neuen Welt öffnet.

Während wir uns der geliebten Person annähern, fühlen wir uns endlich »echt« und frei. Gleichzeitig fühlen wir, daß sich unsere Freiheit nur erfüllen wird, wenn wir das tun, wozu wir berufen sind, nämlich unser Schicksal zu erfüllen. Bis zum Tod. Daß in Liebeserzählungen häufig vom Tod gesprochen wird, zeugt keineswegs von einem makaberen Spielchen oder von einer Neurose des Erzählers; es ist vielmehr ein Zeichen dafür, daß eine verliebte Person den Sinn des Lebens in Frage stellt. Wir stellen uns in diesem Moment die metaphysischen Fragen: »Wer sind wir? Warum sind wir hier? Welchen Sinn hat das Leben?«. Unsere Existenz erscheint uns nicht mehr als etwas Natürliches, als etwas Gewöhnliches, sondern als ein Abenteuer, in das wir verwickelt sind, dem wir uns aber auch verweigern können. Sie kommt uns vor wie ein Weg, den wir – mehr oder weniger durch Zufall – eingeschlagen haben, dem wir aber nicht unbedingt folgen müssen. Wir lassen unsere Vergangenheit vor unseren Augen Revue passieren und analysieren und beurteilen sie. Der *Status nascendi* ist gleichzeitig der Tag des Jüngsten Gerichts.

Langsam kristallisiert sich in unserem Bewußtsein eine Trennung zwischen dem, was wichtig ist, und dem, was unwichtig ist, heraus. Im alltäglichen Leben erscheint uns alles wichtig, selbst die banalsten Dinge. Wenn wir uns jedoch im Zustand des *Status nascendi* befinden, wird uns klar, wie unnötig und lächerlich viele unserer Sorgen sind, die unser Denken lähmen, wenn wir sie mit dem vergleichen, was im Begriff ist, für uns das allerhöchste Gut zu werden, der Sinn des Lebens.

Auch die erschöpfteste Person erlebt die Liebe wie ein Erwachen. Wir betrachten die Welt plötzlich mit staunenden Augen. Wer diesen Zustand erlebt, kann nicht mehr zurückkehren und weiter ruhig im grauen Alltag seiner Vergangenheit dahinleben. Wenn man verliebt ist, will man lieben, auch wenn das mit Leiden und Qualen verbunden ist. Ein Leben ohne Liebe erscheint öde, tot und unerträglich. Die geliebte Person ist nicht nur

schöner und begehrenswerter als alle anderen, sie steht schlichtweg für den Zugang – und zwar den einzig möglichen –, durch
den wir diese neue Welt, dieses andere und intensivere Leben
betreten können. Über sie, mit ihr und dank ihr finden wir den
Kontakt zur Quelle aller Dinge, zur Natur, zum Kosmos und
zum Absoluten. Unsere gewohnte Sprache reicht plötzlich nicht
mehr, um diese innere Wirklichkeit auszudrücken. Ohne unser
Zutun entdecken wir die Sprache der Intuition, der Poesie und
des Mythos.

Der *Status nascendi*: Ähnlich erging es Moses, dem größten
aller Propheten, dem es nur zuteil wurde, das Gelobte Land von
fern zu erblicken, niemals aber, es zu erreichen. Die geliebte Person ist uns unendlich nah, und doch auch unendlich fern. Von
all den Menschen, die wir kennen, ist sie uns der liebste. Und
doch sehen wir sie als ein ideales Ziel, das unerkennbar und unerreichbar für uns bleibt. Wenn sie uns liebt, dann sicher nicht,
weil wir dies verdienen. Es erscheint uns wie ein Wunder. Ihre
Liebe ist eine Gnade. Diese eine Person ist Träger einer außergewöhnlichen Kraft, die uns erstaunt, die uns unfaßbar erscheint.
Wie ein Traum, aus dem man erwachen könnte.

Die Kraft des *Status nascendi* ist eine erlösende Kraft, die alles
verwandelt. Die geliebte Person lieben wir mit Haut und Haar:
Wir lieben ihre Fehler, ihre Unzulänglichkeiten, sogar ihre inneren Organe. Es wäre falsch, hier von Idealisierung zu sprechen.
Vielmehr handelt es sich um eine *Verwandlung*, um eine Auf-
wertung all dessen, was normalerweise als »niedrig« betrachtet
wird. Alles, was sonst verborgen ist, wird auf die Ebene der
Dinge gehoben, die als vornehm gelten und allgemein bewundert werden.

Die gegenseitige Verliebtheit ist das Wiedererkennen zweier
Menschen, die in den *Status nascendi* eintreten und ihr Leben gemeinsam gestalten. Damit eine gegenseitige Verliebtheit zustande kommen kann, muß der andere bereit sein, sich gleichermaßen zu öffnen, um selbst wiedergeboren zu werden.

Der *Status nascendi* beginnt in der Regel in einem der beiden
Verliebten, und dieser löst ihn anschließend im anderen aus, in-
dem er dessen bereits instabilen Zustand vollends aus dem
Gleichgewicht bringt. Der *Status nascendi* hat die erstaunliche
Fähigkeit, sich anderen mitzuteilen. Ihm wohnt ein außerge-

wöhnliches Verführungspotential inne, das das Objekt der Begierde mehr oder weniger überrennt und es mit sich reißt. Dies hatte auch Dante schon verstanden. So sagt Francesca:»Liebe, die den Geliebten zwingt zu lieben ...«

Die gegenseitige Verliebtheit ist somit nicht das Wiedererkennen zweier Personen unter normalen Bedingungen und mit ihren fest umrissenen Eigenschaften, sondern das Wiedererkennen zweier Personen in einem ganz besonderen Zustand, nämlich dem *Status nascendi*. Zwei Personen, die das Ende der Trennung des Subjekts vom Objekt erahnen, die absolute Ekstase, die Vollkommenheit. Sie sind füreinander einerseits Wesen aus Fleisch und Blut, mit Vor- und Nachnamen, einer Adresse, mit Bedürfnissen und Schwächen, andererseits sind sie füreinander auch transzendente Kräfte, durch die das Leben in seiner Gesamtheit fließt.[13]

VIERTES KAPITEL

Die Gemeinschaft

Das »Wir«, die Gemeinschaft

Mit dem *Status nascendi* beginnt ein ganz spezieller sozialer Prozeß, den wir hier als *kollektive Bewegung* bezeichnen wollen. Diese kollektive Bewegung läßt in einem plötzlichen Hervorbrechen von Vertrauen und Gefühlen eine neue *Gemeinschaft* entstehen.[1] Unserer These zufolge ist das Sich-Verlieben die einfachste Form der kollektiven Bewegung: Sie besteht aus nur zwei Personen. Es wird keine Kirche, Sekte oder Partei gegründet, sondern ein Paar. Folglich ist das Paar die kleinstmögliche Gemeinschaft.

Sobald sich zwei Individuen im *Status nascendi* befinden, fühlen sie trotz ihrer vorherigen Getrenntheit, ihrem Anderssein und womöglich ihrer Rivalität, daß eine tiefe Seelenverwandtschaft zwischen ihnen besteht, daß sie das gleiche Ziel, die gleichen Träume und die gleiche Bestimmung haben. Dieser Prozeß beginnt noch vor dem Entstehen einer Ideologie oder einer Weltanschauung. Sie erkennen sich nicht etwa, weil sie die gleichen Gedanken haben, sondern weil sie in die gleiche Richtung streben. Sie fühlen den Drang, sich zu vereinen, eine eng verbundene Gruppe zu bilden, eine Gemeinschaft, ein solidarisches Wir.

Wenn Bewegungen im Entstehen begriffen sind, sind sie instabil und unbeständig. Je mehr Zeit vergeht, desto stärker neigen sie dazu, zu einer dauerhaften und sehr stabilen sozialen Struktur zu werden: der Institution. Eine *Institution* ist das, was gewählt, gewollt und festgelegt wurde. Sie entsteht in einer Bewegung nicht nur aus rationalen Gründen, sondern auch aus dem dramatischen Zusammenstoß der dem *Status nascendi* innewohnenden utopischen Hoffnung und der Notwendigkeit, in dieser Welt zu leben und sich zu verwirklichen. Beispiele für kollektive Bewegungen sind das Christentum, der Islam, die franziskanische Bewegung, das Luthertum, der Calvinismus, der Methodismus, der Chartismus, der Marxismus, aber auch die nationalen Bewegungen. Aus ihnen werden jene Gemeinschaften gebildet, die wir als Sekten, Kirchen, Parteien, Gewerkschaften oder Nationen bezeichnen.

Auch eine Zweierbeziehung beginnt mit einem *Status nascendi*, nämlich dem der Verliebtheit. Später kann sie zu einer stabilen Partnerschaft und so zur Institution werden. Der *Status nascendi* der Verliebtheit hat im Vergleich zu den anderen Institutionen spezielle Eigenschaften, unter denen die herausragende die Erotik ist. Bei allen Entstehungsprozessen »lieben« sich die Betreffenden, doch nur bei der Verliebtheit kommt es zu einer erotischen Glückseligkeit, zum Liebesspiel, zur körperlichen und geistigen Vereinigung. Zudem entsteht durch die Verliebtheit eine intime, intensive und freudige Bindung zwischen zwei Personen, die sich genau entsprechen. Beim *Status nascendi* einer Gruppe steht ein charismatischer Führer an der Spitze der Gruppe, in einer Liebesbeziehung dagegen ist jeder der charismatische Führer des anderen. Es gibt keine Hierarchie.

Schöpfung und Zerstörung

Bisher haben wir die Verliebtheit als eine kreative Kraft beschrieben, die zwei Menschen vereint. Man darf aber nicht vergessen, daß sie auch eine zerstörerische Kraft besitzt, die Menschen entzweit. Für Tristan und Isolde, Lanzelot und Ginevra oder Paolo und Francesca ist die Verliebtheit eine Kraft, die vereint. Für König Marke, König Artus und den Ehemann von Francesca da Rimini bedeutete die gleiche Liebe Verrat, Ehebruch, Untergang. Hier wirkt die Liebe als revolutionäre Kraft, die das heilige Sakrament der Ehe und die Treue gegenüber dem eigenen König bricht. Aus der Liebe von Lanzelot zu Ginevra, der Frau König Artus', gehen Gewalt und Verderben hervor, die nicht nur die Liebenden betreffen, sondern sich auf die ganze Gesellschaft auswirken. Mit diesem Ehebruch beginnt nämlich die Serie der Kriege und der Tragödien, die schließlich das Reich zerstören werden.[2]

Der *Status nascendi* der Liebe ist der Versuch, auf radikale Art und Weise das eigene Leben umzukrempeln, genauso wie es in der Gesellschaft durch große kollektive Bewegungen zu Umwälzungen kommt. Er wird von einem unaufhaltsamen Enthusiasmus genährt. Wer immer auch an diesem Prozeß teilnimmt, hat das Gefühl, daß alles Böse, alle Ungerechtigkeiten ausgelöscht werden können. Deswegen kommt es auch zu Zusammenstößen mit den bereits bestehenden Institutionen. Man versucht, neue soziale Beziehungen ins Leben zu rufen. In Extremfällen stürzt die Bewegung wirklich alles Bestehende um und radiert erbarmungslos die Vergangenheit aus.[3]

Jede Verliebtheit hat etwas von einer Revolution. Ihre Wirkung ist immer ein zweischneidiges Schwert. Das, was der eine als Freude, Befreiung, Wiedergeburt empfindet, bedeutet für den anderen Verzweiflung und Untergang. Es kommt unausweichlich zu Konflikten zwischen denen, die der neuen Gemeinschaft angehören, und denen der alten Gemeinschaft, die auseinandergerissen worden ist. Dieser Konflikt kann auch praktisch unbemerkt verlaufen, wie es beispielsweise der Fall bei zwei jungen und frisch verliebten Menschen ist, die auf keinen Widerstand seitens ihrer Familien stoßen und ohne Probleme und Kämpfe zusammenziehen und heiraten können. Diese beiden jungen Menschen ändern ihr Leben, ohne einen klaren Bruch mit ihrer Vergangenheit zu vollziehen. Vollkommen anders ist der Fall gelagert, wenn einer der beiden bereits verheiratet oder durch Verpflichtungen und heilige Gelöbnisse, wie zum Beispiel das der Priesterwürde, gebunden ist.

In der Verliebtheit gibt es auch immer die Komponente Gewalt. Alles, was die alten Bindungen und bestehenden Beziehungen zerstört, ist rohe Gewalt. Ein Verliebter möchte keinem weh tun. Doch um seinen Traum zu verwirklichen und die neue Gemeinschaft ins Leben zu rufen, kann er dazu gezwungen sein. So kann er Personen verletzen, die ihm bis kurz zuvor noch nahestanden, ihnen einen unsäglichen Schmerz zufügen, ihnen das Herz brechen. Diesem Schmerz hat Simone de Beauvoir in ihrem Buch »Eine gebrochene Frau« Ausdruck verliehen.

Geburt und Moral

Unter dem Einfluß der Psychoanalyse hat sich im zwanzigsten Jahrhundert die Überzeugung verbreitet, daß alle aufregenden und begeisternden Erlebnisse, alle Leidenschaften des Herzens und alle tiefen Gefühle nichts anderes sind als Überbleibsel aus Kindheitstagen. Ein großer Irrtum! Die aufregende Erfahrung des *Status nascendi* ist, wenn uns bewußt wird, daß wir mit dem Absoluten, dem Wesentlichen in Berührung gekommen sind. Dann erahnen wir die Harmonie zwischen Natur und Kosmos, zwischen Freude und Pflicht. Diese Erfahrung ist eine grundlegende Eigenschaft des menschlichen Geistes.

Ein Mensch wird nicht nur einmal geboren, er durchlebt nicht nur eine einzige Kindheit, sondern mehrere Wiedergeburten und Kindheiten. Der *Status nascendi* ist unlösbar mit der Erfahrung Tod / Wiedergeburt, mit der Zerstörung und dem Wiederaufbau des Individuums und seiner Welt verknüpft. Diese Erfahrung macht jeder einzelne, wenn er sich verliebt – was einem neuen *Imprinting* gleichkommt –, aber auch, wenn er eine wissenschaftliche Entdeckung macht, eine religiöse Bekehrung erfährt, oder wenn eine neue politische, religiöse oder wissenschaftliche Gruppe entsteht.

Diese außergewöhnliche Erfahrung, dieser *Neubeginn*, kommt einer Verjüngung des Betreffenden und seines Kosmos' gleich: Alles wird intensiv erlebt, die Welt scheint zu schwingen, sie ist voller Leben. Es ist ein Sprung nach vorne, ein Entweichen aus der Gegenwart, aus dem Alltäglichen, das Erahnen eines außergewöhnlichen Daseinszustandes, den der Betreffende – bzw. die Gruppe – in der Welt umzusetzen sucht. Entwicklung, Vollkommenheit und Freiheit ergeben sich nicht, weil wir unsere Träume aufgeben, um uns an die Realität anzupassen, sondern weil wir versuchen, unsere Träume in der Realität zu verwirklichen. Wir versuchen also, die Realität entsprechend unseren Träumen und unserem Ideal zu formen.

Der Mensch kann sein Dasein transzendieren und in einer Dimension leben, in der alles nach Vollkommenheit strebt. Der Gedanke an ein Paradies auf Erden ist nicht nur eine Erinnerung aus der Kindheit, also etwas Regressives, das man überwinden muß. Würde es dieses Streben nach Höherem nicht geben, könnte es keine Träume geben, keine Ideale und keine Zivilisation. Der Wunsch nach dem Paradies auf Erden ist der Polarstern, der dem Menschen die Richtung zur Vollkommenheit weist.

Jede Gesellschaft – wie auch jedes Individuum – altert, erstarrt und verknöchert. Sobald dies eintritt, steigt aus ihr eine regenerative Kraft empor, die die Gesellschaft zerstört, um Platz für eine neue zu schaffen. Diese Kraft ist wie ein Erwachen, wie der Morgen eines neuen Lebens. Es ist eben diese Vision, die der Gesellschaft, den Völkern und der Geschichte ihren evolutionären Charakter verleiht. Die sozialen Bewegungen, Hoffnungen und Träume waren der Nährboden, auf dem der Wunsch keimte – und sei es auch über unzählige Fehler und Mißerfolge –, bessere und gerechtere Gesellschaften zu gründen. Unter ihrem Druck sind die großen Ideale der Menschheit entstanden. Die regenerative Kraft, die anfangs ein bloßes Ahnen ist, wird später so stark wie ein alles durchdringender Lichtschein. Der *Status nascendi* ist die Vision einer neuen Welt. Und diejenigen, die diese Welt schauen durften, wollen sie auf diese Erde bringen. Und so nimmt ein konkreter und geschichtlicher Plan Form an. Etwas von diesem Ideal wird immer verwirklicht, auch in ganz konkreten Handlungen, und zwar in Form einer *Institution*. Diese Institution ist – jedenfalls teilweise – Hüter und Erbe dessen, was der *Status nascendi* versprochen hat.

Das, was im Entstehen begriffen ist, steht jedoch immer im Gegensatz zu etwas anderem. Wenn wir uns befreien, dann befreien wir uns immer von etwas. Entstehen bedeutet gleichzeitig auch, etwas anderes zu zerstören. Die regenerative Kraft, die nach dem Neuen strebt, lehnt sich voller Ungestüm – manchmal auch mit größter Grausamkeit – gegen das auf, was sich ihr in den Weg stellt. Wenn wir verliebt sind, lieben wir die Welt, das ganze Universum, und wir wünschen, daß alle Lebewesen glücklich sind. Wir vertragen es jedoch absolut nicht, wenn wir von unserem Geliebten getrennt werden, und sind zu allem bereit, um unsere Liebe zu verwirklichen.

Der Verliebte entdeckt, daß die Welt ein Paradies ist. Gleichzeitig erkennt er jedoch auch, daß sie ein Hindernis darstellen kann. Die »neue« Welt bietet sich ihm in ihrer ganzen Herrlichkeit an, erscheint ihm voller Versprechen. Doch sie stellt ihm auch unerfüllbare Aufgaben. Er wird feststellen, daß er nicht alles, was ihm vorschwebt, verwirklichen kann. Um nicht überwältigt zu werden, wird er sich mit seiner Welt auseinandersetzen, sie sich untertan machen und sie letztendlich in der Form, in der sie besteht, zerstören müssen. Oder er muß sich ihr beugen und Kompromisse schließen. Wenn wir verliebt sind, träumen wir davon, daß alle uns lieben und unser Tun gutheißen. Und wenn uns dann aufgeht, daß dem nicht so ist, sind wir enttäuscht und verletzt. Verliebte bewegen sich in ihrer alten Welt wie arglose Kinder. Bestürzt stehen sie vor den Hindernissen, die diese Welt ihnen in den Weg stellt und die sie daran hindern, ihren neuen Daseinszustand zu erreichen. Mit dem Mut der Verzweiflung kämpfen sie gegen das, was diese im Keim ersticken oder aufhalten will. Aber sie sind ihrer Umwelt gegenüber nicht gleichgültig. Habgier und Immoralität kann man ihnen sicher nicht vorwerfen. Im Gegenteil, sie sind äußerst sensibel gegenüber Schmerz und Leid.

Der *Status nascendi* – eben weil er alles, was wir lieben, zum absoluten Wert erhebt – läßt uns voller Grauen die Entscheidung erkennen, die wir treffen müssen. Weil es keine Wahl zwischen besser oder schlechter gibt, sondern nur zwischen zwei gleich guten Möglichkeiten, stellt sich die Entscheidung als *Dilemma* dar.[4] Jeder Mensch, der wiedergeboren wird und der Welt gegenübertritt, kommt sich wie Adam im Garten Eden vor und muß nun eine Entscheidung treffen, die ihn vom Paradies ausschließen wird. Ganz egal, wie er sich entscheidet – der eigenen Gruppe gehorchen oder sich selbst behaupten, seine neue Liebe wählen oder seiner alten treu bleiben –, eine der beiden Möglichkeiten muß er verwerfen. Von diesem Moment an wird die Welt geteilt sein. Pflicht und Freude trennen sich hier. Er wird sich sein täglich Brot im Schweiße seines Angesichts verdienen müssen. Sein Leben wird von Vorsicht, Mißtrauen und Kampf geprägt sein. Was ihm jedoch bleiben wird, ist die Erinnerung an etwas unendlich Erhabenes und Schönes.

Die *Moralität*, die aus dem *Status nascendi* hervorgeht, hat nicht nur eine Seite, sondern zwei einander entgegengesetzte.[5] Die eine Seite der Moralität ist die, die einer Entscheidung vorausgeht und sie ablehnt. Es ist eine Moralität ohne Verneinung, Zerstörung und Widerstand. Sie strebt nach einer anderen und ungeteilten Welt, nach Harmonie und Versöhnung. Urteile und die absolute Trennung zwischen Gut und Böse werden, soweit möglich, vermieden. Die zweite Seite ist die der Moralität des Lebens. Diese Form geht dem Kampf und dem Widerstand nicht aus dem Weg, sie gibt ihnen ihre Berechtigung. Bei dieser zweiten Seite handelt es sich um die Moralität, die Freund und Feind trennt, die Urteile fällt und verdammt.

Mann und Frau

Es gibt keinen Unterschied in der Verliebtheit zwischen Mann und Frau, jung und alt, homosexuell und heterosexuell. Schuldgefühle und Dilemmas werden jedoch zutiefst von der jeweiligen Kultur, Geschichte und der anerzogenen Moral beeinflußt. Trotz der progressiven Annäherung der beiden Geschlechter gibt es hier weiterhin Unterschiede zwischen Mann und Frau.[6] Im allgemeinen betrachten Frauen die Liebe als einen positiven und moralischen Vorgang. Ihre traditionelle Moralvorstellung sagt ihnen, daß sie dem Mann folgen müssen, den sie lieben. Für den Mann hingegen fällt die Liebe in den Bereich der Lust. Seine traditionelle Moralvorstellung sagt ihm, daß er seine Abmachungen einhalten und sich um die kümmern muß, die von ihm abhängig sind, und daß er diejenigen nicht verletzen darf, die ihn lieben und ohne seine Unterstützung hilflos sind. Nur seine Verliebtheit läßt in einem Mann das Gefühl entstehen, daß seine Liebe wenigstens eine teilweise Berechtigung besitzt. Sie ist eine Art Explosion, die alle gängigen Moralvorstellungen außer Kraft setzt. Innerlich fühlt er, daß er das Recht hat, seiner Liebe zu folgen. Doch selbst in diesem Fall ist die »andere« Moral, die Moral der Verantwortung, weiterhin gültig.[7] Ein verliebter Mann sorgt sich deswegen häufig auch weiterhin um die Person, die er verlassen will. Er fühlt sich für ihr Leiden verantwortlich. In der Regel ist es seine neue Geliebte, die ihn dazu treibt, die andere zu verlassen.

Häufig ist es die Frau, die dem Mann erklärt, daß er das Recht, mehr noch, daß er sogar die Pflicht dazu hat, denn wenn er bei derjenigen bleibt, die er nicht mehr liebt, wird er ihr nur weh tun. Man sollte jetzt jedoch nicht den Schluß ziehen, daß dieses Verhalten eine spezielle Rivalität der Frauen gegenüber dem eigenen Geschlecht darstellt. Es ist vielmehr so, daß die Frau überzeugt ist, daß man, wenn man jemanden liebt, nur diese eine Person lieben darf und man dabei keine anderen ethischen Verpflichtungen zu beachten hat. Wenn eine Frau dem geliebten Mann folgt, hat sie all ihre moralischen Verpflichtungen erfüllt.

Der Mann hat jedoch in Abertausenden von Jahren gelernt, daß seine wichtigste Verpflichtung die gegenüber seiner Gemeinschaft, seiner Familie, seiner Frau und seinen Kindern ist. Erotik ist für ihn nur etwas Zusätzliches, etwas, das er nicht nur von seiner Frau bekommen, sondern sich ebensogut von seinen Konkubinen oder Sklavinnen und notfalls auch im Krieg oder in Beutezügen holen kann. All dies darf jedoch keine Auswirkungen auf seine vorrangigen Pflichten haben, die nicht unter das Stichwort »Erotik« fallen.

Wenn Frauen behaupten, daß Männer in der Liebe zögernder, unsicherer und unentschlossener seien, so haben sie durchaus recht. Frauen kennen häufig nur ein Ja oder ein Nein – dazwischen gibt es für sie nichts. Und wenn eine Beziehung vorüber ist, dann ist sie es für immer. Sie fühlen fortan keine Verpflichtungen oder Solidaritätsgefühle mehr gegenüber ihrem ehemaligen Geliebten. In einem ihrer Bücher läßt Françoise Giroud ihre Heldin über ihren Ehemann sagen, dieser habe keinen blassen Dunst von weiblicher Psychologie gehabt. Wie konnte er nicht verstehen, daß eine Frau, die nicht mehr liebt, ganz einfach und voller Natürlichkeit das Objekt ihrer einstigen Liebe auslöscht, aus ihrem Leben streicht, als hätte es diese Liebe nie gegeben?[8]

Der Mann dagegen wurde über Jahrtausende hinweg in dem Glauben erzogen, Verantwortung, Pflichten und Rechte zu haben, die auch nach dem Ende einer Beziehung weiterbestehen. Erst in jüngerer Zeit verlieren sowohl die traditionellen Pflichten als auch die Forderungen, die aus dem Prinzip männlicher Verantwortung abgeleitet wurden, an Gewicht. Dies liegt vor allem am Untergang des Patriarchats, an der zunehmenden Unabhängigkeit der Frau, am Geburtenrückgang und am sozialen Netz.

Was bleibt, ist eine Geisteshaltung, eine Art moralische Sensibilität, die nicht mehr objektiv vertretbar ist. So kommt es, daß das weibliche Modell zunehmend überwiegt. Und der Mann sieht seine Unsicherheit, seine Unentschlossenheit nicht mehr als Tugend an, sondern als Schuld und Schwäche. Er erlebt seine Unsicherheit wieder einmal – und paradoxerweise – als *Schuldgefühl*.

Eine Frage der Moral

In bezug auf das Liebesleben und die Erotik hatte die antike Welt starre Moralregeln. Verboten war der Inzest, die ehelichen Pflichten waren in allen Einzelheiten festgelegt, der Ehebruch und das Brechen von Eheversprechen wurden verurteilt, und ein Mann mußte eine Frau heiraten, wenn er sie geschwängert hatte. Diese Regeln verlieren heutzutage zunehmend an Bedeutung, weil sie nicht mehr zeitgemäß sind. Sexuelle Beziehungen und Partnerschaften sind mehr und mehr der freie Ausdruck von Individuen und werden durch persönliche Präferenzen bestimmt. Wir brauchen uns nur die Jugend anzusehen. Wenn sich ein junger Mann in ein hübscheres Mädchen verknallt, dann gibt er seiner derzeitigen Freundin eben den Laufpaß. Und wenn ein Mädchen einem jungen Mann begegnet, der ihr besser gefällt, dann teilt sie dies ihrem Freund ohne viel Aufhebens mit. Wenn dieser sie dann immer noch liebt, wenn er gar leidet oder sich ihretwegen umbringt, dann ist das sein Problem. In der Liebe fühlt man sich heute nicht mehr verantwortlich für das, was der andere fühlt oder tut.

Diese pubertären Verhaltensweisen dehnen sich langsam auf das Erwachsenenleben aus. Die Moralvorstellungen, die uns von den TV-Serien und Fernsehschnulzen eingetrichtert werden, lassen keinen Zweifel zu: Die einzige Macht, die eine Ehe zusammenhalten kann, ist die Liebe. Die Liebe rechtfertigt alles. Die neue Liebe kennt nur ein Gebot: »Geh, wohin dein Herz dich trägt«.[9] Sobald jemand keine Liebe mehr für seinen Partner empfindet oder von Wut oder Haß ergriffen wird, geht er einfach, ohne sich auch nur einmal umzublicken, damit er ja nicht das Leid und die Verwüstung sehen muß, die er hinter sich zurückgelassen hat. Das Ergebnis ist, daß auch im wirklichen

Leben die Welt der Liebe und der Erotik in verstärktem Maße von der Logik der persönlichen Präferenzen und dem Gesetz des Stärkeren beherrscht wird. Nehmen wir den Fall einer Frau, die ihrem Ehemann geholfen hat, Karriere zu machen. Sie hat ihm Kinder geschenkt und liebt ihn nach wie vor von ganzem Herzen. Er dagegen verliebt sich eines Tages in eine jüngere Frau, läßt sich scheiden und heiratet sie. Seine Ex-Frau fängt zu trinken an und stirbt einige Jahre später an Leberzirrhose. Der Mann fühlt sich in keiner Weise am Tod seiner ersten Frau schuldig. Nehmen wir noch ein anderes Beispiel: Ein Geschäftsmann um die sechzig macht Pleite. Er wird krank. In diesem Moment der höchsten Not verläßt ihn die Frau, mit der er zusammenlebt. Er erleidet einen Herzinfarkt und stirbt daran. Auch in diesem Fall fühlt sich die Frau nicht im mindesten schuldig, schließlich liebte sie ihn nicht mehr. Ist all dies aber auch richtig?

Natürlich gibt es keinen Vertrag und kein Moralgesetz, die uns zwingen könnten, jemanden zu lieben, den wir nicht lieben. Das heißt jedoch nicht automatisch, daß wir nicht für die Folgen verantwortlich sind, die sich aus unseren Handlungen ergeben. Wenn wir alle Folgen großzügig von uns weisen, bedeutet das, daß wir die grundlegenden moralischen Prinzipien, auf die sich unsere Zivilisation gründet, verletzen. Man braucht sich nur das biblische Gebot vor Augen zu führen, daß man seinem Nächsten nicht das zufügen soll, was man nicht selbst zugefügt haben will. Ähnliches lehrt uns der Kantsche Imperativ – daß wir selbst entsprechend dem Grundsatz handeln sollen, den wir von allen angewendet sehen wollen. Und schließlich gibt es die Verantwortungsethik von Max Weber: Wir sind immer für das Böse verantwortlich, das wir einem anderen zufügen, und müssen versuchen, es auf ein Mindestmaß zu reduzieren. Wenn wir uns auch nicht zwingen können, jemanden zu lieben, für den wir keine Gefühle empfinden, so können wir doch zumindest mit Umsicht handeln, ihm gegenüber höflich sein, ihm in der Not helfen und seine Würde und seinen Wert respektieren.

Viele sind der Ansicht, daß man der Liebe keine Vorschriften machen kann. Das hängt jedoch von der Art der Liebe ab. Viele sogenannte »große Lieben« sind nichts anderes als Strohfeuer, als vorübergehende Schwärmerei. Selbst eine wahre Verliebtheit beginnt immer mit dem Ausprobieren. Damit sie sich weiterentwickeln kann, müssen wir mit Herz und Seele hinter ihr stehen. Und was ist mit der Falschheit, dem Egoismus und dem Bösen, die im Namen der Liebe verübt werden? Heißt das etwa, daß alle Mittel und jede Schandtat erlaubt sind, wenn es um die Liebe geht? Heutzutage sind immer mehr Leute der Auffassung, daß es in jedem Falle richtig und gut ist, »dorthin zu gehen, wohin ihr Herz sie trägt«. Wenn sie dann von Verantwortung reden hören, reagieren sie mit Empörung.

FÜNFTES KAPITEL

Wahre Verliebtheit

Wie können wir nun wahre Verliebtheit von dem Strohfeuer einer bloßen Schwärmerei unterscheiden? Gibt es ein Schlüsselerlebnis, durch das eine echte Verliebtheit ganz klar erkannt werden könnte? Wir sind davon überzeugt. Wahre Verliebtheit wird vom Mechanismus des *Status nascendi* beherrscht, alle anderen Formen der Verliebtheit nicht. Wenn wir sorgfältig das Schlüsselerlebnis des *Status nascendi* unter die Lupe nehmen, können wir zweifelsfrei feststellen, wann wir es mit echter Verliebtheit zu tun haben. Dieses Erlebnis ist sehr komplex, doch es lohnt sich die Mühe, es zu untersuchen. Nur, wenn wir alle im folgenden aufgeführten Eigenschaften antreffen, können wir von wahrer Verliebtheit reden.

1) *Das Gefühl der Befreiung*: Wir haben das Gefühl, daß eine Zeit der Gefangenschaft vorüber ist. Wir haben unsere Ketten gesprengt und den Schritt in die Freiheit gewagt. Mit allen Sinnen genießen wir diese Freiheit. Vorher haben wir uns gebeugt, aus Faulheit, Apathie, aus Angst. Wir haben uns gezwungen, das zu tun, was die anderen von uns erwarteten. Wir haben ihre Regeln befolgt und nicht auf unsere innere Stimme gehört. Kurzum, wir waren nicht mehr wir selbst. Nach und nach hatten wir uns in ein unsichtbares Gefängnis eingeschlossen. Jetzt aber haben wir unsere Ketten gesprengt und sind endlich der Mensch geworden, der wir sein wollten.

2) *Die Erleuchtung*: Es ist, als ob wie durch Zauberhand ein Schleier von uns genommen wäre, der unsere Augen verhüllte.

Jetzt erkennen wir unsere wirklichen Wünsche, unser wirkliches Wesen. Wir wissen, was richtig und was falsch ist. Vorher waren wir blind, wir hatten in einer Art Halbschlaf vor uns hingedämmert, wie alle anderen um uns herum. Jetzt betrachten wir sie ungläubig, denn es erscheint uns unmöglich, daß sie sich mit dem zufriedengeben, was sie sind und was sie haben. Es gab eine Zeit, da waren auch wir wie sie: unecht und leblos. Jetzt aber wissen wir, was es heißt, wirklich zu leben. Wir wissen auch, daß Liebe das Wichtigste im Leben ist. Die Liebe ist ein wundervolles Geschenk, auch wenn wir durch sie leiden müssen. Wenn man nicht mehr lieben kann, dann kehrt man unter die Blinden zurück, in den Zustand von Halbtoten.

3) *Der Einzige*: Der von uns geliebte Mensch ist mit keiner anderen Person vergleichbar. Er ist das einzige Lebewesen auf dieser Welt, das wir lieben können. Egal, wem wir begegnen – und sei es auch unser Popidol höchstpersönlich –, niemand kann ihn ersetzen. Es gibt keine andere Person, die wie er oder sogar besser wäre. Wenn unsere Liebe erwidert wird, können wir unser unsagbares Glück gar nicht fassen. Wir haben das Gefühl, als ob uns etwas gewährt worden wäre, von dem wir uns nicht einmal hätten träumen lassen, daß wir es je erreichen könnten. Deswegen kann man sagen, daß eine verliebte Frau wirklich ihrem Traumprinzen aus dem Märchenbuch begegnet. Und ein verliebter Mann begegnet auch wirklich einer göttlichen Diva, seiner unerreichbaren Königin, die er sonst noch nicht einmal anzublicken gewagt hätte. Wir können es einfach nicht fassen, daß uns ein derartiges Glück zuteil werden konnte. Und so reift in uns die feste Entschlossenheit, dieses Glück vor allen Widrigkeiten zu beschützen und es mit beiden Händen festzuhalten.

4) *Realität und Kontingenz*: Jetzt, wo wir das Wesentliche in den Dingen erkennen, ist uns auch klar, daß alles von einer aufsteigenden Kraft beherrscht wird, die nach Glück und Freude strebt und danach trachtet, allen Dingen Harmonie und Vollkommenheit zu verleihen. Dies ist die tiefe Wahrheit des Realen. Schmerz, Unvollkommenheit und Boshaftigkeit sind folglich

nur Schein, also »Kontingenz«. Eines Tages werden sie vergehen, für uns, für alle. Was sich behaupten wird, sind die Wahrheit der Liebe und das Glücklichsein. Deswegen müssen wir Vertrauen und Geduld haben.

5) *Die Seinserfahrung*: Wir fühlen tief in uns, daß alles, alle Lebewesen und alle leblosen Gegenstände, einen Sinn hat. Über allem weht der Hauch des Absoluten. Alles ist schön, wenn es vom Licht des Seins angestrahlt wird. Das Sein in sich ist schön, logisch, notwendig, bewundernswert, phantastisch. Deswegen erscheinen uns alle Dinge – ein Hügel, ein Baum, ein Blatt, eine Mauer im Sonnenuntergang, ein Insekt – unsagbar schön.

6) *Freiheit und Bestimmung*: Wenn wir lieben, sind wir in Einklang mit dem Universum. Wir werden Teil seiner Bewegung und seiner Harmonie. Wir fühlen, wie wir von einer transzendenten Kraft durchflutet werden. Es ist, als ob wir eine Note in einer großen Symphonie wären. Und doch fühlen wir uns nicht wie Gefangene. Im Gegenteil: Wir fühlen uns frei und lieben unsere Freiheit von ganzem Herzen. Wenn wir uns auf unseren Geliebten zubewegen, folgen wir nur dem Ruf des Seins. Damit erfüllen wir gleichzeitig unseren Willen und unsere Bestimmung. Frei sein bedeutet, das Beste zu wollen, die eigene Bestimmung anzunehmen. Niemand ist »Sklave« seiner Liebe, denn unsere Liebe ist unsere Wahrheit, unsere Bestimmung und unser Schicksal.

7) *Die kosmische Liebe*: Wenn wir verliebt sind, lieben wir alles und jeden. Wir lieben die Berge, die Pflanzen, die Flüsse und alle Lebewesen. Wir begegnen unserer Welt voller Verständnis und Liebe. Die Leute, die uns nahestehen, lieben wir noch mehr. Wir wollen alle glücklich machen. In uns reift die Einsicht heran, daß *Pflicht und Freude Hand in Hand gehen sollten*. Wenn dies unmöglich ist, wenn wir also gezwungen werden, zwischen der geliebten Person und den anderen Personen, die wir lieben, zu wählen, fühlen wir uns innerlich zerrissen. Hierbei handelt es sich um das sogenannte *ethische Dilemma*. Viele Personen entsagen ihrer Liebe, einige begehen sogar mit der

geliebten Person Selbstmord, weil ihnen das ethische Dilemma unlösbar scheint. Um ihre Liebe zu retten, verzichten sie auf ihr Leben. Wer jedoch stark ist und sowohl Liebe als auch Leben retten will, unternimmt alles, was in seiner Macht steht, um eine für alle Betroffenen akzeptable Lösung zu finden. Wer wirklich verliebt ist, ist auch bereit, Verzicht zu üben und Opfer zu bringen. Und wenn man dabei jemandem weh tut, fühlt man sich schuldig und leidet mit.

8) *Die Wiedergeburt*: Die verliebte Person durchbricht den magischen Kreis, der sie (wie eine willenlose Puppe) an ihre Gemeinschaft gefesselt hat. Sie ändert die Beziehungen, die sie bis zu diesem Moment gehabt hat. Sie selbst wird eine andere Person: ein anderer Mann bzw. eine andere Frau. Das alte Individuum ist tot und an seiner Stelle wird ein neues geboren. Es hat eine innere Umwandlung erfahren, die *Metanoia*, von der Paulus spricht, die Auferstehung nach dem Tod. Eine verliebte Person ist ein Mensch, der wiedergeboren wurde. Ohne dieses Erlebnis der Wiedergeburt kann man nicht von wahrer Verliebtheit reden.

9) *Wahrhaftigkeit und Reinheit*: Da unser altes Ich, das habsüchtig, unglaubwürdig und falsch war, tot ist, möchten wir nun *wahrhaftig* und *rein* sein. Wenn zwei Menschen ineinander verliebt sind, dann sagen sie sich auch die Wahrheit. Dies ist ihnen ein inneres Bedürfnis. Sie lügen nicht einmal mehr sich selbst etwas vor, wie sie das so oft in der Vergangenheit getan haben. Ein wirklich verliebter Mensch ist offen, unbeschwert und formbar. Seine Habsucht, seinen Geiz und seinen Neid hat er abgelegt, weil sein einziges Interesse nur noch der Liebe gilt. Die Kernaussage dieser Erfahrung wird in dem biblischen Satz deutlich, der sagt, daß einem im Überfluß gegeben werde, wenn man das Reich Gottes suche. Eben weil man das Wesentliche des Lebens erkannt hat, fürchtet man keine Hindernisse mehr. Man ist zuversichtlich, alle Schwierigkeiten, alle Mißverständnisse und allen Haß überwinden zu können. Dieses Gefühl der Unverwundbarkeit benebelt keineswegs den Verstand – im Gegenteil: Man wird geduldig, aufmerksam und erfinderisch.

10) *Das Wesentliche*: Das ist die geliebte Person. Auch wenn der Verliebte vor seiner Verliebtheit Hunderte von Ansprüchen und Gewohnheiten gehabt hatte, erscheinen diese ihm jetzt, wo er verliebt ist, ohne Bedeutung. Es ist ihm gleichgültig, was er besitzt, wie er gekleidet ist und wie er sich fortbewegt. Einzig und allein das Wesentliche ist nun von Bedeutung. Wesentlich ist all das, was der geliebten Person Freude machen kann, was sie glücklich macht und was ihm selbst ermöglicht, mit ihr zusammenleben zu können. Ein verliebter Mensch ist davon überzeugt, daß er zum Leben tatsächlich nur die sprichwörtliche »Luft und Liebe« braucht. Wenn man verliebt ist, dann gibt man sich mit wenig zufrieden und erduldet unbeschwert Müdigkeit, Erschöpfung und Hunger. Wenn man jedoch weiterhin raffgierig ist, wenn man auf nichts verzichten kann, kann man sich sicher sein, nicht wirklich verliebt zu sein. Auch wenn man sich ständig beklagt, ist man nicht verliebt.

11) *Der »Kommunismus« der Liebe*: Wenn man sich in eine reiche Person verliebt, ist man glücklich, daß diese reich ist, es ist einem aber auch vollkommen gleichgültig, selber arm zu sein. Man strebt nicht danach, selbst so reich zu werden wie die geliebte Person. Man will nicht so wie sie werden. Wenn man dagegen selber reich ist, dann fühlt man sich verpflichtet, vom eigenen Reichtum abzugeben, um diese Ungleichheit wettzumachen. Wirklich verliebte Menschen führen nicht Buch darüber, was sie geben und was sie nehmen. Jeder der beiden gibt entsprechend seinen Möglichkeiten und nimmt entsprechend seinen Bedürfnissen.[1] Dies ist jedoch nur möglich, wenn beide Verliebte ihre materiellen Bedürfnisse zurückstecken. Und sie tun es, weil sie glücklich sind, zusammenzusein, und weil sie nur sehr wenig brauchen. Wenn sie ein belegtes Brötchen essen und sich dabei tief in die Augen schauen, dann kommt es ihnen wie das köstlichste Essen vor. Wenn sie in einer heruntergekommenen Pension übernachten, dann erscheint sie ihnen wie ein Königspalast.

Wenn Raffgier oder Geiz weiter spürbar sind, dann handelt es sich um keine wirkliche Verliebtheit. Außerdem werden in der Verliebtheit alle Ansprüche der anderen Familien-, Clan- oder

Parteimitglieder sorgfältig abgeblockt. In den *Status nascendi* treten wir als Individuen ein. Folglich gibt es einen Überfluß an Ressourcen im Vergleich zu den vorhandenen Bedürfnissen. Wenn sich statt dessen Mangel einstellen sollte oder einer der beiden zuviel verlangt, dann bedeutet dies, daß die Verliebtheit nicht echt ist.

12) *Das Historisieren*: Nach unserer Wiedergeburt beginnen wir mit dem Aufbau unserer neuen Identität. Wir erinnern uns an unsere Vergangenheit zurück, um zu verstehen, was mit uns geschehen ist, und das einzuordnen, was wir erreicht haben. Wir versuchen so zu begreifen, was uns vom rechten Weg abgebracht hat und wie wir schließlich unsere wahre Liebe doch noch gefunden haben. Durch dieses Historisieren verlieren alle alten Wunden, Seelenqualen und Liebschaften an Bedeutung. Wir gehen aus diesem Prozeß wie neugeboren hervor, frei von Groll und allen Fesseln. Diesen Prozeß durchleben die beiden Verliebten gemeinsam, indem sie sich gegenseitig ihr Leben erzählen. Sie vertrauen sich ihre Schwächen und Fehler an. So entdecken sie auch in der Vergangenheit die ersten Anzeichen für die Liebe, die sie jetzt vereint. Durch die Erzählung der geliebten Person sieht man die Welt aus ihren Augen. Auf diese Art und Weise verschmelzen die Liebenden nicht nur ihre Gegenwart, sondern auch ihre Vergangenheit. Sie verknüpfen sie und stimmen sie aufeinander ab, bis sie sich schließlich eine gemeinsame Vergangenheit und Identität geschaffen haben.

13) *Die Liebe als Gnade*: Obwohl wir dem anderen den Hof gemacht und uns um ihn bemüht haben, empfinden wir seine Liebe als Wunder, als Geschenk, ja, als Gnade. Für Liebe gibt es keine Erklärungen. Liebe ist frei. Deswegen wollen wir, daß uns der andere ohne Zwang liebt. Selbst wenn wir ihn manchmal einsperren wollen, ihm Fesseln anlegen, nur damit er bei uns bleibt, so wollen wir doch gleichzeitig, daß er uns aus eigenem Antrieb sagt: »Ich liebe dich«. Der Liebestrank aus der Mythologie ist etwas, das das Herz des Geliebten zu unseren Gunsten verwandelt, etwas, das in ihm die gleiche Umwandlung, die gleiche *Metanoia* bewirkt, die wir selbst erfahren haben. Dies

wird nicht als Zwang, sondern als Befreiung empfunden, denn durch das Einnehmen des Liebestrankes kann er uns endlich als das erkennen, was wir wirklich sind.

14) *Die Gleichwertigkeit*: Wenn zwei Menschen ineinander verliebt sind, dann kann nichts und niemand den anderen ersetzen. Sie sind einander mehr wert als alle anderen. Beide fühlen sich wie auf dem Dach der Welt. Aus soziologischer Sicht gesehen, stellt jeder der beiden den charismatischen Führer des anderen dar und kann durch niemanden ersetzt werden. Die beiden Verliebten sind deshalb *absolut gleichwertig*. Zwischen ihnen gibt es keinen Unterschied in Rang oder Hierarchie.

15) *Die Zeit*: Die geliebte Person ist wie die Morgenröte: Sie ist der Anfang unseres neuen Lebens. Gleichzeitig ist sie auch wie der Sonnenuntergang: Sie stellt die Grenze dar. Sie ist unser ganzes Leben, sie ist die Sonne, mit der unser Tag beginnt und mit der er zu Ende geht. Die Zeit beginnt und endet mit ihr. Wir wissen, daß das Schicksal uns mit dieser Liebe das Höchste gegeben hat. Für die Zukunft erhoffen wir uns deswegen nichts weiter, als an der Seite der geliebten Person leben zu können und gemeinsam mit ihr allen Mühen und Schwierigkeiten zu trotzen. Wir können uns vorstellen, unser Leben bis zu unserem Tod an ihrer Seite zu verbringen. Wie lang unser Leben sein wird, hat dabei keine Bedeutung. Ein Leben mit unserer Liebe ist in jedem Fall vollständig, vollkommen. Es gibt keinen wirklichen Unterschied zwischen Liebe und Zeit.

Wir sind eher bereit, auf unser Leben als auf unsere Liebe zu verzichten. Gleichzeitig sind wir voller Lebenslust, doch ohne die geliebte Person wäre unser Leben nicht mehr lebenswert. Der Zyklus unseres neuen Lebens beginnt und endet mit ihr. Die Unmöglichkeit, uns die Zeit ohne sie vorzustellen, erfüllt uns mit Panik. Ein Leben ohne sie bedeutet Niedergang, einen Sturz ins Nichts. Nur mit ihr können wir wachsen, ein besserer Mensch werden, uns über uns selbst erheben.

16) *Transfiguration*: Wenn wir in eine Person verliebt sind, »verklären« wir sie. Bei der Transfiguration handelt es sich um eine doppelte Erfahrung: Alles ist wunderbar, gleichzeitig aber auch

vervollkommnungsfähig, auf einen höheren Punkt gerichtet. Auf diese Art und Weise sieht eine Mutter ihr krankes Kind. Sie weiß, daß ihr Kind an einer Krankheit leidet, und wünscht sich, daß es wieder gesund wird, daß sie seine Krankheit heilen kann. Dennoch erlebt sie das kleine, blutleere Gesicht, diesen erschöpften Körper als schön und bezaubernd. Durch die Transfiguration können wir das, was ist, im Licht des Seins lieben. Die Transfiguration darf jedoch nicht mit der Idealisierung verwechselt werden. Bei der Idealisierung sehen wir in der geliebten Person anerkannte Werte. Wir sind blind gegenüber ihren Fehlern und betonen und überbewerten ihre guten Seiten.

Durch die Transfiguration können wir den anderen lieben, wie er ist, und uns mit ihm vereinen. Wir akzeptieren seinen Körper und seinen Geist. Wir öffnen uns, sind bereit, uns zu ändern, uns auf seine Wünsche einzustellen. In seinen Augen wollen wir vollkommen sein.

17) *Streben nach Vollkommenheit*: Wir entdecken in uns eine Kraft, die uns dazu antreibt, uns selbst zu übertreffen. Wir erahnen unser inneres Wesen, wie wir auch das der geliebten Person erkennen. Und ihr Wesen ist nicht nur das, was sich in diesem einen Augenblick offenbart, sondern alle in ihr verborgenen Möglichkeiten, die ihr selbst noch nicht einmal bewußt sind.[2] Es ist, als ob es unsere Aufgabe wäre, die geliebte Person an das heranzuführen, was Gott für sie im Sinn gehabt haben könnte.[3] Deswegen ermutigen wir sie, sich zu verändern. Doch dies hat auf uns selbst dieselben Auswirkungen. Auch wir wollen unsere verborgenen Wahrheiten ans Tageslicht und unser Wesen zur vollen Blüte bringen. Dies zwingt uns, danach zu suchen, und zwar nicht nur, indem wir hören, was uns die geliebte Person sagt, sondern auch, indem wir in uns selbst hineinhorchen.

Um seinem Partner zu gefallen, möchte man vollkommen sein. Darum hört man ihm zu und paßt sich seinen Wünschen an. Gleichzeitig sucht man jedoch nach seiner eigenen Bestimmung. Und bei dieser Suche kann es passieren, daß sich die eigenen Vorstellungen und die des Partners mal entsprechen und mal entgegenstehen. Beide streben die eigene Vollkommenheit und die des Partners an.[4] Daraus entsteht ein komplexer Prozeß, den man nicht als wechselseitige Anpassung bezeichnen kann, weil er viel mehr beinhaltet: Es handelt sich um eine Neugeburt, ein Neuerschaffen seiner selbst, des Partners und der Beziehung.

Bei diesem Prozeß muß man mit zahlreichen Mißverständnissen, Fehlern, Anpassungen, Korrekturen und Neubeginnen rechnen. Es kann zum Beispiel passieren, daß unser Partner nicht so ist, wie wir ihn uns vorgestellt haben, oder wir haben nicht die Eigenschaften, die er sich von uns erwartet hat. Der *Status nascendi* ist ein Ausloten des Möglichen. Je weiter fortgeschritten dieses Ausloten ist, desto weniger Möglichkeiten stehen offen. Es kristallisiert sich immer deutlicher heraus, was möglich und was unmöglich ist, was also von unseren Phantasien und Hoffnungen Realität werden kann und was nicht.

Zwei verliebte Personen werden nur dann ein Paar werden und bleiben, wenn diese Wirklichkeit nicht unvereinbar mit ihrer Transfiguration ist. Bei einem glücklichen Paar besteht die Transfiguration fort, mit dem Bewußtsein, daß sie sich nicht auf alles Mögliche erstreckt. Bestimmte Bereiche des Unmöglichen wurden ausgegrenzt. Doch im Inneren erneuert sich der Lebensfluß unermüdlich.

18) *Die Verschmelzung*: Es handelt sich hierbei um eine mystische Begegnung, die sich selbst genügt. Das, was zählt, ist die Berührung mit dem Absoluten, die Ekstase. Die Verschmelzung ist die Gegenwart, ihr einziger Wunsch ist es, die Zeit anzuhalten, sich den *nunc stans*, die Ewigkeit, zu eigen zu machen. Wenn die Zeit stehenbleibt, offenbart sich die Vollkommenheit des inneren Wesens aller Dinge. Alles Streben hört auf, denn man ist jenseits aller Wünsche.

Bei der Verschmelzung werden zwei Körper eins; der Geist zweier Individuen wird eins. Die Verschmelzung strahlt Wärme und Licht aus. Wie ein Wunderwasser reinigt sie, wie ein Sakrament macht sie unbesiegbar und unverwundbar. Das Individuum geht in etwas auf, was es transzendiert und in dem es sich verwirklicht. Die beiden Körper werden vor ihrer Verschmelzung heilig, *sacrum facere*, sie werden Weihe, Heiligtum. In diesem Moment erfüllt sich das Wunder der Berührung zwischen Himmel und Erde, der Verschmelzung mit dem Universum.

Dies ist die wahre Eheschließung, der heilige Bund. Gefeiert werden das Brautpaar und die Natur, die Unterschiede zwischen beiden sind aufgehoben. Es handelt sich dabei um die Verschmelzung der Unterschiede, aus der alles andere hervorgeht. Dies ist *Transsubstantiation*: Der Körper wird göttlich, er verbindet sich mit dem des anderen und symbolisiert all das, was keimt und geboren wird.

19) *Die Planung der Zukunft*: Aus der Vereinigung entsteht der Wunsch, die Zukunft gemeinsam zu planen – das Wunder, alles gemeinsam zu sehen und erleben zu wollen. Hand in Hand durchschreiten die beiden Liebenden fortan die Welt, die ihnen schön und neu erscheint. Alles strahlt und leuchtet im Licht der Eheschließung. Alles ist darauf eingestellt, das keimende Leben zu empfangen. Zuvor war alles nur möglich, nur der Keim war vorhanden. Jetzt dagegen nimmt es Form an. In dem Moment, in dem man anfängt zu planen, entsteht die Zeit. Alle Ziele werden in die Zukunft projiziert. Die Zeit entweicht aus dem Zustand des *nunc stans*, aus der Zeitlosigkeit, und nimmt die Form von Plänen an.

Pläne nehmen zwanglos und spontan Form an, wie eine flüchtige Bewegung, wie ein Spiel. Die Planung wird dann möglich, weil die Welt verwandelt erscheint. Keine Anstrengung ist dabei nötig. Es ist wie ein Tanz, freie Kreativität. Daraus kann hektische Aktivität hervorgehen – vielleicht wird ein Haus gebaut, eine Familie gegründet – oder totale Abgeschiedenheit (man lebt von »Luft und Liebe« oder zieht sich in den Wald zurück wie Tristan und Isolde). Alles geschieht jedoch im Namen dieser Begegnung, dieser mystischen Vereinigung, die belebend wirkt. Sie ist die Quelle und der Nährboden, der Anfang und das Ende. Alles andere – ob man ein Haus baut oder sich eine Zufluchtsstätte schafft, ob man geht oder bleibt – sind Wege, die sich aus dieser Vereinigung ergeben, Verkörperungen ihrer Heiligkeit.

Wie dieser Vorgang verläuft, hängt von der jeweiligen Kultur, den Lebenserfahrungen, den Ängsten, Sorgen, den Kindheits- und Jugendlieben, von den erlittenen Enttäuschungen, den Träumen und unerfüllten Wünschen des einzelnen ab. Pläne sind das Produkt einer Vereinigung und des daraus entstehenden Willens, zu leben und lebendige Materie, Natur und Körper zu werden, Struktur anzunehmen. Er ist seine eigene Verkörperung und Verwirklichung in der Welt. Er legt den Grundstein für die Zukunft, er ist der Abdruck, den ein kreativer Impuls hinterlassen hat, der Ausdruck des »élan vital«, der Vollkommenheit anstrebt, sich jedoch in etwas Lebendem und Bleibendem niederschlägt.

20) *Das ethische Dilemma*: Wenn man einmal einen Blick auf das Absolute geworfen hat, dann verspürt man den Drang, es zu verwirklichen. In jemanden verliebt zu sein, ist nicht nur Idyll. Man kann nicht einfach die Augen vor Gut und Böse verschließen und still vor sich hinträumen. Verliebt zu sein bedeutet auch, das Gute in der Welt verwirklichen zu wollen. Um dies zu vollbringen, muß man die Moral wiederentdecken. Moral präsentiert sich immer als die Wahl zwischen mehreren Möglichkeiten, die alle gleich gut erscheinen. Wer verliebt ist, möchte alle Menschen glücklich sehen. Trotzdem muß er einige unglücklich machen. Er wird also gezwungen, sich dem Dilemma zu stellen. Die Suche nach einer Antwort kann mühsam sein und viel Zeit in Anspruch nehmen. Dabei wird die Antwort nicht das absolut Gute sein, sondern nur ein Versuch, den wenigsten Schaden und den geringsten Schmerz zu verursachen.

SECHSTES KAPITEL

Andere Formen der Liebe

Neben der wahren Verliebtheit gibt es noch die Pseudoverliebtheiten, die Schwärmereien sowie andere Formen der Liebe. Unser Ziel ist es, diese zu identifizieren und sie voneinander abzugrenzen.

Bei einer wahren Verliebtheit werden alle anderen Mechanismen dem *Status nascendi* untergeordnet. Bei den übrigen Formen der Liebe kommt in der Regel *nur ein einziger Mechanismus* zum Tragen. Wenn zum Beispiel die Verliebtheit ausschließlich vom Mechanismus der *Indikation* bestimmt wird, handelt es sich um die verschiedenen Formen der Star-Verehrung. Wenn dagegen ausschließlich der Mechanismus des *Verlustes* aktiv ist, dann reden wir von konkurrenzorientierter Liebe. Bei dieser Form der Liebe muß stets eine Gefahr oder Schwierigkeit vorhanden sein oder sich ein Nebenbuhler zeigen. In den Fällen, in denen nur das *Lustprinzip* ausschlaggebend ist, sprechen wir von erotischen Schwärmereien.[1] Weiterhin gibt es noch Formen der Liebe, in denen andere Faktoren zum Tragen kommen. Wir werden diese unterschiedlichen Formen in den nächsten zwei Kapiteln untersuchen.

Star-Liebe

1) *Die Verehrung für einen Star*: Sie wird ausgelöst vom Mechanismus der *Indikation* und richtet sich auf eine Person, die alle kennen, die von allen bewundert und begehrt wird, also von al-

len anderen als begehrenswert indiziert wird. Stets sieht man in den politischen, sozialen oder religiösen Bewegungen, in den Kirchen und Sekten einen charismatischen Führer, Leader, Geistlichen, Asketen oder Führer, der von einer Schar von Verehrern umgeben ist. Doch nicht nur diese, sondern auch Millionäre, Schauspieler, berühmte Sänger und Sportler, kurzum alle, die wir im allgemeinen als »Stars« bezeichnen, werden bewundert, geliebt und begehrt. Bei Frauen drückt sich diese Bewunderung häufig in sexuellem Verlangen aus.

In jeder Gesellschaft und in jeder Gruppe kann man eine »erotische Hierarchie« erkennen, an deren Spitze die Personen stehen, die als begehrenswert betrachtet werden und ganz zuunterst diejenigen, die als wenig begehrenswert eingestuft werden. Der *erotische Rang* bezeichnet die von einer Person in dieser Skala eingenommene Position. Einige befinden sich an der Spitze der internationalen Rangliste, andere an der Spitze der nationalen und andere wiederum nur an der der lokalen Rangliste.

Personen mit dem gleichen erotischen Rang sind untereinander austauschbar, während diejenigen, die einen höheren erotischen Rang einnehmen, denen mit einem niedrigeren eindeutig überlegen sind. Im Film »The Purple Rose of Cairo« von Woody Allen wird die Geschichte einer armen Hausfrau erzählt, die einen Schauspieler verehrt, der einen Forscher darstellt. Dieser entsteigt an einem gewissen Punkt der Leinwand und macht ihr den Hof. Sie verliebt sich sofort in ihn. Dann aber taucht der Schauspieler in Fleisch und Blut auf und ist noch attraktiver als die Filmfigur. Jetzt ist die Reihe an ihm, von ihr geliebt zu werden. Doch bald verschwinden sowohl die Filmfigur als auch der Schauspieler. Enttäuscht kehrt die arme Frau ins Kino zurück, in dem das Wunder geschehen ist. Dort wird gerade ein neuer Film mit Fred Astaire vorgeführt, der mit Ginger Rogers tanzt. Die Frau ist augenblicklich von Fred Astaire fasziniert und vergißt in Null Komma nichts ihren Liebesschmerz.

Der *erotische Rang* wird von der Gesellschaft bestimmt und stellt alle individuellen Vorlieben in den Schatten. Er ist das Produkt der kollektiven Meinung, wobei jedes Individuum auf seine Art auf erotische Reize reagiert. Es gibt immer Leute, die der Faszination, die von Stars ausgeht, nicht erliegen. Doch die meisten unter uns werden von der kollektiven Meinung und den vorherrschenden Präferenzen durchaus beeinflußt.

Die bislang über die Star-Verehrung durchgeführten Studien[2] zeigen, daß junge Frauen in der Wahl ihres Partners in größerem Maße vom erotischen Rang beeinflußt werden als junge Männer. Wenn Mädchen zum ersten Mal erotische Gefühle empfinden, streben diese nach Höherem. Sie fühlen sich sofort von den Personen angezogen, die in ihrer kleinen Gemeinschaft den höchsten erotischen Rang einnehmen, und ebenso von international bekannten Größen. Mädchen träumen also vom lokalen Tennismeister und von Tom Cruise. Alle anderen werden nur als Ersatz in Betracht gezogen. Dieser Mechanismus wurzelt in der fernen Vergangenheit. Seit Urbeginn der Menschheit begehrt der Mann alle Frauen. Die Frau dagegen versucht mit ihrer Schönheit zu provozieren, so daß sie möglichst viele Männer anzieht, vor allem die mit hohem Ansehen. Und dann sucht sie sich den besten aus.

Auch Männer werden von schönen und international gefeierten Schauspielerinnen angezogen. Sie sind jedoch überzeugt davon, daß eine so schöne, so faszinierende und so berühmte Frau sich nie für sie interessieren könnte. Und wenn sie das auch täte, so könnten sie ihr doch nichts bieten, womit sie sie halten könnten. Damit fehlt einer der Grundpfeiler der Verliebtheit: die Hoffnung. Ihr Verzicht bezieht sich auch auf die schöneren und anspruchsvolleren Frauen in ihrer Umgebung. Viele Männer verzichten deswegen auf die große Schönheit, die alle bewundern und begehren. Diese überlassen sie den Stars, den Reichen und den Mächtigen. Statt dessen gewöhnen sie sich daran, anderswo Ausschau zu halten, wo sie ein Lächeln ganz allein für sich erwarten können. Indem sie auf Schönheit verzichten, lernen sie freilich nicht einmal, sie zu analysieren, zwischen Schönheit und erotischer Anziehung zu unterscheiden. Die Erotik der Männer wird so darauf gedrillt, auf einige wenige körperliche, in der Regel recht plumpe Reize zu reagieren. Einen Mann erregt ein tiefes Dekolleté, ein dichter Haarschopf, lange Beine, aber auch kurze Beine, wenn diese nur provozierend genug übereinandergeschlagen werden.[3]

Junge Frauen tun hingegen alles, damit sie vom Lokalmatador, vom Sohn des reichen Industriellen, vom Sportas oder sonst einem Mann bemerkt werden, den alle für gutaussehend halten. Für alle anderen haben sie nicht viel mehr als ein müdes Lächeln übrig. Doch dieses mutige Verhalten, dieses Streben nach Höherem, hat auch eine negative Seite: Häufig müssen sie sich nämlich mit einem Mann zufriedengeben, der ihren Idealvorstellungen nicht entspricht. Daher rührt auch die leise Enttäuschung, die sich oft bei jungen verheirateten Frauen zeigt.[4]

2) *Die außergewöhnlichen Eigenschaften*, die jemand in einem Star sieht, sind nicht das Produkt seiner *persönlichen Transfiguration*, sondern das der *kollektiven Indikation*. Es ist in diesem Fall die Gesellschaft, die den Star als solchen definiert und ihn als Vorbild, als Objekt der Verehrung hinstellt. Die Star-Verehrung ist ein kollektiver Vorgang, bei dem das geliebt wird, was die Allgemeinheit bereits ausgewählt hat. Viele Mädchen fühlen sich stärker von einem Star angezogen als von dem Jungen, mit dem sie gehen. Daß sie in den Star verliebt wären, kann man allerdings nicht behaupten, denn der Prozeß wurde nicht durch ihre persönliche Transfiguration ausgelöst und nicht durch ihren persönlichen *Status nascendi* eingeleitet. Sie träumen lediglich den kollektiven Traum mit, sie sehen nur das, was ihnen die Gesellschaft als das Beste anzeigt.

Millionen russischer Frauen sind vor Liebe zu Lenin oder Stalin vergangen, genauso wie die italienischen Frauen Mussolini, die deutschen Hitler und die amerikanischen Franklin D. Roosevelt oder John F. Kennedy angehimmelt haben. Viele Individuen lieben Leader-Figuren, Frauen empfinden außerdem noch ein persönliches erotisches Interesse, ähnlich dem, das Stars entgegengebracht wird. Hier ist es die Gesellschaft – oder gar der Propagandaapparat –, die die Funktion übernehmen, welche bei der amourösen Transfiguration vom Individuum selbst ausgeht.

Bei der *persönlichen amourösen Transfiguration* sind wir in der Lage, positive Seiten in der geliebten Person zu entdecken, ganz gleich, wer sie auch ist und was die anderen von ihr denken. Eine Frau kann sich auch in einen potthäßlichen Mann, einen Verbrecher oder einen von der Gesellschaft geächteten Mann verlieben. Ein Mann kann sich in eine Prostituierte oder in eine Drogenabhängige verlieben. Der Grund hierfür ist, daß die verliebte Person *den Menschen an sich* für anbetungswürdig hält, selbst sein Elend und seine Krankheit können daran nichts ändern. Wie eine Mutter, die ihr Kind trotz seiner Behinderung liebt und schön findet. Und man kann nicht einmal sagen, daß sie unrecht hat, denn ihr Empfindungsvermögen ist sensibler als das anderer, so daß sie etwas sieht, was die anderen nicht sehen können. Durch die Liebe wird die Tür der Erkenntnis geöffnet, die den anderen, die nicht lieben, verschlossen bleibt. Ein Verliebter entdeckt in seiner Geliebten das Wesentliche und verteidigt es gegenüber allen anderen. Wenn er sie ansieht, zieht er sie der schönsten und berühmtesten aller Divas vor. Wenn er wählen müßte, hätte er keinen Zweifel, er würde sie wählen. Das Verliebtsein setzt sich über das kollektive erotische Wertesystem hinweg und stellt ihm die eigene Wertordnung gegenüber. Er beugt sich nicht dem, was seine ganze Umgebung als charismatisch ansieht, sondern schafft – gleich einer kollektiven Bewegung – seine persönliche charismatische Figur und erhebt sie über alle anderen. Der Liebende sieht in seiner Geliebten die leuchtenden Zeichen des Charismas, durch die sie die einzige Person wird, die zählt. Sie ist für ihn die Auserwählte.

3) *Star-Verehrung und Eifersucht*: Die Wahrscheinlichkeit, daß eine Person ihrem Star begegnet und sich dieser in sie verliebt, ist verschwindend klein. In der Regel kommt es zu keiner Annäherung zwischen der Person und ihrem Star. Der Star bleibt sozusagen Objekt einer Verehrung aus der Ferne, die nicht in eine wahre Verliebtheit umschlagen kann. Bei der Verehrung für einen Star leidet die verliebte Person nicht, obgleich ihre Liebe nicht erwidert wird. Bisweilen kommt es wohl vor, daß leise Anzeichen einer Eifersucht sichtbar werden, doch im großen und ganzen akzeptiert der Fan, daß der angebetete Star einen Partner oder mehrere Geliebte hat. Da der Angebetete ja fern ist, kann man anstellen, was man will, nie wird man Verliebtheit in ihm oder in ihr wecken können. Bei der Star-Verehrung verbannt die physische und soziale Distanz die aufkeimende Liebe in das Reich der Phantasie, der Einbildung, des Traumes.

Wir können uns nur dann in jemanden verlieben, wenn wir – zu Recht oder zu Unrecht – erwarten können, von ihm wiedergeliebt zu werden. Wenn wir es für unmöglich halten, daß unsere Liebe erwidert wird, befinden wir uns im Reich der Star-Verehrung, nicht aber in dem der Verliebtheit. Ein weiblicher Fan weiß in der Regel sehr wohl, daß kein Weg zu dem Angebeteten führt. Und so gibt die Betreffende sich damit zufrieden, ihn aus der Ferne zu lieben. Ihr reicht es, ihn auf der Leinwand zu sehen oder ein Poster oder Foto von ihm zu besitzen. Wenn sie es jedoch wirklich schafft, ihrem Idol näher zu kommen, wächst ihr Begehren ins Unermeßliche. Doch selbst in diesem Fall ist ihr immer noch bewußt, daß ihre Liebe nur schwerlich erwidert werden kann. Und so gibt sie sich selbst mit einem One-Night-Stand zufrieden, den sie wie ein großes Privileg erlebt. Manchmal wirft sie sich ihrem Angebeteten regelrecht in die Arme, damit er ihr ja nicht entkommt. Es gibt Frauen, die Berühmtheiten regelrecht sammeln. Hier ist nicht nur der Mechanismus der *Indikation* am Werk, sondern gleichzeitig auch der Drang, die eigenen Verführungskünste und die eigene Macht zu erproben. Nur wenn der Verehrerin bewußt wird, daß der Star ihre Liebe erwidert, wird sie eifersüchtig und besitzergreifend.

4) *Die Schwärmerei für einen Star*: Sie stellt sich wie eine wirkliche Verliebtheit dar, obwohl die Transfiguration ausschließlich auf der kollektiven Indikation beruht. Daß es sich um keine wirkliche Verliebtheit handelt, kann man daran erkennen, daß die grundlegenden Eigenschaften des *Status nascendi*, wie wir sie im fünften Kapitel beschrieben haben, fehlen. Spätestens dann wird es klar, daß es sich um eine Pseudoverliebtheit handelt, wenn die Liebe verfliegt, sobald der Star auf dem absteigenden Ast ist. Eine wahrhaftig verliebte Person schwimmt auch gegen den Strom, eine Person dagegen, die nur für einen Star schwärmt, richtet sich nach der Meinung der Gesellschaft. Wenn sie den Star kennenlernt und ihr Alltagsleben mit ihm teilen kann, wird ihr bewußt, daß sie ihn überhaupt nicht kennt, daß er ganz anders ist, als sie ihn im Kino oder im Fernsehen erlebt hat oder als ihn die anderen beschrieben haben. Häufig macht sich dann eine große Enttäuschung breit.

Ähnlich ist es einer jungen Frau ergangen, die ich hier einfach als *Fan* bezeichnen will. Dieser *Fan* verehrt seit Jahr und Tag einen bekannten Hollywood-Star. Er ist ihr Traummann, sie ist fest davon überzeugt, in ihn verliebt zu sein. Da sie häufig in Kasinos anzutreffen und keine Unbekannte in Filmkreisen ist, lächelt ihr eines Tages das Glück zu, und sie lernt ihn kennen. Ohne zu überlegen, wirft sie sich ihm in die Arme, sie verführt ihn und läßt sich auf eine erotische Beziehung mit ihm ein. Doch welch eine Enttäuschung! Der Mann ist ein rücksichtsloser Spieler, er trinkt zuviel, schläft nach dem Liebesakt sofort ein und schnarcht auch noch zu allem Überfluß. Außerdem ist seine Haut unansehnlich und riecht schlecht. Unser *Fan*, der zunächst davon überzeugt gewesen war, den Himmel erobert zu haben, war überglücklich, als sie ihn nach einigen Tagen zum Flughafen begleiten konnte und ihn auf Nimmerwiedersehen davonfliegen sah.

Die Schwärmerei für einen Star ist nicht nur auf die Welt des Filmes beschränkt, wie uns der Fall der *Frau, die einen Ehemann suchte,* zeigt. Als sie etwa zwölf oder dreizehn Jahre alt ist, fühlt sie sich leidenschaftlich zum Sänger Al Bano hingezogen. Sie ist blind vor Liebe, hat ihr Zimmer mit Postern von ihm tapeziert und träumt von nichts anderem, als ihn kennenzulernen. Einige Jahre später, jetzt schon eine junge Frau, lernt sie einen Lokalmatador kennen, einen Mann, der von ihren Freundinnen – nicht zuletzt wegen seines schnittigen Cabrios – uneingeschränkt bewundert wird. Al Bano ist nun kalter Kaffee, sie stürzt sich mit Elan auf ihre neue Liebe. Erbarmungslos macht sie ihm den Hof. Sie folgt ihm, spricht ihn an, lauert ihm auf, beugt sich jeder seiner Launen, spielt das Dienstmädchen für ihn und erduldet auch die demütigendsten Situationen ohne Murren. Bis sie eines Tages den Durchbruch schafft: Er wird plötzlich freundlich, kümmert sich um sie, er verliebt sich in sie und will sie heiraten. Dann stellt er sie seiner Familie vor. Kurze Zeit darauf ziehen sie zusammen. Nach und nach fallen ihr jetzt seine Fehler auf. Plötzlich findet sie ihn schlampig, banal, ohne jeglichen Charme. Jetzt, wo sie ihn gezähmt hat, ist er nicht mehr der unerreichbare Star für sie, der von allen anderen umschwärmt wird.

Da geschieht es, daß sich eines Abends an ihrem Horizont ein neuer Stern zeigt. Er ist Pilot. Er sieht gut aus, ist hochgewachsen, hat dunkle Haare und ähnelt einem Hollywood-Schauspieler. Die Frauen liegen ihm zu Füßen. Was sie aber ganz besonders beeindruckt, ist seine Uniform. Sie »verliebt« sich unsterblich in ihn. Ihre Liebe zu ihrem Verlobten schlägt augenblicklich in Ekel und Abscheu um. Sie will ihn nicht mehr sehen, seine Briefe und Anrufe bleiben ohne Antwort.

Diese junge Frau möchte vor Liebe vergehen, doch ihre Liebe ist nicht in der Lage, eine x-beliebige Person zu transfigurieren. Sie kann nur dann einen Mann als würdiges Liebesobjekt betrachten, wenn andere Frauen ihn bewundern. Auch wenn ihr das nicht bewußt ist, so ist ihre Verliebtheit doch keine wirkliche Verliebtheit. In der Tat verflüchtigt sich ihre Liebe jedesmal, sobald diese erwidert wird und der Mann für sie nicht mehr unerreichbar ist. Und schon ist sie wieder auf dem Sprung, bereit, sich in die Arme eines neuen Stars – mit oder ohne Uniform – zu werfen.

Von einem ähnlichen Fall berichtet auch die amerikanische Psychologin Dorothy Tennov. Tennov verwechselt die erotischeamouröse Schwärmerei jedoch mit der wirklichen Verliebtheit. So schreibt sie bereits auf den ersten Seiten ihres Buches »Limerenz – Über Liebe und Verliebtsein« über eine Studentin, die ständig in irgend jemanden »verliebt« ist: »Terry war immer in jemanden verliebt gewesen. In der sechsten Klasse war sie ›fürchterlich verknallt‹ in Smithy Adams, den beliebtesten Jungen in der Schule. [...] Natürlich nahmen dann andere Smithys Stelle ein, und sie folgten zeitlich dicht aufeinander, da der Schmerz, der mit einer Liebe verbunden war, offensichtlich nur dann wich, wenn sie sich schon in den nächsten verliebt hatte«.[5]

5) *Die Verliebtheit in einen Star*: Auch der Mechanismus der *Indikation* kommt als Ausgangspunkt für eine *wahre Verliebtheit* in Frage. In diesem Fall fällt es dem Betreffenden natürlich um so leichter, die geliebte Person zu transfigurieren, da diese ja von der Gesellschaft als außergewöhnlich und hochbegabt eingeschätzt wird. So ergeht es einer zweiundzwanzigjährigen südafrikanischen Frau. Sie ist wohlhabend und hat einen Verlobten. Das Datum für die Hochzeit ist bereits festgelegt. Wir wollen die Frau hier als die *Verlobte* bezeichnen. Es war Sommer, und sie befand sich mit ihren Eltern und ihrem Verlobten im Urlaub. Eines Abends besucht sie in ihrem Urlaubsort ein Nachtlokal, in dem

ein Sänger auftritt, den sie schon immer bewundert hat. Überrascht stellt sie fest, daß er zu ihr herübersieht und Blickkontakt zu ihr sucht. Sie ist ganz erregt, allein schon wegen seiner wunderschönen Lieder und wegen der physischen Nähe zu ihm. Eine Freundin stellt ihn ihr vor, und er setzt sich zu ihnen an den Tisch. Schließlich widmet er ihr ein Liebeslied und lädt sie zu seinen Konzertproben ein. Es gibt keinen Zweifel, daß er ihr den Hof macht. Die junge Frau verspürt eine unwiderstehliche Anziehung zu ihm. Dieser Mann ist ihr Traummann, ihr Ideal. Im Vergleich zu ihm verblaßt das Bild ihres Verlobten. Es ist Liebe auf den ersten Blick. In den darauffolgenden Tagen trifft sie ihn wieder. Ihre Eltern und Freunde machen sich Sorgen und versuchen, ihr die Geschichte auszureden. Sie aber ist fest entschlossen. Nachdem sie ihre Verlobung gelöst hat, zieht sie mit dem Sänger zusammen. Zwei Monate später heiraten sie.

Wenn sich der Sänger nicht um sie gekümmert und ihr vor allem nicht den Hof gemacht hätte, dann hätte sich alles nur im Reich der Phantasie abgespielt. Wahrscheinlich wäre ihr nicht mehr als eine romantische Erinnerung an ihr Idol geblieben. In diesem Fall jedoch hat sich der Sänger in der Wirklichkeit genauso verhalten, wie das sonst nur in der Phantasie einer Heranwachsenden passiert. Er versucht, mit ihr ins Gespräch zu kommen, er sagt ihr, daß er sie begehrt, daß er sie liebt. Kann man einem so starken Reiz überhaupt widerstehen? Wie soll man widerstehen können, wenn man seinem Traumpartner begegnet? Die *Verlobte* ist ihrem Traummann begegnet, und dieser hat sie nicht enttäuscht. Die *Indikation* hat in diesem Fall den *Status nascendi* und die Verliebtheit ausgelöst.

Und doch gibt es zwischen der »normalen« Verliebtheit und der Verliebtheit in einen Star einen feinen Unterschied. Bei der normalen Verliebtheit ist die geliebte Person stets ein wenig verwundert darüber, daß ihr Partner jedes Detail ihres Gesichtes, jede ihrer Gesten und jeden ihrer Gedanken wundervoll findet. Diese unbegründete Verehrung gibt ihr eine tiefe Sicherheit, ähnlich der, die sie als Kind empfunden hat, als sie sich von ihren Eltern geliebt gefühlt und aufgrund dieser Liebe gespürt hat, etwas ganz Besonderes zu sein. Durch diese unerwartete Bewunderung und dieses Vertrauen in sie wird die geliebte Person dazu angespornt, noch mehr zu tun und in jeder Hinsicht ein besserer Mensch zu werden, um dieser Bewunderung auch würdig zu sein.

Ein Star dagegen ist ja schon ganz oben. Er weiß um seinen Wert, denn alle bestätigen ihm diesen Tag für Tag. Dies kann bereits beim Prozeß des Sich-Verliebens zu Problemen führen, denn wahre Verliebtheit ist eine Wiedergeburt, ein Neubeginn, also eine Zeit, in der wir kritisch unsere Vergangenheit betrachten. Wer zu weit oben ist und sich zu selbstsicher fühlt, kann auch verlangen, daß man ihn so nimmt, wie er ist, ohne ihn in Frage zu stellen.

Damit Liebe wachsen kann, muß unser Geliebter schlummernde Fähigkeiten unseres Wesens in uns wecken. Er muß uns etwas Neues bieten. Doch was kann ein Mann einer Marilyn Monroe, einer Claudia Schiffer oder einer Kim Basinger geben, wenn er ihr sagt, daß sie schön ist? Absolut nichts. Sie weiß bereits, daß sie schön ist. Was kann ihr also ein Mann sagen, was ihr nicht schon hundert andere Männer gesagt hätten? Welche Geschenke kann er ihr anbieten, die sie nicht schon von hundert anderen bekommen hätte?

Liebe muß etwas von dem erahnen, das man sich schon immer gewünscht hat, aber nie erreicht hat. Etwas, das den Horizont erweitert, ein Leben, das es lohnt, gelebt zu werden. Dies kann Schönheit, Kraft, Intelligenz, Kunst, Staunen, Überfluß, Risiko oder Macht sein. In »Der Rasende Roland« erwählt Angelica, die von mächtigen Männern verehrt wird, einen einfachen Soldaten, Medoro, weil er der schönste Mann ist. Marilyn Monroe wählt erst Joe Di Maggio (Sport), dann Arthur Miller (Kultur) und schließlich Kennedy (Macht). Ganz wie Kleopatra, die sich in den mächtigen Cäsar verliebt hatte.

6) *Charismatischer Führer und Star*: Die Beziehung zwischen den Anhängern eines charismatischen Führers und diesem selbst ist anders als die zwischen *Fans* und ihren Stars. Bei einer kollektiven Bewegung lieben die Anhänger nicht nur ihren Anführer, sondern auch ihre Gemeinschaft. Die Katholiken lieben und bewundern nicht nur den Papst, sondern auch die katholische Kirche. Die Muslims sind nicht nur an ihren *Imam* emotional gebunden, sondern auch an die *Umma*, die Gemeinde der Gläubigen. In einer Bewegung ist also nicht nur der Anführer

außergewöhnlich und charismatisch, sondern auch die Bewegung selbst, die Gemeinde der Gläubigen bzw. der Anhänger.[6]

Ganz anders ist hingegen die Beziehung, die zwischen einem Star und seinen Fans besteht. Diese ist sternartig.[7] Der Star befindet sich im Zentrum, und alle anderen bewundern, verehren und lieben nur ihn. Die *Fans* von Rudolph Valentino, Clark Gable, Paul Newman, Tom Cruise, Frank Sinatra oder Luciano Pavarotti sind an ihren Star gebunden wie Individuen an ein Individuum.

In Freuds Theorie der Massenpsychologie hat sich ein folgenschwerer Fehler eingeschlichen.[8] Freud war der Meinung, daß sich eine Gruppe bildet, weil alle Söhne einzeln mit ihrem Vater verbunden sind wie auch die Fans mit ihrem Star. Und da sie sich mit demselben Liebesobjekt identifizieren, identifizieren sie sich auch auf horizontaler Ebene untereinander. Folglich ist der Anführer für das Bestehen der Gruppe unabdingbar. Doch wie können sich die Brüder dann – wie Freud selbst in seinem Buch »Totem und Tabu«[9] schreibt – gegen ihren Anführer auflehnen und ihn sogar töten? Wenn sie ihren Anführer hassen und mit ihm brechen, sind sie doch keine Gruppe mehr. Wie also können sie sich organisieren, um ihn zu töten? Auf diese Frage hatte Freud keine Antwort.

Unsere Theorie über die kollektiven Bewegungen kann darauf eine Antwort geben. Sobald die Beziehung zum Vater nicht mehr besteht, tritt ein *Status nascendi* ein, durch den die einzelnen »Brüder« zu einer neuen Gruppe verschmelzen. Und in dieser »revolutionären Gruppe«, dieser »eingeschworenen Bruderschaft«, schwingt sich ein neuer Anführer an die Spitze. Diese Dynamik hat Shakespeare meisterhaft in seinem Werk »Julius Caesar« beschrieben. Bei mehreren Anhängern Cäsars ist die Bewunderung für ihn in Haß und Groll umgeschlagen. Sie wünschen ihm den Tod, doch keiner von ihnen hat allein den Mut, den Dolch gegen ihn zu erheben. Erst als sich eine neue Gruppe bildet, die sich um den neuen Anführer Brutus schart, gelingt ihr Vorhaben. Sie entwickeln eine Ideologie, mit der sie ihre Tat rechtfertigen können, und schwören sich gegenseitig Treue und Loyalität. Kurz nachdem sie Cäsar im Senat ermordet haben – das Blut an ihren Dolchen ist noch nicht getrocknet –, wiederholen sie den Ritus der *Verschwörung* und drücken sich gegenseitig die blutverschmierten Hände.

Die Gefühle, die man einem Star, und die, die man einem Anführer entgegenbringt, unterscheiden sich beträchtlich. Der Anführer einer Bewegung wird als der Mensch angesehen, der uns in die Zukunft und in die Rettung führt. Dagegen können Bewunderer von Paul Newman, Madonna oder Richard Gere vor Begeisterung eine Gänsehaut bekommen, wenn sie ihren Idolen begegnen, sie können sie regelrecht verehren, was ihnen jedoch fehlt, ist das Gefühl einer gemeinsamen Bestimmung. Auf der erotisch-amourösen Ebene gibt es also keine Unterschiede zwischen einem charismatischen Führer und einem Star. Deswegen haben wir auch den Begriff »Star-Liebe« für alle Formen der Liebe gewählt, die sich auf einen Menschen beziehen, der von einer großen Masse bewundert, verehrt und geliebt wird, ganz gleich, ob es sich dabei um einen charismatischen Führer oder um einen Star handelt.

Konkurrenzorientierte Liebe

Bei der konkurrenzorientierten Liebe handelt es sich um die Form der Liebe, bei der eine Person nur Liebe empfinden kann, wenn ihr ein Hindernis in den Weg gestellt wird, wenn sich ihr Liebesobjekt verweigert oder ihr ein Nebenbuhler beziehungsweise Gegner – Vater, Ehemann oder Ehefrau – den Weg versperrt. Sobald dieses Hindernis beseitigt ist und sie ihr Ziel erreicht hat, löst sich ihre Liebe in nichts auf. Die konkurrenz-orientierte Liebe entsteht dann, wenn Mechanismen des Verlustes und des Durchsetzungsvermögens gegenüber anderen amourösen Mechanismen vorherrschen.

Ganz im Unterschied zur Verliebtheit in einen Star kommt eine wirkliche konkurrenzorientierte Liebe nur sehr selten vor. In der Regel manifestieren sich lediglich Formen der Pseudoverliebtheit oder der *konkurrenzorientierten erotisch-amourösen Schwärmerei*. Es handelt sich hierbei um weit verbreitete Formen, auch wenn man sie eher selten in ihrer extremen Form, wie zum Beispiel bei einem Don Juan oder Casanova, antrifft. Don Juan ist eine literarische Figur, Giacomo Casanova dagegen eine reale historische Figur, die uns ihre berühmten »Memoiren«[10] hinterlassen hat. Casanova verzehrt sich vor Liebe nach einer Frau, er ist absolut überzeugt davon, verliebt zu sein, und zieht alle erdenklichen Register, um sie zu erobern. Sobald sie sich ihm jedoch hingegeben hat, wird sie für ihn uninteressant. Der Film »Le retour de Casanova (Casanovas Heimkehr)« mit Alain Delon erzählt eine Episode aus dem Leben des großen venezianischen Abenteurers, in der dieser bereits ein gewisses Alter erreicht hat. In einer Villa trifft er eine Frau wieder, mit der er nur eine Nacht verbracht hatte, die ihn ihrerseits aber ihr ganzes Leben lang geliebt und auf seine Rückkehr gewartet hat. Als sie ihn erblickt, glaubt sie, daß er ihretwegen zurückgekehrt ist, was allerdings nicht der Fall ist. Casanova vertraut ihr an, daß er in eine ihrer Nichten, eine zwanzigjährige Schönheit, verliebt ist. Diese Nichte ist eine moderne und intelligente Frau, die ihn verachtet und abweist. Sie ist bereits verliebt, und zwar in einen jungen Leutnant, mit dem sie heiße Liebesnächte verbringt. Der liebestolle Casanova läßt kein Mittel unversucht. Nachdem alles versagt hat, versucht er sogar, ihr Mitleid zu erregen. Es ist jedoch vergebens. In der letzten Nacht vor seiner Abreise gewinnt Casanova bei einer Partie Karten gegen den Leutnant viel Geld. Dieser kann seine Schulden aber nicht bezahlen. Als Gegenleistung für den Erlaß seiner Spielschulden verlangt Casanova, daß der Leutnant ihm seine Kleidung leiht, damit er selbst im Dunkeln in das Zimmer der jungen Frau eindringen kann. Der junge Mann akzeptiert den Handel. Auf diese Weise erreicht Casanova nun endlich sein Ziel. Am Morgen danach ist seine Leidenschaft verflogen. Er steigt in seine Kutsche und reist ab. Vor der Villa erwartet ihn jedoch, außer sich vor Haß, der junge Leutnant und fordert ihn zum Duell heraus. Casanova stellt sich ihm und tötet ihn.

Die Geschichte spricht für sich. Casanova ist weit davon entfernt, in die junge Frau verliebt zu sein. Er begehrt sie, weil er ihr Nein nicht hinnehmen kann und weil es einen Nebenbuhler gibt. Es gibt keinen *Status nascendi*, keinen Prozeß der Verschmelzung. Die treibende Kraft ist einzig und allein der Wille, den eigenen Status als größter Verführer aller Zeiten zu behaupten. Wie zu erwarten war, löst sich diese »große Liebe« in Schall und Rauch auf, sobald sich die Frau Casanova hingegeben und dieser ihren Liebhaber getötet hat.

Die konkurrenzorientierte Pseudoverliebtheit ist sowohl bei Männern als auch bei Frauen weit verbreitet. Im Buch »Le donne di una vita«[11] von Carlo Castellaneta verliebt sich die Hauptfigur, Stefano, leidenschaftlich in Ida, eine verheiratete Frau. Er überredet sie, ihren Mann zu verlassen und mit ihm zusammenzuziehen. Nach einiger Zeit stellt er fest, daß er sie nicht mehr liebt. Erst als sie einen anderen heiratet, lebt sein Begehren wieder auf. Seine Liebschaften laufen stets nach dem gleichen Muster ab. Es ist so mit Flora und auch mit Valeria, die Mann und Kinder für ihn verläßt, derer er jedoch überdrüssig wird, sobald sie sich wie eine Ehefrau verhält, ihm treu ist und eifersüchtig wird, sobald er sich zu Hause verspätet. Ausgerechnet an dem Tag, an dem er das Haus kaufen will, in dem sie zusammen leben wollen, begegnet er Giorgina. Auch mit Giorgina verlebt er eine leidenschaftliche und wilde Zeit. Als er jedoch spürt, daß sie seine Liebe erwidert, flaut sein Gefühl ab. Er ist wieder für ein neues Abenteuer bereit.

Ähnlich gelagert ist der Fall einer jungen Frau, die ihren Gesprächspartnern immer verzweifelt anvertraut, daß sie auf der Suche nach einem Mann ist, der sie heiraten will. Wir haben diesen Fall bereits weiter oben erwähnt. Es handelt sich um die *Frau, die einen Ehemann suchte.* Sie redet von nichts anderem, sie denkt an nichts anderes. Sie gibt sogar Anzeigen in der Zeitung auf. Ständig »verliebt« sie sich, doch keiner will sie heiraten. Wenn man ihre Lebensgeschichte ein wenig genauer betrachtet, erscheint ein komplexes Bild. Schon als Kind schwärmt sie von Filmstars und Sängern. Ihre erste Liebe ist ein Lokalmatador, den sie aber wegen eines Piloten sitzenläßt. Auch dieser Pilot wird von den Frauen bewundert und begehrt. Sie verliebt sich Hals über Kopf in ihn und stellt alles Erdenkliche an, um ihn zu erobern. Endlich gelingt es ihr, ihn zu verführen, und schon interessiert er sie nicht mehr. Wieder kehrt sie zu ihren Star-Phantasien zurück. Nach einiger Zeit vernarrt sie sich in einen Freiberufler, der zwar reich ist, aber auch verheiratet. Wie im vorhergehenden Fall zieht sie alle Register, um ihn zu verführen, und wird schließlich seine Geliebte. Sie will jedoch mehr, als nur ein kleines Abenteuer und droht, ihre Beziehung publik zu machen. Daraufhin verläßt er sie. Sie lernt andere Männer kennen, die sich, was Schönheit, Intelligenz, Bildung und Status anbelangt, auf ihrem Niveau befinden. Einige davon machen ihr den Hof, einer würde sie sogar heiraten. Doch sie hat kein Interesse an ihnen. Sie schaut immer weiter nach oben, sucht jemanden, der einen noch höheren erotischen Rang einnimmt. Nacheinander schwärmt sie für einen Anwalt, einen Gynäkologen, einen Universitätsprofessor. Alle sind bekannt, reich und verheiratet. Sie wirft sich ohne Vorbehalt ins Abenteuer, schafft es, sie in ihr Bett zu locken. Sobald sie es geschafft hat, beginnt sie, sich wie eine verliebte kleine Ehefrau zu verhalten, und zwar nicht nur privat, sondern auch ganz öffentlich bei Freunden und Bekannten. Bis dann der jeweilige Liebhaber genug davon hat und sie sitzenläßt.

Diese junge Frau macht jedesmal einen Rückzieher und verliert jegliches Interesse, wenn es ihr gelungen ist, jemanden zu erobern, der sie dann heiraten will. Bei ihr regen sich erotische und amouröse Gefühle nur dann, wenn ein Mann reich, mächtig und verheiratet ist, also dann, wenn sie an ihm ihre Verführungskünste ausprobieren kann. Eine besondere Herausforderung bedeutet es für sie, eine Rivalin, zum Beispiel eine Ehefrau, zu übertrumpfen.

Wenn nun diese *Frau, die einen Ehemann suchte*, trotz ihrer Enttäuschungen dieses Schema beharrlich wiederholt, heißt das, daß sie daran Gefallen findet. Es bereitet ihr Lust, einen Mann erotisch verführen zu können, das heißt ihn – und sei es auch nur für einen flüchtigen Augenblick – seiner Frau und seiner gewohnten Umgebung zu entreißen. Die Verführung und ihre Eroberung erregen sie. Das, was sie als eine Reihe amouröser Niederlagen beschreibt – denn die Männer, die sie liebt, wollen sie ja nicht heiraten –, ist in Wirklichkeit gleichzeitig eine Reihe von Siegen.

Ein ähnlicher Fall, *Nicolle*, wird uns von Jeanne Cressanges[12] beschrieben. Nicolle verliebt sich in Männer, die so unerreichbar sind, daß jede andere Frau rasch das Handtuch geworfen hätte. Sie jedoch räumt mit ihrer Verführungskunst und Hartnäckigkeit alle Hindernisse aus dem Weg. Ein verheirateter Mann ist nach ihrem unerbittlichen »Balzverhalten« endlich so weit, daß er bereit ist, seine Frau für sie zu verlassen. Nur, um sie heiraten zu können, tut ein Türke alles Mögliche, um die französische Staatsbürgerschaft zu bekommen. Ein Vorbestrafter bessert sich.

Jedes Mal jedoch, wenn sie kurz vor ihrem Ziel steht und die Hochzeitsglocken schon in der Ferne zu vernehmen sind, verliert sie jegliches Interesse. Ihre Verliebtheit löst sich von einer Minute auf die andere in nichts auf. Ihr Leben verläuft weiter in diesen Bahnen, bis ein ganz besonderer Mann, Paul, auf der Bildfläche erscheint. Er ist faszinierend, geheimnisvoll und unerreichbar. Einige behaupten, er sei ein Spion. Nicolle ist verrückt nach diesem Mann, dessen Geheimnis sich ihr in keiner Weise erschließen will. Sie umwirbt ihn fast zwei Jahre lang, bis er sie endlich heiratet. Sie heiratet ihn, weil er ihr in Wirklichkeit psychologisch weiterhin unerklärbar bleibt und ihr Sieg somit nicht definitiv ist. Die Heirat ist lediglich ein erstes sichtbares Zeichen ihres Erfolges. Nach einiger Zeit wird das Rätsel um diesen geheimnisvollen Mann gelöst: Er ist im wahrsten Sinne des Wortes verrückt. Er leidet an paranoider Schizophrenie und hat depressive Krisen. Eines Tages bringt er sich schließlich um.

In den bislang geschilderten Fällen handelt es sich um Schwärmereien. Gibt es aber auch eine *konkurrenzorientierte wahre Verliebtheit*? Bei all den Personen, die vom Konkurrenzdenken beherrscht werden, ist eine Erfahrung, die einer Verliebtheit nahekommt, nur möglich, wenn sie dauernd und wiederholt enttäuscht werden. Dann nämlich, wenn sich die geliebte Person nie vollends hingibt, wenn sie einen immer wieder zurückweist, sie einen nie wirklich in die Karten sehen läßt. Oder wenn es einen – wirklichen oder imaginären – Rivalen gibt. In diesen Fällen kann die Liebe über Jahre hinweg andauern. Eine ähnliche Geschichte erzählt Carlo Castellaneta in seinem Roman »Passione d'amore«.[13] Diego kann Leonetta nur lieben, weil sie ihm entflieht, obwohl sie sich ihm hingibt.

Bei ihren Rendezvous berichtet Leonetta ihm von ihren Liebhabern, von ihren Lastern, ihren Präferenzen und Erfahrungen mit anderen sexuellen Partnern. Und Diego ist verletzt und gleichzeitig erregt. Die ständige Herausforderung stimuliert ihn. Leonetta ist verheiratet, will aber auf ihren Mann nicht verzichten, denn dieser ist reich. Sie will nicht auf die Annehmlichkeiten des Geldes verzichten. Sie braucht es, um sie selbst sein zu können, gleich einer Königin, die sich jemandem schenkt. Sie braucht dieses Gefühl, um schön zu sein. Ein Leben mit Diego hieße für sie, sich an die Mittelmäßigkeit gewöhnen und auf ihre sündhaft teure Kleidung, ihren erstklassigen Haarstylisten und die persönliche Kosmetikerin verzichten zu müssen. Leonetta bleibt jedoch auch aus einem anderen Grund bei ihrem Mann: Sie weiß, daß Diego dieses Hindernis, einen Rivalen, den ständigen Kampf braucht. Ihr ist bewußt, daß sie ihn nur als eine Art Beute interessiert, die er einem anderen Mann entreißen muß. Es ist ihr klar, daß die leidenschaftliche Liebe, die ihr Diego entgegenbringt und die seit vielen Jahren währt, in dem Moment verpuffen würde, in dem sie, die unerreichbare Göttin, zu einem sicheren Besitztum würde. In dem Moment würde sie ihm fade und langweilig erscheinen.

An diesem Punkt müssen wir unterscheiden: Im Fall von *Nicolle* wird die Schwärmerei durch das Bedürfnis ausgelöst, die eigenen Verführungskünste wirken zu lassen. Paul, der geheimnisvolle Mann, zieht sie an, weil er unerreichbar und kalt ist, weil er ihre Liebe nicht erwidert. Sie will sich selbst beweisen, daß sie eine große Verführerin ist. Deswegen wächst ihr Begehren gegenüber diesem zur Liebe unfähigen Schizophrenen ins Unermeßliche. Die *Frau, die einen Ehemann suchte* will dagegen ihre Überlegenheit über alle anderen Frauen, ihre Rivalinnen, behaupten. Das Beispiel von Diego und Leonetta ist ein Grenzfall, denn es handelt sich dabei um eine große Liebe, die über zehn, zwanzig Jahre hinweg währt. Außerdem enthält sie zahlreiche Elemente einer wirklichen Verliebtheit: die Fusion, den Wunsch nach einem gemeinsamen Leben. Diese werden jedoch durch ihre Ausweglosigkeit gebremst und blokkiert.

Zuletzt wollen wir noch ein Buch analysieren, das verfilmt wurde und einen überwältigenden Einfluß auf die Geschichte der weiblichen Gefühlswelt gehabt hat: »Vom Winde verweht«. Auf den ersten Blick scheint die Liebe von Scarlett O'Hara zu Ashley eine konkurrenzorientierte Verliebtheit zu sein, weil sie nur so lange währt, wie er seiner Ehefrau treu ist. Als Melanie dann stirbt, vergeht auch ihre Liebe. In Wirklichkeit hatte sich Scarlett jedoch in Ashley verliebt, noch bevor sie von seiner Verlobung erfahren hatte, und hofft auch nach seiner Hochzeit, ihn erobern zu können, denn er weist sie nie eindeutig ab. Auch die Beziehung zwischen Rhett und Scarlett ist psychologisch nachvollziehbar. Scarlett kann sich nicht in Rhett verlieben, weil sie bereits in Ashley verliebt ist. Ersteres ist erst möglich, als sie Ashley nicht mehr liebt. Die Liebe von Rhett zu Scarlett dagegen basiert auf dem Wissen, daß eine tiefe Seelenverwandtschaft zwischen ihnen besteht. Er erkennt, daß sie gemeinsam Außergewöhnliches erreichen können. Scarlett möchte sich jedoch ihre Persönlichkeit und ihre Unabhängigkeit bewahren. Sie fürchtet, von der Persönlichkeit Rhetts erdrückt zu werden. Deswegen sucht sie sich auch schwächere Männer aus, die ihr hörig sind, wenn sie ans Heiraten denkt.

Finanzielles Interesse und sozialer Status

Reichtum, soziale Schicht, Besitz von Autos, Häusern und Luxusyachten, ein gehobener Lebensstandard und die Kleidung tragen dazu bei, eine Person attraktiver zu machen. All diese Faktoren können eine Verliebtheit auslösen. Desgleichen kann eine Verliebtheit auch durch Träume, Hoffnungen und das Streben nach gesellschaftlichem Ansehen ausgelöst werden. Im Märchen von *Aschenputtel* verliebt sich der Prinz in das arme Mädchen nur, weil sie – dank der guten Fee – an seinem Fest teilnimmt und ein bezauberndes Kleid trägt. Hätte er sie in ihrer üblichen armseligen Kleidung gesehen, hätte er sie bestimmt keines Blickes gewürdigt. Im »Pygmalion« von Shaw verachtet die Hauptperson, Higgins, anfangs das schmutzige und ungebildete Mädchen, das er aus der Gosse gezogen hat. Erst, als sie sich ihm elegant und gepflegt präsentiert, verliebt er sich in sie. Wie wir bereits gesehen haben, verliebt sich unser *Student* in eine Kommilitonin, die einer höheren sozialen Schicht angehört als er. Bei seiner Wahl ist er dabei keineswegs berechnend, er verfolgt kein finanzielles Interesse. Seine Kommilitonin verkörpert für ihn lediglich die Welt, die ihn anzieht, die Lebensart, die ihn fasziniert.

In der Literatur finden wir häufig Erzählungen, in denen Verliebtheit durch Reichtum ausgelöst oder zumindest erleichtert wurde. Ein Beispiel ist »Der große Gatsby« von Francis Scott Fitzgerald. Gatsby ist zwanzig Jahre alt, als er Daisy zum ersten Mal begegnet. Er sieht sie während eines Empfanges, den er zusammen mit anderen Offizieren besucht. Gatsby ist arm wie eine Kirchenmaus, doch die Uniform macht alle gleich. Er ist sprachlos, als er Daisys Haus sieht, noch nie hat er ein schöneres zu Gesicht bekommen. Gatsby kommt aus dem Staunen nicht heraus.[14] Und die reiche und schöne Daisy erwidert seine Liebe, ohne zu wissen, wer er ist. Gatsby muß an die Front und verliert sie aus den Augen. Sie heiratet. Er jedoch hört nicht auf, sie zu lieben. Für sie plagt er sich Tag und Nacht, er erarbeitet sich ein Vermögen, nur um sie erobern zu können. Diese Geschichte ist stark autobiographisch angehaucht. Fitzgerald hatte sich in Zelda Sayre, die Tochter eines wohlhabenden Richters, verliebt, als er in Alabama stationiert war. Zu diesem Zeitpunkt war Zelda unerreichbar, denn sie gehörte einer höheren sozialen Schicht an als er. Erst nach dem Erfolg seines Romans »Diesseits vom Paradies« konnte er sie heiraten.

Der Reichtum ist somit eine der Komponenten – wie die erotische Lust, das zuvorkommende Verhalten, die Faszination einer Uniform oder die der Macht –, durch die der *Status nascendi* einer wahren Verliebtheit in Gang gesetzt werden kann. Die Personen, die in ihrem Unterbewußten immer ein besseres Leben angestrebt haben, verlieben sich leicht in jemanden, der dieses Leben symbolisiert. Der Schriftsteller Honoré de Balzac verliebt sich, als er zweiundzwanzig Jahre alt ist, in die vierundvierzigjährige Laure de Berny. Elena Gianini Belotti hat für dieses Verhalten die richtige Erklärung parat: »Der Kleinbürger Honoré de Balzac verliebt sich in die Adlige Laure de Berny, weil er geblendet und angezogen wird von dem Lebensstil und dem gesellschaftlichen Umfeld, dem er nur allzugerne angehören möchte; er dürstet nach Aufmerksamkeiten, Anregungen, Reizen und beharrlicher Pflege, um damit sein noch rohes und ungeformtes Talent zu nähren, um es zu verfeinern und zu entfalten. Er sucht dringend eine Entschädigung für die Kränkungen durch die Armseligkeit und Roheit seiner Herkunft. Er sucht dringend die Anerkennung seines Talents, dessen Wertes er sich bewußt ist. Alle diese Bedürfnisse können sicher nicht von unerfahrenen, naiven und unfreien Mädchen befriedigt werden, die selbst mehr Hilfe brauchen, als daß sie helfen können«.[15]

Selten sind Reichtum und finanzielles Interesse allerdings die Tür zur wahren Liebe. Es gibt Menschen, die ausschließlich aus finanziellem Interesse heiraten, wie zum Beispiel ein Mitgiftjäger, der vorgibt, in eine reiche Erbin verliebt zu sein, oder wie ein Emporkömmling, der einer Millionärin Liebe vortäuscht. Genauso verfährt auch Scarlett O'Hara in »Vom Winde verweht«, als sie ohne Skrupel einen reichen Kaufmann verführt und heiratet, um ihr elterliches Gut Tara zu retten.

Finanzielles Interesse allein kann sicher keine stabile Paarbeziehung zwischen zwei Menschen hervorbringen. Es ist nicht leicht, sich über Jahre hinweg zu verstellen. Ein Mann, dem die eigene Frau nicht gefällt, muß sich alle möglichen Ausreden einfallen lassen, um nicht impotent zu erscheinen. Eine Frau ist ständig in einem Zustand der Gereiztheit und des körperlichen Widerwillens. In ihrem Roman »Paolo e Francesca« beschreibt Rosa Giannetta Alberoni[16] die Überwindung, die es eine Frau kosten kann, mit einem reichen und berühmten Mann verheiratet zu sein. Nach und nach protestiert ihr Körper. Sein Geruch verursacht ihr Übelkeit, die Berührung seiner Hände stößt sie ab, bis eines Tages aus ihrer Liebe Haß wird.

Allerdings gibt es zwischen der Situation, in der der Reichtum lediglich ein auslösendes Moment des *Status nascendi* ist, und dem rein finanziellen Kalkül zahlreiche Zwischenformen. Es gibt unzählige Fälle der amourösen Schwärmerei, bei der der Reichtum und die dazugehörigen Symbole – ein Sportwagen, eine Luxusyacht, ein prächtiges Haus, ein gehobener Lebensstandard, großzügige Geschenke – eine ähnliche Anziehung ausüben wie ein charismatischer Führer oder ein Star. Nach außen scheint es Verliebtheit zu sein, in Wahrheit ist sie es allerdings nicht. Folglich verfliegt die Liebe auch, sobald das Ziel, nämlich der Reichtum, erreicht ist. Statt dessen macht sich der Wunsch nach Unabhängigkeit und Autonomie breit. Am liebsten hätte man all das schöne Geld für sich allein. Sehr reiche Menschen, wie beispielsweise Filmstars, haben immer ein Gefolge von Verehrern, die sich ihnen an den Hals werfen und ihnen ihre Liebe erklären. Was ist es aber? Liebe oder Schwärmerei? Oder einfach nur Berechnung? Aus diesem Grund heiraten sie am liebsten Personen aus ihrer eigenen Gruppe, Personen, die ihnen ebenbürtig sind.

Die Täuschung

Wenn man wirklich verliebt ist, sucht man die Wahrheit. Man forscht tief in sich, um seine innersten Bedürfnisse auszudrücken. Dabei lügt man weder sich selbst noch dem anderen etwas vor. Vielleicht spielt man mal den Unnahbaren, um sich interessant zu machen, Neugier in der geliebten Person zu wecken oder sie auf die Probe zu stellen. Doch dies währt nie lange. Bald schon gibt man wieder dem Drang nach, sich rückhaltlos zu öffnen und alles zu beichten. Es gibt aber auch Menschen, die meinen, sie müßten Fehler und Ängste überspielen. Sie verstecken ihre Ängste und Sorgen und spielen statt dessen Eigenschaften vor, die sie gar nicht besitzen.

Wenn dieser Vorgang nun in beiden Partnern abläuft und beide sich an ihre jeweilige Lüge klammern und nicht davon lassen wollen, dann entsteht das, was die Psychologen als *Kollusion* bezeichnen. Der Begriff kommt aus dem Lateinischen *cum-ludere* und bedeutet soviel wie geheimes Einverständnis, sich gegenseitig zu betrügen. Beide kompensieren einen eigenen Fehler, indem sie vorgeben, eine andere Person zu sein. Und der eine akzeptiert dies, damit der andere wiederum das falsche Selbstbild akzeptiert, das er ihm vorgaukelt. Und so täuschen beide falsche Tatsachen vor, ohne jemals aus diesem Teufelskreis ausbrechen zu können.

Auch in diesem Fall handelt es sich um eine Pseudoverliebtheit bzw. um eine unvollständige Verliebtheit. Der *Status nascendi* wird auf halbem Wege von der Lüge blockiert. Der Prozeß der *Historisierung* des *Aufarbeitens der Vergangenheit* kann nicht fortgeführt werden. Deswegen wird auch der Betreffende nicht von seiner Vergangenheit befreit, sondern sie wird ihn immer wieder heimsuchen; dadurch wird sich genau die Situation wiederholen, vor der der Betreffende eigentlich hatte fliehen wollen.

Betrachten wir einen Fall, den J. Willi beschreibt.[17] Ein junger Mann hatte einen schwachen und impotenten Vater und eine aggressive Mutter. Aus Angst, demselben Muster zu verfallen, versucht er, das Gegenteil seines Vaters zu werden. Nach außen hin ist er aktiv, stark und selbstsicher. Auch seine zukünftige Frau hatte einen schwachen Vater und eine dominante und eher

118

männlich wirkende Mutter. Als Reaktion darauf entwickelt sie ein extrem feminines Verhalten. Sie ist wenig belastbar und kränkelt leicht. Eines Tages lernen sich die beiden in einem Restaurant kennen, das hauptsächlich von Studenten besucht wird. Er bemerkt sie, sie gefällt ihm, doch er ist vor Schüchternheit wie gelähmt und weiß nicht, wie er sie ansprechen soll. Schließlich faßt er sich ein Herz und lädt sie zu einem Kaffee ein. Sie, die zuerst den Eindruck hatte, einen Schwächling vor sich zu haben, ist überrascht über diese Handlung, denn sie vermittelt ihr den Eindruck männlicher Sicherheit. So fängt alles an. Beide zeigen dem anderen Eigenschaften, die sie nicht haben: er Stärke und sie Schwäche. Nach ihrer Hochzeit übertreiben beide ihre Rollen. Die Frau spielt ihre Schwäche so überzeugend, daß sie schließlich wirklich krank wird und ins Krankenhaus muß. An diesem Punkt schafft er es nicht mehr, die Stärke vorzutäuschen, die er nie wirklich besessen hat, und erleidet einen Nervenzusammenbruch. Jetzt reagiert seine Frau mit Aggressivität. So enthüllen beide letztendlich doch ihre wahre Natur und befinden sich genau in der Situation, die sie beide hatten vermeiden wollen: er passiv, sie dominierend.

Bisweilen beginnt eine Liebesbeziehung als Betrug, als Täuschung, führt aber dann doch zu einer wahren Verliebtheit, durch die die Wahrheit ans Licht kommt. Das Thema wurde in zahlreichen genialen Komödien aufgegriffen, wie zum Beispiel »Manche mögen's heiß« mit Jack Lemmon, Tony Curtis und Marilyn Monroe. Tony Curtis gibt vor, ein Millionär zu sein, um Marilyn zu imponieren. Jack Lemmon hilft seinem Freund bei dieser Inszenierung. In Wirklichkeit sind sie Musiker in einem kleinen Orchester und wurden schon vorher unbeabsichtigt Zeugen eines von Gangstern verübten Mordes. Die Verbrecher suchen sie nun, um sie zu beseitigen. Gerade in dem Moment, in dem Tony Curtis es geschafft hat, Marilyn zu erobern, finden sie ihn. Die beiden jungen Männer müssen also fliehen. Tony Curtis beichtet Marilyn, wer er in Wirklichkeit ist. Doch ihr ist das gleich. In diesem Moment erkennen beide, daß sie wirklich ineinander verliebt sind.

Liebe als Trost

Hierbei handelt es sich um die Pseudoverliebtheit, die einer amourösen Enttäuschung folgt. Nach der schmerzlichen Phase der Erstarrung gewinnt unser »élan vital« wieder die Oberhand, und wir beginnen langsam, uns nach neuen Liebesobjekten umzusehen. Die Wunde ist jedoch noch zu frisch, als daß wir uns schon wieder verlieben könnten. So suchen wir eher eine Person, die uns Sicherheit vermittelt, die uns gerne hat, eine Person, der wir uns ohne Furcht hingeben können. Das heißt nun keinesfalls, daß diese Person etwa langweilig oder uninteressant sein muß. Im Gegenteil: In der Regel suchen wir uns in einer solchen Situation eine Person, die voller Leben ist, die uns auf andere Gedanken bringt und uns aus unserem Alltag herausreißt. Allerdings erwarten wir, daß der andere den ersten Schritt macht und daß er sich mehr engagiert, als wir es tun. Wir suchen also jemanden, der uns liebt und von dem wir uns lieben lassen können.

Wir haben bereits vom *Mann aus Turin* gesprochen. Dieser hatte eine bittere Liebesenttäuschung erlebt, über die er jahrelang nicht hinwegkam. Um seine unglückliche Liebe vergessen zu können, hätte er sich gerne wieder verliebt. Da trifft er eines Tages eine junge und sehr hübsche Französin, zu der er sich hingezogen fühlt. Er glaubt, sie zu lieben. Die Entfernung und seine finanziellen Schwierigkeiten hindern ihn jedoch daran, die Beziehung weiterzuführen. Daraufhin läßt er sich auf ein Abenteuer mit einer Kollegin ein; aber das währt nicht lange, weil beide sehr schnell dahinterkommen, daß sie nicht wirklich ineinander verliebt sind. Was ihm bleibt, ist ein Bedürfnis nach Liebe und Geborgenheit, nach einem bloßen Ersatz für seine große Liebe, die er verloren hat. An diesem Punkt lernt er eine junge Frau kennen, die sehr sympathisch, lebhaft und fröhlich ist. Er signalisiert ihr sein starkes Bedürfnis nach Liebe und sie reagiert darauf, indem sie sich in ihn verliebt. Sie stellt ihn ihrer Familie vor, die wohlhabend ist und ihn mit offenen Armen empfängt. Sie verloben sich und eines Tages heiraten sie. Die Frau kümmert sich um den Haushalt und er geht ruhig seiner Arbeit nach. Zwischen ihnen gibt es nie ein böses Wort, nie einen

Streit. Der *Mann aus Turin* hätte reinen Gewissens geschworen, daß er seine Frau liebte. In Wirklichkeit hat er sie nur sehr gern. Seine wahre Liebe gilt jedoch nach wie vor der anderen. Von dieser Liebe wird er sich nur dann befreien können, wenn er sich noch einmal leidenschaftlich verliebt. Nur das Verliebtsein verleiht die Kraft, die Vergangenheit ganz zu erfassen und sich von ihrer Last zu befreien. Und so geht es dem *Mann aus Turin* irgendwann nach seiner Hochzeit auf, daß er seine Frau wohl schätzt, daß er Zuneigung für sie empfindet, doch daß sie ihm weder körperlich gefällt, noch daß sie eine geistige Bereicherung für ihn ist. Es beginnt eine Zeit der Wirren und Zweifel, die erst ein Ende findet, als er sich leidenschaftlich in eine andere Frau verliebt.

Die Geschichte von Chiara ist um einiges dramatischer. Chiara kommt aus Neapel. Sie ist wunderschön, und die Eltern verwöhnen sie nach Strich und Faden. Sie muß keine Hand im Haushalt rühren. Chiara ist die kleine Prinzessin ihrer Schule und ihres Wohnviertels. Als sie achtzehn Jahre alt ist, besucht sie eine Tante in Mailand. Dort lernt sie einen zwanzigjährigen Mann kennen. Die beiden verlieben sich ineinander. Als sie wieder in Neapel ist, schreiben sie sich und telefonieren über Monate hinweg miteinander. Er besucht sie in Neapel, allerdings nicht so häufig, wie beide dies gerne hätten. Der junge Mann hat keine sehr gut bezahlte Arbeit und kann es sich nicht leisten. Und den Eltern Chiaras gefällt er nicht. Sie wollen etwas Besseres für ihre Tochter. Chiara traut sich nicht, ihre Familie zu verlassen und zu ihm zu ziehen. Sie weint tagelang, verläßt ihr Zimmer nicht mehr. Ihre Eltern hoffen darauf, daß die Zeit ihnen recht gibt. Sie sind davon überzeugt, daß ihre Tochter ihn vergessen wird. Der Mann aus Mailand läßt schließlich nichts mehr von sich hören. Es vergehen einige Jahre. Während eines weiteren Besuches bei ihrer Tante in Mailand lernt Chiara einen Mann kennen, der ihr als ein reicher Grundbesitzer vorgestellt wird. Dieses Mal haben ihre Eltern nichts gegen eine Verbindung einzuwenden, sie drängen sogar auf eine Heirat. Chiara willigt ein, weil sie ein starkes Bedürfnis nach Liebe hat und dieser Mann ihr sagt, daß er sie liebe. Ein weiterer Grund ist auch, daß er in der Nähe von Mailand wohnt. So hat sie das Gefühl, ihrer großen, verlorenen Liebe näher zu sein.

Chiara heiratet also diesen Mann. Doch es stellt sich heraus, daß der Mann nur ein wohlhabender Bauer ist, der auf einem Bauernhof lebt, auf dem er Tiere züchtet. Sein Haus ist häßlich, schmutzig und befindet sich direkt neben den Ställen. Es stinkt im ganzen Haus. Im Hof liegt der Schlamm zentimeterhoch. Chiara, die an ein Leben in der Stadt gewöhnt ist, die immer nur verhätschelt und verwöhnt wurde, kommt mit dieser schweren, physischen Arbeit nicht zurecht. Zu allem Überfluß ist sie bereits nach kürzester Zeit schwanger. Da steht sie nun, ein Kleinkind am Hals, schlechtgekleidet und ungekämmt – ihr Leben gleicht einem Alptraum. Sie weint jeden Tag. Ihr Vater, der jetzt einsieht, welch einen Fehler er gemacht hat, kommt sie häufig besuchen. Er bringt ihr schöne Kleider mit und leistet ihr Gesellschaft. Während eines nebligen Winterabends wird der arme Mann jedoch von einem Auto überfahren und stirbt. Chiara ist schockiert und flieht mit ihrem Kind nach Mailand, um Hilfe zu suchen. Als sie wieder nach Hause zurückgebracht wird, fängt sie an zu phantasieren. Schließlich verfällt sie in ein katatonisches Schweigen, kein Wort kommt mehr über ihre Lippen. Eines Tages öffnet sie die Haustür und rennt wie von Sinnen fort, ohne sich auch nur einen Mantel überzuziehen. So verlieren sich ihre Spuren in der eisigen Kälte der lombardischen Ebene. Niemand hat sie seitdem mehr gesehen.

SIEBTES KAPITEL

Die Erotik

Erotik und Verliebtheit

Wenn wir verliebt sind, steigern sich unsere Erotik und Sexualität ins Unermeßliche. Der Körper der geliebten Person erscheint uns göttlich, heilig, und wir verspüren den Wunsch, mit ihm eins zu werden. Frisch Verliebte können ganze Tage zusammen im Bett verbringen. Ihr Begehren ist schier unerschöpflich: Kaum haben sie Befriedigung gefunden, schon erwacht es wieder stärker als zuvor. Wir nehmen im allgemeinen an, daß sich – wie beim Essen, Trinken und Schlafen – unser Begehren verflüchtigt, sobald es befriedigt wurde. In der Psychoanalyse wird das Begehren als Spannung betrachtet, die sich entladen muß. Wenn wir uns jedoch im *Status nascendi* der Liebe befinden, dann wollen wir noch mehr lieben, noch mehr begehren. Wir suchen unsere Befriedigung nicht durch die Entladung einer Spannung, sondern durch das Wachstum, das ständige Zunehmen dieser Spannung.[1]

Die Verliebtheit wirkt auf die Erotik des Alltags derart, daß diese ins Hundert- oder sogar Tausendfache gesteigert wird. Das ganze Leben wird erotisiert. Der Körper der geliebten Person wird eine Welt, die einen aufnimmt, in der man lebt, er wird die Quelle, von der wir uns nähren, und alles, was er hervorbringt, ist wunderbar. Psychoanalytiker sehen darin einen Zustand, der an die Säuglingsexistenz erinnert, als man sich vom Körper der eigenen Mutter ernährte, während man gestillt wurde. Ich glaube jedoch eher, daß das gleiche genetische Engramm aktiviert wird, das beim Kind die Hinwendung zur Mutter und beim Erwachsenen die Hinwendung zur geliebten Person möglich macht.

Bisweilen beginnt eine Verliebtheit als zwanghafte und unwiderstehliche sexuelle Begierde, die sich erst später als amouröse Leidenschaft entpuppt. Im Buch von Robert Woods Kennedy,»Un anno d'amore«[2], verliebt sich ein junger Mann, als er die Schönheit seiner Freundin entdeckt, mit der er seine ersten sexuellen Erfahrungen macht. Die Sexualität, die er erlebt, ist grenzenlos und überwältigend. Sie bricht aus, als er zum ersten Mal den Busen seiner Freundin streichelt, als er sprachlos ihren Körper bewundert und die Form der Brustwarzen, des Venushügels, der großen und kleinen Schamlippen erforscht. Ein Universum voller unbekannter Freuden tut sich ihm auf, das er um so mehr liebt, je mehr er Besitz davon ergreift. Auch im Falle des *Mannes aus Bari* beginnt eine große Liebe mit einer blitzartigen erotischen Verzauberung.

Mit Abstand die beste Beschreibung einer Sexualität, die in Liebe umschlägt, findet man in Nabokovs Buch »Lolita«. Nabokov nimmt die Ironie als Mittel, um eine wahnsinnige und zwanghafte sexuell übersteigerte Begierde zu beschreiben, ohne daß der Leser auch nur im mindesten ahnt, daß es sich dabei um den Beginn einer großen Liebe handelt. Humbert ist vernarrt in den Körper eines zwölfjährigen Mädchens, seines »Nymphchens«, wie er sie nennt. Er schreibt:»Dort legte sich meine kleine Schönheit auf den Bauch und zeigte mir, zeigte den tausend weit offenen Augen in meinem sehenden Blut ihre leicht angehobenen Schulterblätter und den hauchzarten Flaum entlang der Einbuchtung des Rückgrats und die Rundung ihres straffen, schmalen, schwarz bekleideten Gesäßes und den Strand ihrer Schulmädchenschenkel.«[3] Eines Abends, als er auf der Veranda neben Lolitas Mutter sitzt und die Kleine sich zwischen die beiden drängt, packt er diese Gelegenheit beim Schopf:»Ich benützte meine unsichtbaren Gesten dazu, ihre Hand, ihre Schulter und eine Ballerinapuppe aus Wolle und Gaze zu berühren, mit der sie spielte und die sie mir immer wieder auf die Knie schubste; als ich schließlich meinen glühenden Liebling ganz und gar in dies Netz ätherischer Liebkosungen verwickelt hatte, wagte ich es, am Stachelbeerflaum ihres

Schienbeins entlangzustreicheln, und ich gluckerte über meine eigenen Scherze und zitterte und verbarg mein Zittern, und ein- oder zweimal [...] fing ich mit geschwinden Lippen die Wärme ihres Haares auf.«[4] Die Liebe stellt sich hier ausschließlich als se- xueller Drang dar, der ihn dazu treibt, alle sich bietenden Gele- genheiten auszunutzen. Einmal, beim Spiel mit einer Zeitschrift, gelingt es Humbert, Lolita an sich zu ziehen. »Im nächsten Augenblick hatte sie sich in einem gespielten Versuch, es wie- derzubekommen, voll auf mich geworfen. Ich hielt sie an dem dünnen, knochigen Handgelenk fest. Die Illustrierte flatterte wie ein aufgescheuchtes Huhn zu Boden. Sie wand sich los, rin- gelte sich zurück und lehnte sich tief in die rechte Ecke des So- fas. Dann streckte das unverschämte Kind mit vollkommener Selbstverständlichkeit seine Beine über meinen Schoß. Ich war mittlerweile in einem Zustand der Erregung, der an Wahnsinn grenzte; aber ich hatte auch die Schläue eines Wahnsinnigen.«[5] Es folgt die unglaubliche Beschreibung der Manöver, mit denen Humbert zum Orgasmus kommt, eine regelrechte erotische Ek- stase, die sich mehrmals wiederholt. Jedesmal sind es gestoh- lene Momente, vor allen geheimgehalten. Nie kommt dabei ein Zeichen der Zuneigung oder ein Gedanke an Liebe in ihm hoch. Er fühlt einzig und allein sein zwanghaftes Begehren, das ihm verboten und obszön vorkommt, dem er jedoch nicht widerste- hen kann und das er mit den tollsten Verrenkungen befriedigt, bis er schließlich sogar die Mutter heiratet, nur um in der Nähe der Tochter sein zu können. Dann geht es auf eine verrückte Reise quer durch die Vereinigten Staaten, von einer Touristen- falle in die nächste, von einem Kino ins nächste, wo er sie mit Eis und Schleckereien abfüllt. Immer wieder verhindert er, daß sie zur Schule geht, wo sie ja einem Jungen ihres Alters begegnen könnte. Er feilscht um ihre sexuellen Gefälligkeiten. »Wie süß war es, ihr den Kaffee zu bringen und ihn ihr dann zu verwei- gern, bis sie ihre Morgenpflicht erfüllt hatte. Und welch rück- sichtsvoller Freund war ich, welch leidenschaftlicher Vater, welch guter Kinderarzt, der sich aller körperlichen Bedürfnisse seiner kleinen Halbbrünetten annahm! Ich verübelte der Natur lediglich, daß ich meine Lolita nicht von innen nach außen stül- pen konnte, um meine gierigen Lippen an ihre junge Gebärmut- ter, ihr unbekanntes Herz, ihre perlmutterne Leber, die Meerestrauben ihrer Lungen und an ihre hübschen Nierenzwillinge zu pressen.«[6] Hier erkennen wir, trotz der Ironie, die unverwechselbaren Zeichen der Verliebtheit. Der Liebende liebt alles, absolut alles von der geliebten Person, selbst ihre inneren Organe. Mag es auch durch literarische Kunstmittel geschickt getarnt sein, so erkennen wir doch, daß sich hinter dieser erotischen Leidenschaft eine totale Liebe verbirgt.

Manchmal beginnt die Verliebtheit aber auch genau umgekehrt. Dann spürt man zunächst eine Art geistige Hingezogenheit, man sehnt sich, in der Nähe der geliebten Person zu sein. Dies verdeutlicht der Fall des *Studenten*. Oder die Verliebtheit zeigt sich in Form von Freundschaft, Zärtlichkeit und Wertschätzung, wie dies beim *vorsichtigen Mann* der Fall war. Der *Student* war an einem Punkt in seinem Leben angekommen, an dem in ihm der Wunsch herangereift war, eine Frau zu haben und mit ihr zusammenzuleben. Der *vorsichtige Mann* dagegen war es gewohnt, Sex ohne Liebe zu konsumieren. Die Verliebtheit kam erst dann zum Vorschein, als durch gegenseitige Freundschaft, Wertschätzung und Vertrauen alle Schutzwälle und Ängste abgebaut werden konnten.

Wir wollen uns nun folgende Frage stellen: Wenn eine Person wirklich verliebt ist, kann sie dann sexuelles Begehren für eine andere Person empfinden und die geliebte Person betrügen? Zweifellos gibt es hier erhebliche individuelle Unterschiede. Doch rein theoretisch müssen wir die Frage mit einem klaren Ja beantworten, besonders was den Mann betrifft, etwas weniger – jedenfalls noch heutzutage –, was die Frau angeht. Es kann sein, daß sich dieser Unterschied im Laufe der Zeit verlieren wird, falls sich die männlichen Verhaltensweisen in unserer Gesellschaft durchsetzen sollten. Doch noch ist die Zeit nicht reif. Frauen werden gerne umschwärmt und begehrt, sie möchten ihre eigene Wahl treffen können, die Möglichkeit haben, ja oder nein zu sagen. Wenn eine Frau verliebt ist, dann hat sie ihre Wahl bereits getroffen und wird auf keinen anderen Antrag eingehen. Beim Mann sieht dies jedoch ganz anders aus. Es ist der Mann, der auf Partnersuche geht und den Frauen Anträge macht. Wenn er verliebt ist, erscheint ihm die ganze Welt schön. Er erkennt in allen Frauen etwas von seiner Geliebten wieder. Wenn sich ein verliebter Mann seinen spontanen Gefühlen hingibt, dann ist er bereit, alle Frauen zu umarmen. So ist er paradoxerweise auch offen für eine erotische Begegnung, wenn eine andere Frau ihn umschwärmt, ihm Vertrauen einflößt und ihm ein eindeutiges Angebot macht. Von sich aus würde er kaum die Initiative ergreifen, einer Verführung hält er jedoch nicht unbedingt stand. Diese erotische Verfügbarkeit des Mannes verliert sich augenblicklich, wenn er glaubt, sich damit die Liebe seiner Partnerin zu verscherzen.

Wenn eine Frau erfährt, daß der Mann, den sie liebt, mit einer anderen im Bett war, ist sie außer sich vor Wut. Ihr Zorn wird nicht nur durch Eifersucht oder Besitzdenken ausgelöst, sondern von dem Bewußtsein, daß sie es war, die ihm seine erotische Ladung gegeben hat. Sie war diejenige, die ihm mit ihrer Liebe die nötige Lebenskraft eingeflößt hat; und das nur, damit er sich von der nächstbesten Frau verführen lassen konnte? Deshalb fühlt sie sich ausgenutzt. Er hat ihr eine Art heilige Kraft geraubt, die er jetzt durch den Schmutz zieht, freizügig verteilt und entweiht, indem er sie einer anderen schenkt. Am liebsten würde sie ihn mit aller Härte dafür bestrafen. Es ist kein Zufall, daß ein Mann, wenn er den Gemütszustand der Frau, die er betrogen hat, beschreiben will, sagt, daß sie sich wie eine »Furie« aufführt. Und während ihm dieser Begriff über die Lippen kommt, zittert er bei dem Gedanken, sie vielleicht wegen einer Tat zu verlieren, die ihm selbst so bedeutungslos vorkommt. Gleichzeitig weiß er aber, daß sie nicht nur mit leeren Drohungen um sich wirft, sondern daß sie allen Ernstes in der Lage wäre, ihn zu verlassen und ihre gemeinsame Liebe zu zerstören. Deswegen ist er nun vorsichtig, er verspricht ihr, es nie wieder zu tun und ihr treu zu sein.

Für eine verliebte Frau ist ein Seitensprung fast ein Verbrechen, denn sie schenkt ihren Körper ihrem Geliebten und schreckt vor jeder Berührung mit einem »fremden« Körper zurück wie vor einer giftigen Schlange. Sie erlebt den Körper des Geliebten als Teil des eigenen Körpers, der sich durch die Liebe verwandelt hat. Sie fühlt sich durch ihre Liebe wie wiedergeboren und möchte rein sein in Körper, Herz und Seele. Dieser vergeistigte *Liebeskörper* gehört ausschließlich ihnen beiden. Er ist ein Heiligtum geworden, den man vor jeder blasphemischen Berührung schützen muß, ein Heiligtum, dem sich der Mann mit dem nötigen Respekt nähern muß.

Alle Gesten einer verliebten Frau sind heilige Riten. Sie weiht ihren eigenen Körper und den Raum, der sie umgibt, der Liebe. Das Bett, in dem sie miteinander schlafen, ist ihr heilig. Niemand darf sich ihm nähern, niemand darf auf ihm schlafen, nicht einmal die eigenen Eltern oder Geschwister. In das Bett einer verliebten Frau dürfen nur die Kinder, die aus ihrer Beziehung hervorgegangen sind.

Andere Formen der erotischen Liebe

Das erotische Abenteuer ist eine Erfahrung, bei der sich der Betreffende in keiner Weise verpflichtet, sich selbst nicht völlig ins Spiel bringt und sich weigert, mit dem anderen zu verschmelzen und sich zu verändern. Außerdem ist es eine zeitlich begrenzte Angelegenheit. Man weiß von Anfang an, daß diese Erfahrung nicht über eine gewisse Zeitspanne hinausgehen wird. Das Ende ist beim Abenteuer bereits eingeplant. Das Motto des erotischen Abenteuers ist in der Vergangenheitsform gehalten: »Es war schön.« Dies ist der Fall bei der Frau, die ihren Urlaub im Club Méditerranée verbringt, und dort einem Mann begegnet, der ihr gefällt. Ihr Ehemann ist in weiter Ferne. Die Beziehung zu ihm ist schon seit längerem eintönig und langweilig. Jetzt spürt sie die Faszination, die die Möglichkeit eines romantischen Abenteuers auf sie ausübt. Der Gedanke an die erotische Ekstase und das Gefühl, etwas Verbotenes zu tun, eine lustvolle Regelverletzung zu begehen, reizen sie. Sie weiß jedoch, daß all dies mit ihrer Heimkehr ein Ende haben wird. Für ihren Gespielen ist alles womöglich noch viel unkomplizierter. Er war nur auf der Suche nach sexueller Befriedigung und das ganze romantische Gehabe hat er nur veranstaltet, um der Frau einen Gefallen zu tun. Wenn es jedoch nach ihm gegangen wäre, hätte man ebensogut darauf verzichten können.

Das Liebesabenteuer: Es gibt Fälle, in denen eine kurze Liebesbeziehung sehr intensiv erlebt wird. Es handelt sich dabei um eine wahre Verliebtheit in ihrem Anfangsstadium, die allerdings über dieses Stadium nicht hinauskommt, weil sich der Betreffende keine gemeinsame Zukunft mit dem anderen vorstellen kann, keine wirklichen Zukunftspläne machen kann. So kommt der ganze Prozeß zu einem vorzeitigen Ende. Wenn es jedoch dieses eine Hindernis, diese eine Hürde nicht geben würde, könnte sich sogar eine große Liebe daraus entwickeln. Diese Erfahrung wird sehr anschaulich von Elena Gianini Belotti[7] beschrieben, die die Liebesgeschichten zwischen Frauen und wesentlich jüngeren Männern untersucht hat. In unserer Gesellschaft wird diese Art der Beziehung immer noch als anormal oder zumindest als ungewöhnlich betrachtet. Die Frau erwartet, daß der junge Mann, den sie liebt, früher oder später ihrer überdrüssig wird oder sich in eine andere verliebt. Deswegen bremst sie ihre Verliebtheit und läßt es nicht zu, daß aus ihr der Wunsch entsteht, eine langfristige Beziehung zu haben. Lassen wir einige der betroffenen Frauen selbst zu Wort kommen. *Marta* erzählt: »Ich habe im Gegensatz zu Mario nie gedacht, daß unsere Geschichte lange dauern würde. Und das nicht nur, weil er jünger ist, sondern weil jede Liebe mal zu Ende geht und ich sehr die Tendenz habe, alleine zu leben.«[8] Und *Sandra* berichtet: »Ich bin davon überzeugt, daß eine schöne Liebesgeschichte nicht ewig dauern kann. Paarbeziehungen machen mir angst, und im Laufe der Zeit nutzt sich alles ab. Mich interessiert mehr die Intensität als die Dauer. Ich ziehe vorübergehende und unsichere Geschichten der Stabilität und der Vorhersehbarkeit vor, die mich nur langweilen. Mit den jungen Männern habe ich nie Pläne geschmiedet; denn ich wußte, daß es Geschichten waren, die bald zu Ende gehen würden.« *Elisabetta* sagt: »Die Beziehung zwischen Riccardo und mir war ohne gemeinsame Pläne. Wir waren uns – wenn auch unausgesprochen – beide darüber im klaren, daß das Ende unvermeidlich wäre. Ich rechnete nicht auf Dauer, sondern auf Intensität, solange es dauerte. Ich dachte, daß er sich früher oder später in eine junge Frau verlieben würde.«[8] Und *Laura*: »Ich habe mich dazu gezwungen, nicht im mindesten an eine Zukunft mit ihm zu denken und ihm die Freiheit zu lassen, andere Beziehungen zu haben. Denn mir kam es so vor, als würde ich ihn auf längere Sicht aufgrund des Altersunterschiedes in einer unmöglichen Beziehung blockieren.«[9]

Die erotische Schwärmerei dagegen ist kein zeitlich begrenztes Abenteuer. Der Betreffende ist davon völlig eingenommen und wünscht sich, die Beziehung fortzuführen. Die sexuelle Begierde und die Lust haben einen hohen Stellenwert, sie durchdringen sein ganzes Leben. Wenn der Betreffende an die geliebte Person denkt, kommt in ihm Begehren auf, und wenn sie zusammen sind, wird er nicht müde, mit ihr zu schlafen. Eine erotische Schwärmerei jedoch baut hauptsächlich auf dem *Lustprinzip* auf, ohne daß jemals ein *Status nascendi* eintreten würde. Es handelt sich deswegen nur um eine Form der Pseudoverliebtheit.

Bei einer erotischen Schwärmerei werden wir in der Regel körperlich von einer Person angezogen, die uns auf intellektueller Ebene vollkommen gleichgültig ist bzw. der wir nicht vertrauen, oder die Gewohnheiten oder Freunde hat, die wir nicht akzeptieren können. Wir wollen unser Leben nicht mit dem ihren vereinen, wir haben nicht den Eindruck, etwas Wunderbares mit ihr ins Leben rufen zu können. Sie gefällt uns einfach, wir begehren sie, wir wollen ihren Körper, ihre Küsse, wir wollen uns mit ihr im Bett wälzen und mit ihr schlafen. Und dieses Begehren kann so stark sein, daß wir meinen, nicht mehr ohne sie leben zu können, also verliebt zu sein. Es reicht jedoch, wenn es einmal nicht ganz so schön mit ihr ist und es vielleicht zu einem Mißverständnis oder einem Streit kommt, und schon zerbricht etwas. Der Grund hierfür ist, daß die ganze Beziehung auf dem *Lustprinzip* aufbaut und ständig Bestätigung braucht.

Sollte sich jemand dazu entschließen, aus einer erotischen Schwärmerei eine dauerhafte Beziehung machen zu wollen – also eine wahre spirituelle Intimität –, dann bekommt die Liebe einen Sprung. Und das erste Anzeichen für das bevorstehende Ende ist die deutlich nachlassende Erotik. Bei einer Schwärmerei kann sich die Erotik nur in einer zwanglosen, diskontinuierlichen und von allen anderen Bereichen abgetrennten Atmosphäre entfalten. Sobald aus einer Schwärmerei mehr werden und sie in die Phase des »Ich liebe dich« eintreten soll, verflüchtigt sie sich.

Ein Beispiel hierfür ist der Fall eines Mannes, den ich als den *Kommandanten* bezeichnen werde, weil der Betreffende einen hohen militärischen Posten innehat. Der *Kommandant* hat eine schwere Enttäuschung hinter sich. Er ist in eine Frau verliebt gewesen, die seine militärische Laufbahn gefährdet hat und beinahe sein Leben ruiniert hätte. Nach einer Zeit tiefsten Liebeskummers läßt er sich mit einer anderen Frau ein, die seinen kühnsten sexuellen Phantasien entspricht. Sie ist groß, blond, mit ausladenden Kurven, sinnlich, vollbusig, eine Frau vom Typ der Anita Ekberg aus Fellinis »Das süße Leben (La dolce vita)«. Vom Charakter her ist sie eher sanft, nicht sehr intelligent. Vor ihm hatte sie unzählige Verehrer. Ihre Beziehung mit dem *Kommandanten* dauert fast zwei Jahre. Sie treffen sich gelegentlich und verbringen ganze Tage miteinander im Bett. Die Frau hat ein Haus, das sich hoch oben auf den Klippen befindet. Ihre Freunde sind reich und haben Spaß an der Provokation. Alles Elemente, die dazu beitragen, die erotische Spannung bei ihm zu erhöhen. Ihre Beziehung ist auch ansonsten gut und kameradschaftlich. Sie vertrauen sich. Der *Kommandant* gefällt der Frau, ihr gefällt seine Uniform, sein Rang. Eines Tages schlägt sie ihm vor, zusammenzuziehen und – wenn ihm das recht wäre – zu heiraten. Der *Kommandant* ist diesem Vorschlag nicht abgeneigt. Diese Frau gibt ihm die nötige Ruhe und befriedigt außerdem noch seine Sinne und seine Eitelkeit. Also zieht er zu ihr, und sie beginnen ein Leben zu zweit. Der erste Eindruck ist positiv. Sie ist freundlich, die Umgebung anregend. Zu seiner höchsten Verwunderung nimmt jedoch sein erotisches Interesse an ihr bereits nach wenigen Tagen ab und verschwindet nach zwei Wochen komplett. Gleichzeitig erfüllt ihn ein Gefühl der Leere, der Nutzlosigkeit und der Langeweile. Er kann sich des Eindrucks nicht erwehren, etwas falsch gemacht zu haben. Es vergeht einige Zeit, bis er endlich dahinterkommt, daß er im Grunde genommen überhaupt nicht mit dieser Frau zusammenleben will. Sie gibt ihm nichts, sie bringt ihn um keinen Schritt weiter, ihre Welt ist und bleibt ihm fremd. Ein Leben mit ihr wäre verschwendete Zeit, sinnlos. Er kann sich die Zukunft mit ihr nicht vorstellen. Als gelegentliche Geliebte gefiel sie ihm, doch in sie verliebt ist er nie gewesen.

Erotische Schwärmerei
und gebremste Verliebtheit

Es kommt bisweilen vor, daß Verliebtheit auf ein unüberwindbares inneres Hindernis stößt. In diesem Fall führt sie nicht zu einer totalen Verschmelzung, sondern sie beschränkt sich auf den Bereich der Erotik.

Ein Beispiel dafür finden wir im Roman »Der Liebhaber« von Marguerite Duras. Das Mädchen ist fünfzehn Jahre alt und kommt aus einer verarmten und dem Ruin geweihten Familie. Sie besucht eine Schule in Saigon. Während einer Reise lernt sie einen jungen Chinesen kennen. Er ist dreißig Jahre alt, sehr reich, gutaussehend, freundlich und gepflegt. Sie folgt ihm in seine Junggesellenwohnung, um der bedrückenden Spannung im Hause ihrer Mutter, den Konflikten mit ihren Geschwistern, der Armut und der in der Schule herrschenden Härte zu entgehen. Sie macht es jedoch auch, um zu fühlen, daß ihr Körper einen Wert hat, und weil dieser junge Mann sie anzieht. Er ist leidenschaftlich in sie verliebt. Doch er ist Chinese. Sein Vater, ein reicher Kaufmann, würde niemals seine Erlaubnis zu einer Heirat mit einer Europäerin geben. In der Tat hat er für seinen Sohn bereits eine Heirat mit einem chinesischen Mädchen aus seiner Gegend arrangiert. Und eines Tages wird er ihn zwingen, seine europäische Geliebte zu verlassen.

In seiner Junggesellenwohnung spielen sich heiße und erschöpfende sexuelle Begegnungen zwischen ihnen ab. Das Mädchen ist völlig hingegeben: »Er ist begehrenswert. Ich sage zu ihm, daß ich ihn begehre. [...] Ich erkenne, daß er nicht die Kraft hat, mich gegen den Willen seines Vaters zu lieben, mich zu nehmen, mich mitzunehmen. Er weint oft, weil er nicht die Kraft aufbringt, über die Angst hinaus zu lieben. [...] Von den ersten Tagen an wissen wir, daß eine gemeinsame Zukunft nicht in Betracht kommt, also reden wir nicht über die Zukunft.«[10]

Der amouröse *Status nascendi* ist nicht nur Verschmelzung. Man will auch die Welt verändern und eine Gemeinschaft gründen, mit der man sich seine eigene ökologische Nische schafft. Wenn dieser Vorgang blockiert wird, fällt der *Status nascendi* eine Stufe zurück, er wird umgewandelt, angepaßt. In dem oben genannten Beispiel gibt es drei Hindernisse. Das erste besteht darin, daß die Familie des Mädchens alles tut, was in ihrer Macht steht, um Chinesen auszunutzen und zu demütigen. Das zweite liegt darin, daß der junge Chinese Angst hat, beschuldigt zu werden, ein weißes und minderjähriges Mädchen verführt zu haben. Das dritte Hindernis ist sein Vater. So müssen sie ihre Begegnungen geheimhalten. Sie beschränken sich auf frenetische und emotional überreizte Vereinigungen. Er ist sich jedoch sicher, sie zu lieben, und fleht seinen Vater an, »ihm doch auch ein einziges Mal eine solche Leidenschaft zu gönnen, diesen Wahnsinn, diese Wahnsinnsliebe zu dem kleinen weißen Mädchen.«[11] Der Vater läßt sich trotzdem nicht erweichen.

Also versucht er, von ihr loszukommen. Jetzt ist sie es, die ihn anfleht, und er »schreit sie an, still zu sein, er schreit, er wolle sie nicht mehr, er wolle sie nicht mehr nehmen, und wieder sind sie aneinandergefesselt, gemeinsam im Entsetzen eingeschlossen, und da löst sich noch einmal das Entsetzen, noch einmal lassen sie sich überwältigen, in Tränen, in Verzweiflung, im Glück.«[12] Ihre erotische Ekstase ist gefangen in den vier Wänden des Zimmers. Die Verschmelzung ihrer Körper führt nicht zur Verschmelzung ihrer Seelen. Sie erschafft keine neue Welt. Obwohl sie ständig kurz davor stehen, erschöpft sich die kreative Kraft der Liebe hier in reiner Sexualität.

Die Ehre des Mädchens wird schließlich von beiden Gesellschaften in Frage gestellt, und so muß sie Saigon verlassen und nach Frankreich zurückkehren. Dabei fragt sie sich nicht, ob sie ihn liebt. Erst als sie sich bereits auf dem Schiff auf dem Weg nach Frankreich befindet, steigen in ihr Zweifel hoch. Eines Nachts bricht sie in Tränen aus und will sich ins Meer stürzen. Es handelt sich dabei jedoch nur um ein kurzes Aufbäumen, einen Moment der Verwirrung. Als sie in Paris ist, fehlt er ihr nicht mehr. Nach vielen Jahren besucht ihr ehemaliger Liebhaber mit seiner Frau Paris und ruft sie an. Er sagt ihr, daß sein Leben auf unauslöschliche Art und Weise von ihrer Liebe gezeichnet ist, daß er sie immer geliebt hat, sie immer noch liebt und sie bis zu seinem Tod lieben wird.[13]

Ihre Liebe ist, unter einem gewissen Gesichtspunkt betrachtet, also eine große Liebe, die durch äußere und innere Umstände verhindert wurde. Für ihn, den Chinesen, verkörpert das

Mädchen den Westen, den höchsten Wert, das Verderben, die Auflehnung gegenüber dem Vater, sie ist für ihn Tod und Wiedergeburt. Sein Streben ist ein Streben nach Ganzheit. Seine Erotik ist ein verzweifelter Kampf gegen die Schranken des Unmöglichen. In ihr kommt dieser Vorgang schon früher zum Stillstand. Die Verliebtheit kann in ihr nicht zur Blüte kommen, weil sie von der chinesischen Welt nicht so angezogen wird wie er von der westlichen. Hauptsächlich aber auch, weil sie sich nicht einmal für einen kurzen Augenblick eine gemeinsame Zukunft vorstellen kann. Er hofft und verzichtet schließlich, sie dagegen beginnt nicht einmal zu hoffen. Sie lebt zwar ihre Erotik aus, hält sie jedoch von allen anderen Gefühlen getrennt. Bei ihr entsteht nicht mehr als eine erotische Schwärmerei, die allerdings das Produkt einer fehlgeschlagenen oder abgebrochenen Verliebtheit ist.

Betrachten wir nun den Fall einer Frau, die sich im Gegensatz dazu mit der erotischen Beziehung zu einem Mann zufriedengibt, den sie sehr bewundert. Dieser Mann ist ein Star. Ich werde die Frau die *Bewunderin* nennen. Eines Tages, während einer Reise, begegnen sie sich zufällig, und ihre Hände berühren sich ungewollt. Sie ziehen sie nicht sofort zurück. Dies ist das Zeichen für ein gegenseitiges erotisches Interesse, das heftig und plötzlich aus ihnen hervorbricht. Sie umschlingen sich und erleben bald stürmische Liebesnächte miteinander. Sie führen ihre Beziehung über mehrere Jahre hinweg fort. Einmal im Monat treffen sie sich und leben hemmungslos ihr sexuelles Begehren füreinander aus. Während ihrer Begegnungen reden sie miteinander, sie erzählen sich von ihrer Arbeit, sie gehen zusammen ins Bett, doch nie sagen sie einander »Ich liebe dich« oder »Ich habe dich gern«. Es gibt keine gemeinsamen Pläne, keine Zukunft. Zwischen ihnen besteht ein unausgesprochenes Übereinkommen, daß sie eben dies nicht tun werden, weil sie damit nur ihre Beziehung kaputtmachen würden.

Doch selbst in diesem Fall unterscheidet sich die Position des Mannes ganz wesentlich von der der Frau. Das Interesse des Mannes ist ausschließlich sexueller Natur. Ihm gefällt ihr Körper, ihre Art, sich ihm hinzugeben. Er schätzt es, daß sie ihn heimlich empfängt, ohne etwas von ihm zu fordern, ohne ihm Verpflichtungen aufzubürden oder zu verlangen, daß zur rein sexuellen Beziehung gefühlsmäßige Komponenten kämen. Er betrachtet sie jedoch als nicht auf seiner Höhe, weder in geistiger noch in körperlicher Hinsicht.

Für die Frau sieht die Sache anders aus. Dieser Mann gefällt ihr wahnsinnig, sie würde ohne darüber nachzudenken mit ihm zusammenziehen, es würde sie mit Stolz erfüllen, sich an seiner Seite zeigen zu dürfen, seine Frau zu sein. Doch ihr ist bewußt, daß dies unmöglich ist. Deswegen nimmt sie ihn so, wie er sich ihr gegenüber gibt, und erfüllt seine Wünsche. Sie gibt sich also mit einer rein sexuellen Beziehung zufrieden. Bisweilen überkommt sie das Verlangen, ihm ein »Ich liebe dich« zuzuflüstern, doch sie hält sich zurück, weil sie weiß, daß dies das Ende wäre. Sie akzeptiert also, daß sie nur seinen Körper und seine Freundschaft haben kann. Ihre Wünsche paßt sie den Gegebenheiten an und lernt, Lust aus der sexuellen Vereinigung zu gewinnen. Sie schraubt damit ihre amouröse Schwärmerei auf die Ebene eines Abenteuers zurück. Sie weiß, daß die Beziehung eines Tages zu Ende sein wird, und ihr liegt nichts daran, das Schicksal herauszufordern. Sie vertreibt jeden Gedanken an Liebe aus ihrem Kopf. Und es gelingt ihr.

Da sie den *Status nascendi* rechtzeitig blockiert hat, wird er auch nicht in Gang gesetzt. Sie ist sogar stolz auf ihre Eroberung. Ausgerechnet sie hat es geschafft, einen außergewöhnlichen und von unzähligen Frauen begehrten Mann als Liebhaber zu gewinnen. Und dieser Mann begehrt sie, er schätzt sie und erfüllt sie mit Lust. Sie betrachtet sich als Glückskind. Das, was sie hat, setzt sie auch nicht aufs Spiel. Der Versuchung, sich vor ihren Freundinnen mit ihrer Eroberung zu brüsten, widersteht sie. Auf diese Art und Weise führen die beiden ihre erotischen Begegnungen über lange Jahre hinweg glücklich und zufrieden fort. Später, als ihre sexuelle Beziehung zu Ende ist, bleiben sie gute Freunde.

Platonische Liebe

Bei dieser Art der Liebe wird die Begegnung auf gefühlsmäßiger und spiritueller Ebene in keiner Weise eingeschränkt, die Sexualität wird jedoch komplett ausgeklammert. Ein bekannter –

und für die Beteiligten sicherlich sehr schmerzvoller Fall – ist der von Lou Andreas-Salomé.[14] Lou war die Tochter eines Generals des Zaren. Sie besaß einen ganz besonderen Charme und eine außergewöhnliche Intelligenz. Sie wuchs inmitten ihrer fünf Geschwister auf und wurde von ihrem Vater verehrt. Schon bald war ihr bewußt, daß sie wie alle anderen Frauen geworden wäre, wenn sie geheiratet und Kinder bekommen hätte; sie wäre in jeder Beziehung von ihrem Ehemann abhängig geworden. Sie wollte jedoch ihre Unabhängigkeit bewahren. Deswegen strebte sie von Anfang an eine andere Art von Liebesbeziehung an, und zwar die spirituelle Vereinigung ohne Sexualität, ohne Kinder und ohne Treueschwüre. Bereits in zartem Alter kann sie ihr Lebensmuster ausprobieren, denn sie verliebt sich in den evangelischen Pfarrer ihrer Gemeinde. Er heißt Gillot. Sie wird seine eifrige und bewundernde Schülerin. Sie umarmt ihn, setzt sich ihm auf die Knie und trinkt förmlich jedes Wort aus seinem Mund. Jedes andere Mädchen wäre früher oder später zu dem Schluß gekommen, verliebt zu sein. Nicht so Lou. Sie will das nicht, es ist nicht in ihren Zukunftsplänen vorgesehen. Gillot dagegen verliebt sich sehr wohl in sie und bittet sie, ihn zu heiraten. Lou schlägt sein Angebot aus und beschließt, Sankt Petersburg zu verlassen. Sie geht nach Zürich, wo sie den Philosophen Paul Rée kennenlernt, mit dem sich der gleiche Vorgang wiederholt. Es ist 1882, Lou ist einundzwanzig Jahre alt. Rée bittet sie, ihn zu heiraten. Sie schlägt ihm vor, als Freunde, vielleicht sogar mit einer dritten Person, in einer geistigen Gemeinschaft zu leben.

Als nächster ist Friedrich Nietzsche an der Reihe, der zu diesem Zeitpunkt achtunddreißig Jahre alt ist. Auch Nietzsche verliebt sich sofort in Lou. Für ihn ist es eine große und ausschließliche Liebe, die ihn mitreißt und sein Leben wie eine strahlende und wärmespendende Sonne erhellt. Nietzsche ist auf Rée eifersüchtig und setzt alles daran, einmal mit Lou allein zu sein. Schließlich gelingt es ihm auch. Er gesteht ihr seine Liebe, vielleicht bekommt er sogar einen keuschen Kuß von ihr. Er ist nun überzeugt davon, daß seine Liebe erwidert wird, und überglücklich denkt er daran, sie zu heiraten und ein Kind mit ihr zu haben. Doch Lous Sinn steht immer noch nach anderen Dingen. So schlägt sie ihm vor, daß sie alle drei gemeinsam nach Wien ziehen und dort zusammenleben. Sie ist freundlich und einnehmend. Obwohl Nietzsche sich innerlich sträubt, willigt er ein. Doch Lou hat einen Streit mit Nietzsches Schwester und zieht daraufhin mit Rée nach Berlin, wo sie in die intellektuelle Gemeinschaft aufgenommen wird und andere Eroberungen macht. Dennoch bewahrt sie stets ihre Keuschheit. Nietzsche wartet vergeblich, er schreibt ihr schmerzerfüllte Liebesbriefe, doch sie antwortet nicht. Als er endlich begreift, daß Lou ihn nicht liebt, bricht eine Welt für ihn zusammen.

Das keusche Leben, das Lou mit Rée führt, setzt sich über lange Zeit hinweg so fort, obwohl Rée, der in Wirklichkeit in sie verliebt ist, schrecklich unter der Situation leidet. Schließlich ist das Maß voll: Er verläßt sie. Einige Jahre später bringt er sich um. Im Jahre 1887 lernt Lou den deutsch-persischen Gelehrten Friedrich Carl Andreas kennen. Auch er verliebt sich in sie und bittet sie, ihn zu heiraten. Lou lehnt sein Angebot ab, doch nachdem Andreas einen ernsthaften Selbstmordversuch unternommen hat, willigt sie ein, mit ihm zusammenzuziehen, allerdings unter der Bedingung, daß sie keine sexuelle Beziehung haben, sondern als gute Freunde zusammenleben werden. Andreas akzeptiert ihre Bedingungen, doch im stillen hofft er, daß sie ihre Meinung noch ändern werde, was sie allerdings nicht tut. So führen sie vierzig Jahre lang eine Eheleben, ohne sich jemals zu berühren.

Kann man nun also behaupten, daß Lou Andreas-Salomé wirklich in Rée, Nietzsche und Andreas verliebt war? Laut unserer Auffassung von Verliebtheit ist die Antwort ganz eindeutig Nein. Sie sagt zwar, daß sie sie liebt, doch keiner von ihnen ist jemals der »einzige«, der, der mehr zählt als alle anderen. Keiner von ihnen ist für sie die Tür zum Glücklichsein, zum Sein. Lou ist immer noch dabei auszuprobieren. Vielleicht tritt sogar einmal der *Status nascendi* ein, doch Lou unterbricht ihn sofort und gibt allem eine andere Richtung. Sie lehnt es ab, nur eine einzige Person zu lieben. Sie will viele Freunde haben. Sie möchte im gleichen Haus, sogar im gleichen Raum mit Rée, Nietzsche, Andreas und anderen leben. All dies hat nichts mit Verliebtheit zu tun. Was sich in diesem Verhalten widerspiegelt, ist die für Freundschaften typische Struktur, nämlich ein offenes Netz, nicht eine geschlossene Gemeinschaft. Bei der *Freundschaft* konzentriert sich die Lebensenergie nie auf einen einzigen Punkt. Sie durchströmt vielmehr ein Netz, in dem es erst einen Knoten, dann einen anderen und schließlich noch einen gibt. Und dieses Netz ist nicht auf eine bestimmte Anzahl von Knoten begrenzt. Lou beginnt, sobald sie eine Beziehung eingeht, bereits eine zweite und dann eine dritte. Sie geht mit dem einen, kehrt dann zum anderen zurück, geht wieder mit dem einen oder auch mit dem anderen, ohne diese Lebensweise in Frage zu stellen. In einer Freundschaft gibt es keine Exklusivität, keine Eifersucht. Es sind immer neue Begegnungen und folglich auch neue Freundschaften möglich. Die Freundschaft ist ein feines Geflecht von Begegnungen.

Ein Verliebter dagegen möchte am liebsten immer mit seiner Geliebten zusammensein und leidet, wenn sie ihm fern ist. Die Zeit der Verliebtheit ist gedrängt, kontinuierlich und zuweilen qualvoll, die der Freundschaft ist diskontinuierlich. Zwei Freunde können jederzeit auseinandergehen, sich jahrelang nicht sehen und dann, wenn sie sich wiedersehen, ihr Gespräch dort aufnehmen, wo sie es damals unterbrochen hatten. Da ihre Beziehung nicht auf der Verschmelzung und dem Historisieren beruht, zählt die Zeit nicht.[15] Bei der platonischen Liebe von Lou Andreas-Salomé handelt es sich also um keine echte Verliebtheit. Sie ist lediglich eine Art der Pseudoverliebtheit. In Wirklichkeit handelt es sich um eine entsexualisierte Freundschaft.

ACHTES KAPITEL

Die Leidenschaft

Die leidenschaftliche Liebe

Unter der amourösen Leidenschaft oder »leidenschaftlichen Liebe«[1] versteht man eine verzweifelte, übersteigerte und stürmische Liebe. Im Wort »Leidenschaft« steckt das Wort *Leiden*. Leidenschaftliche Liebe ist wie ein Wahn, wie eine Krankheit, vor der man sich schützen will. Daher stammt auch die alte Vorstellung, daß Liebe von einem Trank beeinflußt werden könne. Ludovico Ariosto schreibt in »Der Rasende Roland«, daß es im Wald der Ardennen zwei Quellen gebe: die der Liebe und die des Hasses. Wenn jemand von der Quelle der Liebe trinkt, verliebt er sich in die erste Person, die ihm begegnet. Roland trinkt aus dieser Quelle und verliebt sich in Angelica.

Auch in der Geschichte von Tristan und Isolde wird die Verliebtheit durch einen Liebestrank ausgelöst. Die Geschichte ist bekannt: Tristan wächst als Waisenkind am Hof von Marke, dem König von Cornwall, auf. Er tötet den Riesen Morholt, der das Land tyrannisiert, wird dabei jedoch verwundet. Die Wogen tragen ihn bis nach Irland, wo er von der blonden Prinzessin Isolde umsorgt und geheilt wird. Nach mehreren Jahren wird Tristan von seinem Oheim Marke nach Irland geschickt, damit er in seinem Namen um Isolde wirbt. Auf der Heimreise trinken Tristan und Isolde den Liebestrank, der für Isolde und Marke bestimmt war. Sie verlieben sich leidenschaftlich ineinander. Tristan führt Isolde trotzdem zu König Marke. Isolde wird Königin, doch ihre Liebe zu Tristan ist stärker. So fliehen sie in einen Wald, bis die Wirkung des Liebestrankes nachläßt. Nachdem sie an den Hof zurückgekehrt sind, erneuert sich ihre Liebe. Nach vielen Abenteuern heiratet Tristan eine andere Isolde (Isolde-Weißhand). Doch da er immer noch in Isolde-Blondhaar verliebt ist, vollzieht er die Ehe nicht. Als er tödlich verwundet wird, läßt er die geliebte Königin von Cornwall rufen, die auch wirklich herbeieilt und eine weiße Flagge hissen läßt als Zeichen der Hoffnung. Tristans eifersüchtige Frau jedoch sagt ihm, daß die Flagge schwarz sei. Tristan stirbt vor Kummer. Auch Isolde-Blondhaar stirbt, in den Armen ihres Geliebten.

In dieser Geschichte wird die Liebe Tristans durch ein unüberwindbares Hindernis unmöglich gemacht, denn zum einen steht ihm die Unverletzlichkeit der Ehe und zum anderen seine Treue zum König im Weg. In anderen Fällen sind die Hindernisse leichter zu überwinden. In Tolstojs Roman »Anna Karenina« werden Ehescheidungen von der Gesellschaft verurteilt. Anna ist verheiratet und hat einen Sohn. Ihre Liebe zu Vronskij bricht ohne Vorwarnung in ihr Leben ein und stellt es auf den Kopf. Sie schätzt ihren Mann, der gut zu ihr ist. Das stürzt sie in ein quälendes Dilemma. Erst als sie feststellt, daß sie von Vronskij ein Kind erwartet, gesteht sie ihrem Mann ihre heimliche Liebe und trennt sich von ihm. Als ihre Tochter geboren wird – Anna wäre beinahe gestorben –, schlägt ihr Mann ihr vor, zu ihm zurückzukehren. Darauf begeht Vronskij einen Selbstmordversuch. Da beschließt Anna, sich scheiden zu lassen und endgültig mit dem Mann zusammenzuleben, den sie liebt. Geächtet von der Sankt Petersburger Gesellschaft ziehen sie aufs Land, wo sie wie zwei Verbannte leben. Ihr reicht die Liebe, Vronskij allerdings nicht. Er hat Sehnsucht nach dem Militärleben und seinen Kameraden. Auch Anna leidet, denn sie mußte ihren Sohn bei ihrem Ehemann zurücklassen. Doch vor allem bestürzt es sie, daß Vronskij mit seinen Gedanken ganz woanders ist und sich nach seinem Leben von einst zurücksehnt. Für ihn ist seine freiwillige Verbannung zu einem Gefängnis geworden. Als Anna sich nicht mehr geliebt fühlt, bringt sie sich um.

In welchen Situationen nimmt also eine Verliebtheit diese übersteigerte leidenschaftliche Form an? Es geschieht dann, wenn sich der Liebe ein Hindernis in den Weg stellt. Die amouröse Leidenschaft wird entfacht, wenn eine wahre Liebe sowohl auf äußere als auch auf innere Hindernisse stößt. Ein äußeres Hindernis allein reicht dazu nicht aus. Zu ihm muß sich auch ein innerer Konflikt, ein Dilemma, gesellen.

Die Liebesdramen des Mittelalters sind der Ausdruck eines tödlichen Konflikts zwischen dem Individuum und der damaligen Gesellschaft. Die Verliebtheit ist der Ausdruck einer Wahl, die der einzelne gegen die Regeln und Richtlinien seiner Gesellschaft trifft. Ehen wurden von den Eltern geschlossen, als ihre Kinder noch in den Windeln lagen. Dabei ging es beinahe ausschließlich um finanzielle Interessen oder bestenfalls darum, Dynastien zusammenzuhalten. Geistlichen war das Zölibat auferlegt. Verliebtheit wurde folglich als Verstoß gegen die heiligsten gesellschaftlichen Regeln ausgelegt und stand in krassem Gegensatz zur Institution der Ehe. Liebe allein reichte in der Zeit noch nicht aus, um die bestehende Ordnung umzuwälzen. Der Verliebtheit fehlte es noch an Kraft, um als Fundament einer Ehe anerkannt zu werden. Selbst Héloise ist zunächst überzeugt davon, daß Ehe nichts mit Liebe zu tun hat. Sie strebt eine Vereinigung der Körper, der Herzen und der Seelen an, wie sie in ihrem Umfeld nicht anzutreffen ist.[2]

Die Liebe von Tristan zu Isolde und von Lanzelot zu Ginevra veranschaulichen diese Konfliktsituation, für die die Tragödien um Abälard und Héloise oder Paolo und Francesca die konkreten geschichtlichen Pendants darstellen. Leidenschaft ist das Produkt eines erbitterten Kampfes für die eigene Liebe, der in der Tat auch mit dem Tod endet. Die Annäherung zwischen Liebe und Tod ist das Produkt eines sozialen Dramas, das Scheitern einer revolutionären Aufgabe.

De Rougemont irrt sich, wenn er – ausgehend von den oben erwähnten Beispielen – behauptet, die amouröse Leidenschaft sei ein unterdrückter Todesdrang. Er bemerkt, daß Liebende voller Widersprüche sind. Sie lieben sich, kämpfen aber gleichzeitig gegen ihre Liebe an, sie bereuen alles, sündigen jedoch weiter, sie lügen und halten sich gleichzeitig für unschuldig, sie verlassen sich, und kehren im nächsten Augenblick schon wieder zueinander zurück. »Wirklich, wie alle großen Liebenden fühlen sie sich ›jenseits von Gut und Böse‹ entrückt in eine Art

Transzendenz unseres gewöhnlichen Zustandes, in ein unsagbares Absolutes, das mit den Gesetzen der Welt unvereinbar ist, das sie jedoch wirklicher als diese Welt empfinden. Das Verhängnis, das sie bedrängt und dem sie sich unter Seufzen hingeben, macht den Gegensatz von Gut und Böse zunichte; es führt sie über den Ursprung aller moralischen Werte hinaus, über die Freude und über das Leiden, über die Sphäre, wo man noch unterscheidet und wo die Gegensätze sich ausschließen.«[3]

Wir haben bereits gesehen, daß diese speziellen Eigenschaften charakteristisch für den *Status nascendi* sind. Im *Status nascendi* haben die Regeln des täglichen Lebens keine Gültigkeit mehr. Er bewegt sich in der Tat jenseits von Gut und Böse,[4] wobei Pflicht mit Vergnügen zusammenfällt. Der *Status nascendi* ist jedoch stets auch Zukunftsprojekt, eine Umstrukturierung des täglichen Lebens. Er wird Teil des Lebens und schließlich Institution. Wenn dieses Projekt fehlschlägt, wenn der Weg zum Aufbau einer neuen Gemeinschaft verstellt wird, dann überwiegt der Wunsch, der Wirklichkeit zu entfliehen, und so schleicht sich auch der Wunsch zu sterben unmerklich und verführerisch ein. Der Tod ist eine Alternative, die sich verliebte Menschen stets offenhalten, weil sie das Gefühl haben, ohne die geliebte Person nicht mehr leben zu können. Sie wissen, daß es etwas gibt, das wichtiger als ihr persönliches Leben ist. Das heißt jedoch keinesfalls, daß sie sterben wollen. Im Gegenteil: Sie wollen leben, sie wollen sogar um jeden Preis leben. Doch sie haben ein Lebensideal, auf das sie nicht mehr verzichten können.

Im Roman »Lolita« entsteht Leidenschaft, weil es Humbert nicht gelingt, von dem Mädchen geliebt zu werden. Er ist überzeugt davon, daß sie ihn nicht lieben kann, weil sie zu jung ist und er ein erwachsener Mann. In Wirklichkeit liebt sie einen anderen und flieht mit diesem. Humbert findet sie erst Jahre später wieder, gealtert und schwanger. Doch er stellt fest, daß er sie immer noch liebt und daß er sie auch immer lieben wird. Lolita ist jedoch ein Schatten ihrer selbst. Ihre große Liebe hat sich als große Enttäuschung herausgestellt. Der Mann hat ihr das Herz gebrochen. Humbert überläßt ihr das wenige Geld, das er besitzt, und macht sich auf die Suche nach dem Mann, der seiner Lolita so weh getan und ihr Leben zerstört hat, um ihn zu töten.

Die Erzählung, die anfangs den Eindruck einer anrüchigen erotischen Geschichte erweckt, entpuppt sich als Geschichte einer Leidenschaft, als Versuch einer revolutionären Umwälzung, die jedoch bei beiden fehlschlägt.

Heimliche Liebe, die goldene Insel

Um diesen Aspekt der Liebe zu erläutern, werde ich das Leben und die veröffentlichten sowie unveröffentlichten Bücher eines Schriftstellers heranziehen, den ich nicht namentlich nennen kann. Ich werde ihn den *Schriftsteller* nennen. Er schreibt seine Bücher, wenn eine Liebesbeziehung zu Ende und seine Seele vom Schmerz des Verlustes erfüllt ist. Doch es sind Bücher über die Liebe, in denen die ganze Leidenschaft zum Ausdruck kommt. Eine Leidenschaft, die in der Erinnerung wieder auflebt und nachempfunden wird.

Der Mann, von dem ich spreche, hat sich nie von seiner Frau getrennt oder sich von ihr scheiden lassen. Seine Liebesbeziehungen hat er stets verborgen gehalten. So hat seine Verliebtheit nie zu einer wirklichen Partnerschaft, zum Hausbau und einem gemeinsamen Haushalt führen können. Seine Liebe hat vielmehr einen anderen Weg gewählt, Liebe hat sich auf eine andere Art und Weise ausgedrückt, nämlich in einer heimlichen Liebesbeziehung. Für ihn war diese Form der Beziehung vertretbar. Jedesmal war es die Frau, die schließlich genug davon hatte und die Beziehung abbrach. In zwei Fällen haben die Frauen nach ihm einen anderen geheiratet.

Bei all diesen Liebesbeziehungen hat es sich um wahre Liebe gehandelt, um eine wirkliche Verliebtheit. Der *Schriftsteller* hatte nur unwiderruflich beschlossen, daß er seine Frau nicht verlassen werde, selbst wenn seine Geliebten dies von ihm fordern würden. Er wollte eine Liebe, deren Ziel nicht war, ein Leben zu zweit zu beginnen; er wollte hingegen eine geheime Beziehung, die von den hohen Mauern des Schweigens und der Geheimhaltung umgeben ist. Die Institution, die der *Schriftsteller* im Sinn hatte, war nicht das Zusammenleben und die Ehe, sondern die Figur der heimlichen Geliebten.

Die Liebesbeziehung wird vor der Welt versteckt gehalten, in ihrer Reinheit beschützt, dem alltäglichen Leben, dem Geschwätz der Leute und der gesellschaftlichen Kontrolle entrissen. So bleiben alle Pflichten, alle Mühen draußen, und alles Gute – uneingeschränkte Freiheit und Freude – drinnen. Es ist wie ein Sonntag oder Samstag oder Freitag, wie der Tag des Herrn, der Augenblick, in dem man Fühlung mit dem Göttlichen aufnimmt, sich fern von allem Profanen hält. Diese Form der Liebe will nicht das Bestehende ändern, sondern vor ihm fliehen. Es ist das Streben nach der Vollkommenheit einer mystischen Begegnung. Diese Art der Liebe nimmt sich nicht die Familie als Vorbild, sondern das Kloster oder den orgiastischen Geheimkult, der sich von der Welt absondert. Die amourösen Begegnungen sind heilige Orgien, die durch das Initiationsgeheimnis geschützt sind. Das Vorbild sind hier nicht die öffentlich gefeierte Eheschließung und das allen Freunden offenstehende Heim, sondern die Sekte, in der die Anhänger durch einen Schwur in die Gemeinschaft aufgenommen werden und häufig sogar zur Geheimhaltung verpflichtet sind, wie dies zum Beispiel bei den Dönmeh der Fall ist (einer jüdischen Sekte der Sabbatai Zwi), die nach außen vorgeben, Muslims zu sein, und im Geheimen ihren wahren Glauben zelebrieren.

Geheime, heimliche, beschützte, isolierte Liebe: Wenn alle ehelichen Pflichten erfüllt sind, alle Arbeiten erledigt, dann wird der Seele und dem Körper ein Fest bereitet. Alles übrige, alle weltlichen Pflichten, sind nur rituelle Handlungen, zeremonielle Gesten, die erforderlich sind, um dem heiligen Raum und der heiligen Zeit, die der Liebe geweiht sind, zu frönen, denn diese Liebe ist höchstes Ziel, Paradies auf Erden. Wie ein Seefahrer, der sich unsäglichen Mühen und schrecklichen Gefahren aussetzt, um für ein paar Tage zu seiner Geliebten zurückzukehren. Wie ein Flüchtling, der trotz Todesgefahr heimlich seine Geliebte trifft.

Ähnlich gelagert ist der Fall einer Mutter, die ihren Sohn in ein Internat schickt. Für ihn ist sie bereit, eine niedrige und gemeine Arbeit zu verrichten. Sie arbeitet als Prostituierte. Und ihr sind all die Mühen, die Schande und die Opfer, die sie für ihn bringt, egal. Alles bekommt einen Sinn in Anbetracht des nächsten Besuches. Sie hat ihren Sohn auf die Welt gebracht, sie hat ihn ernährt, hat ihm während seiner Krankheiten beigestanden und hält ihn nun von allem Elend fern. Sie ist bereit, alles zu tun, um ihn vor ihrem eigenen jämmerlichen Dasein zu bewahren. Sie akzeptiert jede Aufgabe und führt sie gewissenhaft aus, um ja nicht das zu gefährden, was ihr auf dieser Welt am meisten bedeutet. Und sie will ihn nicht bei sich haben, weil ihr Lebensstil nicht gut genug für ihn ist, weil ihre Beziehung zueinander darunter leiden würde, wenn er wüßte, wie sie lebt. Die einzelnen Besuche haben in dieser Form der Liebe einen Wert an sich. Sie sind kein Mittel, keine Etappe, sondern Ziel. Es erfolgt keine Projektion in die Zukunft, es werden keine Pläne geschmiedet. Jede Begegnung könnte die letzte sein. Deswegen wird sie bis zur letzten Minute genossen und ausgekostet. In dieser Hinsicht behält sie die Eigenschaften bei, die wir dem *Status nascendi* zugeordnet haben, dem *nunc stans*, der Gegenwart. Die Verliebten umarmen sich, als sei es das letzte Mal. Und jedesmal sind sie bereit, den Tod zu akzeptieren, weil das, was sie erleben, die Essenz des Lebens ist. Es ist die kostbarste Frucht des Lebens, im Vergleich zu der alles andere nur kaltes und gefühlloses Werkzeug ist. Beim *Status nascendi* wird diese Erfahrung jedoch sofort in ihr Gegenteil gekehrt; sie verwandelt sich in eine Zukunftsvision, in ein Projekt. Die heimliche Liebe dagegen ist ganz in Selbstbetrachtung versunken. Das gleiche passiert auch in der Mystik. Die Mystik ist nicht *Status nascendi*, sondern Institution[5], und wie jede Institution bewahrt sie etwas von der ursprünglichen Erfahrung. Alles andere geht verloren. In unserem Fall bewahrt sie die Gegenwart, verliert aber die Zukunft. Deswegen ist es auch so wichtig, daß jede Begegnung eine absolute ist, eine unvergleichliche Erfahrung. Jede Begegnung muß einen wahren Durst löschen. Und schon ein Schluck dieses Trankes reicht, um in der Wüste überleben zu können.

Um die geliebte, abwesende Person in Erinnerung zu rufen, reicht manchmal schon ein Symbol, ein Stück blauer Himmel, eine vergilbte Fotografie oder ein Brief. Es reicht, um uns das Herz zu erwärmen und uns alle Lebensenergien zufließen zu lassen. Dieses Symbol stellt die Verbindung zum Leben her. Es gibt dem Leben Sinn. Und mit dieser Erinnerung, diesem Symbol, mit diesem Talisman können wir das Meer, den Ozean, den Wald durchqueren. Einige Leute tragen stets etwas von der geliebten Person oder von ihrem Kind bei sich. Diese Liebe, in ihrem Warten aus der Entfernung, diese Treue des Herzens ist etwas Schönes.

Weil die Begegnungen nur gelegentlich und heimlich möglich sind, bewahrt auch die Erotik ihre aufregende Seite. Wenn diese Begegnungen täglich stattfänden, die Beziehung öffentlich würde oder man die geliebte Person heiraten würde, könnte sich der Zauber leicht verflüchtigen. Einige sehr intensiv erlebte erotische Schwärmereien können eben deswegen über Jahre hinweg anhalten, weil sie diskontinuierlich und heimlich sind, weil sie sich nicht auf der Ebene des Alltags bewähren müssen. Und so haben sie einige Eigenschaften eines *Status nascendi*, einige der Leidenschaft.

Ein Beispiel hierfür finden wir im Buch »Passione d'amore« von Carlo Castellaneta. Diego träumt davon, daß Leonetta ihren Mann verläßt, um mit ihm zusammenzuziehen. Er möchte sie heiraten und zusammen mit ihr ein Haus haben, in dem sie ihre Freunde empfangen können. Leonetta hält davon gar nichts. Sie verhält sich wie der *Schriftsteller*. Sie will Diego weiterhin als Geliebten, ihn nur ab und zu sehen und mit ihm die wenigen Stunden, in denen sie zusammen sind, aufregend und leidenschaftlich verleben. Zwar liebt sie ihn, doch weiß sie auch, daß alles im Stumpfsinn des täglichen Einerleis versinken würde, wenn sie mit ihm zusammenziehen würde. In den gemeinsam verbrachten Stunden präsentiert sie sich ihm wie eine wunderschöne Göttin, wie eine Priesterin der Liebe. Dafür sind Geld, Vorbereitungen und Sorgfalt erforderlich. Doch das darf ihr Geliebter nicht erfahren. Darum will Leonetta auch nicht auf ihren reichen Ehemann verzichten, denn dieser gibt ihr die Mittel, damit sie sich ihre Schönheit bewahren kann. Es ist ihr auch gleich, ob sie mit ihm schlafen muß, um in den Genuß dieser Dinge zu kommen, weil sich das auf einer anderen Ebene abspielt, der Ebene der ehelichen Pflichten. Dieser Ebene gehören die weltlichen Pflichten an, all die rituellen Handlungen, die erforderlich sind, um die heilige Zeit der gelegentlichen, heimlichen und beschützten Leidenschaft zu ermöglichen.

NEUNTES KAPITEL

Die Eifersucht

Die Eifersucht in der anfänglichen Phase der Verliebtheit

Empfinden Verliebte während des *Status nascendi* Eifersucht? Einige behaupten, daß dies immer der Fall sei, denn eine verliebte Person fragt ja auch ständig:»Liebst du mich auch? Liebst du mich?« Und dann zupft sie, mal voller Hoffnung, mal zutiefst verzweifelt, die Blüten eines Gänseblümchens ab, um eine Antwort zu finden. Dies kann man jedoch nicht als Eifersucht bezeichnen. Wenn wir von Eifersucht gepackt werden, befürchten wir, daß die geliebte Person jemand anderen liebt und ihn uns vorzieht. Wenn es Eifersucht gibt, dann gibt es auch einen Rivalen. Eine frisch verliebte Person hat jedoch alles andere als Rivalen im Sinn. Ihre Angst ist zunächst die, gar nicht erst wiedergeliebt zu werden.

Verliebtheit wird von einem unverwechselbaren Gefühl der Sehnsucht begleitet, denn wir wissen, daß das Glück, das wir jetzt noch in den Händen halten, genauso wieder zerrinnen kann. Auch haben wir das Gefühl, daß wir die Liebe des anderen gar nicht verdienen. Diese Liebe erscheint uns als ein Geschenk, eine grundlose Gnade, und so fürchten wir, daß der andere seine Meinung ändern könnte und wieder zu dem wird, der er war, bevor wir ihn kennenlernten. Wir sind uns der Dinge sicher, die wir erklären und kontrollieren können, über die wir Macht haben. Doch wir kennen die geliebte Person nicht, und wir haben keine Macht über sie. In einem Augenblick ist sie uns näher als wir selbst, und im nächsten erscheint sie uns wie eine unerreichbare Gottheit. Hoffnung und Zuversicht, Angst und Bangen – dies sind die vorherrschenden Gefühle einer frisch verliebten Person. Verliebtheit gewährt einem die höchsten Freuden der Erotik, aber gleichzeitig läßt sie auch deren Überwindung durchblicken. Der Körper, die Schönheit, die sexuelle Lust, die Küsse, die Berührung der Haut, die Umarmung – all das, was in der Erotik Verwirklichung und Erfüllung ist, wird in der Verliebtheit Mittel für etwas anderes, das einen darüber hinaus zum Wesentlichen der geliebten Person, zu einem unschätzbaren Wert führt. Es ist nicht mehr und nicht weniger als eine Durchreise, ein Weg, ein Mittel.

Bisweilen fängt eine Liebe als Abenteuer, als eine intensive, erregende und erotische Erfahrung an. Und das kann sie auch über längere Zeit hinweg bleiben. Wenn sich jedoch an einem gewissen Punkt einer der beiden oder vielleicht sogar beide verlieben, kommt es zu einer tiefgreifenden Wandlung. Das erotische Verhalten, sonst so sicher und triumphierend, wird zögernd. Das sexuelle Begehren wird von einem bangen Warten des Körpers, von einer Lust zu weinen, von Rührung abgelöst. Die andere Person, die uns jetzt viel näher ist, erscheint uns begehrenswerter und doch viel ferner. Wir sehen sie an, und es kommt uns jedesmal vor, als ob wir sie zum ersten Mal sähen. Wir haben den Eindruck, nur den oberflächlichsten Aspekt von ihr gekannt zu haben. Wo wir glaubten, bereits alles gesehen zu haben, haben wir nichts gesehen. Ihr Körper, ihre Hände, ihre Augen erzählen uns von unbekannten Welten. Solange wir mit ihr zusammen sind, sie in den Armen halten, mit ihr schlafen, können wir diesen Abgrund überbrücken. Doch sobald wir allein sind, fern von der geliebten Person, steigt die Angst in uns hoch, daß wir den Weg zu ihr nicht mehr wiederfinden könnten. Dann haben wir wieder das Bedürfnis, sie zu sehen, sie zu berühren, mit ihr zu reden und sie sagen zu hören: »Ich liebe dich«.

All dies ist keine Eifersucht.[1] Es ist vielmehr Angst, daß wir uns selbst und den Sinn des Lebens verlieren könnten. Durch die Liebe wird uns die grenzenlose Vielfalt, der unglaubliche Reichtum der anderen Person offenbart. Dies ist so, weil wir in ihr all das erkennen, was sie gewesen ist, was sie hätte sein können, was sie jetzt ist und was sie in der Zukunft sein kann. Durch die Liebe wird uns bewußt, wie viele Möglichkeiten in einer Person stecken, wie unwahrscheinlich es eigentlich ist, daß es sie gibt; folglich wird uns auch das Wunder klar, daß es diese Person überhaupt gibt und ausgerechnet wir ihr begegnet sind. Dieses verliebte Staunen drückt die absolute Unvorhersehbarkeit des Seins aus, gleichzeitig ist es aber auch Ausdruck für das Bewußtsein, daß der andere die Grundlage für all das ist, was wir dringend benötigen. Daraus entsteht auch unser Wunsch, ihn festzuhalten, ihn an uns zu drücken, mit ihm vereint zu sein und mit ihm zu verschmelzen.

Wir denken viel zu wenig über die Außergewöhnlichkeit der erwiderten Liebe nach. Unter all den Menschen auf dieser Erde erkennen wir die eine Person, die mehr wert ist als alle anderen, die dem Absoluten und dem Göttlichen sehr nahekommt. Und diese eine Person, diese Gottheit, wählt unter all den Millionen Menschen auf dieser Erde ausgerechnet uns aus und liebt uns auch noch. Durch die Liebe wird auch der ärmste und niedrigste Mann zum Erwählten von Venus, der Göttin der Schönheit und der Liebe. Und die unbedeutendste und einsamste Frau erhält ihre Verheißung:»Du bist gebenedeit unter den Frauen.«Darum ist auch das Scheitern einer Liebe, das Verlassen-Werden, so schlimm. Und aus dem gleichen Grund ist auch die Eifersucht so schrecklich.

Eifersucht hat nichts mit Diebstahl zu tun. Wir sind nicht eifersüchtig, weil uns etwas weggenommen wird, was wir als das Unsere betrachten. Wir sind nicht auf die Person eifersüchtig, die uns geraubt wird, genauso wenig sind wir auf den Räuber eifersüchtig. Nur, wenn sich die Person, die wir lieben, von einem anderen verführen und rauben läßt, wenn sie also einen anderen vorzieht, sind wir eifersüchtig. Eifersucht ist immer ein Verrat an der ausschließlichen Liebe.

Viele Psychologen kritisieren Eifersucht, weil ihrer Meinung nach unser Anspruch auf Exklusivität absurd ist. Woher kommt aber dieser Anspruch? Keiner von uns denkt ernsthaft, der schönste oder intelligenteste Mensch auf Erden zu sein. Absolut gesehen, sind wir durch keine unserer Tugenden den anderen vorzuziehen. Wenn wir uns in der Welt umsehen, dann müssen wir uns eingestehen, wie unbedeutend wir eigentlich sind. Und doch mögen wir uns selbst, wir schätzen uns, weil wir tief in uns fühlen, daß *wir etwas wert sind, daß wir einmalig und unersetzlich sind.* Wenn wir verliebt sind, wird unsere Einzigartigkeit, unsere Exklusivität anerkannt, bestätigt und akzeptiert. Die geliebte Person gibt unserer Individualität durch ihre Liebe eine Daseinsberechtigung, sie gibt uns Würde.

Eifersüchtig ist man – zu Recht oder Unrecht –, wenn man merkt, daß man für die geliebte Person nicht mehr der einzige ist, daß sie vielmehr in jemand anderem den Wert sieht, den sie nur in uns hätte sehen sollen. Wenn man merkt, daß der andere in ihren Augen ganz wesentliche Eigenschaften besitzt: eine Fähigkeit, die der geliebten Person gefällt, die sie zum Lachen bringt, die sie verzaubert oder sie rührt. Oder man meint, der Nebenbuhler sei schöner, jünger oder intelligenter als man selbst. In diesem Fall wird man sich wie ausgehöhlt fühlen, sich jeden Wert absprechen. Man fühlt sich wie ein Nichts, eben weil die geliebte Person einem gezeigt hat, daß man ihr alles war, weil sie uns dorthin erhoben hat, wo wir allein niemals hingekommen wären. Und jetzt entreißt sie uns das kurz zuvor verliehene Erstlingsrecht, sie stürzt uns von unserem Thron, vertreibt uns aus dem Paradies, stößt uns in den Abgrund und ersetzt uns durch einen anderen.

Manchmal regt während der anfänglichen Zeit einer Verliebtheit die Eifersucht den Kampfgeist an. Der Verliebte ist plötzlich bereit, für seine Liebe zu kämpfen. Dies passiert jedoch nur, wenn auch Hoffnung besteht. Eine rigorose Ablehnung lähmt seinen Willen, weil sie ihn davon überzeugt, daß er nichts wert ist und es ihm nicht zusteht, etwas zu fordern.

Wenn die Liebe jedoch erwidert wird, haben zum Glück beide die gleichen Probleme. Beide brauchen die gleiche Bestätigung und beide sind bereit, sie zu geben. Es reicht aus, daß die geliebte Person einem mit Ehrlichkeit in der Stimme zuraunt: »Ich liebe dich, ich liebe nur dich«, um alle Sorgen und Gespenster zu vertreiben. Eine frisch verliebte Person ist vertrauensvoll, ihre Worte sind ehrlich. Und sie denkt, daß es der geliebten Person ebenso geht. Deswegen hat auch die Eifersucht bei einer wahren Verliebtheit, sofern sie nicht einseitig ist, wenig Bedeutung. Die geliebte Person beruhigt unsere Ängste sofort, und wir die ihren. Wenn sich bereits während der anfänglichen Verliebtheit Eifersucht einnistet, bedeutet dies, daß einer der beiden nicht wirklich verliebt ist, daß er unsicher ist und zu große Prüfungen aufgibt, daß er in Wirklichkeit zu flüchten versucht.

Eifersucht, die Liebe bremst

Wir haben weiter oben die Geschichte des *Studenten* erzählt, der in eine Kommilitonin verliebt ist, die seine Liebe nicht erwidert. Da er zu der Überzeugung gelangt, daß sein Mißerfolg auf seine Unerfahrenheit zurückzuführen ist, bemüht er sich, die Kunst des Verführens zu erlernen, was ihm auch nicht schlecht gelingt. Er zieht fortan eine klare Trennlinie zwischen Liebe und Sexualität. In seinem ganzen Leben wird es nur Frauen geben, die ihn lieben und ihm bedingungslos treu sind. Wenn er sich in Frauen verliebt, und seien sie noch so schön, die aber einen anderen Mann haben oder denen er Untreue zutraut, dann verläßt er sie – mehr noch: Er läßt nicht einmal zu, daß er sich in sie verliebt, sondern läßt es mit der Phase der erotischen Schwärmerei bewenden. Die winzige Schwelle zum *Status nascendi* überschreitet er einfach nicht. Da bei seiner ersten großen Liebe seine Gefühle nicht erwidert wurden und er schrecklich gelitten hat, läßt er sich fortan nicht mehr mit Frauen ein, bei denen er nicht hundertprozentig sicher sein kann, daß seine Liebe erwidert wird, daß sie ausschließlich ist und daß es nicht den leisesten Zweifel an der Treue der Betreffenden gibt.

Dieses Verhalten läßt darauf schließen, daß zum Auslösen des *Status nascendi* wenn schon keine Willensanstrengung, so doch zumindest ein Nachgeben, ein Einwilligen und ein Nachlassen der Wachsamkeit erforderlich sind, ähnlich wie bei der Hypnose, bei der alle Versuche des Hypnotiseurs fehlschlagen, wenn der Patient sich nicht gehenläßt. Damit eine Hypnose durchgeführt werden kann, muß die Zustimmung des Betreffenden vorhanden sein, also ein potentielles Ja. Wenn diese Voraussetzung gegeben ist, dann kann schlagartig der Wechsel vom Zustand des Wachens zum Zustand des hypnotischen Schlafes erfolgen. Der hypnotische Schlafzustand ist dennoch grundverschieden vom *Status nascendi*. Er ist passiv, entbehrt jeglicher

Kreativität und dauert nur kurze Zeit an. Der Vergleich soll uns jedoch dazu dienen, die diskontinuierliche Natur einer wahren Verliebtheit besser zu begreifen.

Der *Student* hat Angst vor seiner Eifersucht und verliebt sich deswegen nicht. Es gibt aber auch Leute, die sich verlieben und vor Eifersucht die Person, die sie lieben, zerstören. Genau das ist einer sehr schönen Frau passiert, die ich als die *Abenteurerin* bezeichnen werde. Diese Frau hat ein abenteuerliches Leben hinter sich. Trotz ihrer zahlreichen Liebhaber denkt sie sogar nach zwanzig Jahren immer noch an ihre einzige große Liebe zurück. Die *Abenteurerin* verläßt schon in jungen Jahren ihr Elternhaus. Sie zieht in die Schweiz zu einer Freundin und nimmt eine Handelstätigkeit auf. Ihre große Liebe lernt sie mit neunzehn Jahren kennen. Er ist zwölf Jahre älter als sie und von Beruf Arzt. Für beide kommt die Liebe unerwartet und überwältigend.

Die Frau ist schön, provozierend, temperamentvoll, rebellisch und stolz. Für den Mann, der immer noch bei seinen Eltern lebt und sich auf eine solide Krankenhauslaufbahn vorbereitet, ist sie das Symbol für die erotische Freiheit, für das Übertreten aller Regeln. Ihm ergeht es ähnlich wie dem *Mann aus Turin* oder Antonio, dem Helden von Buzzatis Roman »Un Amore«.

Sie ist noch Jungfrau, doch sie gibt sich ihm ohne Zögern hin. Nachher sagt sie es ihm, doch er glaubt ihr nicht, weil sie seiner Meinung nach zu spontan und unverfroren war. Er begehrt sie, er ist regelrecht verrückt nach ihr, doch er hält sie nicht für geeignet, seine Frau zu werden. Sie ist ihm zu unabhängig, zu sorglos. Sie entspricht einfach nicht den Vorstellungen der bürgerlichen Wohlanständigkeit. Sie reist viel und erzählt ihm alles, was ihr durch den Kopf geht. Und obwohl sie ihn nicht betrügt, ist er davon überzeugt, daß sie überall Liebhaber hat. Er bestürmt sie mit Fragen, auf die das Mädchen stolz antwortet, daß das ihre Angelegenheit sei und sie machen könne, was sie wolle, sie sei schließlich frei. Um jedoch seine Ängste zu mindern, wenn sie beruflich ins Ausland muß, erzählt sie ihm, daß sie bei einer Tante wohne. Eines Tages kommt er hinter ihre fromme Lüge, und schon ist die Krise da. Sie trennen sich für zwei Wochen, einen Monat. Er versucht, sie zu vergessen, indem er sich mit einer anderen Frau einläßt. Sie dagegen nicht. Zwar ist sie wegen seines Mißtrauens verletzt, doch sie denkt nicht daran, sich deswegen an ihm zu rächen.

Nach einer Weile versöhnen sie sich wieder und durchleben eine Zeit der erotischen Ekstase, an die die Frau selbst heute noch nicht denken kann, ohne daß ihr die Tränen der Rührung in die Augen steigen. Er betrachtet diese Zeiten jedoch nur als »Intermezzo«, als paradiesische Momente, die zwangsweise irgendwann ein Ende finden müssen. Bisweilen ist er in Versuchung, sie zu heiraten, doch immer macht er einen Rückzieher, weil er in seinem tiefsten Innern davon überzeugt ist, daß sie eine Nymphomanin ist, die es mit allen treibt. Doch eben dies zieht ihn auch wieder an. Er ermuntert sie, ihm von ihren Liebhabern zu erzählen, von ihren Erfahrungen mit anderen Männern. Und da sie schweigt – schließlich hat sie ihm nichts zu erzählen –, drängt er sie in die Arme seiner Freunde, um zu sehen, wie sie reagiert, und sich gleichzeitig ein Alibi dafür zu verschaffen, sie zu verlassen. Eines Tages, als sie sich auf einem Boot befinden, bittet er sie, mit einem gemeinsamen Freund zu schlafen. Er erklärt ihr, daß er das als Beweis ihrer Liebe ansieht. Und naiv, wie sie ist, willigt sie ein. An diesem Punkt bricht die Eifersucht des Mannes mit aller Macht hervor.

Er liebt sie und kann nicht mehr ohne sie sein. Gleichzeitig betrachtet er seine Liebe zu ihr als eine Krankheit. Also beschließt er, sie zu verlassen. Heimlich fängt er eine Beziehung mit einer Kollegin an. Über die Weihnachtsfeiertage muß die *Abenteurerin* geschäftlich nach Beirut. Der Mann bittet sie, darauf zu verzichten und statt dessen mit ihm in die Berge zu fahren. Für ihn ist das eine Art Probe aufs Exempel, ein *point of no return*. Für sie dagegen ist es eine absurde Bitte, da sie diese Reise schon vor langer Zeit geplant hat. Sie erklärt ihm, daß sie jetzt nicht mehr absagen kann, und reist ab. Bei ihrer Rückkehr ist er unauffindbar. Er geht nicht ans Telefon, seine Freunde haben ihn nicht mehr gesehen. Es ist, als ob er sich in Luft aufgelöst hätte. Sie ist verzweifelt. Nach mehreren Monaten ruft er sie schließlich an und teilt ihr mit, daß er geheiratet hat und in einer anderen Stadt wohnt. Sie kann das nicht glauben, es erscheint ihr absurd, völlig unmöglich. Es gelingt ihr, seine neue Telefonnummer ausfindig zu machen. Als sie diese wählt, antwortet eine Frau, die sich als seine Ehefrau zu erkennen gibt.

In diesem Beispiel entsteht die Eifersucht aus der Tatsache, daß der Mann vom abenteuerlichen Leben, der Freiheit und dem Nonkonformismus der Frau fasziniert ist, sie gleichzeitig aber auch fürchtet. Vom ersten Tag an wehrt er sich dagegen. Er erlebt seine Liebe wie eine Leidenschaft, eine Krankheit. Für ihn fehlt jede Grundlage für eine Ehe und die Gründung einer Familie. Doch er irrt sich, denn sie liebt ihn trotz ihres stürmischen Temperaments über alles und ist ihm immer treu.

Es gibt jedoch auch Leute, die Eifersucht ohne Problem ertragen können. In den Formen der konkurrenzorientierten Liebe stellt die Eifersucht, das Vorhandensein eines Nebenbuhlers, ein aufregendes Element, manchmal sogar einen wesentlichen Teil der Liebe dar. Für diese Menschen ist die Liebe Eroberung, Verführung und Kampf. Es gibt eine Unmenge erotischer Literatur für Frauen, in denen es stets eine Nebenbuhlerin gibt. Die Heldin der Erzählung ist in einen Mann verliebt und glaubt, daß dieser bereits in eine andere Frau verliebt sei. Deswegen leidet sie. Trotzdem will sie auf ihre Liebe nicht verzichten. Mit allen Mitteln versucht sie, in seiner Nähe zu sein, ihm zu gefallen und ihn zu erobern. Im Gegensatz zur Rivalin, die die niederträchtigsten Mittel der Verführungskunst einsetzt, ist unsere Heldin ehrlich und aufrichtig. Zu guter Letzt wird auch der Mann von dieser Liebe ergriffen. Ihre Schönheit und ihre Tugenden haben ihn betört.

Diese Fähigkeit zu warten, daß auch im anderen die Liebe erwacht, die eigene Eifersucht im Zaum zu halten, damit sie kein zerstörerisches Gefühl wird, ist meiner Meinung nach eher eine weibliche als männliche Eigenschaft. Die systematische und beharrliche Verführungskunst, mit der der andere erobert werden soll, wird weit häufiger in den Zeitschriften und Büchern erörtert, die für Frauen bestimmt sind. Außerdem hat sich seit Jahrtausenden die Frau nicht daran gewöhnen können, mit einem x-beliebigen Mann zu gehen. Ihr Ziel war es seit jeher, den besten, attraktivsten und gesellschaftlich angesehensten Mann zu erobern. Und das ist nur möglich, wenn man warten und der Dinge harren kann und man seine Eifersucht gegenüber der Rivalin im Griff hat.

Eifersucht, die Liebe verstärkt

Viele Menschen sind der Meinung, daß die Eifersucht der Liebe die nötige Würze gibt. Um die geliebte Person zu erobern oder sie an sich zu binden, machen sie sie eifersüchtig, das heißt, sie stimulieren in ihr den Mechanismus des *Verlustes*. Für all jene gilt der Gedanke von Ludovico Ariosto, daß nämlich der in der Liebe gewinnt, der vor ihr davonläuft, daß also der gewinnt, der nicht liebt, der sich rar macht und dem anderen Grund zur Eifersucht gibt.

Betrachten wir nun den Fall der *Hausmeisterin von Siena*. Diese Frau, die zwar nicht mehr jung, trotzdem aber noch sehr attraktiv ist, hat einen Alkoholiker als Ehemann, von dem sie sich endlich scheiden läßt. Als sie dann allein lebt, lernt sie einen jüngeren Mann kennen, der ihr außerordentlich gut gefällt, und sie beschließt, diesen mit allen Mitteln an sich zu binden. Sie muß jedoch wegen ihrer Arbeit viel zu Hause bleiben, während er ständig unterwegs ist. Und während dieser Reisen könnte er natürlich sehr gut auch andere Frauen kennenlernen, andere Abenteuer haben, sie vielleicht sogar vergessen. Um diese Möglichkeit auszuschließen, bedient sich die *Hausmeisterin von Siena* der altbewährten Methode, sich nicht antreffen und sich suchen zu lassen und so in dem Mann eine dauernde Unsicherheit hervorzurufen. Er ruft sie an, um ihr zu sagen, daß er sie liebt, um sich davon zu überzeugen, daß sie zu Hause ist, und sie geht nicht ans Telefon, läßt es läuten. Wenn er sie dann endlich erreicht, erzählt sie ihm, daß sie mit einer Freundin weg gewesen sei und sie einen Bekannten getroffen hätten. Sie ist immer fröhlich und guter Laune, doch sehr vage. So erweckt sie in ihm den Eindruck, daß sie viele Leute kennt und daß sie begehrt und umworben wird. Er macht sich deswegen ständig ein wenig Sorgen. Sie umarmt ihn dann, küßt ihn und sagt ihm, daß sie ihn liebt. Er ist dann wieder beruhigt. Und so pendelt er zwischen Angst und Freude, zwischen Zweifel und Glück hin und her und begehrt sie immer mehr. Dank dieser Strategie hat ihre Beziehung, die andernfalls wahrscheinlich schnell in Monotonie und Untreue umgeschlagen wäre, mehrere Jahre gehalten und schließlich zur Ehe geführt.

Doch wie wir bereits erwähnt haben, gibt es zwei vollständig unterschiedliche Arten von Reaktion. Wenn auch der neue Mann der *Hausmeisterin aus Siena* durch seine Eifersucht noch stärker an die Frau gebunden wird, so geht doch im Falle des *Mannes aus Bari* etwas schief. Der *Mann aus Bari* hat sich in eine jüngere Frau verliebt. Seine finanzielle und familiäre Situation ist jedoch sehr schwierig. Zwar sehnt er sich danach, mit ihr zusammenzuziehen und sie zu heiraten, doch ist dies nicht von heute auf morgen möglich. Vor ihm liegt noch ein Haufen von Problemen, die er bewältigen muß. Deswegen nimmt er sich Zeit. Anfangs drängt ihn die Frau auch nicht, denn auch sie hat noch eine alte Beziehung, die sie ohne Begeisterung aufrechterhält. Deswegen akzeptiert sie es auch, ihren neuen Liebhaber zuerst geheimzuhalten. Doch nach einiger Zeit beschließt sie, daß sie sich ganz ihrem neuen und leidenschaftlichen Liebhaber widmen will. Der Mann ist sich aber noch nicht sicher, er schiebt die Entscheidung hinaus. Sie würde ihn am liebsten zu einem Entschluß zwingen. Statt ihm jedoch zu sagen, daß sie ihn liebt und wild entschlossen ist, ihm überallhin zu folgen, so schwierig und hart das auch sein mag, verlegt sie sich darauf, ihn eifersüchtig zu machen. Durch Andeutungen gibt sie ihm zu verstehen, daß es einen anderen gibt, der sie umwirbt. Um sich begehrenswerter zu machen, beginnt sie auch, sich ihm sexuell zu verweigern. Der *Mann aus Bari* versucht, eine Aussprache mit ihr herbeizuführen, doch sie läßt sich ganz bewußt nicht in die Karten schauen. So vergeht ein Jahr, in dem sich Momente der leidenschaftlichen Liebe mit Momenten der Kälte abwechseln. Die List der Frau hat eine gewisse Zeitlang auch Erfolg. Der Mann wird eifersüchtig, er umwirbt sie, schreibt ihr glühende Liebesbriefe. Die Zeit der Prüfungen dauert jedoch zu lange. Da sie weiterhin ihm gegenüber zweideutig ist und sich ihm weiterhin sexuell verweigert, kommt er schließlich zu der Überzeugung, daß sie wirklich einen anderen Geliebten hat. Heimlich faßt er den Entschluß, die Beziehung zu beenden. Nach schlaflosen Nächten und einer letzten und leidenschaftlichen Begegnung mit ihr bricht er zu einer längeren Geschäftsreise ins Ausland auf. Er meldet sich nicht mehr bei ihr. Über ein Jahr lebt er wie in einem Alptraum, doch er will sie nicht mehr sehen.

Die Eifersucht auf die Vergangenheit

Viele Gelehrte halten die Eifersucht auf die Vergangenheit für pathologisch. Warum sollte man auch auf jemanden eifersüchtig sein, der für uns keine Gefahr mehr darstellt und uns keinen Schaden mehr zufügen kann? Warum ist es so wichtig für uns, wenn unser Freund bzw. unsere Freundin vor uns andere Partner und Liebhaber hatte? Warum bekümmert es uns, daß wir nicht die einzigen, die Bevorzugten waren, als wir uns noch gar nicht kannten? Ist eine derartige Eifersucht nicht Beweis für eine besitzergreifende Persönlichkeit, für eine kindliche und krankhafte Habsucht?

Um auf diese Fragen antworten zu können, müssen wir von der Tatsache ausgehen, daß wir, wenn wir uns verlieben, alles vom anderen wissen wollen. Die Liebenden verbringen Stunden und Tage damit, sich Einzelheiten aus ihrem vergangenen Leben zu erzählen, weil sie sich gerne schon früher gekannt hätten. Jeder der beiden hätte den anderen gerne als Kind, als Jugendlichen erlebt und ihn in jedem Augenblick seines Lebens begleitet. Er wäre am liebsten von Anfang an dabei gewesen. Es handelt sich hierbei um *Historisierung*, die einen Aspekt der Verschmelzung darstellt. Jeder versucht, in den anderen einzudringen, um die Welt aus seiner Perspektive zu sehen. Man will sich ein Gesamtbild von der geliebten Person machen, mit ihr eine Weltsicht teilen.

Und natürlich erzählen sich die Liebenden auch gegenseitig von ihren Liebeserfahrungen, die sie im Laufe ihres Lebens gemacht haben. Häufig wollen sie auch die kleinsten Details wissen, damit sie sich mit der geliebten Person, mit ihren Liebhabern und Gefühlen identifizieren können. Und genau hier wurzelt die Eifersucht auf die Vergangenheit, nämlich in dem zwanghaften Versuch, sich gegenseitig durch und durch kennen zu wollen. Eine wichtige Rolle spielt hierbei auch die Art und Weise, in der man diesen Versuch unternimmt.

Bei einer normalen Verliebtheit, dem normalen Vorgang des *Historisierens*, erzählt jeder der beiden seine Vergangenheit, und zwar nicht, um die entstehende Liebe zu behindern, sondern um alle Hindernisse zu beseitigen. Indem er erzählt, nimmt der

Liebende seinen Erfahrungen ihren bisherigen Wert. Er sagt der geliebten Person mehr oder weniger folgendes: All dies ist geschehen, doch das ist jetzt vorbei, und zwar für immer. Ich bin ein anderer Mensch geworden, ich bin wie neugeboren, und für mich zählt jetzt nur noch du. Mit dem *Historisieren* zerstören die Liebenden die Macht ihrer alten Traumen, Schmerzen und früheren Liebesbeziehungen. Sie gehen aus diesem Vorgang frei und wie neugeboren hervor. Durch das *Historisieren* wird die Vergangenheit bewältigt. Wenn dieser Vorgang abgeschlossen ist, ist der Betreffende frei, sich ohne die alten Bindungen auf die Zukunft einzustellen.

Das *Historisieren* hat das Ziel, einen neuen Menschen hervorzubringen. Ein Bekehrter durchläuft seine Vergangenheit, um zu erkennen, wo er einen Fehler gemacht und an welchem Punkt er die ersten Anzeichen der Wahrheit wahrgenommen hat. Genau das macht auch der heilige Augustinus in seinen »Confessiones«. Zwei Verliebte, die sich von ihrem vergangenen Leben erzählen, tun dies, um neue Menschen zu werden. Sie möchten dem Partner all das aus ihrer Vergangenheit vermitteln, was ihre Liebe bereichert und verstärkt, nicht das, was sie zerstört. Sie wählen die Erfahrungen, Episoden und Gefühle aus, die in ihre neue Liebe einbezogen werden können. Alle anderen, die ihrer Liebe entgegenstehen, werden abgewertet. Deswegen erinnern sie sich auch an ihre früheren Liebesbeziehungen, aber nur, um sie ihrer Bedeutung zu entleeren. Dieser Vorgang ist weder Regression noch Erinnerung. Es handelt sich dabei vielmehr um die Erschaffung einer gemeinsamen Tradition, um eine Wertebildung, um die Entdeckung einer gemeinsamen Bestimmung. Beide wählen deswegen die Dinge aus, die in der Vergangenheit ihre gegenwärtige Liebe bereits vorwegnahmen und wie Prophezeiungen auf sie hinwiesen. Genau dies machte auch Titus Livius, als er in der Darstellung der Geschichte Roms nur die positiven Mythen aussuchte, oder auch Vergil, der in seiner »Äneis« jedes Ereignis seit dem Brand von Troja und bis zur Begegnung mit Dido als Anzeichen des späteren Lebens von Kaiser Augustus auslegte.

Die Eifersucht auf die Vergangenheit entsteht, wenn dieser Vorgang nicht abgeschlossen bzw. wenn er verzerrt wird. Einen berühmten Fall von Eifersucht auf die Vergangenheit haben wir bei Sofja Tolstoj. Sofja ist gerade achtzehn Jahre alt, als sie sich unsterblich in Tolstoj verliebt, der ihr wie eine Art Gott erscheint. Er ist damals der größte russische Schriftsteller, berühmt und von allen bewundert. Wir haben es hier ganz eindeutig mit einer Verliebtheit in einen Star zu tun. Auch Tolstoj ist in sie verliebt. Eigentlich hätte er die ältere Schwester Sofjas heiraten sollen, doch Sofja fasziniert ihn über alle Maßen. Lange Zeit wehrt er sich gegen seine Verliebtheit. Er hält sich mit seinen vierunddreißig Jahren für zu alt für ein achtzehnjähriges Mädchen. Letztendlich gibt er jedoch nach. Er übergibt ihr einen Brief, in dem er sie bittet, ihn zu heiraten. Nachdem sie seinen Antrag angenommen hat, löst er einen kleinen Skandal aus, denn er legt den Hochzeitstag bereits für die nächste Woche fest. Gleichzeitig verspürt er auch das dringende Bedürfnis, sich seiner Braut so zu zeigen, wie er wirklich ist, ohne ihr auch nur das geringste Detail aus seiner Vergangenheit zu verschweigen. Nicht einmal die schlimmsten und schändlichsten Dinge will er vor ihr verborgen halten. Er sagt sich, daß sie ihn nur dann wirklich liebt und daß ihre Ehe nur dann eine sichere Basis haben wird, wenn ihre Liebe diese Prüfung besteht. Also übergibt er ihr seine Tagebücher, in denen er mit peinlichster Genauigkeit all das aufgeschrieben hat, was er bis zu diesem Moment in seinem Leben getan hat.

Wir können seine Handlung ohne weiteres nachvollziehen. Tolstoj ist wirklich in Sofja verliebt und hat dieser Liebe, nachdem er sich lange Zeit dagegen gewehrt hat, endlich nachgegeben. Jetzt will er seine Vergangenheit mit der geliebten Person teilen. Allerdings erzählt er ihr sein Leben nicht nach und nach, er analysiert es nicht zusammen mit ihr mit kritischen Augen. Er läßt sich nicht auf eine langsame und geduldige Arbeit der Auswahl und Bewertung mit ihr ein, sondern legt ihr ganz einfach seine Tagebücher in die Hände. Und sie liest darin voller Grauen, daß er ganze Reichtümer verpraßt hat, daß er Liebhaberinnen aller Gattungen gehabt hat, Zigeunerinnen, Prostituierte, Freundinnen seiner Mutter, Zimmermädchen, Landarbeiterinnen, die bei ihnen im Haus lebten. Sie ist natürlich außer sich. Aus den Tagebüchern blickt ihr ein Mann entgegen, den sie nicht kennt und den sie jetzt so, wie er ist, kommentarlos akzeptieren soll. Fast ist es, als ob er ihr sagte:»Siehst du, so bin ich. So mußt du mich nehmen.«

Bei der Verliebtheit in einen Star ist die Beziehung niemals gleichberechtigt. Es gibt stets einen Überlegenen und einen Unterlegenen. Dabei besteht die Gefahr, daß die Person, die sich für überlegen hält, glaubt, vollkommen zu sein, und akzeptiert werden will, wie sie ist. Sie will nicht kritisch betrachtet werden wie dies in einer gleichberechtigten Beziehung normal wäre. Genau dies macht auch Tolstoj. Als er der jungen Sofja seine Tagebücher übergibt, läßt er sein Leben nicht noch einmal Revue passieren. Er erkennt darin nicht die Spuren seiner wahren Liebe, er sieht nicht die Fehler, die er begangen hat, und schwört diesen auch nicht ab. Er wird kein anderer, kein neuer Mensch, der sich seiner Liebe absolut öffnet und mit seiner Vergangenheit reinen Tisch macht. Er schleudert Sofja seine ganze Vergangenheit entgegen, ohne sich von irgend etwas davon zu distanzieren. Sofja verbringt eine ganze Nacht damit, seine Tagebücher zu lesen. Tags darauf sehen sie sich. Ihre Augen sind noch vom Weinen gerötet. Sie sagt nichts, versichert ihm ihre Liebe und vergibt ihm. Doch irgend etwas ist unwiederbringlich in ihr zerbrochen. Ihr ganzes Leben wird von dieser »Entheiligung« gezeichnet sein.[2]

Die *Historisierung* im *Status nascendi* ist das Instrument, mit dem verhindert wird, daß die Vergangenheit auf der Gegenwart lastet. Die *Historisierung* ist das Mittel, um die Vergangenheit zu etwas Gemeinsamem zu machen und alle von ihr ausgehenden schädlichen Einflüsse zu neutralisieren. Damit ist sie der spontane Mechanismus, um für immer jegliche auf die Vergangenheit gerichtete Eifersucht unschädlich zu machen. Nur so kann das ganze Leben, einschließlich der Vergangenheit und der Zukunft, von Liebe durchdrungen werden. Doch wieviel Taktgefühl, wieviel Vorsicht und Phantasie ist erforderlich, um diese wichtige Arbeit zu vollführen! Einige Verliebte fordern nichts, andere zu viel. Andere wiederum wollen zu viele Einzelheiten wissen, die dann wie Felsblöcke auf ihrer Liebe lasten werden. Und einige bewahren einen Zweifel im Herzen, der zu einem späteren Zeitpunkt an die Oberfläche kommen wird. In diesen Fällen hat das *Historisieren* seine Aufgabe nicht erfüllt, denn die Vergangenheit lastet weiterhin auf der Gegenwart. Wahre *Historisierung* der Vergangenheit hat zum Ziel, die Vergangenheit zu erlösen, damit der Liebe der Weg freigeräumt und ihr eine solide Basis verschafft wird.

Was für eine Absurdität, zu behaupten, daß die Formen der Liebe, bei denen man sich die Vergangenheit der geliebten Person zu eigen machen möchte, neurotisch oder gar krankhaft wären! Die Liebe bricht in die Vergangenheit ein und richtet sich dann auf die Zukunft aus. Die beiden Verliebten hätten sich am liebsten seit jeher gekannt. Im »Symposion« sagt Aristophanes, daß es eine Zeit gab, in der die Menschen noch nicht getrennt waren, sondern eine Einheit bildeten. Diese Einheit wurde von Zeus in zwei Teile aufgespalten, die seitdem ständig auf der Suche nach ihrer verlorenen Hälfte sind. Durch das *Historisieren* wird eben dieses Wunder möglich. Es gibt daran absolut nichts Krankhaftes, im Gegenteil: Das *Historisieren* ist die eigentliche Essenz der amourösen Normalität. Krankhaft wird es erst, wenn das *Historisieren* fehlschlägt. Die Eifersucht auf die Vergangenheit ist ein Zeichen dafür, daß diese noch nicht bewältigt wurde und daß man es noch nicht geschafft hat, durch die Liebe neugeboren zu werden. Die Liebe ist noch nicht tief genug eingedrungen, um aus uns eine neue Person werden zu lassen.

Die eifersüchtige Liebe

Es gibt eine Form der Liebe, die sich von Eifersucht zu nähren scheint. Dabei meine ich keineswegs die Form der Liebe, die durch Rivalität angefacht und vom Verlangen gespeist wird, über einen Rivalen zu triumphieren. In dem Fall ist Eifersucht lediglich ein Ansporn. Bei der Form der Liebe, von der wir reden, bedeutet die Eifersucht echtes Leiden. Diese Art der Liebe wird aus der Überzeugung geboren, daß es zwischen dem Liebenden und der geliebten Person einen abgrundtiefen und unüberbrückbaren Unterschied gibt, der allerdings nur für den Betreffenden existiert und auch nur ihm weh tut. Aus seiner Sicht haben alle anderen Zugang zum Körper oder zur Seele der geliebten Person. Und bei diesen anderen handelt es sich nicht um einen bestimmten Rivalen, sondern um eine Unzahl von Rivalen.

Nehmen wir den Fall des *Studenten*. An einem gewissen Punkt fällt ihm auf, daß seine Angebetete ihn meidet, daß er sie nie alleine antrifft und sie sich ständig in Begleitung anderer befindet. Mit allen anderen verbringt sie Zeit, nur mit ihm nicht. Die Frau verhält sich so, weil sie gemerkt hat, daß sich der *Student* in sie verliebt hat, und sie ihm eine schmerzvolle Abfuhr ersparen will. Der *Student* dagegen sieht in ihrem Verhalten eine totale Unfähigkeit zur Kommunikation. Er glaubt, nichts über sie und über Frauen im allgemeinen zu verstehen. Er weiß nicht, was er sagen und anstellen soll, während er bei den anderen beobachtet, daß sie stets unbefangen sind. Für den *Studenten* gilt, was Buzzati folgendermaßen in Worte gefaßt hat: »Die sah er immer nur mit den andern, am Arm der andern, an den Tischen der andern, und wenn er nach ihnen hinschaut, drehen sie gelangweilt den Kopf auf die andere Seite. Immer ist es so gewesen. Mit was für Männern gingen sie? Etwa mit Milliardären, Filmhelden, Apollos? Keineswegs, es waren ganz durchschnittliche, gewöhnliche Kerle, oft hatten sie einen Bauch oder waren halbe Analphabeten, die nur über Fußball sprachen, ordinäre Burschen, häßlich und anscheinend auch geizig, aber sie wußten eben, wie man mit den Frauen umgeht, sie konnten die zwei oder drei Dummheiten sagen, die den Mädchen gefallen.«[3]

Der *Student* ist ein junger Mann, der noch keine Erfahrungen gesammelt hat. Er weiß nicht, was er machen soll. Er fühlt sich unfähig. Antonio ist ein fünfzigjähriger Mann, der sich in eine blutjunge Prostituierte verliebt. Doch auch er weiß nicht, was er ihr erzählen oder anbieten soll außer Geld. Er weiß nicht, wie er sich interessant machen und sie unterhalten kann. Und so ist er auch nicht auf ihre Kunden eifersüchtig, die mit ihr auch nur eine erkaufte Beziehung haben, sondern auf die Männer, mit denen Laide freiwillig ausgeht, weil sie sich von ihnen angezogen fühlt. So ist es zum Beispiel mit einem jungen Mann, von dem sie behauptet, er sei ihr Vetter, von dem Antonio aber vermutet, daß er ihr Liebhaber ist. Seine Eifersucht wird durch das Gefühl ausgelöst, daß ihm etwas überaus Wichtiges, etwas Wesentliches fehlt, etwas, das alle anderen haben, nur er nicht. Und so wünscht er sich, wie alle anderen zu sein. Er fürchtet diese anderen Männer und haßt sie. Er haßt auch die Frauen, die diese Männer ihm selbst vorziehen.

In Nabokovs Roman »Lolita« verführt Humbert seine Lolita mit Süßigkeiten. Er führt sie ins Kino und zu touristischen Attraktionen. Und er wünscht sich nur, daß sie ihm ihren Körper zur Verfügung stellt und bei ihm bleibt. Humbert hofft noch nicht einmal, wie dies Antonio tut, daß Lolita seine Gefühle erwidert. Es kommt ihm nicht in den Sinn, daß sich Lolita in ihn verlieben könnte, wie er sich in sie verliebt hat. Er ist überzeugt davon, daß es zwischen ihnen einen unüberwindbaren Unterschied in ihren Gefühlen, Wünschen und Zielen gibt. Dieser Unterschied ist für ihn wesentlich, entspringt ihrer jeweiligen Natur und ist nicht überbrückbar. Er ist ein erwachsener Mann, sie ein Kind mit den Wünschen und den Vorlieben eines Mädchens. Deswegen befürchtet er auch, daß ein Junge ihres Alters sie ihm wegnehmen könnte. Und so haßt er diese Jungen und meidet sie wie die Pest. Dann wiederum hat er Angst, daß sie des Lebens, das er ihr bietet, überdrüssig werden könnte. Er macht keine langfristigen Pläne, sondern erdenkt sich kleine Listen, wie er sie an sich binden kann, Tag für Tag, Stunde für Stunde. Humbert verhält sich wie ein Krebskranker, der darum kämpft, sein Leben so lange wie möglich zu verlängern, und sei es auch nur um einen Moment, so lange es eben geht.

Folglich hat er keine erwachsenen Nebenbuhler. Er hat keine Angst davor, daß Lolita einem anderen Mann die Liebe schenken könnte, die sie ihm nie gewähren wird. Als er den Eindruck hat, verfolgt zu werden, fühlt er sich bedroht, in die Enge getrieben, in Gefahr. Doch er denkt nicht einen Augenblick daran, daß Lolita denjenigen, der ihnen folgt, leidenschaftlich lieben könnte. Er kann sich nicht vorstellen, wie anders die Wirklichkeit aussieht. So kommt es zu den weiteren dramatischen Ereignissen, zu dem Bedürfnis, begreifen zu wollen, zu seinen aufreibenden Nachforschungen, die ihn wie einen Paranoiker erscheinen lassen. Bis er Jahre später, als alles bereits zu Ende ist, erfährt, daß Lolita in einen erwachsenen Mann verliebt war, in eine Berühmtheit, einen Komödienautor, einen Star, den sie längere Zeit schon liebte und mit dem sie durchbrennen wollte. Erst als Humbert all dies erfährt, hat er einen Rivalen, einen, der sein eigenes Leben und das von Lolita zerstört hat. So verwandelt sich seine Eifersucht in Rachsucht. Er macht seinen Rivalen ausfindig und tötet ihn.

Auch bei Proust finden wir die gleiche Form der unspezifischen, zwanghaften und beunruhigenden Eifersucht. Und doch müßte es in der Beziehung von *Swann* zu *Odette* und zu *Albertine* keinen grundlegenden Unterschied, keine absolute Unfähigkeit zur Kommunikation geben, denn bei den beiden Frauen handelt es sich um gebildete Frauen seiner eigenen sozialen Schicht. Trotzdem spürt Swann, daß Odette unerreichbar bleibt, daß sie ein heimliches Leben führt, daß sie, sobald er ihr den Rücken kehrt, fähig ist, einen anderen Liebhaber zu empfangen. Äußerlich ist Odette eine elegante Frau der guten Pariser Gesellschaft. Gleichzeitig versteckt sich hinter dieser Fassade der Normalität eine abgrundtiefe Liederlichkeit, eine Lebensart, wie man sie sich in einem Freudenhaus vorstellt. Auch Albertine hat zwei Gesichter: eines ist hell, das andere dunkel. Ihr Verhalten nach außen hin ist tadellos, doch tief in ihr kann man einen heimlichen, lasterhaften und perversen Lebensstil erahnen. Beide Frauen scheinen unfähig, Swanns Liebe zu erwidern, ihm eine auf Gegenseitigkeit beruhende, klare und offene Liebe entgegenzubringen. Er kann sich nur wie eine Randgestalt dort ansiedeln, wo sich einerseits ihre Förmlichkeit und andererseits ihre dunkle, verborgene und abgrundtiefe Sinnlichkeit treffen.

Antonio weiß, daß er Laide keinen Augenblick allein lassen kann. Humbert weiß, daß ihm jeden Moment jemand seine Lolita wegnehmen kann oder daß sie aus einem nichtigen Grund einfach gehen könnte, zum Beispiel, um einen Film zu sehen oder weil sie einen Jungen getroffen hat, mit dem sie plaudern kann. Auch Swann müßte dauernd um Odette herumschwirren, sie keine Minute aus den Augen lassen. Das gleiche gilt für Albertine. Albertine ist von Haus aus untreu und doppelzüngig. Sie verspricht ihm nie, daß sie nur ihn immer und ausschließlich lieben wird. Selbst als es aussieht, als ob sie ihn liebte, könnte sie doch jede Minute ohne ein Wort des Abschieds gehen.

Alles wird plötzlich klar, wenn man aus der Biographie von Proust erfährt, daß die beiden weiblichen Gestalten, Odette und Albertine, in Wirklichkeit Deckgestalten für eine homosexuelle Beziehung sind. Proust läßt sich nicht darüber aus, wie er Odette und Albertine verführt. Buzzati und Nabokov dagegen tun dies sehr wohl. Wenn man jedoch bedenkt, daß es sich bei Proust um eine homosexuelle Beziehung handelt, ist es gut möglich, daß er sie mit Geld kauft. Wie es auch Humbert mit Lolita und Antonio mit Laide macht. Natürlich kann es auch sein, daß sie – wie er selbst – homosexuell sind und ihn einfach nicht in der gleichen Form wiederlieben, daß sie ihm also untreu sind und sich sexuell auch anderen hingeben. Ihm dagegen reicht das nicht, er will eine wahre und ausschließliche Liebe. Doch diese wird ihm verwehrt, und er weiß auch, daß sich daran nichts ändern wird. Ein heimlicher Liebhaber bewahrt seine Freiheit, seine Zweideutigkeit, sein unergründliches Geheimnis für sich.

Homosexuelle Beziehungen waren zur Zeit Prousts noch weitaus stärker mit Schuldgefühlen behaftet und verpönt, als dies heute der Fall ist. Proust möchte aus seiner Verliebtheit eine Partnerschaft entstehen lassen, doch die Gesellschaft läßt dies nicht zu. Die Homosexuellen selbst halten es für unmöglich. Proust strebt eine Liebe an, die jedoch nicht offen gelebt werden kann, weil es die herrschenden Sitten, Gewohnheiten und der Mangel an einer offiziellen Sprache verhindern. Im Grunde handelt es sich dabei um das gleiche Problem, das Roland Barthes in seinem Buch »Fragmente einer Sprache der Liebe« anspricht. Barthes sagt, daß man Liebe nicht theoretisieren oder in Formeln übersetzen kann. Man kann sie nur in Fragmenten erfassen. Dies geschieht jedoch nicht, weil es generell in der Natur der Liebe liegen würde, sondern weil die bestimmte Form der Liebe, an die er denkt, nicht von den Sitten vorgesehen ist, weil sie nicht durch ethische Normen, Gesetze, offizielle Verpflichtungen, Ehe und Scheidung geregelt wird. Für diese Art der Liebe gibt es nämlich nicht einmal eine offizielle Sprache. Es gibt keine Prinzipien, Gesetze und Wörter, wie es sie für die heterosexuelle Liebe gibt. Deswegen bleibt die homosexuelle Liebe eine heimliche und verbotene, gleichzeitig aber auch eine regelwidrige, wilde und auf Promiskuität ausgerichtete Liebe. Eine Liebe, bei der man nicht lautstark auf Erwiderung und Treue pochen kann.

In einer sehr schönen Abhandlung von Paul Robinson[4] führt ein Lehrer einen Schüler behutsam dahin, seine Homosexualität zu erkennen. Der Schüler erzählt ihm, daß er sich in seinen Zimmernachbarn verliebt und dabei eine schwere Enttäuschung erlebt hat. Der Lehrer erklärt ihm, daß es falsch war, sofort Liebe zu wollen. In der homosexuellen Welt kommt Sex vor der Liebe.

Die Struktur des homosexuellen Lebens schließt Romantik zunächst einmal aus. Erst müssen gewisse Bars aufgesucht werden, gewisse erotische Erfahrungen gemacht werden, die anfangs alle sehr unpersönlich bleiben. Der Schüler muß also zuerst seine homosexuelle Neigung anerkennen und in das homosexuelle Milieu eintreten, indem er die dort herrschenden Regeln akzeptiert, nämlich vor allem die Regeln der Promiskuität. Viel später erst kann er auch Erfahrungen mit der individuellen und romantischen Liebe machen.

Seit Robinson seinen Artikel verfaßt hat, sind mehrere Jahre ins Land gegangen. Homosexualität wird heutzutage besser akzeptiert. Es gibt Aids. Und es gibt jetzt homosexuelle Paare, die in ihrer Lebensweise heterosexuellen Paaren zum Verwechseln ähnlich sind.[5] Immer öfter hört man auch von Ehen zwischen Homosexuellen. Das, was anfangs wie ein konfuses und ungeregeltes kollektives »Magma« aussah, wird nun nach heterosexuellen Standards institutionalisiert. Um die quälende Mischung aus Liebe und Eifersucht, aus dem Bedürfnis nach Exklusivität und dem dunklen Bodensatz von Promiskuität bei Proust verstehen zu können, muß man sich um ein Jahrhundert zurückversetzen und an die sozialen Zustände seiner Epoche denken. In der damaligen Welt war die homosexuelle Verliebtheit gesellschaftlich nicht vorgesehen, nicht denkbar. Aus ihr kann keine wirkliche Partnerschaft, kein Paar hervorgehen. Sie manifestiert sich als Wunsch, für immer und überall etwas zu besitzen, das seiner Natur nach nicht benannt oder besessen werden kann, etwas, das sich einem entzieht. Es ist unmöglich, an diese Form der Liebe moralische Ansprüche zu stellen oder das Einhalten von Abmachungen fordern zu wollen. Man kann nie vorhersagen, welche Antworten man bekommt, weil häufig nicht einmal die Frage verstanden wird oder weil sie einfach ins Lächerliche gezogen wird.

Bei all den Fällen, die wir untersucht haben – dem *Studenten*, dem von Buzzati, von Nabokov und von Proust –, können wir erkennen, daß sich Eifersucht in die Liebe einschleicht, wenn es dieser nicht möglich ist, sich zu konkretisieren und zu definieren und Pläne für die Zukunft zu schmieden. Der *Status nascendi* strebt danach, in Gemeinschaft, Verpflichtung, Abmachung und schließlich Institution überzugehen. Wenn diesem Drang Hindernisse entgegengestellt werden, wird aus dem *Status nascendi* amouröse Leidenschaft. Wenn man sich jedoch nicht einmal vorstellen kann, daß die eigene Liebe eine Zukunft hat, wenn ihr der Code und die Sprache zur Kommunikation fehlen, dann weiß man nicht, wer der andere in Wirklichkeit ist und was er eigentlich will. In diesem Fall macht sich ein quälendes und unwiderstehliches Begehren bemerkbar, das jedoch gegen eine Mauer des Geheimnisses prallt. Das geliebte Objekt erscheint dann zweideutig, unerreichbar, fremd. Einige Autoren, wie beispielsweise Barthes und Lacan, haben diese besondere Form der Liebe beschrieben, als ob es sich dabei um die universale Form der Liebe handeln würde.

ZEHNTES KAPITEL

Der Verzicht

Gebremste Verliebtheit

Bei einer Verliebtheit kommen immer zwei Kräfte zum Tragen: Die eine treibt die Liebe voran, die andere bremst sie. Das Spiel dieser beiden Kräfte läuft teils unbewußt, teils bewußt ab. Wenn ich eine Einladung zum Abendessen von einer Person annehme, die mir gefällt, bedeutet das, daß ich bereit bin, etwas Neues auszuprobieren. Wenn ich dagegen beschlossen habe, meinem Partner treu zu bleiben, werde ich die Einladung ablehnen. Selbst wenn jemand eine sehr starke erotische Anziehungskraft auf mich ausübt, habe ich doch immer auch die Möglichkeit, mich zurückzuziehen. Neben diesen bewußten Widerständen gibt es auch unbewußte. *Liebe auf den ersten Blick*, große Offenbarungen, *Momente der Diskontinuität* – in all diesen Augenblicken ist unsere Abwehr geschwächt, unsere Wachsamkeit dahin.

Der Vorgang, der zur Verliebtheit führt, kann sich bereits in der Phase des *Ausprobierens* erschöpfen. Er kann aber auch zu einer *Schwärmerei* führen oder sogar weitergehen, bis der *Status nascendi* eintritt und der ganze Vorgang nicht mehr rückgängig zu machen ist. Es gibt allerdings auch Fälle, in denen, kurz bevor man den *Punkt der Unumkehrbarkeit* überschritten hat, diejenigen Kräfte überwiegen, die den ganzen Vorgang bremsen. Der *Status nascendi* schwächt sich ab und verlöscht schließlich komplett. Die Verliebtheit wird somit abgebrochen. Der ganze Vorgang wird in folgender Abbildung dargestellt:

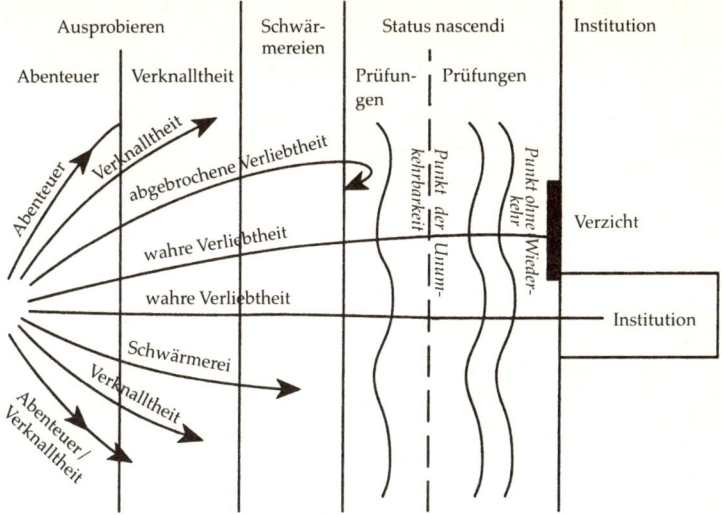

Untersuchen wir nun einen Fall, bei dem der *Status nascendi* ausgelöst, der *Punkt der Unumkehrbarkeit* jedoch nicht erreicht wird. Diesen Fall werde ich als das *Mädchen aus Rom* bezeichnen. Die junge Frau, von der die Rede ist, lebt in Rom, ist verlobt und steht kurz vor ihrer Heirat. Ihr Verlobter ist ein gutaussehender, reicher und sympathischer Mann. Ihre Beziehung zueinander ist sehr gut. Sie hegt keinerlei Zweifel an ihrem zukünftigen Leben an der Seite dieses Mannes. Eines Tages unternimmt ihr Verlobter mit seinem Vater eine Reise ins Ausland. Dort stößt er auf viele unvorhergesehene Schwierigkeiten. Nach seiner Rückkehr ist er verzweifelt. Als die junge Frau ihn nach den Monaten der Abwesenheit wiedersieht, erkennt sie ihn kaum wieder: Vor ihr steht ein Mensch, der schwach und weinerlich ist, der mit den Schwierigkeiten des Lebens nicht mehr fertig wird. In ihr steigen Zweifel hoch. Wie wird ihr gemeinsames Leben aussehen? Voller Leben und Abenteuer, wie sie sich das ausgemalt hatte, oder traurig und monoton?

In dieser Zeit stattet sie einigen Verwandten in Venedig einen Besuch ab. Sie lernt dort einen künstlerisch begabten, unruhigen und träumerischen Mann kennen, der ein sehr ungeordnetes

Leben führt. Er schmiedet viele Pläne und hat den Kopf voller Träume. Voller Begeisterung zeigt er ihr seine Stadt. Die junge Frau entdeckt durch ihn Venedig und ist von der Schönheit der Stadt fasziniert. Sie fühlt, daß eine Liebe entsteht. Doch Liebe für wen? Für den Mann oder die Stadt? Sie weiß es nicht. Der Mann, der sie durch Venedig führt, ist die Tür, durch die sie eine verzauberte Welt erblickt, durch die sie einen Blick auf ein Leben voller Abenteuer, Träume und Kunst wirft.

Als das *Mädchen aus Rom* sehr jung war, hatte sie sich heftig in einen Mann verliebt, der sie schlecht behandelte. Schließlich hatte sie ihn schmerz- und zornerfüllt verlassen. Nach einigen Jahren lernte sie dann ihren jetzigen Verlobten kennen. Zwar kann man bei ihnen nicht von einer aufregenden und leidenschaftlichen Beziehung reden, doch es hat sich daraus eine ruhige und vertrauensvolle Liebe entwickelt. Er ist reich und zuvorkommend. Sie wünscht sich Kinder. Er wäre der ideale Ehemann und Vater. Venedig läßt indes die Vergangenheit wiederaufleben, öffnet alte Wunden und aktiviert erneut ihre unbefriedigte Sehnsucht.

So beginnt eine Liebe, die im Zeichen des Abenteuers und des Traums steht. Für sie ist es die Erfahrung einer wundervollen, unbekannten und gefühlsintensiven Welt, es ist die Öffnung eines geheimen Schreins, der im hintersten Winkel ihrer Seele verborgen war. Venedig ist symbolisch für eine bestimmte Art, die Dinge wahrzunehmen und zu fühlen. Die erotische Begegnung in Venedig ist der Übergang von Prosa zu Poesie, vom Profanen zum Heiligen, von der täglichen Banalität hin zur Kunst, zum Erhabenen, wo sich die Seele öffnet, wo alles hinreißend, unbeständig und göttlich wird.

Es handelt sich hier eindeutig um eine wirkliche und echte Verliebtheit in ihrem Anfangsstadium. Es ist eine Reise in die Vergangenheit und gleichzeitig in ihr Schicksal. Jahrhunderte von Geschichte, ein Dschungel von Symbolen überfluten ihre Sinne. Sie ist nicht mehr sie selbst. Aus ihr ist eine Heldin aus der Vergangenheit geworden.

Diese anfängliche Verliebtheit wird an einem gewissen Punkt jedoch gebremst und läßt nach. Der Mann lebt zwar in Venedig, seine Gefühle dieser Stadt gegenüber, in der er keine Arbeit findet, sind jedoch gemischt. Für seine Arbeit begibt er sich nach

Rom, wo er sich niederlassen will. Er redet ihr gegenüber immer öfter von Rom, weil er hofft, daß sie ihm mit ihren Beziehungen dort helfen kann.

Außerdem ist er arm, oder er tut zumindest so. Er macht ihr nie Geschenke, er schenkt ihr nicht einmal einen von all den unzähligen und wunderschönen Gegenständen, die in Murano gefertigt werden. Er bringt ihr nicht einmal Blumen. Wenn sie zusammen ins Restaurant oder in ein Café gehen, zahlt nicht er, sondern sie. Sie weiß wohl, daß er wenig Geld hat, an seiner Stelle würde sie sich jedoch Geld leihen, einen Kredit aufnehmen. Erschwerend kommt hinzu, daß der Mann nur spät aufsteht und keine bestimmten Pläne, sondern nur sehr vage Projekte hat. Wenn es um Arbeit geht, beklagt er sich ständig, versucht sich zu drücken, ist faul.

Damit die Liebe weiter wachsen kann, muß es irgendein positives Element geben, durch das sie am Leben erhalten wird. Bis zu diesem Moment war der Mann die Tür, durch die sie eine unbekannte Welt, eine glorreiche Vergangenheit und ein anderes, reicheres, intensiveres Leben voller mythischer Anklänge betreten konnte. Die Liebe zwischen Menschen anderer Nationalität, Sprache oder Religion läßt uns die einmalige Kraft der Liebe als Pforte zu einem anderen Kulturkreis erkennen. Dies kann jedoch nur geschehen, wenn die geliebte Person daran glaubt, wenn sie aktiv, voller Ideen und Leben ist. Die junge Frau dagegen stellt nach und nach fest, daß ihren Geliebten Venedig in Wirklichkeit überhaupt nicht mehr interessiert. Er will nach Rom gehen und träumt davon, eine Arbeit beim Fernsehen oder im öffentlichen Dienst zu finden. Er hofft, daß sie ihm dabei behilflich ist. Und so beginnt er, Venedig niederzumachen. Er behauptet, daß man, wenn man intelligent und kreativ ist, in Venedig auf keinen grünen Zweig kommen kann. Bis schließlich auch sie das Gefühl des Zerfalls, des Scheiterns auf die Stadt überträgt. Plötzlich kommt ihr Venedig wie eine dem Tod geweihte Stadt vor.

Jetzt beginnt sie, auch ihren Geliebten mit anderen Augen zu betrachten. Sie erträgt sein ständiges Jammern, seinen Geiz, sein dauerndes Bitten, daß sie ihm bei der Arbeitssuche helfen soll, nicht mehr. Während ihr Venedig seine bröckelnden Mauern und faulenden Gewässer darbietet, kommt er ihr wie ein armseliger Kerl vor, der verzweifelt nach einem Unterschlupf sucht. Die junge Frau hätte sich wirklich in ihn verliebt, wenn er in der Lage gewesen wäre, sie in seine Welt zu entführen, ihr zu ermöglichen, in dieser wiedergeboren zu werden. Er jedoch schleppt sie zurück an den Ort, den sie hinter sich lassen wollte. Sie sieht plötzlich ganz klar, daß es sich in Rom viel besser mit ihrem schönen, reichen und großzügigen Verlobten leben läßt als mit ihrem Geliebten aus Venedig. Sie will Kinder haben und ihnen ein sorgenfreies Leben bieten können. Wie konnte sie sich bloß in diese verkrachte Existenz verlieben? Welche vorübergehende geistige Umnachtung hatte sie befallen? Was sie in dem Venezianer zu sehen geglaubt hatte, war ihre frühere große Liebe, die sie damals als junges Mädchen nicht verwirklichen konnte. Es war ein Traum aus ihrer Jugendzeit, der wieder in ihr hochgestiegen war, um sie zu plagen, ein verräterischer Traum, der sie leicht ins Unglück hätte führen können. Sie hatte sich von diesem Traum befreit und hätte sich vor einer Wiederholung hüten sollen. Weder ihre Jugendliebe noch ihre neue Liebe in Venedig können ihr etwas geben. Sie sind nichts als Traum und Illusion.

Viele Frauen sind – eben weil sie sich ein Heim und Kinder wünschen – kritischer und vorsichtiger gegenüber einer neuen Liebe als Männer. Wir haben bereits gesehen, daß sie dazu neigen, ihren Liebesbedarf durch Tagträume, das Lesen von Schnulzenromanen, durch Liebesfilme, Seifenopern und Star-Verehrung zu befriedigen.[1] Auf diese Art und Weise schwebt ihnen stets ein Ideal vor, das so lange als Maßstab für ihren jeweiligen Verehrer herangezogen wird, bis sie sich schließlich leidenschaftlich in jemanden verlieben. Frauen sind anspruchsvoller und verfügen über einen stärkeren Sinn für das Praktische. Und eben dank diesem Sinn für das Praktische zerschlägt das *Mädchen aus Rom* ihre Illusion, bevor es zu spät ist.

Dieses Beispiel zeigt uns sehr deutlich, daß viele inneren und äußeren Bedingungen für eine amouröse Leidenschaft gegeben sein müssen – selbst wenn sie noch so überwältigend ist –, damit sie nicht vergeht, sondern sich festigen kann. Aus ihr muß ein akzeptabler und wünschenswerter Plan hervorgehen, sie muß Zukunft werden. Wenn ihr dies nicht gelingt, bleibt sie auf der Ebene des Ausprobierens oder – wie in unserem Beispiel – sie verfliegt.

172

Der Verzicht

Was geschieht aber, wenn der Vorgang der Verliebtheit den *Punkt der Unumkehrbarkeit* überschritten hat? Jeder der beiden Betreffenden stellt nun jeweils eine Hälfte eines entstehenden Paares dar. Keiner der beiden hat mehr eine eigene Identität. Der andere wird wie die Wahrheit und das Wesen von einem selbst erlebt. Der *Verzicht* auf diese Liebe hieße, das zu verlieren, was einem noch wichtiger als das empirische Ich ist. Der Preis einer Trennung in diesem Stadium ist eine wahre Katastrophe, es ist der Verlust jeglichen Sinnes und Wertes. Sie käme einer *Erstarrung* gleich.

Durch besondere Lebensumstände und die speziellen, aus der Beziehung hervorgehenden Probleme kann jedoch eine so schmerzvolle Situation entstehen, die dermaßen mit Schuldgefühlen belastet und ohne Zukunftsaussichten ist, daß sich die Person entschließt, trotzdem auf ihre Liebe zu verzichten, also die Beziehung abzubrechen. Ein Beispiel hierfür haben wir in dem *Mann aus Bari*. Er war überzeugt davon, nicht wiedergeliebt zu werden. Deswegen zog er es vor, die Beziehung abzubrechen, statt sich von seiner Eifersucht zerfressen zu lassen. Der Verzicht erfolgt hier, um Schmerz aus dem Weg zu gehen. Wir bezeichnen diese Art des Verzichtes als *egoistischen Verzicht*.

Andere Menschen verzichten auf ihre Liebe, um einer Person, die sie lieben, nicht weh zu tun. Wenn sie verheiratet sind, dann wollen sie ihrer Frau, ihrem Mann oder ihren Kindern nicht weh tun. Sie sind dann hin- und hergerissen zwischen zwei Polen, zu denen die Liebe gleich stark ist. Ihr *ethisches Dilemma* lösen sie, indem sie auf die neue Welt zugunsten ihrer alten verzichten. Diese Art des Verzichtes bezeichnen wir als *altruistischen Verzicht*.

Ein Verzicht ist in jedem Fall das Vorziehen des Alten und Bekannten gegenüber dem Neuen, eine Entscheidung zugunsten der Institution und gegen den *Status nascendi*. Mit dem Verzicht begeht der Betreffende eine moralisch schwerwiegende Handlung, denn der *Status nascendi* ist Berührung mit dem Absoluten, in dessen Licht auch alle früheren Liebesobjekte an Wert gewinnen. Sobald der Kontakt zum Liebesobjekt abgebrochen ist, verflüchtigen sich auch die Gefühle der Liebe und des Begehrens.

Im Falle des *egoistischen Verzichtes* entsteht ein Gefühl der Einsamkeit, der absoluten Leere. Und im Falle des *altruistischen Verzichtes* ist die Wirkung noch viel frappierender, weil der Betreffende, sobald er auf seine neue Liebe verzichtet hat, unfähig ist, die zu lieben, für die er seine Liebe geopfert hat. So weiß er plötzlich nicht mehr, warum er es eigentlich getan hat. Er hat auf einmal das Gefühl, daß er eine schwerwiegende und nicht wiedergutzumachende Schuld auf sich geladen hat, daß er den Sinn seines Lebens zerstört hat. Alles erscheint ihm leer, sinnlos, hohl. Um zu Handlungen fähig zu sein, muß er nun die Gesten der anderen nachahmen, das wiederholen, was er gelernt hat. Er macht alles aus purer Gewohnheit. Es ist, als ob er keine Gefühle mehr hätte. Vielmehr spielt er sie wie ein Schauspieler. Er fühlt sich wie ein Roboter oder eine Marionette. Diesen Zustand bezeichnen wir als *Erstarrung*. Das einzige authentische und tiefe Gefühl, zu dem er fähig ist, ist die *Nostalgie* einer verlorenen Wirklichkeit.

Egoistischer Verzicht: Die verliebte Person, die an den Gefühlen des Geliebten zweifelt, muß sich entscheiden, ob sie ihn weiterhin und ohne Hoffnung auf Gegenseitigkeit lieben will, oder ob sie versuchen soll, ihn nicht mehr zu lieben. Sie muß sich entscheiden, ob sie sich von ihrem Geliebten trennen soll, obwohl sie weiß, daß sie ihn über alles liebt, oder ob sie die fürchterliche Zeit anzugehen bereit ist, die der Verlust ihres Liebesobjektes mit sich bringt, ob sie nämlich bereit ist, *seelischen Selbstmord* zu begehen. Zunächst wird sie noch versuchen zu kämpfen, die geliebte Person zu erobern, zu verführen, wobei sie alle ihr zur Verfügung stehenden Mittel, ihren Charme und ihre Überredungskunst, einsetzen wird. Wenn sie jedoch schließlich einsieht, daß die andere Person sie nicht liebt, muß sie sich auf eine Trennung einstellen. Die ihr verbleibende Kraft wird dazu ausreichen, sich selbst zu verbieten, nochmals ihre Arme nach dem Geliebten auszustrecken oder nochmals mit den Augen nach ihm zu suchen.

Um einige Fälle des egoistischen Verzichtes zu untersuchen, werden wir uns der Arbeit des bekannten Psychiaters Caruso und seines Werkes »Die Trennung der Liebenden« bedienen.[2] In seinem Werk wollte er sich nur mit Verzichtsituationen beschäftigen, die von beiden Liebenden gewollt waren. Doch bei näherem Hinsehen können wir feststellen, daß die Entscheidung, die Beziehung abzubrechen, immer von einem der beiden getroffen wurde. Wir wollen mit dem Beispiel des Dr. IBN beginnen, den wir als *Caruso IBN* bezeichnen werden. Es handelt sich dabei um einen verheirateten und kinderlosen Mann, der sich in eine Frau verliebt, die als MAI bezeichnet wird. Es wird nicht ganz klar, welche Gründe oder Zweifel ihn dazu veranlassen, doch er beschließt, seine Geliebte zu verlassen. Die Frau versucht, sich mit seinem Entschluß abzufinden, ihn zu verstehen, doch ihre Liebe zu ihm ist unverändert stark. Sie schreibt ihm aus der Ferne verzweifelte Briefe: »Du bist der einzige. Du bist mein erster Mann. Du bist meine Welt. Du bist mein Glück. Ich liebe Dich viel mehr als die Sonne und das Licht; denn die Sonne ist ohne Dich kalt und das Licht finster. […] Du bist mein Gott. […] Du bist meine glückliche Zeit, meine schöne Welt.«[3] Die Trennung scheint die junge Frau körperlich und seelisch zu zerstören. Ein paarmal versuchen die beiden Liebenden, sich wiederzusehen. Doch *Caruso IBN* ist sich unsicher, er weiß nicht weiter, und jedesmal beschließt er erneut, sich von ihr zu trennen. Schließlich läßt er sich von seiner Frau scheiden. Doch anstatt zu MAI zu rennen und sich ihr in die Arme zu werfen, erzählt er es ihr kühl am Telefon und läßt daraufhin nichts mehr von sich hören. Einige Zeit später bringt sich die junge Frau um, ohne einen Abschiedsbrief zu hinterlassen. Man kann also keinesfalls von einer Trennung in beiderseitigem Einverständnis reden. *Caruso IBN* ist ein Psychopath, der die Frau, die ihn liebt, mit seinen Zweifeln quält und sie schließlich verläßt. Sie kämpft verzweifelt um ihre Liebe, als sie jedoch einsieht, daß sie keine Chance hat, bringt sie sich um. Es handelt sich hier also um einen einseitigen egoistischen Verzicht.

Ein anderes Fallbeispiel, das von Caruso angeführt wird, ist *Frau RIK*[4], die auf ihre Liebe verzichtet, weil sie die Tiefe ihres Gefühles falsch einschätzt. Sie steht kurz davor, einen wichtigen Mann zu heiraten, der älter ist als sie, den sie seit längerer Zeit kennt und den sie idealisiert. Es handelt sich dabei um eine Mischung aus Verpflichtung ihrer Familie gegenüber und der Idealisierung eines Stars. Kurz vor der Trauung lernt sie einen jungen Mann kennen, der ihr restlos den Kopf verdreht. Sie ist überzeugt davon, daß es sich dabei nur um eine dumme Schwärmerei handelt. Es geht ihr nicht auf, daß es sich um wahre Liebe handelt und daß das, was sie für ihren Verlobten empfindet, nur Illusion ist. Also verzichtet sie auf diese große Liebe und heiratet ihren Verlobten. Sofort nach der Hochzeit stellt sie fest, daß sie sehr unglücklich ist. Ihr wird klar, daß sie einen schweren Fehler begangen hat. Die Situation ist ähnlich der in dem Film »Zimmer mit Aussicht«. In Florenz verliebt sich eine junge Engländerin in einen gleichaltrigen Mann. Sie ist jedoch bereits mit einem anständigen und fürchterlich langweiligen Mann verlobt. Als sie wieder zu Hause ist, begegnet sie erneut dem jungen Mann aus Florenz. Sie versucht jedoch mit allen Mitteln, die Liebe, die sie für ihn empfindet, vor sich selbst zu leugnen. Sie will sogar ihre Hochzeit vorverlegen. Glücklicherweise wird ihr an einem gewissen Punkt klar, daß sie ihren Verlobten nicht liebt, und sie kann so den Fehler der *Frau RIK* aus Carusos Beispiel vermeiden.

Altruistischer Verzicht: Wir wollen auch hier wieder ein Beispiel aus Carusos Werk verwenden, nämlich das des Chemikers Dr. C. D., den wir als *Caruso C. D.* bezeichnen werden.[5] Es handelt sich hierbei um einen sechsunddreißigjährigen verheirateten Chemiker, der Vater von zwei Kindern ist. Dieser verliebt sich in eine seiner Laborantinnen. Sie ist erst achtzehn Jahre alt. Die Beziehung fliegt auf. Seine Frau reagiert wie eine Furie, seine Umgebung mit Unverständnis. Nach drei qualvollen Monaten kommt er zu dem Schluß, daß seine Liebe nicht möglich ist. Er überzeugt seine Geliebte davon, daß sie ihn verlassen muß. Sie tut es. Sobald sie jedoch fern von ihm ist, vergeht er beinahe vor Schmerz. Er schreibt ihr ununterbrochen, sie antwortet, daß sie ihn liebt. Er bittet sie, ein neues Leben zu beginnen und einen anderen Freund zu finden. Gleichzeitig leidet er unter Eifersucht. Dieser Briefwechsel geht über zwei Jahre so weiter. Ganz offensichtlich ist *Caruso C. D.* leidenschaftlich in die Laborantin verliebt. Sein Problem ist, daß diese Liebe in tödlichem Konflikt zu seinen bestehenden Verpflichtungen und Bindungen steht, auf denen sich sein Leben gründet: seine Frau, seine Kinder, seine Kollegen, das gesellschaftliche Ansehen. Außerdem ist das Mädchen noch sehr jung. Dies ist ein klassischer Fall eines *ethischen Dilemmas*. Er muß sich zwischen dem leuchtenden Weg seiner neuen Liebe und seinen alten Liebesobjekten entscheiden. Als er letztere wählt, fällt er in den oben beschriebenen Zustand der inneren *Erstarrung*. Dies geht ganz klar aus seinen Worten hervor:»Ich verlor mit L. etwas Großes und Glückliches, was meine Vernunft nicht ganz erklären kann. Es ist so, als ob ich in eine andere Welt hineingeguckt und es teuer bezahlt hätte. Ich weiß nicht mehr genau, was in jener Welt vor sich ging: wahrscheinlich die ungemischte Freude an einem sehr jungen Menschen, [...], ohne ewige Rücksicht auf Erlaubtes und Verbotenes.«[6]

Eine Erfahrung, die wir bereits kennengelernt haben, denn es handelt sich dabei um die typische Erfahrung des *Status nascendi*, die einen jenseits von Gut und Böse führt. Doch der *Status nascendi* ist ein zweischneidiges Schwert, denn auch die alte Welt mit den alten Liebesbeziehungen hört nicht plötzlich auf zu existieren. Wenn man verliebt ist, will man seine Liebe verwirklichen, ohne anderen weh tun zu müssen. In dieser »neuen Welt« sollen alle glücklich sein. Die Realität sieht jedoch anders aus: Die neue Liebe zerreißt die alte Gemeinschaft, Kummer und Schmerz sind die Folgen. *Caruso C. D.* wird von seinen Schuldgefühlen gegenüber seiner Frau und seinen Kindern, aber auch gegenüber der Frau, in die er verliebt ist, gequält, weil alle ihm sagen – und er selbst stimmt dem zu –, daß sie zu jung für ihn sei, daß er sie unglücklich mache, daß sie das Recht auf ein eigenes Leben habe. Es ist nicht eine einfache Wahl zwischen der jungen Frau und seiner Ehefrau oder den Kindern, sondern eine Wahl zwischen seinem alten und verbrauchten Leben, in dem jedoch niemand leiden mußte, und einem neuen, in dem er glücklich wäre, alle anderen aber leiden müßten. Es ist eine Wahl zwischen dem, was die anderen und er selbst als normal betrachten, und was als Wahnsinn und Abenteuer eingestuft wird. Deswegen stellt sich die Wahl auch als *Dilemma* dar, denn er muß die Wahl zwischen zwei Alternativen treffen, die es gar nicht geben dürfte. Es ist fast, als ob man einer Mutter, der man ihre beiden Kinder entführt hat, die Wahl läßt, welches der beiden getötet werden soll und welches leben darf.

In den meisten Fällen wird man sich für die geliebte Person

entscheiden und mit allen anderen Liebesobjekten brechen, wenn man auch bestrebt sein wird, ihnen so wenig Leid zuzufügen wie nur möglich. *Caruso C.D.* dagegen entscheidet sich für seine alten Liebesobjekte und verzichtet auf sein neues. Er opfert sozusagen seine neu entstehende Welt für die bereits bestehende, alte Welt. Er zerstört das Ideal, das Mögliche, um das am Leben zu halten, was bereits existiert. Es ist ein Vorgang, der mit dem Beginn der *Erstarrung* in den meisten Fällen zum Scheitern verurteilt ist. Nach einer wahren Verliebtheit ist es extrem schwierig, die bisherige Partnerschaft wiederzubeleben. Derjenige, der auf seine Liebe verzichtet hat, bleibt im Unterbewußtsein weiter in die geliebte Person verliebt. Es ist, als ob diese Liebe in ein steinernes Grabmal eingemauert wäre.

Aus praktischer Sicht kann man daraus indes einen Schluß ziehen: Wenn eine verheiratete Person die Absicht hat, ihre Ehe zu retten, ist es empfehlenswert, allen Versuchungen aus dem Wege zu gehen bzw. eine aufkommende Verliebtheit noch im Anfangsstadium zu ersticken, auf jeden Fall aber, bevor der *Punkt der Unumkehrbarkeit* überschritten ist.

Frustration und Kreativität

Was geschieht, wenn wir uns verlieben und unsere Liebe nicht erwidert wird? Etwa die *Erstarrung*? Die Antwort ist Nein. Bei der *Erstarrung* handelt es sich um ein moralisches Drama, eine Wahl, bei der wir schuldig daran werden, das zerstört zu haben, was mehr als alles andere wert war. Wenn es jedoch die geliebte Person ist, die uns verläßt oder nichts von uns wissen will, wenn wir alles unternommen haben, um sie zurückzuhalten, handelt es sich nicht mehr um einen Verzicht, sondern eindeutig um einen Verlust, wie er von Freud[7] in »Trauer und Melancholie« untersucht und von Bowlby[8] in allen Einzelheiten analysiert wurde. Es gibt allerdings einen Unterschied, den diese Autoren nicht berücksichtigen konnten, und zwar der, daß hier der *Status nascendi* zum Tragen kommt. Wenn sich jemand im *Status nascendi* befindet, hat bei ihm bereits eine Wandlung eingesetzt. In ihm werden außergewöhnliche Kräfte frei.

Der Verlust ruft einen starken Schmerz hervor, doch er *unterbricht nicht den Vorgang der Umwandlung,* der schon geraume Zeit vorher begonnen hat. Die Erfahrung, die man dabei macht, ist nicht die einer einfachen Trauer. Es handelt sich vielmehr um den Zusammenbruch eines Ordnung schaffenden Prozesses, einer kosmischen Zielbestimmung. Es ist der Einbruch der Unordnung in die sich herauskristallisierende Ordnung. Aber die ordnende Kraft ist weiterhin am Werk.

Betrachten wir noch einmal den Fall des *Studenten.* Als ihm klar wird, daß seine Kommilitonin ihn nicht liebt, ergreift ihn ein großer Schmerz. Bestürzt gibt er sich der Überzeugung hin, daß die Welt auf ungerechten und absurden Gesetzen beruht. Dieser Überzeugung gibt er Ausdruck, indem er behauptet, daß Gott »die Welt erschaffen hat, als er betrunken war«. Der *Student* denkt an Selbstmord. Er begibt sich in die Berge und stellt sich vor, bis zu einem mächtigen Gletscher vorzudringen und an diesem so lange entlang zu wandern, bis er vor Erschöpfung zusammenbricht und erfriert. Doch er bringt sich nicht um. Er kehrt nach Hause zurück, vergräbt sich in sein Studium und beginnt – wie wir bereits gesehen haben –, an sich zu arbeiten und sich zu verändern. Er identifiziert sich mit einem Freund, macht neue Erfahrungen, lernt in Null Komma nichts und macht so in kürzester Zeit eine wahre Metamorphose durch. Der Drang des *Status nascendi* zur Erneuerung geht nicht verloren, obwohl das eigentliche Ziel, nämlich eine stabile Partnerschaft mit der Kommilitonin, nicht verwirklicht werden kann. Dieser Drang findet in einer anderen Richtung seinen Weg. Der Student wird dabei allerdings nicht von seiner Verliebtheit geheilt. Nur eine neue Verliebtheit vermag das. Was jedoch durch diesen Vorgang ermöglicht wird, sind kreative Aktivität, Fortschritt und Reifung.

Wir müssen nun diese Vorstellungen im Hinterkopf behalten, um die kreative Aktivität, die dem Scheitern einer beginnenden Liebe folgt, untersuchen zu können. Der erste Fall, der mir in den Sinn kommt, ist Goethes Verliebtheit in Charlotte Buff. Als Charlotte einen anderen heiratet, ist Goethe bitter enttäuscht. Auch Goethe durchlebt eine Phase der Verzweiflung, in der er an Selbstmord denkt. Anstatt sich jedoch umzubringen, schreibt er seinen Roman »Die Leiden des jungen Werthers«, in dem sich ein junger Mann – genau wie es ihm passiert ist – in eine junge Frau verliebt, die Charlotte heißt. Als diese nun einen anderen heiratet, bringt Werther sich um. Die Meinung der Psychologen geht dahin, daß Goethe, indem er den Selbstmord kreativ inszeniert und ihn in seiner Phantasie durchführt, verhindert, ihn wirklich ausführen zu müssen. Das Buch wäre somit die in der Phantasiewelt ausgelebte Befriedigung eines Dranges, der Exorzismus eines Vorhabens. Wie wahr! Uns soll hier jedoch etwas anderes interessieren: Nach seiner fürchterlichen Enttäuschung erlangt Goethe eine außergewöhnliche kreative Kraft. Sein *Werther* ist ein Meisterwerk, das in Europa auf eine ganze Generation einen unvorstellbaren Einfluß hatte. Dieses Buch ist der Beginn eines neuen Zeitalters, nicht nur im Leben Goethes, sondern auch in der Literatur. Wir können also sagen, daß sich die kreative Kraft des *Status nascendi* seiner Liebe zu Charlotte nicht mit dem Untergang seines individuellen Liebesobjektes erschöpft, sondern daß sie in seinem Werk Ausdruck findet.

Die Formbarkeit des *Status nascendi* läßt auch kreative Prozesse zu, bei denen die wirkliche Handlung nicht durch eine in der Phantasie ausgelebte Handlung ersetzt wird, wie es bei Goethe der Fall ist. Laut unserer Theorie kann der *Status nascendi* auch einen vollkommen anderen kreativen Weg gehen. Nehmen wir ein weiteres berühmtes Beispiel. Wir haben das Jahr 1883. Der große deutsche Philosoph Nietzsche ist achtunddreißig Jahre alt, als er sich in Lou Andreas-Salomé verliebt. Lou hat keinerlei Absichten zu heiraten. Sie strebt eine spirituelle Gemeinschaft mit zwei Freunden an: Rée und Nietzsche. Unglücklicherweise sind sowohl Rée als auch Nietzsche in sie verliebt, jeder der beiden begehrt sie ausschließlich für sich, und beide wollen sie heiraten. Lou spielt lange Zeit mit den beiden Männern. Nietzsche ist sogar an einem gewissen Punkt davon überzeugt, daß er von ihr wiedergeliebt wird. Er erlebt eine Phase der Freude und Hoffnung. Er ist glücklich, er liebt das Leben und wünscht sich ein Kind. Lou nimmt jedoch von ihm Abstand, läßt ihn warten. Schließlich geht sie mit Rée nach Berlin. Nach einigen fruchtlosen Versuchen, ihre Beziehung wieder aufzunehmen, begreift Nietzsche, daß er sie endgültig verloren hat. Er ist außer sich vor Schmerz. Am liebsten würde er sich in ein Mauseloch verkriechen. Er leidet unter Alpträumen, schläft schlecht und stopft sich mit Beruhigungsmitteln voll. Er fühlt sich einsam, ausgestoßen und hat jegliches Selbstvertrauen eingebüßt. Das, was er geschrieben hat, seine ganze Philosophie, stürzt wie ein Kartenhaus in sich zusammen. Sie hat keinen Sinn mehr. Und trotzdem schreibt er ausgerechnet in diesem Moment, dem dramatischsten und schmerzvollsten Moment seines Lebens, im Februar 1884, in nur wenigen Tagen[9] ein außergewöhnliches und unglaubliches Werk, ein Werk, das die ganze Geschichte des Westens beeinflußt hat. Die Rede ist von »Also sprach Zarathustra«. Dieses Werk ist nicht die Erzählung einer gescheiterten Liebe oder die Phantasterei über einen Selbstmord. Es ist vielmehr die Schöpfung einer neuen Philosophie und Religion, es ist die Ankündigung des Anbruchs einer neuen Spezies Mensch mit einer anderen Mentalität und einer anderen Moral: die des Übermenschen. Die kreative Kraft des *Status nascendi*, die von ihrem Ziel, nämlich der Bildung eines Paares, abgelenkt wurde, bricht in der Schöpfung einer neuen Welt, eines neuen Himmels und einer neuen Erde hervor.

Aus diesen Erlebnissen läßt sich folgender praktischer Schluß ziehen: Wenn man von einer Liebesenttäuschung geheilt werden will, ist die wirkungsvollste Therapie die, den begonnenen Prozeß der Wandlung fortzuführen oder besser noch: ihn durch das Ausprobieren neuer Wege zu beschleunigen, zum Beispiel, indem man neue, herausfordernde Aufgaben auf sich nimmt, für die viel Energie und Kreativität gefordert sind. Nur auf diese Art und Weise können die durch den *Status nascendi* freigesetzten Kräfte in ein neues Projekt fließen. Und so werden aus dem Schmerz, dem Zorn und dem Wunsch nach Befreiung oder Rache konstruktive Kräfte.

Die Funktion des Hasses

Warum schlägt Liebe so leicht in Haß um? Warum endet Liebe so häufig in Zorn und Streit? Warum geht es bei Scheidungen so verbittert, aggressiv und rachsüchtig zu? Was ist also die Funktion des Hasses beim Beenden einer frustrierenden und enttäuschenden Liebesbeziehung oder beim Lindern des Schmerzes, wenn man von der geliebten Person verlassen wird?

Wenn zwei Personen, die unterschiedlichen Gemeinschaften angehören, ineinander verliebt sind, brechen sie mit allen früheren Bindungen, um eine neue Gemeinschaft zu gründen. Und von diesem Augenblick an haben sie das Bestreben, miteinander zu verschmelzen, eine kompakte Einheit und einen neuen und lebendigen Organismus mit einer eigenen Identität zu bilden, wie eine Sekte, eine Partei oder eine Nation. Sie treten der Welt fortan als Gemeinschaft gegenüber, bauen zusammen ein Heim auf, wählen gemeinsam ihre Freunde und stellen sich gemeinsam dem Leben. Zusammen bauen sie etwas auf, das beiden gehört, etwas, das unsichtbar ist und von beiden als hundertprozentig eigen betrachtet wird.

Diese Gemeinschaft kann durch Frustration, durch Verrat, Eifersucht, Verzicht oder das Verlassen-Werden zerstört werden. Dabei wird nicht nur die kollektive Einheit zerstört, sondern auch die einzelnen Individuen, aus denen diese Einheit bestand. Beide werden eines Teiles ihres Lebens beraubt. Gerne würden sie zurückkehren, doch das ist nicht möglich. Also bleibt ihnen nichts anderes übrig, als ein neues Ich in einer neuen Gemeinschaft zu schaffen, die sich von der vorherigen unterscheidet. Dieses Mal gibt es jedoch keinen *Status nascendi*. Der Vorgang, bei dem die alte Gemeinschaft zugunsten einer neuen und glücklicheren zerstört wird, findet nicht statt. Um dem Neuen Platz zu machen, muß der Betreffende zuerst aktiv das Bestehende zerstören. Und das, was durch die Liebe geschaffen wurde, kann nur durch eine ebenso heftige Leidenschaft wieder zerstört werden, nämlich durch den *Haß*. Der Haß wird in dieser Form als Befreiung, als Zerstörung, als Trennung und Vernichtung empfunden. Durch den Haß wird die Liebesgemeinschaft zerstört und so Platz für eine andere Lebensform geschaffen. Die Funktion des Hasses ist also, all das zu zerstören, was der *Status nascendi* geschaffen hat.

Eine Gemeinschaft existiert jedoch nicht nur in der Gegenwart. Sie ist in der Vergangenheit verwurzelt und strebt in die Zukunft. Deswegen muß der Vorgang der Zerstörung auch in der Vergangenheit ansetzen und sich auf die Zukunft projizieren. So kommt es zu einem *zweiten Historisieren*, bei dem jeder der beiden sein Leben Revue passieren läßt, um tief in sich den Wert der gescheiterten Beziehung zu zerstören, alle angenehmen Erinnerungen zu vernichten und nur die negativen auszugraben, um die Trennung zu rechtfertigen. Ähnlich ist es im Krieg, bei dem die gegnerischen Parteien all die Dinge vergessen, die sie vereint haben, und sich nur an die Meinungsverschiedenheiten, Ungerechtigkeiten und das ihnen zugefügte Unrecht erinnern, um den Wunsch zu kämpfen wachzuhalten.

Die Rache: Eine Art, wie sich der Haß ausdrücken kann, ist die *Rache*. Rache kann – genau wie das *Historisieren* im *Status nascendi* – Vergangenheit und Zukunft miteinander verbinden, allerdings in umgekehrter Richtung. Beim *Status nascendi* beschwören wir die Vergangenheit herauf, weil sie uns positive Modelle zeigt, die uns bei der Lösung unserer zukünftigen Probleme helfen, und weil sie uns Kraft gibt. Alle religiösen Bewegungen beziehen sich auf ihre göttliche Anfangszeit. Der Islam beispielsweise hält das Andenken Mohammeds wach, der sein Volk geführt hat, das Christentum das von Jesus Christus, als er noch auf der Erde weilte. Indem diese heilige und glorreiche Zeit lebendig gehalten wird, finden die Menschen die Kraft, auf eine bessere Zukunft hinzuarbeiten. Bei der *Rache* dagegen betrachten wir die Vergangenheit als etwas Negatives, Abscheuliches und benutzen die Zukunft, um das zu zerstören, was damals geschehen ist, und damit eine Rechnung zu begleichen, die noch offenstand. Sich rächen heißt, einen Akt der Zerstörung in der Zukunft auszuführen, obwohl wir ihn sofort hätten durchführen müssen, was uns aber aus irgendeinem Grund nicht möglich war. Die Rache hält die Vergangenheit lebendig, allerdings in der Form eines destruktiven Versprechens. Rache ist eine wahre Quelle der Freude für uns, weil sie es möglich macht, uns vorzustellen, dem anderen unzählige Male weh zu tun. Der Haß hat nicht die Macht, die Vergangenheit lebendig zu halten, er muß diese Aufgabe an die zukünftige Rache abtreten. Er kann die Vergangenheit nicht aufarbeiten wie bei einer Verliebtheit, wenn der *Status nascendi* eingetreten ist. Er löst ihre Macht nicht auf, sondern bekräftigt und verewigt sie.

Die Revanche: Es ist ein wesentlicher Unterschied, ob man eine Revanche anstrebt oder ob man sich an jemandem rächen will. Wenn wir nach Revanche suchen, verschieben wir die Lösung eines Problems, das wir in der Vergangenheit nicht lösen konnten, auf die Zukunft. Allerdings ist der Vorgang nicht destruktiv, sondern konstruktiv. *Der große Gatsby* häuft Reichtümer an, um die Liebe der Frau zurückzuerobern, die er einst geliebt hat und die er nicht heiraten konnte, als er arm war. Er kauft die Villa neben der ihren und veranstaltet rauschende Feste. Eines Tages hält sie es vor Neugier nicht mehr aus und stattet ihm einen Besuch ab. So lebt ihre alte Liebe wieder auf. In »Wuthering Heights« ist Heathcliff ein Findelkind. Er wird im Haus wie ein Sohn großgezogen und spielt zusammen mit Catherine. Sie denken sich zusammen phantastische Welten aus und verlieben sich schließlich ineinander. Sie fühlt sich jedoch zum luxuriösen Leben, zu Bällen und dergleichen hingezogen. Eines Tages erklärt sie hochmütig, daß sie niemals einen Stallburschen heiraten werde. Er hat sie aus einem Versteck heraus gehört und ist außer sich vor Schmerz. Kurz darauf verläßt er die Familie. Jahre später kehrt er als reicher Mann zurück. Getrieben von Rachegelüsten und dem sehnlichen Wunsch, die Liebe von Catherine zurückzuerobern, kauft er den Hof, auf dem sie groß geworden ist. Die Erinnerungen, die ihn dabei leiten, sind die Erinnerungen einer gemeinsam verbrachten Kindheit und Jugend. Es sind glückliche Erinnerungen. Eine einzige negative Erinnerung ist ihm geblieben, und die kann nur dann aus seinem Herzen gelöscht werden, wenn sich seine Liebe zu Catherine erneuern kann. Genauso geschieht es auch, denn Catherine gesteht ihm kurz vor ihrem Tod, daß sie ihn immer geliebt hat.

Die Bündnisse: Wie die Liebe ist auch der Haß eine kollektive Angelegenheit. Er trennt uns von der Person, die wir geliebt haben, und vereint uns mit all denen, die uns helfen können, ihr Schaden zuzufügen. Für unseren Haß brauchen wir – mehr noch als in der Liebe – Verbündete, Personen oder Institutionen, die sich auf unsere Seite schlagen und unseren Krieg verstehen und gutheißen. Haß vereint die Verbündeten und ruft zwischen ihnen eine Art fiebernde Liebe hervor, die so lange anhält, wie es einen gemeinsamen Feind gibt. Es handelt sich dabei um eine Liebe, die sich mit dem Verschwinden des Gegners verflüchtigt.

Wenn eine Beziehung auseinandergeht, suchen die Betreffenden die Solidarität ihrer Freunde. Sie erwarten von ihnen, daß sie gleichfalls ihre Beziehungen zu der einst geliebten, jetzt aber gehaßten Person abbrechen. Und wenn jemand vom jeweiligen

Ex schlecht spricht, dann ist das wie eine wohlige Dusche. Sie versuchen, Helfer für ihre Racheaktionen oder Schikanen zu gewinnen. Wenn eine Liebe zerbricht, kommt es also zu Verrat, zu neuen Bündnissen, wie in einem echten Krieg. Manche Freunde laufen ins feindliche Lager über, und einige Feinde werden unerwartet zu Verbündeten. Die ganze Vergangenheit wird manipuliert und umgeschrieben, um sie an die neue Situation anzupassen.

Das Vergessen: Um über eine Enttäuschung hinwegzukommen und alle Rachegelüste auszulöschen, muß ein weiterer Mechanismus hinzukommen: der des *Vergessens*. Aus Haß würde man gerne Zerstörung und Verwüstung anrichten, man muß sich aber damit zufriedengeben, zu vergessen, zu verdrängen, eine Amnesie herbeizuführen, damit der Schmerz und die Rachegelüste nicht erneut erwachen.

Die Psychoanalytiker haben uns eingetrichtert, daß das Vergessen nichts anderes als Verdrängen ist und somit krankhaft. In Wirklichkeit kommt dem Vergessen eine ganz wesentliche Überlebensfunktion zu. Durch das Vergessen wird es uns nämlich ermöglicht, einen Teil unseres Lebens auszulöschen, wenn auch nur vorübergehend, so daß wir frei sind, um neue soziale Bindungen einzugehen und neue Projekte auf die Beine zu stellen. Sicher bleibt ein Teil unserer Lebensenergie im Unterbewußtsein gefangen, der andere Teil kann sich jedoch entfalten. Das Vergessen ist eine Art Persönlichkeitsspaltung. Wir vergessen einen Teil unserer alten Persönlichkeit und beginnen währenddessen, eine neue zu entwickeln. Und dazu dienen uns die Wünsche, Träume und Ideen, die wir bislang nicht ausleben konnten. Wir entdecken plötzlich Fähigkeiten in uns, die lange Zeit brachlagen. Nicht immer führt eine bittere Liebesenttäuschung zu einer depressiven Katastrophe. Vielmehr kann der Betreffende daraus Ressourcen und Möglichkeiten schöpfen, um ein neues Leben zu beginnen.

Die tiefe Verletzung, die unserer Seele zugefügt wurde, werden wir niemals vergessen können. Das Gefühl, etwas Wichtiges verloren zu haben, bleibt. Diese Wunde kann nur dadurch geschlossen werden, daß man in die Vergangenheit zurückkehrt und Frieden mit ihr schließt. Es ist unmöglich, dies mit Hilfe einer Psychoanalyse – in welcher Form auch immer – zu erreichen. Die einzige Abhilfe bringt hier ein neuer *Status nascendi*, also eine neue Verliebtheit bzw. eine religiöse oder politische Bekehrung. Nur damit ist es möglich, daß durch *Historisierung* die Schranken der Zeit durchbrochen und der eingeschlossene Schmerz und Haß vertrieben werden.

ELFTES KAPITEL

Eroberung und Zurückeroberung

Verführung

Um unsere Träume und Pläne zu verwirklichen, müssen wir die anderen überzeugen und auf unsere Seite ziehen. Wenn wir den Begriff »Verführung« im weitesten Sinne nehmen, könnte man sagen, daß wir ständig damit beschäftigt sind, den einen oder anderen zu verführen.[1]

Es gibt aber natürlich auch die engere Bedeutung des Begriffes, mit der die Handlungen und Selbstinszenierungen bezeichnet werden, durch die wir uns auf erotischer Ebene interessanter und attraktiver machen wollen. Auch Tiere tragen in der Paarungszeit ein anderes und auffälligeres Äußeres zur Schau. Sie sondern bestimmte Düfte ab und führen Balztänze oder Paarungsriten aus. Bei den Menschen ist diese Aktivität kulturell bedingt und freiwillig. Sie ist von Gesellschaft zu Gesellschaft, von Epoche zu Epoche, von Individuum zu Individuum verschieden ausgeprägt. Anstelle eines prächtigeren Federkleides tragen Menschen elegante Kleidung und fahren ein Luxusauto. Anstelle der Pheromone verwenden Menschen Aftershave, Parfüm und Make-up. Und was das Liebesspiel betrifft, hat die Menschheit ihren Launen freien Lauf gelassen und die unterschiedlichsten Formen und Rituale erfunden.

Jeder Verliebte wünscht sich sehnlichst, die geliebte Person zu erobern. Um in der geliebten Person Liebe zu erwecken, sparen wir nicht mit den uns zur Verfügung stehenden Mitteln, mit unserer Intelligenz und unserer Erfahrung. Selbst der unbegabteste Mann, das schüchternste Mädchen setzen alles aufs Spiel. Es werden Mechanismen und genetische Engramme aus der Urzeit des Menschen aktiviert. Eine Frau wird schöner, ihre Augen strahlen Sehnsucht und Hoffnung aus, sie wird sanfter, geduldiger und lächelt viel. Ein Mann wird unternehmungslustig und unermüdlich. So verbringt im Film »Cinema Paradiso« von Giuseppe Tornatore ein vierzehnjähriger Junge viele Monate vor dem Haus seiner Angebeteten.

Auf der anderen Seite ist man, wenn man verliebt ist, auch schüchtern und voller Respekt. Wir verehren die geliebte Person und bringen noch nicht einmal den Mut auf, sie mit einer Hand zu streifen. Wenn wir ein Nein von ihr zu hören bekommen, sind wir wie gelähmt, es gelingt uns nicht, ihren Widerstand zu überwinden und das Nein in ein Ja umzuwandeln. Sehr junge Menschen wissen häufig nicht, wie sie sich verhalten sollen. Wenn sie sich in eine Klassenkameradin verlieben und für sie Zärtlichkeit empfinden, verhalten sie sich oft so ungeschickt, daß diese sich von ihnen abwendet und in die Arme eines anderen flüchtet, der in solchen Situationen erfahrener ist. Es kommt bei jedem, selbst beim ungeschicktesten Menschen, der Punkt, an dem er begreift, daß er, will er das Herz seiner Angebeteten erobern, Mut fassen muß, um die richtigen Worte zu finden, um sie anzusprechen, sie schließlich einzuladen, vielleicht einen Blumenstrauß zu schicken oder sie ins Restaurant zu führen. Besser noch, wenn er sie mit dem Motorrad oder dem Auto abholt, damit sie den Weg nicht mit dem Bus oder zu Fuß, womöglich noch im strömenden Regen, bewältigen muß. Kurzum, die reine, selbstlose, aufrichtige und arglose Liebe reicht nicht aus, um das Interesse der geliebten Person zu wecken. Man muß schon wohl oder übel zu ganz bestimmten Verführungskünsten greifen.

Die Beziehung zwischen Verliebtheit und Verführung ist eher widersprüchlich. Auf der einen Seite möchte man natürlich für das, was man ist, geliebt werden. Man will einfach geliebt werden, weil man existiert. Auf der anderen Seite ist man bereit, jedes zur Verfügung stehende Mittel zu benutzen, um die geliebte Person zu erobern. Selbst ein Liebestrank, die Hypnose, Lügen oder Drohungen erscheinen einem nicht unbedingt abwegig. Gleichzeitig aber will man auch nicht, daß der andere einem zuraunt: »Ich liebe dich«, weil er hypnotisiert ist oder Angst hat, sondern weil er einen wirklich liebt. Wahre Liebe muß frei sein.

Wenn man verliebt ist, ist man also bereit, den anderen zu täuschen und ihm nicht vorhandene Eigenschaften vorzugaukeln, nur damit man in seinen Augen interessant wird. Diese Selbstinszenierung steht in krassem Gegensatz zum Bestreben, ehrlich zu sein, seine Seele vor dem anderen bloßzulegen, die eigenen Schwächen und Fehler zu offenbaren. Das Ergebnis dieser Widersprüchlichkeit ist beachtlich. Jeder Verliebte kehrt mit allen Mitteln das hervor, was er als seine beste Seite betrachtet und stellt die unglaublichsten Verrenkungen an, um diesem Idealbild von sich selbst zu entsprechen. Er tut nichts anderes, als sich zu bemühen, das zu sein, was er gerne wäre. Daraus entsteht ein unnachahmlicher Drang, *ein besserer Mensch zu werden*.

Doch das ist nicht alles. Wenn man verliebt ist, weiß man auch, daß die geliebte Person Träume, Wünsche und Ideale hat, denen man nur teilweise gerecht wird. Und so lauscht man voller Aufmerksamkeit all dem, was der andere sagt, man merkt sich, was der andere gut findet oder was er kritisiert. Aus diesen Daten versucht man nun zu folgern, wie das ideale Modell beschaffen sein muß, das die geliebte Person sich erträumt, und man bemüht sich, diesem Modell möglichst zu entsprechen. Am Schluß fühlt man sich hin- und hergerissen. Auf der einen Seite will man sein *eigenes* Idealbild verwirklichen und auf der anderen möchte man das werden, was sich die geliebte Person erträumt und vorstellt, man will auch *ihrem* Idealbild entsprechen. Und so setzt ein Vorgang ein, bei dem ständig das eigene Bild, die eigene Idealvorstellung neu überdacht wird. Dieser Vorgang läuft bei beiden ab. So kommt es auch, daß beide ständig den magischen Punkt suchen, an dem sich die eigenen Bedürfnisse und Träume mit denen des Partners decken. Bis sie eines Tages die gleichen Wünsche und Träume haben.

Für Frauen ist der Konflikt zwischen *Spontaneität und Verführung* noch viel stärker. Schon im zarten Kindesalter lernen sie, welch hoher Stellenwert der Verführung zukommt. Es dauert nicht lange, bis ihnen aufgeht, daß sie mit einem Blick, einem Lächeln oder einer kleinen Geste viel mehr erreichen als mit

Tausenden ihrer Launen. Später stellen sie dann fest, daß selbst die intelligentesten und stärksten Männer auf die zweideutigen Augenaufschläge, die Provokationen und das Gehabe nichtssagender und rücksichtsloser Frauen hereinfallen. Sie begreifen, daß Männer leicht auf der Ebene der reinen Sexualität verführt werden können, daß sie allein beim Anblick eines Busens verzückt sind.

So lernen sie, wie wichtig ihr Äußeres, ihr Charme und ihre Fähigkeit sind, sich bewundern und begehren zu lassen, um einen Mann zu erobern. Wenn eine Frau aber verliebt ist, möchte sie auch sie selbst sein, ohne großes Getue und Zur-Schau-Stellen. Eine verliebte Frau setzt ihre Verführungskünste oft nur sehr ungeschickt ein. Ihr fällt es zwar leicht, sich schön, gefällig und sanft zu geben, dann jedoch schlägt ihr das Herz bis zum Hals, sie möchte am liebsten in Tränen ausbrechen und weglaufen. Sie ist empört, wenn sie bemerkt, daß der Mann, den sie liebt, wollüstig eine ihrer Freundinnen betrachtet, die provozierend ihre Beine zur Schau stellt, oder wenn er sich umdreht, um einer aufreizend gekleideten Prostituierten nachzuschauen. Nur in diesen Augenblicken gelingt es ihr, ihre Schüchternheit abzuschütteln. Dann gibt sie ihr Letztes, wird zum Vamp, läßt alle Reize spielen. Doch lieber wäre es ihr, sie könnte all dies lassen, denn wenn sie ihrer inneren Stimme folgen könnte, würde sie voller Vertrauen warten, bis ihm die Augen aufgehen und er nur sie liebt.

Im tiefsten Inneren einer Frau lauert die quälende Furcht, daß sich die wahre, aufrichtige und schlichte Liebe nicht auszahlt, weil Männer nur auf die Manipulationstricks der Frau ansprechen. Dieses weibliche Dilemma wird in der Literatur und der Mythologie von zwei archetypischen Figuren aufgegriffen: von *Dornröschen* und der *Zauberin*. Erstere wartet, schön und rein, auf den Mann ihrer Träume. Letztere ist erfahren und skrupellos. Sie erobert das Herz der Männer mit ihren Zaubersprüchen. Eine verliebte Frau identifiziert sich mit Dornröschen. Sie will regungslos und mit geschlossenen Augen auf den Kuß des Geliebten warten, der auf einem weißen Pferd geritten kommt, und dann mit ihm davonreiten. Dieser Wunsch, begehrt zu werden, ohne manipulieren zu müssen, bringt sie oft in die Situation, sich der gefährlichen Konkurrenz einer Nebenbuhlerin angstvoll auszusetzen, ohne etwas unternehmen zu können. Sie kann ihren Geliebten nicht einmal warnen, denn ihr ist wohl bewußt, wie wenig ihr das nutzen würde. Der Mann würde ihrer Warnung: »Nimm dich vor dieser Intrigantin in acht« keine Beachtung beimessen. Und sie würde nur in den Verdacht geraten, eifersüchtig oder – schlimmer noch – neidisch auf die Schönheit der anderen zu sein. Im Laufe ihres Lebens wird jede Frau immer wieder vor diesem Dilemma stehen: Welchen Weg soll ich nehmen? Soll ich den unkomplizierten, den der ehrlichen Gefühle gehen oder lieber den der Manipulation?

Ein Großteil der Liebesromane behandelt genau dieses Problem. Die Heldin, die reinen Herzens liebt, findet den Weg von einer skrupellosen Rivalin versperrt, die zwar nicht wirklich in den betreffenden Mann verliebt ist, jedoch keine Minute zögert, ihre Verführungskünste spielen zu lassen. Und alles deutet darauf hin, daß sich der Mann umgarnen, täuschen und verführen lassen wird. Im Verlaufe der ganzen Handlung kommt es zu Zweideutigkeiten und Mißverständnissen. Mehr als einmal ist die Heldin versucht, auf ihren Traummann zu verzichten, weil dieser auf die Tricks der anderen hereinfällt und einfach nichts begreifen will. Trotz aller Schwierigkeiten hält sie aber schließlich doch durch, und zu guter Letzt kann die wahre Liebe, dieses selbstlose und ehrliche Gefühl, triumphieren.[2]

Verführungskünste können viel wirkungsvoller eingesetzt werden, wenn man dabei die Intelligenz zu Hilfe nimmt und es einem gelingt, die eigenen Leidenschaften zu zügeln. Denn auf diese Art und Weise können wir mit einer Zurückweisung fertig werden, wir können ruhig den geeigneten Moment abpassen und ohne falsche Scheu die richtigen Gesten und Worte wählen. Ein altes Märchen, das im Film »Hilfe! Meine Braut ist übersinnlich« mit James Stewart und Kim Novak aufgegriffen wurde, besagt, daß sich eine Hexe nicht verlieben darf. Wenn sie es trotzdem tut, verliert sie ihre Zauberkräfte.

Es stimmt, daß alle großen Verführer ihre Gefühle im Zaum halten. Eines der faszinierendsten Werke über die Bedeutung der Kontrolle der eigenen Gefühle bei der Verführung ist das Buch »Gefährliche Liebschaften«.[3] Die Hauptpersonen sind zwei »Freigeister«: die Marquise de Merteuil und der Vicomte von Valmont. Diese verbringen ihre Zeit vor allem damit, die

Gefühle anderer Leute zu manipulieren, damit diese sich in sie verlieben. Auf diese Art und Weise können sie sie dann beherrschen oder in den Ruin treiben. Sie bedienen sich der raffiniertesten psychologischen Spiele, um in ihrem Opfer Liebe zu wecken: Schmeicheleien, Täuschungen, sie appellieren an das Mitgefühl, an die Zärtlichkeit, sie täuschen unendliche Liebe vor, absolute Hingabe, sie inszenieren vorgetäuschte Abreisen und Selbstmorde, sie simulieren edlen Verzicht, religiöse Gefühle. Sobald sie ihr Ziel erreicht haben, benutzen sie ihre Macht für schändliche Zwecke, als ob sie einen Racheakt verübten. Manchmal wollen sie auch einfach nur eine Wette gewinnen, um sich dann mit den anderen auf Kosten des Einfaltspinsels zu amüsieren: Der hat sich reinlegen lassen!

Wenn man sich seines Erfolges sicher sein will, darf man sich als Verführer keine wahren Gefühle leisten. Man muß alle Gefühle vortäuschen. In einem Brief an den Vicomte von Valmont schreibt die Marquise de Merteuil:»Meine erste Sorge war, den Ruf einer Unüberwindlichen zu erwerben. Um dies zu erreichen, waren die Männer, die mir nicht gefielen, immer die einzigen, deren Huldigungen ich anzunehmen schien. Ich wandte sie nützlich an, mir die Aufrichtigkeit des Widerstandes zu verschaffen, indessen ich mich ohne Scheu dem vorgezogenen Liebhaber überließ. Diesem aber hat meine vorgetäuschte Schüchternheit niemals erlaubt, sich mit mir in der Gesellschaft zu zeigen; und die Blicke der Gesellschaft waren also immer auf den unglücklichen Liebhaber geheftet.«[4] Von ihren Liebhabern beschaffte sie sich jedoch stets etwas, womit sie sie erpressen oder ihnen drohen konnte, so daß sie keine Gefahr für sie darstellen konnten. »Empfand ich einigen Kummer«, schreibt sie weiter,»so ließ ich es mir angelegen sein, eine heitere Miene aufzusetzen, ja sogar, die der Freude anzunehmen. Ich habe den Eifer so weit getrieben, daß ich mir freiwillig Schmerzen verursachte, um dabei den Ausdruck des Vergnügens zu suchen. Mit eben der Sorgfalt und mit mehrerer Mühe habe ich mich geübt, die Kennzeichen einer unerwarteten Freude zu unterdrücken. Auf die Art habe ich über meine Physiognomie die Gewalt zu erhalten gewußt, über die Sie sich so oft verwundert haben.«[5]

Natürlich stellt sich nun die Frage, warum aufrichtig gemeinte Liebe so häufig erwidert wird, wenn es doch so wichtig ist, seine Gefühle unter Kontrolle zu halten. Die Antwort wird klar, wenn wir den Verführungsmechanismus untersuchen, nach dem ein Freigeist vorgeht. Ein Verführer gibt vor, verliebt zu sein. Er tut so, als ob er alle Tugenden besäße, die die Gesellschaft in dem jeweiligen Augenblick als die edelsten und nobelsten betrachtet. Der *Status nascendi* einer Verliebtheit ist überaus ansteckend. Dante hat es ganz richtig erkannt: »Liebe, die den Geliebten zwingt zu lieben.« Der Verliebtheit wohnt eine Verführungskraft inne, die diejenigen in ihren Bann zieht, die dafür empfänglich sind.

Ein Verführer täuscht also Verliebtheit vor, er hütet sich jedoch davor, irgend etwas zu tun, das den anderen in *Alarmbereitschaft* versetzen oder in die Defensive drängen könnte. Wenn man verliebt ist, hat man die Tendenz, sich bedingungslos hinzugeben, und das ist gefährlich. Wir alle versuchen, uns so gut es geht davor zu schützen. Ein Verführer umgeht vorsichtig alle inneren Schranken der anderen Person. Wiederholt versichert er ihr, daß er nichts von ihr will und daß er bereit ist zu gehen, sobald sie das von ihm verlangt.

Wenn jemand dagegen wirklich verliebt ist, wird er in der Regel gefühlvoll, fordernd, erdrückend, gleichzeitig aber auch unsicher und schüchtern. Erst besteht er auf etwas, dann beschwört er die geliebte Person, schließlich beginnt das Zittern und Bangen. Verliebtheit kann nie Spiel oder Spaß sein. Wenn es eine Sache gibt, die zwei Verliebten fremd ist, dann ist es der Humor. Wenn man verliebt ist, meint man alles ernst. Man setzt sein Leben aufs Spiel und verlangt das gleiche vom anderen. Wer dazu nicht bereit ist, bei wem die Anziehung nicht ausreicht, der zieht sich zurück und geht in die Defensive. Manchmal sucht er sogar das Weite, um keine unberechtigten Hoffnungen zu schüren. Dem Verführer passiert dies nie, denn er weiß, wann er einhalten muß, wann er warten oder beruhigen muß. Er ruft nie Ängste oder Zweifel hervor. Eben aus diesem Grund verliebt sich eine Person, die Zweifel hat und Widerstand leistet, viel leichter in einen Verführer als in jemanden, der sie wirklich liebt.

Wenn eine Person in uns verliebt ist und wir ihre Gefühle aus dem einen oder anderen Grund nicht erwidern können, ziehen wir es häufig vor, Zeit mit jemand anders zu verbringen, der keine Forderungen an uns stellt, mit dem wir uns amüsieren, mit dem wir vielleicht eine Freundschaft aufbauen oder ein erotisches Abenteuer haben können. Denn – so sagen wir uns – wenn uns der andere wirklich liebt, wird er auf uns warten und die Prüfung der Gegenseitigkeit als bestanden betrachten. In der Tat ist wahre Liebe hartnäckig. Sie gibt nicht so leicht auf. Anders jedoch in der Anfangsphase, wenn es sich um wenig mehr als um ein Ausprobieren handelt. Dann ist selbst wahre Liebe noch zerbrechlich. Besonders auch dann, wenn die Betreffenden eifersüchtig veranlagte oder unsichere Personen sind.

Wahre Liebe muß sich auch immer vor nicht ernst gemeinter Verführung in acht nehmen. In der immer wieder gestellten Frage:»Liebst du mich?« steckt auch die unausgesprochene Frage:»Meinst du es ernst oder nimmst du mich auf den Arm? Bist du ehrlich oder machst du mir etwas vor?« Darauf eine Antwort zu finden, ist nicht leicht. Aus diesem Grund gehen wir in Liebesdingen auch in die Defensive, wir geben Prüfungen auf, wir warten und versuchen, das Verhalten des anderen zu interpretieren.[6] Liebe ist nicht nur ein Geschenk. Liebe bedeutet auch, daß man seine Intelligenz einsetzen muß, daß man handeln muß, um die geliebte Person zu erobern, um alle Schwierigkeiten zu überwinden, Angriffe abzuwehren und die Rivalen zu übertrumpfen, die sich unseres Liebesobjektes bemächtigen wollen. Liebe ist auch das Erkennen der wahren Absichten des anderen. Es gilt, seinen Code verstehen zu lernen und tief in der Welt der möglichen Lügen zu graben. Schließlich bedeutet Liebe auch, an sich selbst zu arbeiten, sich zu ändern, ein besserer Mensch zu werden und Prüfungen zu bestehen. Alle Liebesromane und Liebesfilme sind die Erzählung dieses inneren und äußeren Abenteuers, dieser Suche, dieses Kampfes gegen sich selbst und die Welt.

Späte Verliebtheit

Es gibt auch eine Form der Liebe, bei der sich die Verliebtheit erst nach einer längeren Bekanntschaft oder einem gemeinsam verlebten Lebensabschnitt einstellt. In der Regel ist einer der beiden Betreffenden bereits verliebt, der andere dagegen zögert noch, ist sich nicht sicher. Es kommt viel seltener vor, daß sich zwei Personen nach einer langen Phase der Bekanntschaft plötzlich gleichzeitig ineinander verlieben.

Bei dieser Form der Verliebtheit versucht also eine verliebte Person in jemandem Liebe zu wecken, der Widerstand leistet oder nicht reagiert. An einem gewissen Punkt sind diese Versuche dann von Erfolg gekrönt. Im einfachsten Fall ist auch der andere eigentlich schon lange bereit, sich zu verlieben, er wehrt sich nur zunächst dagegen. So macht es der *vorsichtige Mann*, der sich seiner Sache absolut sicher sein will und Angst hat, sich gehenzulassen, weil die Frau, in die er sich verliebt hat, schön und begehrt ist. Sie ist bereits leidenschaftlich in ihn verliebt. Da sie seine Probleme versteht, kann sie auch voller Zuversicht warten, bis sich seine Zweifel endlich in Luft auflösen.

Schwieriger wird es allerdings, wenn man sich in jemanden verliebt, der noch nicht bereit oder gewillt ist, sich zu verlieben und erobern zu lassen. Ein Beispiel hierfür ist die *Frau, die einen Ehemann suchte*. Nach ihrer Schwärmerei für den Star und Sänger Al Bano fühlt sie sich von einem Lokalmatador angezogen, der von allen bewundert wird, ihr jedoch keinerlei Aufmerksamkeit schenkt. Sie unterrichtet sich über seine Gepflogenheiten, spricht seine Freunde an und arrangiert es, daß er ihr jeden Abend auf der Straße, in einem Geschäft oder einem Tanzlokal begegnet. Jedesmal macht sie sich sorgfältig zurecht, geht zum Friseur, schminkt sich gewissenhaft, zieht elegante und provozierende Kleider an. Beim Tanzen verführt sie ihn mit allen Mitteln und Schmeicheleien. Sobald sie zu seinem Haus und seinem Bett Zugang hat, führt sie sich wie seine Sklavin oder Geisha auf. Sie befriedigt alle seine Launen, jede Extravaganz, die ihm in den Sinn kommt. Ständig macht sie ihm kleine Geschenke. Sie säubert sein Zimmer, richtet ihm seine Kleidung, erledigt für ihn seine Einkäufe und kocht ihm seine Mahlzeiten. Nie vergißt sie, ihm täglich Blumen hinzustellen. Wenn er sie schlecht behandelt, reagiert sie mit einem Lächeln. Sie schaut sich nach keinem anderen Mann mehr um und erzählt ihm, daß sie in der Vergangenheit wohl unzählige Verehrer gehabt habe, von denen sie jedoch keinen wirklich geliebt habe.

Langsam und unmerklich hat sie sich in seinem Leben breitgemacht. Stets wiederholt sie, daß sie ihm nicht zur Last fallen will, daß sie sich nichts von ihm erwartet, daß sie bereit ist, aus seinem Leben zu verschwinden, wenn er genug von ihr hat. Sie ist für ihn Geliebte, Zimmermädchen, Sekretärin. Sie organisiert ihm sogar seinen Terminkalender für seine Rendezvous mit anderen Frauen, ohne jemals eine Spur von Eifersucht zu zeigen.

Um in einer Person Verliebtheit wecken zu können, müssen außer der Gegenwart auch die Vergangenheit und Zukunft einbezogen werden. Unser junger Mann kommt aus einer bäuerlichen, traditionellen und bodenständigen Familie, mit der er stark verbunden ist. Es ist eine Familie, in der eine anständige Ehefrau alle häuslichen Arbeiten erledigt, ihrem Mann gehorcht und immer zu Diensten bereit ist. Mit ihrem demütigen und korrekten Verhalten setzt die *Frau, die einen Ehemann suchte* genau dieses Modell der perfekten Ehefrau in Szene. Sie fragt ihn sogar nach seiner Familie, nach seiner Mutter. Er zeigt ihr Fotografien, sie bricht in Entzückensrufe aus. Sie sagt ihm, daß seine Mutter sicher eine außergewöhnliche Frau sei, daß sie sie gerne kennenlernen würde. Doch sie traut sich nicht, ihn darum zu bitten. Schließlich stellt er sie dann doch seiner Familie vor. Dort vollführt sie wahre Glanzstücke: Sie ergeht sich in Schmeicheleien und kehrt ihre überragenden Eigenschaften als potentielle Schwiegertochter heraus, zeigt sich gefügig und treu ergeben. Die Mutter ist hingerissen von ihr und beginnt, ihrem Sohn von ihr vorzuschwärmen. Und dieser betrachtet sie, zum allerersten Mal, mit anderen Augen. Er zieht die Möglichkeit in Betracht, sie zu heiraten. Zuvor war ihm nie der Gedanke gekommen. Für ihn war sie nicht mehr als eine bequeme Geliebte. Doch jetzt »sieht« er plötzlich ihre außergewöhnlichen häuslichen Fähigkeiten. Sogar seine Mutter hat das erkannt. Wie könnte er also daran zweifeln? Und so verliebt er sich in sie.

Ein weiteres Beispiel für eine späte Verliebtheit ist das des Mannes der *Jurastudentin*. Er ist ein bekannter Rechtsanwalt in Norditalien, ein kalter und berechnender Zivilrechtler. Sie ist eine junge Frau aus Süditalien. Kurz nach ihrer Magisterprüfung geht sie nach Mailand, wo sie den Rechtsanwalt kennenlernt. Sie ist fasziniert von ihm. Er ist ihr Idol, ihr Meister, ihr Star. Es handelt sich hier um eine Star-Liebe, aus der leicht eine wirkliche und gegenseitige Verliebtheit hätte entstehen können, wenn der Mann dazu bereit gewesen wäre. Der Mann ist aber von Natur aus sehr verschlossen und reserviert. Außerdem hat er erst vor kurzem eine Enttäuschung mit einer anderen Frau erlebt. Er sucht Gesellschaft und Trost. Die Frau versucht nun systematisch und pausenlos, ihn zu verführen. Er erzählt ihr von der anderen, jammert ihr etwas vor, und sie hört ihm geduldig und aufmerksam zu. Er hat plötzliche Stimmungsumschwünge, sie reagiert nicht darauf. Er vernachlässigt sie, zeigt sich nicht öffentlich mit ihr, stellt sie seinen Freunden nicht vor. Seine sexuellen Bedürfnisse befriedigt er in aller Hast, dann läßt er wieder wochenlang nichts von sich hören. Doch sie verliert nie ihre Ruhe. Immer ist sie elegant gekleidet, immer ist sie reizend zu ihm. Sie steht ihm jederzeit und für alle Launen und Wünsche zur Verfügung. Er sagt ihr, daß er niemals heiraten werde, und sie antwortet ihm lächelnd, daß es ihr so gefalle, wie es zwischen ihnen ist. Sie hilft ihm bei seiner Arbeit und übernimmt heikle Aufgaben. Langsam, aber sicher, gewinnt sie das Vertrauen dieses schwierigen, verschlossenen und pedantischen Mannes.

Auf diese Art und Weise vergehen zwei Jahre. Sie leben jetzt wie Mann und Frau zusammen, er will jedoch weiterhin nichts von Ehe wissen. Eines Tages stellt sie fest, daß sie ein Kind von ihm erwartet. Das löst etwas in ihm aus. Plötzlich betrachtet er sie mit anderen Augen. Nicht nur will er sie heiraten, er will sie sogar auf der Stelle heiraten. Denn was ihn wirklich interessiert, ist sein Kind. Für sein Lebensziel war eine treue Geliebte und tüchtige Assistentin nicht genug, er mußte dazu auch Vater werden. Sie schenkt ihm anschließend noch zwei weitere Kinder. An diesem Punkt verliebt er sich in sie. Sein amouröses Ziel, sein Modell der Lebensgemeinschaft war nicht die Frau, sondern die Familie. Und so verliebt er sich in seine Frau erst, als sie bereits Mutter dreier Kinder ist, also in dem Moment, in dem sie der Mittelpunkt seiner Familie geworden ist. Jetzt erst ist er glücklich und fühlt sich sicher. Er widmet sich mit Leib und Seele seiner Arbeit. Nie gönnt er sich einen Urlaub. Er verdient sehr viel Geld, das er ihr überläßt, damit sie es »für die Familie« ausgibt. Endlich ist er glücklich.

Die Zurückeroberung

Die außergewöhnlichen Eigenschaften des *Status nascendi* ermöglichen es uns, ein anderes, allem Anschein nach widersprüchliches Phänomen zu erklären. So ist es nämlich möglich, eine Person zurückzuerobern, die im Begriff steht, sich in jemand anders zu verlieben. Solange sich die beiden Betreffenden noch in der Phase des *Ausprobierens* befinden, gibt es keine Probleme, denn der Vorgang kann noch jederzeit rückgängig gemacht werden. Wenn jemand behauptet, daß er sich ständig neu verliebt bzw. daß er zwei oder drei Personen gleichzeitig liebt, dann bedeutet dies, daß er sich in der Phase des Ausprobierens befindet. Wenn er dabei auf ein Hindernis trifft, wenn es Schwierigkeiten oder Enttäuschungen gibt, sucht der Betreffende eben eine andere willige Person. Manchmal beschränkt sich dies nicht nur auf eine Person, sondern man probiert es mit mehreren gleichzeitig aus.

Es gibt unzählige Komödien, Romane und Filme, die diese Situation beschreiben, in der noch alle Beziehungen instabil und umkehrbar sind. Die Menschen finden zueinander, beenden ihre Beziehung, versuchen es mit einem anderen, kehren schließlich zum ersten zurück. Das gleiche Phänomen tritt auch bei verheirateten Personen auf. Es reicht schon ein kleines Mißverständnis, eine leichte Enttäuschung über den Geliebten, und schon kann der betrogene Ehepartner wieder seinen Platz im Herzen des anderen einnehmen. Doch dabei kann man noch lange nicht von Verliebtheit reden. Wahre Verliebtheit beginnt erst dann, wenn man den *Punkt der Unumkehrbarkeit* überschritten hat. Erst dann ist alles gelaufen, Korrekturen sind nicht mehr möglich.

In ihrem äußerst amüsanten Buch verrät Maria Venturi einer Ehefrau eine Strategie, um ihren Mann zurückzuerobern, der im Begriff steht, sich in eine andere zu verlieben. Die Ratschläge, die sie ihr gibt, erinnern stark an die der Marquise de Merteuil in »Gefährliche Liebschaften«: Man muß seine Gefühle absolut unter Kontrolle haben, man muß sich verstellen und, je nach Situation, Gleichgültigkeit oder Leidenschaft vortäuschen können. Der erste Punkt dieser Strategie lautet, die Beziehung ganz bewußt auf Eis zu legen und erst einmal das eigene Verhalten vollständig umzustellen. Auf der einen Seite soll die Frau wieder voller Schwung, jung, naiv und verliebt wie früher sein, auf der anderen aber auch eine ganz neue Frau werden, unberechenbar und beunruhigend. Der zweite Punkt lautet, alles auf das starke Schuldgefühl, das ethische Dilemma des Ehemannes zu setzen, das ihn innerlich zerreißt. Maria Venturi rät der Frau, sich dem Mann gegenüber edel, unabhängig, schicksalsergeben, gut und großzügig zu zeigen, denn wenn sie versucht, seine Freiheit zu beschneiden, ihn einzuschränken oder ihm etwas vorzujammern, muß es ihm direkt wie moralische Selbstverteidigung vorkommen, sie zu betrügen. Wenn er jedoch miterleben muß, wie er seiner Lebensgefährtin, die so voller Würde, Verständnis und unerwarteter Ressourcen steckt, weh tut, dann kann man sicher davon ausgehen, daß ihn Schuldgefühle plagen werden.[7] An diesem Punkt beginnt nun die Geliebte, ihm Druck zu machen, damit er eine Entscheidung trifft und seine Frau verläßt. Und nun geht alles wie von selbst: Langsam und unmerklich werden die Rollen vertauscht. Die Geliebte wird ihm nur zur Last, von ihr kommt nichts Neues mehr, sie stellt nicht mehr das Aufregende, das andere, die Freiheit dar. Jetzt ist es plötzlich die Ehefrau, die ihm dieses Gefühl der Leichtigkeit gibt, die ihm ein einfacheres Leben in Aussicht stellt. Wenn der *Status nascendi* erst kurz davor eingesetzt hat und sich der ganze Prozeß noch in der Phase des *Ausprobierens* befindet, ist diese Strategie in der Regel von Erfolg gekrönt.

Das, was Maria Venturi allerdings verschweigt, was in der Regel auch alle anderen Autoren verschweigen, ist das, was dann folgt. Die Anstrengungen der Ehefrau waren also erfolgreich, die Verführung ist gelungen. Jetzt findet sie sich jedoch in der psychologischen Situation eines Athleten wieder, der lange Zeit hart trainiert hat, dessen Konzentration auf ein einziges Ziel gerichtet war, und der den Sieg davongetragen hat. Jetzt möchte sie sich endlich entspannen, sie sehnt sich nach ihrer Belohnung. Sie ist überzeugt davon, daß ihr wenigstens eine Entschuldigung für die durch den Seitensprung und die Demütigung entstandenen Wunden zusteht. Außerdem ist sie des ganzen Theaters müde, das sie hat inszenieren müssen, um sich eine neue Identität zu erfinden. Sie möchte wieder sie selbst sein und nichts mehr vortäuschen müssen.

Das ist aber nicht möglich, denn ihr Mann erwartet, daß sie weiterhin so ist, wie sie ihm erschienen ist, als sie ihn zurückerobert hat. Er erwartet mehr Spaß, mehr Freiheit, mehr Neues. Außerdem hat er keine Lust, Anschuldigungen und Vorhaltungen über sich ergehen zu lassen. Er will diese andere Frau, die sich ihm offenbart hat. Er hält ihre neue Identität und die Tugenden, die er in ihr entdeckt hat, für echt. Er hält sie sogar für so echt, daß er sich seine eigene Blindheit, seinen Mangel an Sensibilität vorwirft, daß er sie nicht schon viel früher entdeckt hat.

Die Frau hat zwar gewonnen, doch wenn sie sich die Liebe ihres Mannes weiterhin bewahren will, ist sie gezwungen, die neue Identität, die sie sich zugelegt hat, um ihn zurückzuerobern, beizubehalten. Sie kann sich nicht wie ein Schauspieler nach einer Aufführung verhalten, der seine Rolle ablegt und wieder seine eigene Identität annimmt. Sie muß ihre neue Rolle jeden Augenblick ihres Lebens spielen, diese muß zu ihrer zweiten Natur werden, mehr noch, diese muß ihre wahre Natur werden. Ihre alte Rolle muß sie für immer ablegen. Kann sie das aber auch, kann sie eine für einen bestimmten Zweck vorgetäuschte Identität aufrechterhalten? Kann sie diese unmenschliche Anstrengung über längere Zeit hinweg bewältigen, und das für einen Sieg, den sie bereits davongetragen hat? Um eine derartige Anstrengung zu rechtfertigen, muß ihr Mann ein wirklich außergewöhnlicher Mensch sein, eine Art Gottheit, dem sie ihre frühere Identität als Opfer darbringt.

In der Regel wird die Frau aber auf diese Anstrengung verzichten. Früher oder später wird sie ihre Maske fallenlassen, ihrem Mann harte Vorhaltungen machen und Entschuldigungen und Wiedergutmachung fordern. Und so wird es nur kurze Zeit dauern, bis sich ihre Beziehung wieder rapide verschlechtert.

Und wenn der Mann nun *wirklich* in die andere verliebt war? Wenn er bereits den *Punkt der Unumkehrbarkeit* überschritten hatte? Um ihn aus den Armen der anderen zu treiben, muß sie mit seinen Schuldgefühlen spielen. Er muß innerlich vor einem Dilemma stehen. Und das so lange, bis er zum Verzicht auf die andere bereit ist. In diesem Fall kehrt er allerdings in einem Zustand der Erstarrung zu seiner Frau zurück, innerlich leer und niedergeschmettert. Und die Frau, die so sehr um ihn gekämpft hat, findet sich plötzlich an der Seite eines Mannes wieder, der ständig abwesend zu sein scheint, der keine Glut mehr in seinen Augen hat, der kraftlos und ausgelaugt ist. Es ist nur zu leicht, über diesen schwächlichen Mann herzufallen und sich für all die erlittenen Demütigungen zu rächen. Und da er nicht reagiert, ist es leicht, wieder wie früher zu sein. Zuerst fühlt sich die Frau vielleicht erleichtert. Nach und nach wird sie aber entdecken, daß ihr Leben leer ist. Es ist nicht möglich, ihre einstige Liebe wiederzubeleben. Und langsam schwant ihr, daß das noch nicht alles ist: Sobald er sich von seiner Trauer erholt hat und seine Lebensgeister wieder erwacht sind, wird er alles daran setzen, erneut zu fliehen. Er wird sie betrügen oder sich in eine andere Frau verlieben.

Wir haben den Vorgang aus der Sicht der Frau beschrieben. Es ändert sich aber nichts daran, wenn ein Mann seine Frau zurückerobern will. Der einzige Unterschied liegt in der Natur des Schuldgefühls. Eine Frau leidet selten an Schuldgefühlen, wenn sie einen Mann verläßt, den sie nicht mehr liebt. Einzig die Liebe zu ihren Kindern kann sie in ein tiefes Dilemma stürzen.

ZWÖLFTES KAPITEL

Eine Partnerschaft aufbauen

Verschmelzung und Individualisierung

Die Liebe zieht zwei Menschen zueinander hin und läßt sie zu einer neuen Einheit – dem Paar – verschmelzen. Beide Menschen bleiben jedoch weiterhin Individuen, von denen jedes eine ganz persönliche Geschichte, ganz bestimmte Eltern, Geschwister, Liebesobjekte, Überzeugungen, Träume und Hoffnungen hat. Selbst in der engsten Liebesbeziehung kommt es zu dialektischen Zusammenstößen, weil es auf der einen Seite den Drang zur Verschmelzung und auf der anderen den Drang zur Individualisierung gibt. Es ist ein Tauziehen zwischen dem Bedürfnis, eine Gemeinschaft zu bilden, und dem, ein Individuum zu bleiben. Aus genau diesem Grund können Verliebte einerseits so altruistisch und andererseits so egoistisch sein. Jeder der beiden will glücklich sein, jeder will dieses Glück dem anderen entreißen. Doch um sich selbst verwirklichen zu können, müssen beide den anderen wollen, ihn akzeptieren und sich ihm anpassen.

Das außergewöhnliche Glücksgefühl, das die beiden Verliebten empfinden, erlaubt es ihnen, gegenseitig einen extrem hohen Druck aufeinander auszuüben. Durch das ständige Hin und Her, das Vordringen und Sich-Zurückziehen, das Geben und Nehmen und das fortlaufende Sich-selbst-Entdecken gelangen beide schließlich zu einer gemeinsamen Vision der Welt, zu einem gemeinsamen Lebensziel. Bereits Mitte der sechziger Jahre haben Berger und Kellner behauptet, daß zwei Menschen, die heiraten, ihre jeweiligen sozialen Beziehungen neu strukturieren müssen. Die beiden Autoren sind allerdings noch davon ausgegangen – ihnen waren die Konzepte des *Status nascendi* und der *Bewegung* nicht bekannt–, daß der »Motor« für diesen Vorgang die Ehe, also die Institution sei und nicht der kreative Vorgang des Sich-Verliebens. Die beiden Autoren wenden auf das entstehende Paar das Schema der *Gemeinschaft* an, das sich auf die Verwirklichung eines gemeinsamen Zieles gründet. Auch zwei Geschäftspartner, die beschließen, ein neues Unternehmen zu gründen, müssen ihre sozialen Beziehungen neu strukturieren. Das gleiche gilt für zwei Personen, die zusammenziehen und ein Leben zu zweit beginnen.

Doch was die Verliebtheit charakterisiert, ist nicht eine einfache Neustrukturierung, eine Neuregelung der sozialen Beziehungen. Die geliebte Person ist kein Geschäftspartner oder Studienkollege. Sie ist das einzige Objekt, der absolute Mittelpunkt, die Tür, durch die man Zugang zu einem ganz neuen Daseinszustand erlangt, der einzige Zustand, der es wert ist, gelebt zu werden. Die geliebte Person ist gleichzeitig charismatischer Führer und Anhänger, Prophet und Reisegefährte auf dem Weg ins Gelobte Land. Die Verliebtheit ist ein Neubeginn *ab ovo*, ein Start von ganz unten, bei dem alles – das Leben, die Familie, der Glauben – überdacht wird, damit eine neue Sicht des Lebens möglich wird. Die Entstehung einer Partnerschaft ist eine Gründung, eine Wiedergeburt. Zusammen entstehen zwei neue Individuen und eine neue Gemeinschaft. Das neue Wir und das neue Ich und Du werden nicht rational herausgebildet, sondern entwickeln sich intuitiv, als Offenbarung.

Wenn ein neues Paar entsteht, wird ein Wirbelwind an pulsierenden Energien, Gefühlen, Hoffnungen, Zweifeln, Träumen, an Begeisterung, aber auch an Furcht und Panik entfesselt. Aus dem glühenden Schmelztiegel, in dem die widersprüchlichen Kräfte – die einerseits nach Verschmelzung und andererseits nach Individualisierung streben – aufeinandertreffen, entsteht eine neue Gemeinschaft, die nun strukturiert und stabilisiert werden muß. Wie aber bilden sich die Stützpfeiler, auf denen diese Partnerschaft ruhen wird? Wie geschieht der Übergang vom »fließenden«, aufregenden und unbeständigen Zustand zum »festen« Zustand einer vertrauensvollen und sicheren Liebesbeziehung? Wie also geht man von der Verliebtheit in den Zustand der Liebe über?

Die Prüfungen

Der Übergang von Verliebtheit zu Liebe geschieht über eine Reihe von Prüfungen. Einige dieser Prüfungen stellen wir uns selbst, andere stellen wir dem anderen und noch andere werden uns von außen auferlegt. Einige dieser Prüfungen sind entscheidend: Wenn man sie besteht, geht die Verliebtheit in das Reich der alltäglichen Gewißheiten über, das wir als Liebe bezeichnen. Wenn man sie nicht besteht, nehmen die Dinge einen anderen Lauf. Entweder man verzichtet auf den anderen, oder man erstarrt innerlich bzw. die Liebe erkaltet.

Wenn aus Verliebtheit Liebe wird, erscheinen uns die Prüfungen kinderleicht. Wenn wir die Prüfungen bestanden haben, sieht unsere Erinnerung nur die Kontinuität der Liebe, die wir leben. Wenn wir sie nicht bestanden haben, projizieren wir unseren Schmerz über den aktuellen Zustand unserer enttäuschten Liebe zurück auf die Vergangenheit.

Prüfung der Wahrheit: Unter all den Prüfungen gibt es zuerst die, die wir uns selbst stellen, nämlich die *Prüfung der Wahrheit*. Wenn wir im Begriff sind, uns zu verlieben, versuchen wir immer, der Liebe zu widerstehen. Wir wollen dem anderen nicht auf Gedeih und Verderb ausgeliefert sein. Wir haben Angst davor, daß unsere Liebe nicht erwidert wird. Weil uns die Liebe des anderen als eine Art unverdiente »Gnade« erscheint, fürchten wir uns davor, daß sie uns genau in dem Moment versagt wird, in dem wir sie heiß begehren und nicht mehr entbehren können. Erschwerend kann hinzukommen, daß wir von Schuldgefühlen gegenüber unseren Eltern, unserem Ehepartner oder unseren Kindern zerrissen werden. Oder wir haben Angst davor, daß die geliebte Person anders ist, als sie uns erscheint.

Verliebtheit ist anfangs bei weitem kein beständiger Zustand, sondern eine schnelle Folge von Wetterleuchten und Visionen. Unser Liebesobjekt taucht vor unseren Augen auf, fasziniert uns, und im nächsten Augenblick scheint es sich in nichts aufzulösen. Manchmal überkommt uns dann der Zweifel, daß es doch nur eine heftige Schwärmerei war. In der Anfangsphase der Liebe fühlen wir uns unsicher, wir suchen die Nähe der geliebten Person, wünschen uns aber gleichzeitig, auch ohne sie auszukommen. In den Augenblicken höchsten Glücks überkommen uns vor lauter Angst, uns selbst zu verlieren, die seltsamsten Anwandlungen. So sagen wir uns: »Ich habe das Höchste erreicht, was mir zuteil werden konnte, jetzt kann ich auch getrost wieder in den vorherigen Zustand zurückkehren. Mir reicht die Erinnerung. Ich habe all das erreicht, was ich mir gewünscht habe, und das reicht mir.« Oder wir wachen morgens auf und haben den Eindruck, plötzlich nicht mehr verliebt zu sein. »Es ist alles aus«, schießt es uns durch den Kopf. »Es war alles nur eine Illusion.« Im nächsten Augenblick müssen wir aber wieder an die geliebte Person denken und schon verzehren wir uns erneut vor Sehnsucht nach ihr. Vor lauter Angst, daß sie nichts mehr von uns wissen will, rennen wir zum nächsten Telefon und wählen mit zitternden Händen ihre Nummer.

Es gibt nur ein sicheres Mittel, um herauszufinden, ob wir verliebt sind. Nur, wenn wir Abstand von der geliebten Person nehmen, wenn wir versuchen, ohne sie auszukommen und abwarten, was geschieht, können wir uns sicher sein. Wenn wir nicht ohne den anderen auskommen, wenn eine wahre Verzweiflung von uns Besitz ergreift, dann bedeutet das, daß wir den anderen lieben. Wir haben also die *Prüfung der Wahrheit* bestanden. Der Abstand muß, um Aussagekraft zu haben, echt sein. Genauso muß der Drang echt sein, der uns dazu antreibt, zur geliebten Person zurückzukehren. Ein Risiko ist allerdings, daß unser Abstand als Desinteresse aufgefaßt werden kann. Vielleicht tröstet sich die geliebte Person mit einem anderen oder entwickelt Gefühle des Grolls oder Rachegelüste.

Entgegen der weit verbreiteten Meinung, daß die Liebe in einem einzigen Akt des Triumphes erstrahlt, muß sie langsam wachsen und dabei viele Hindernisse umgehen, überwinden und mühsam beseitigen. In der Anfangsphase der Verliebtheit können die beiden Verliebten, bevor sie sich einander mit Leib und Seele hingeben, auch einen Rückzieher machen. So ist es durchaus möglich, daß eine alte Liebesgeschichte wieder aufgefrischt wird oder sich einer der beiden in ein neues Abenteuer stürzt. Wenn diese Prüfung nicht zu lange dauert und der andere die Kraft hat zu warten, wird der Prozeß nicht unterbrochen. Wahre Liebe bahnt sich einen Weg durch alle Unsicherheiten, Eifersüchteleien und schwierigen Dreiecksbeziehungen.

Wenn der Liebe viele Hindernisse in den Weg gelegt werden, wenn der Weg steinig und holperig ist, kämpft das Individuum um das, was es liebt. Dabei bleiben alle halbherzigen Liebeleien, alle unbedeutenden Schwärmereien auf der Strecke. Die Liebe muß sehr stark sein, damit sie nicht an Schwierigkeiten zerbricht. Eine Liebe, die solche Schwierigkeiten oder Hindernisse überwunden hat, ist eine Liebe, die die Prüfung bestanden hat. Und die Prüfung, die wir unserer Liebe absichtlich in den Weg legen, ist ein Hindernis, das dazu dient, das Wahre vom Falschen zu unterscheiden.

Die *Prüfung der Wahrheit* ist nie ganz ungefährlich. Wenn ich Abstand vom anderen nehme, um mich selbst auf die Probe zu stellen, und der andere das gleiche macht, kann es zu den größten Mißverständnissen kommen. Um dieses Risiko zu vermeiden, muß sich mindestens einer der beiden seiner Liebe sicher sein und die richtigen Gesten und Worte finden, damit der andere herausfindet, ob sein Gefühl echt ist oder nicht. So hat der *vorsichtige Mann* eine katastrophale Ehe hinter sich und will auf jeden Fall einen ähnlichen Fehler vermeiden. Bevor er sich seiner neuen Liebe hingeben kann, stellt er die junge Frau, die ihn liebt, auf eine harte Probe. Er läßt über lange Zeiträume hinweg nichts von sich hören. Die Frau, die wirklich in ihn verliebt ist, legt viel Geduld an den Tag. Jedesmal, wenn er zu ihr zurückkehrt, bringt sie ihm die gleiche Freude entgegen und ist stets verführerisch und charmant. Sie hält ihm in keiner Weise seine lange Abwesenheit vor, denn sie hat begriffen, daß er mit den Nerven am Ende ist. Und so gibt sie ihm Sicherheit, sie hilft ihm, seine privaten und geschäftlichen Probleme zu bewältigen und kümmert sich um seine Gesundheit. Nach und nach wird ihr Haus der sichere Hafen, in dem er seine Ängste vergessen kann. Als der *vorsichtige Mann* eines Tages ernsthaft erkrankt, bittet sie ihn, bei ihr zu bleiben. Er nimmt ihr Angebot an und hört auf, vor der Liebe zu fliehen.

Prüfung der Gegenseitigkeit: Damit sind wir bei der zweiten Kategorie von Prüfungen angelangt, nämlich der *Prüfung der Gegenseitigkeit*. Wenn wir verliebt sind, möchten wir wiedergeliebt werden. Unsere ganzen Gedanken drehen sich um die Frage: »Liebt er/sie mich oder liebt er/sie mich nicht?« Was immer der andere auch tut, welche Gesten er auch immer ausführt, alle Schattierungen seines Verhaltens werden von uns genauestens unter die Lupe genommen. Wenn wir verliebt sind, sind wir ständig dabei, den anderen zu beobachten, zu analysieren und zu interpretieren. »Wenn er/sie das macht, dann heißt das, daß... Wenn er/sie das nicht macht, heißt das, daß...« Dabei legen wir die nichtigsten Dinge auf die Waagschale: Ob die geliebte Person einige Minuten zu früh oder zu spät zu unserer Verabredung kommt, ob sie einer anderen nachschaut oder nicht. Die Bedeutung all dessen ist uns jedoch nie so ganz klar. Wenn unser Geliebter nämlich abgehetzt mit einigen Minuten Verspätung zur Verabredung erscheint, was bedeutet das dann? Hatte er mich etwa vergessen, oder ist er wie ein Wahnsinniger durch die Stadt gerannt, denn in diesem Falle wäre seine Verspätung ein Liebesbeweis? Der Verliebte wird immer von Angst geplagt und entwickelt deswegen einen detektivischen Spürsinn. Doch selbst, wenn ihm das Ergebnis einer Liebesprüfung negativ erscheint, genügt ihm eine Erklärung, ein Blick, eine zärtliche Geste der geliebten Person, und schon hat er seine Ängste vergessen und ist wieder beruhigt.

Es gibt jedoch auch *Prüfungen der Gegenseitigkeit*, die fast unmöglich zu bestehen sind. Der *vorsichtige Mann* läuft voller Angst und Schuldgefühle weg. Er prüft seine eigene Liebe, doch vor allem stellt er auch seine Geliebte auf eine harte Probe. Die *Prüfung der Gegenseitigkeit*, der sich die junge Frau unterzieht, steckt voller Schwierigkeiten. Um sie zu bestehen, braucht sie Geduld, innere Ruhe, Mut und Treue. Als sie die Prüfung besteht, wird ihre Liebe gefestigt. Eine andere Frau hätte aber auch alles zerstören können. Es hätte vielleicht schon ausgereicht, bei seiner Rückkehr nicht dazusein oder mit einem anderen auszugehen.

Und was wäre gewesen, wenn auch sie ständig Bestätigung von ihm gebraucht hätte? Wenn sie ihm zur gleichen Zeit eine *Prüfung der Gegenseitigkeit* auferlegt hätte? Wenn sie ihm also gesagt hätte: »Wenn du mich wirklich liebst, dann bleibe bei mir. Wenn du jetzt gehst, dann wirst du mich nie wieder sehen!« Was wäre dann geschehen? Wahrscheinlich wäre er nicht abgereist.

Er hätte sich jedoch erpreßt und eingeengt gefühlt. Vielleicht wäre er geblieben, allerdings mit einem Zweifel, einem Groll im Herzen, der im Laufe der Zeit stärker geworden wäre.

Es gibt *Prüfungen der Gegenseitigkeit*, die besonders gefährlich sind, nämlich die, bei denen der andere eifersüchtig gemacht wird. Im Falle des *Mannes aus Bari* ist die Liebe zu Ende, als die Frau ihm sagt, daß es einen anderen in ihrem Leben gibt, und sie sich ihm sexuell verweigert. Sie verwendet eine Lüge, um ihn zu einer Entscheidung zu drängen. Er versteht jedoch nicht die dahintersteckende Absicht. Vielmehr glaubt er allen Ernstes, daß sie in einen anderen verliebt ist. Und so beschließt er, auf sie zu verzichten und abzureisen, obwohl er tief verzweifelt ist. In anderen Fällen funktioniert die Waffe der Eifersucht besser. Die Gefahr dabei ist, daß angstvolle Erinnerungen, Verletzungen und Narben zurückbleiben, die sich in der Zukunft negativ auf die Beziehung auswirken können.

Prüfung des jeweiligen Lebensplans: Jeder der beiden Verliebten will so viel wie möglich von der Zukunft verwirklichen, wie er sie sich vorstellt, und entwickelt dementsprechend seinen *Lebensplan*. Die Lebenspläne der beiden Verliebten können jedoch auch erheblich voneinander abweichen. Beide wollen, daß der andere den persönlichen Plan anerkennt. Die Frage: »Liebst du mich?« bedeutet auch: »Willst du an meinem Lebensplan teilhaben?«. Und jedesmal, wenn der eine antwortet: »Ja, ich liebe dich«, sagt er in Wirklichkeit: »Ich passe meinen Plan dem deinen an, ich komme dir entgegen, ich akzeptiere deine Forderung und verzichte auf etwas, das ich eigentlich wollte, ich will gemeinsam mit dir das, was du willst.« Gleichzeitig fragt man aber auch: »Und du, was gibst du mir dafür, wie kommst du mir entgegen?«

Die Frage: »Liebst du mich?« beinhaltet auch die Frage: »Willst du mich, wie ich bin, mit all meinen Träumen, und willst du sie mit mir zusammen verwirklichen?« Die Lebenspläne, die jeder der beiden macht, betreffen auch den jeweils anderen. Sie sind der Vorschlag dessen, was man gemeinsam wollen soll.

Der Kampf mit dem Engel

Die Verliebtheit strebt danach, zwei unterschiedliche Personen, mit ihrer individuellen Freiheit und unverwechselbaren Eigenheit, miteinander zu verschmelzen. Wir wollen als einzigartige, außergewöhnliche und unersetzbare Wesen geliebt werden. Wenn wir lieben, wollen wir uns nicht einschränken, sondern entfalten, wir wollen nicht auf unser inneres Wesen verzichten, sondern es ausleben, wir wollen unsere Fähigkeiten nicht verkümmern lassen, sondern sie verwirklichen können. Auch die geliebte Person interessiert uns, weil sie so absolut anders ist als wir. Sie ist unvergleichlich. Und genau das muß sie auch bleiben: eine strahlende und unumschränkt freie Persönlichkeit. Es fasziniert uns, wie sie ist, was sie uns von sich enthüllt. Deswegen sind wir auch bereit, ihren Standpunkt anzunehmen und uns zu ändern.

Um sich in jemanden verlieben zu können, muß dieses Anderssein vorhanden sein. Gleichzeitig gibt es bei den Verliebten auch die Tendenz, die Andersartigkeit zu überwinden, miteinander zu verschmelzen, aus zwei eins zu machen mit einem einzigen und gemeinsamen Ziel. Beide entwickeln eine Vorstellung von sich und dem anderen und von sich als Paar mit ihrer gemeinsamen Bestimmung. Und jeder der beiden drängt den anderen dazu, sich so zu verhalten, wie er es gerne hätte und sich an das Ideal anzupassen, das er sich erschaffen hat. In der Tat sehen wir in der geliebten Person all die anderen Personen verkörpert, die wir begehrt und bewundert haben. Sie steht für all die Erinnerungen und erotischen Phantasien, selbst die flüchtigsten, die wir in der Vergangenheit gehabt haben. Unser Geliebter ist für uns die Zusammenfassung aller Ideale, aller Kinohelden, aller Helden aus der Literatur, aller Frauen und aller Männer, aller Stars. Abwechselnd meinen wir, sie in ihm zu erkennen.

In der Verliebtheit kann man den Widerspruch beobachten, daß jeder zwar die von ihm geliebte Person als ein vollkommenes Wesen betrachtet, gleichzeitig aber auch fest davon überzeugt ist, daß sie mit seiner Hilfe ein noch vollkommeneres Wesen werden, einen noch höheren Gipfel erklimmen kann.

Deswegen treiben wir sie auch an, wir drängen sie dazu, sich zu ändern. Sie kann aber ein gänzlich anderes Leben leben, sich unserem Drängen widersetzen und uns andere mögliche Wege vorschlagen. Liebe ist also auch Kampf, allerdings ein Kampf, der sich innerhalb der Liebe selbst abspielt. Es handelt sich dabei um den *Kampf mit dem Engel*.[2]

Ein Beispiel für einen Kampf mit dem Engel liefert uns der Fall, den wir als die *Frau, die sich ein Kind wünschte* bezeichnen werden. Diese Frau ist jung, unstet, rebellisch, neugierig und nonkonformistisch. Sie ist mutig und kämpft mit allen Mitteln für das, was sie will und woran sie glaubt. Ihre Liebeserfahrungen beschränken sich auf einige erotische Beziehungen mit Gleichaltrigen, die jedoch nur sehr oberflächlich waren. Sie hat noch nicht den Mann gefunden, den sie sucht: einen reifen, intelligenten Mann, mit dem sie sich der Welt stellen und sich verwirklichen kann. Sie sucht den Mann ihres Lebens, einen umherirrenden Ritter, mit dem sie auf Abenteuerjagd gehen kann. Eines Tages lernt sie einen bedeutenden Mann kennen, der älter ist als sie und in seinem Fachgebiet eine Koryphäe. Dieser Mann hat sein Leben ausschließlich seiner Arbeit gewidmet. Er hat praktisch keine Jugend gehabt. Er hat geheiratet, ohne eigentlich verliebt gewesen zu sein, und hat sich die Verpflichtungen aufgehalst, die eine große süditalienische Familie so mit sich bringt. Als er jedoch der jungen Frau begegnet, ist ihm sein Lebenswandel bereits unerträglich geworden. Beide sind bereit für eine Änderung. Bei der ersten Einladung zum Abendessen schlägt die Liebe wie ein Blitz bei ihnen ein. Beide werfen sich dem anderen ohne Zurückhaltung an den Hals.

Sie sagt ihm, daß sie vor nichts Angst hat, daß sie ihm überallhin folgen will. Sie fordert nichts von ihm, sie hat keine konkreten Zukunftspläne. Ihre Begegnung könnte das Abenteuer einer Woche oder die Liebe eines Lebens werden. Der Mann bewundert ihre Energie und ihre Entschlossenheit. Ihr Mut und ihre Risikobereitschaft faszinieren ihn. Schon seit längerer Zeit träumt er davon, sich von all seinen erdrückenden Verpflichtungen freizumachen und all die zum Teufel zu jagen, die ihm mit ihren ständigen Forderungen in den Ohren liegen. Bislang hat er es allerdings beim Träumen belassen. Die Worte der jungen Frau verführen ihn, sie entflammen ihn. Es wird ihm nicht bewußt, daß ihre Offenheit auf ihre Jugend, den Mangel an Verpflichtungen und Verantwortung zurückzuführen ist. In seinen Augen wird sie zum Symbol eines freien und glücklichen Lebensstils.

Die junge Frau fühlt jedoch im Überschwang der Gefühle sofort einen anderen Wunsch in sich aufkeimen: Sie möchte ein Kind haben. Und sie redet mit ihm darüber. »Von mir aus kannst du auch gehen«, sagt sie. »Für mich ist es nur wichtig, daß mir mein Kind bleibt. Ich werde es großziehen. Es wird ganz allein mir gehören. Du mußt dich in keiner Form darum kümmern.« Doch der Mann, der bereits Kinder hat und sich von seiner familiären Verantwortung erdrückt fühlt, ist verwirrt. Er will eine leidenschaftliche Geliebte, keine Familie. Was er sucht, ist eine junge Frau, mit der er sich frei bewegen kann, wie er das noch nie in seinem Leben konnte, nicht eine Mutter mit einem Säugling im Arm. Er weiß, daß es ihm unmöglich wäre, sich nicht um sein Kind zu kümmern. Ihm ist bewußt, was es heißt, eine Familie zu haben. Verantwortung ist schon lange kein Fremdwort mehr für ihn. Er liebt diese junge Frau, doch seine Ziele haben nichts mit dem zu tun, was sie von ihm will. »Laß uns bitte nicht mehr über dieses Thema sprechen.« Dies ist der Kampf mit dem Engel: Es ist der Zusammenprall von zwei unvereinbaren Zielen.

In der darauffolgenden Zeit ist der Mann zwischen seiner Geliebten und seinen familiären Pflichten hin- und hergerissen. Er beichtet seiner Frau seine Untreue. Sie möchten ihre Ehe retten. Zusammen beginnen sie eine Familientherapie. Er bricht mit der jungen Frau, läßt sich verleugnen. Zwar leidet er entsetzlich unter der Trennung, er ist aber fest entschlossen, die Beziehung zu beenden. Sie ist jedoch genauso entschlossen, sie fortzuführen. Sie bezieht eine Unterkunft ganz in der Nähe seiner Wohnung. Bald schon findet sie eine Anstellung. Sie versichert ihm erneut: Von ihm, so sagt sie, wolle sie nichts, sie habe keine konkreten Zukunftspläne. Und so nehmen sie ihre Beziehung wieder auf. Sie kümmert sich jedoch nicht um Verhütung und ist schon bald darauf schwanger. Somit ist ihr Wunsch nach einem Kind doch in Erfüllung gegangen. Wieder ist es ein Kampf mit dem Engel.

Auf seinen Druck hin gibt die junge Frau nach und läßt das

Kind abtreiben. Sie versichert ihm, daß das nicht wieder vorkommen wird, daß es ein Versehen war. Währenddessen wendet sie alle Waffen der Verführung und der Logik an, um ihn davon zu überzeugen, seine Frau und seine Kinder zu verlassen und mit ihr zusammenzuziehen. Die Auseinandersetzung zieht sich über lange Zeit hin. Eine weitere Psychotherapie wird begonnen. Auch dies ist ein Kampf mit dem Engel. Diesmal gewinnt die junge Frau. Er trennt sich von seiner Ehefrau, die in die Scheidung einwilligt. So kann er endlich mit seiner Geliebten zusammenziehen. Sie entpuppt sich als vorzügliche Gefährtin, die ihm treu und liebevoll ergeben ist. Endlich ist sie glücklich.

Der Punkt ohne Wiederkehr

Es gibt Dinge, die man unmöglich zusammen wollen kann. Dinge, die – wenn man ihnen nicht treu ist – genau die Werte verraten, in deren Namen die Verliebtheit überhaupt erst möglich wurde. Wir reden von den *Punkten ohne Wiederkehr*, den Punkten also, an denen alles verloren ist. Wenn uns die geliebte Person zwingt, diese zu überschreiten und wir ihren Wunsch akzeptieren, ist es, als ob wir unser inneres Wesen verleugnen würden. Wir haben bereits von einigen Fällen gesprochen, bei denen es wegen eines *Punktes ohne Wiederkehr* zu einer Konfrontation gekommen ist. Denken wir beispielsweise an den großen Komponisten Mahler. Die Öffentlichkeit und die Kritiker verstehen seine Musik nicht. Er jedoch kämpft um Anerkennung, denn er ist sich sicher, daß man seine Musik in der Zukunft schätzen wird. Eines Tages stellt er fest, daß auch Alma – die Frau, in die er verliebt ist – genau so denkt wie alle anderen. Daraufhin schreibt er ihr einen wunderschönen und gleichzeitig auch fürchterlichen Brief, in dem er sie bittet, von ihrer Haltung Abstand zu nehmen. Ihm ist bewußt, daß eine Kritik von ihr ihm jegliche Kraft zum Kämpfen nähme. Es ist für ihn ein *Punkt ohne Wiederkehr*.

Greifen wir nun erneut den Fall der *Frau, die sich ein Kind wünschte* auf. Zuletzt war sie zufrieden, weil sie endlich mit dem Mann zusammenleben konnte, den sie liebte. Doch einige Jahre später überkommt sie wieder der Wunsch nach einem Kind. Denn dies gehörte von Anfang an zu ihren Zukunftsplänen, unter diesem Gesichtspunkt hatte sie auch ihre Liebe von Anfang an verstanden. Der Gedanke an ein Kind wird zur Besessenheit. Was ist, wenn sie eines Tages zu alt ist und keines mehr haben kann? Sie versucht, ihren Wunsch zu unterdrücken, weil sie weiß, daß ihr Mann nichts davon wissen will. Als Ersatz für das Kind, das sie nicht hat, hält sie sich Hunde und Katzen. Ständig ändert sie etwas an der Einrichtung ihrer Wohnung. Sie ist eindeutig mit dem Nestbau beschäftigt. Jedesmal, wenn sie fertig ist, beginnt sie von vorne. Auch hier haben wir wieder eine qualvolle Auseinandersetzung, auch wenn sie im stillen abläuft. Der *Kampf mit dem Engel* geht weiter.

Für sie ist ein Kind der *Punkt ohne Wiederkehr*, gleichzeitig ist es das auch für ihren Mann, der sich diesem Wunsch bis zum äußersten wiedersetzt. Schließlich wird sie krank. An diesem Punkt ist der Mann so von Schuldgefühlen geplagt und dermaßen erschöpft von den ständigen Kämpfen, daß er nicht mehr den Mut aufbringt, sich ganz »irrational« dem Wunsch seiner Frau zu widersetzen, den er letztendlich als einen natürlichen, weiblichen Wunsch betrachtet. Nach einiger Zeit wird sie schwanger, gleichzeitig ist sie jedoch auch besorgt. Sie versteckt ihre Schwangerschaft, so gut es geht. Nach der Geburt einer Tochter versucht sie, ihren Mann so wenig wie möglich mit ihr zu belasten. Sie lädt sich ohne Klagen alle Mühen auf. Auch wenn ihr Mann sie auf moralischer Ebene bewundert und sie zutiefst schätzt, hat sich in ihrer Liebesbeziehung etwas geändert. Sie ist für ihn nicht mehr die Lebensgefährtin, mit der er sich gegen die Welt stellt, sie ist nicht mehr die Frau, mit der er verrückte Abenteuer erleben kann. Aus ihr ist eine Mutter geworden, die sich um ihre gemeinsame Tochter kümmert. Auch er vergöttert seine Tochter. Während die Liebe zu seiner Tochter ständig wächst, nimmt seine Libido kontinuierlich ab. In einer weiteren Psychotherapie wird beiden die Absurdität der Situation bewußt gemacht. Der Psychoanalytiker enthüllt dem Mann, daß er auf seine Frau die eigene Mutterfigur projiziert und sie deswegen sexuell nicht begehrt. Diese Erkenntnis ändert jedoch nichts an der Wirklichkeit. Die erotische Leidenschaft ist ein für allemal eingeschlafen. Das Feuer der großen

Liebe brennt nicht mehr. Er nimmt die Beziehungen zu seiner Ex-Frau und seinen Kindern aus erster Ehe wieder auf. Am liebsten möchte er sie zusammen mit seiner jüngsten Tochter zu einer großen Familie vereint sehen. Wenn er schon Vater sein muß, dann will er dies wenigstens gleichermaßen für alle sein. Und wenn er sich die Pflicht aufhalsen muß, dann ohne Unterschied für alle.

Dieses Beispiel zeigt uns die Geschichte einer großen Liebe und den Zusammenstoß zweier unterschiedlicher Lebenspläne, deren Wurzeln in der Vergangenheit und den Träumen der beiden Betreffenden zu suchen sind. Diese beiden unterschiedlichen Lebenspläne waren vom ersten Augenblick an unvereinbar. Die Verwirklichung eines der beiden bedeutete für den anderen, einen *Punkt ohne Wiederkehr* zu überschreiten. Trotz ihrer Liebe ist ihre Beziehung zum Scheitern verurteilt.

Der Liebespakt und die Institution der Gegenseitigkeit

Wir stehen vor einem *Punkt ohne Wiederkehr*, wenn der andere von uns verlangt, auf etwas zu verzichten, was für uns lebensnotwendig ist. Etwas, das gerade durch die neue Liebe lebensnotwendig wird und ohne das die Liebe ihren Sinn verlieren würde. Ein gutes Beispiel hierfür finden wir in der Bibel. Abraham wünscht sich über alles ein Kind von Sarah. Gott läßt das Wunder geschehen. Eines Tages stellt ihn Gott jedoch auf die Probe. Er fordert von Abraham, ihm eben diesen Sohn zu opfern, den er über alles liebt. Abraham steht vor einem Dilemma: Er muß sich zwischen zwei Alternativen entscheiden, die an sich keine Wahl zulassen.

Wenn der geforderte Einsatz ein *Punkt ohne Wiederkehr* ist, verlangt jeder vom anderen eine bedingungslose Übergabe, die Aufgabe des eigenen Lebenssinns, den Verzicht auf alles. Wer auf die Probe gestellt wird, wehrt sich verzweifelt. Wenn derjenige, der die Prüfung aufgibt, nicht bereit ist nachzugeben, ist die Liebe in tödlicher Gefahr.

In derart gelagerten Fällen kann die Liebe nur bestehen, wenn eine andere Lösung gefunden wird. *Denn wer die Prüfung aufgibt, unterzieht sich ihr zugleich auch selbst.* In der Bibel stellt Gott Abraham auf die Probe, gleichzeitig stellt Abraham aber auch Gott auf die Probe. Was wäre nämlich mit Gott passiert, wenn Abraham wirklich seinen eigenen Sohn getötet hätte? Gott wäre dann nicht mehr der Gott der Liebe, sondern ein grausamer und blutrünstiger Gott gewesen, wie die Götter der Vergangenheit, die nach menschlichen Opfern lechzten. Auch Moses wird von Gott auf die Probe gestellt, als dieser ihm befiehlt, sich in die Wogen des Roten Meeres zu werfen. Und Moses kommt der Aufforderung nach. Er stellt Gott auf die Probe, weil Gott ihm schlecht befehlen kann, sich in die Wogen zu stürzen, um dann zuzulassen, daß sein Volk von den Wogen verschlungen wird. Ein Gott, der so handeln würde, wäre ein Betrüger, ein Dämon.

Der Schlüssel zu diesem Problem ist folgender: Der *Punkt ohne Wiederkehr* wird gefordert, er darf jedoch nicht eingelöst werden. Er ist ein unterzeichneter Scheck, der nie einkassiert wird. Abraham ist im Begriff, seinen Sohn zu töten, doch Gott verhindert es. Er unterbricht seine Handlung, indem er ihm einen Engel und einen Widder schickt. Der Engel fordert ihn auf, den Widder anstelle des Sohnes zu opfern. Abraham ist bereit, Gott das zu opfern, was ihm am liebsten ist. Gott jedoch genügt die Absicht. Sowohl Gott als auch Abraham haben die Prüfung bestanden. Beiden wurde der Beweis ihrer Liebe zuteil. Beide haben jedoch einen wesentlichen Verzicht geleistet: Sie sind auf eine unüberwindbare *Grenze* des anderen gestoßen und haben diese als solche erkannt. Gegenseitige Liebe wird nur möglich, wenn der *Punkt ohne Wiederkehr* des anderen *als die eigene und authentische Grenze* gesetzt wird, und zwar willentlich.

Ein *Liebespakt* stellt die Anerkennung der Grenze zwischen unseren Ansprüchen und den unveräußerlichen Rechten des anderen dar. Er bekräftigt feierlich unsere Einheit, stellt gleichzeitig aber auch die Verpflichtung dar, das Anderssein der geliebten Person zu respektieren. Durch diesen Pakt weiß jeder der beiden, daß der andere nicht das von ihm verlangen wird, was er nicht verlangen darf. Diese Sicherheit, die aus der Verzweiflung geboren wurde, stellt den Fixpunkt des gegenseitigen Vertrauens dar: Es ist die *Institution Gegenseitigkeit*. Ich weiß, daß ich liebe und nicht anders kann, als zu lieben. Ich weiß auch, daß ich eine *Grenze* habe und nicht umhin kann, diese zu haben, und das akzeptiere ich. Das akzeptiere ich jedoch mit dem ganzen Elan meiner Leidenschaft, meiner Hingabe, ohne mich in irgendeiner Form zurückhalten zu müssen. Der Liebespakt ist eine Umarmung, ein Schwur.

Die Liebe entsteht rund um die *Institution*, um den Pakt. Der beschriebene Vorgang erfolgt nicht nur ein einziges Mal, sondern unzählige Male. Und jedesmal endet eine Auseinandersetzung mit einem Pakt. Die neuen Grundregeln werden zum Ausgangspunkt für die Neuorganisation des täglichen Lebens.

Dank dieser außergewöhnlichen Eigenschaften der Verliebtheit schafft ein Paar – sofern es allen Prüfungen standhält – eine gemeinsame Weltsicht und einen Verhaltenskodex, die das Fortbestehen der Partnerschaft garantieren. Diese Weltsicht entspricht der Ideologie großer Massenbewegungen, der Verhaltenskodex dagegen ihrer Verfassung, ihrem Statut.[3] Die kreative und fließende Energie des *Status nascendi* nimmt eine beständigere Struktur an, sie wandelt sich in Prinzipien, Regeln, Abmachungen, Normen und feierliche Versprechungen um. Diese Pakte vermögen die Zeit zu überdauern, eben weil sie in der Hitze der Leidenschaft, im Augenblick der stärksten Vereinigung und im kreativen Drang entstehen.

Die Ehe

Nur wenn auch der Wille da ist, kann sich die Liebe in einer Zweierbeziehung weiterentwickeln. Die Liebe festigt sich, wenn wir dies wollen, wenn wir sie mit offenen Armen begrüßen, wenn wir ihr helfen, wenn wir alles tun, damit sie gedeihen und sich zu einer stabilen Beziehung weiterentwickeln kann. Wenn wir verliebt sind, wollen wir mit der geliebten Person zusammensein. Doch selbst in der größten Verliebtheit wirkt in uns doch immer eine Kraft, die sich dem widersetzt. Und selbst, wenn wir die Prüfungen der Wahrheit und der Gegenseitigkeit bestanden haben und wissen, daß wir den anderen lieben und dieser uns liebt, können wir uns doch noch immer gegen diese Liebe wehren.

Deswegen muß es einen Punkt geben, an dem wir uns entscheiden und alle anderen Möglichkeiten ausschließen. Und es reicht nicht aus, daß nur einer eine Entscheidung trifft, auch der andere muß sich entscheiden. Zwei Verliebte können andere Pläne bezüglich der Dauer ihrer Liebe haben. Der eine denkt vielleicht an eine Liebe für immer, an Ehe mit allem, was dazugehört, während der andere möglicherweise noch nicht so weit ist, daß er sich auf eine solch absolute Weise binden will. Zwar ist er verliebt, er möchte jedoch lieber Tag für Tag entscheiden, was er tun will. Dadurch kommt es zu einem *Kampf mit dem Engel*, der im günstigsten Fall mit einer gemeinsamen Entscheidung, einem Pakt endet, nämlich dem *Beständigkeitspakt*. Der Beständigkeitspakt ist ein wesentlicher Augenblick im Leben eines Paares. Es ist der Moment, in dem die beiden Liebenden sich das gemeinsame Ziel setzen, sich weiterhin zu lieben, und alle Zweifel und Unsicherheiten beseitigen.

Man kann natürlich entgegnen, was schon eine Abmachung aussagen soll, die zwischen zwei Personen in der Abgeschiedenheit ihrer Wohnung geschlossen wird. Die Liebenden versprechen sich gegenseitig, sich immer zu lieben und den anderen nie zu verlassen. Doch Gefühle können sich ändern. Manchmal reicht schon ein Streit, und Liebe wird zu Haß. Und es gibt keine Zeugen, kein Gesetz, kein Gericht, die die Einhaltung der eingegangenen Verpflichtungen erzwingen könnten. Kann es einen ausschließlich subjektiven Pakt geben, über den wir niemandem gegenüber Rechenschaft ablegen müssen, den wir aber trotzdem gleichermaßen ernst nehmen?

Auf moralischer Ebene auf jeden Fall. Kant sieht die moralischen Voraussetzungen dazu dann gegeben, wenn wir all unserem Handeln eine Maxime zugrunde legen, die wir zur allgemeingültigen Norm erheben würden. Der »Gesetzgeber« für moralische Fragen ist das Individuum selbst, und das »Gericht«, das über diese Fragen entscheidet, tagt nicht in einem Gerichtsgebäude, sondern in uns im Fühlen und Denken. Der Pakt zwischen zwei Liebenden ist also ein moralischer Akt. Eine Zweierbeziehung, selbst wenn sie aus Liebe und Leidenschaft entstanden ist, kann nicht von Dauer sein, wenn sie sich vor der *Moral* verschließt. Moral ist allerdings nicht nur eine subjektive Angelegenheit. Kants oben erwähnter Grundsatz impliziert, daß wir die anderen einbeziehen, daß wir unsere Wahl vor ihnen verantworten. Frisch Verliebte sind stolz darauf, sich in der

Öffentlichkeit zu zeigen. Ihre Liebe erscheint ihnen mustergültig. Sie sind bereit, öffentlich Verpflichtungen gegenüber dem anderen einzugehen und diese dann eines Tages vor dem Standesbeamten oder dem Pfarrer zu bestätigen und eine Ehe einzugehen.

Es gibt stabile Zweierbeziehungen, die auch ohne Ehe halten. Die Partner halten die Bestätigung vor dem Gesetz für überflüssig oder sogar für schädlich. In Goethes »Die Wahlverwandtschaften« sind der Graf und die Baronin ein innig verbundenes Liebespaar. Sie verstecken sich nicht, gehen zusammen auf Reisen, doch sie wollen sich nicht den äußeren Zwängen der Ehe fügen. Die Ehe ist allerdings selbst in Gesellschaften wichtig, in denen man sie leicht durch eine Scheidung aufheben kann, denn sie drückt die Absicht der Liebenden aus, eine dauerhafte Beziehung einzugehen, gemeinsame Entscheidungen zu treffen, gemeinsame Handlungen auszuführen, die Gefühle zu kultivieren, die ihre Liebe festigen und all diejenigen zu meiden, die sie schwächen.

Mit der Ehe öffnen die beiden Liebenden gewollt einem dritten Element die Tür, nämlich der äußeren Macht des Staates, und treten an diese Macht gewisse gemeinsam gefaßte Entschlüsse ab. Ein Teil des Paares besteht nun nicht mehr nur im Denken und Fühlen der beiden Individuen, sondern auch außerhalb davon. Und keiner von ihnen kann dies ohne den anderen ändern. Die Ehe ist Prototyp und Symbol für jegliche Aktivität, die ein Eigenleben entwickelt, das heißt: Die Ehe ist die *Vergegenständlichung* des Paares in der Welt.

DREIZEHNTES KAPITEL

Die Institution – Geistige und materielle Vergegenständlichungen der Liebe

Die Institution

Eine Institution dient dazu, einer einmal getroffenen Wahl Bestand zu geben, ohne die Entscheidung immer wieder aufrollen oder sie dem Willen des anderen aufzwingen zu müssen. Institutionen halten Entscheidungen fest, sie objektivieren sie. Bei dieser Umsetzung des Willens spricht man von *geistiger und materieller Vergegenständlichung.*

Worum handelt es sich bei den *geistigen Vergegenständlichungen der Liebe*? Einige kennen wir bereits: die *Prüfung der Wahrheit*, mit der ich die Gewißheit erlange, die betreffende Person wirklich zu lieben; die *Prüfung der Gegenseitigkeit*, durch die ich mich überzeuge, daß meine Liebe erwidert wird, und schließlich der *Beständigkeitspakt*, den die Verliebten schließen, um ihre Liebe dauerhaft zu machen und sie vor äußeren Gefahren zu schützen.

Der Prozeß der Verschmelzung und des Erarbeitens einer neuen Identität verläuft keinesfalls harmonisch, stufenweise und kontinuierlich. Wie jedem anderen Lebensvorgang liegt auch ihm das Prinzip von Versuch und Irrtum zugrunde. Es gibt Augenblicke der Krise und Momente des Stillstands. Dann wiederum erfährt er rasante Beschleunigung. Die wichtigsten gegenseitigen Annäherungen sind diejenigen, die aus einer

Krisensituation heraus entstehen. Sie sind kreative Handlungen, Lösungen, die von beiden entwickelt und akzeptiert wurden.

Und dann gibt es noch die *materiellen Vergegenständlichungen der Liebe*. Ein Paar ist eine lebendige Einheit, die die äußere Welt beeinflußt. Durch sie entstehen Dinge, werden Gegenstände gekauft und Handlungen durchgeführt. Beide Partner arbeiten, zu Hause und außerhalb. Sie richten sich eine Wohnung ein und möblieren sie entsprechend ihrem Geschmack und ihren Bedürfnissen. Sie haben Kinder, erziehen sie und schicken sie zur Schule. Sie nehmen an politischen Aktionen teil, gehen in Vereine und üben ihren Glauben aus. Sie gehen auf Reisen und machen Urlaub. Mit den Freunden, Kollegen und Nachbarn knüpfen sie Beziehungen. Sie ändern das materielle und soziale Umfeld, in dem sie leben. Mit anderen Worten: Sie schaffen sich ihre eigene ökologische Nische. Auch bei dieser konstruktiven Tätigkeit befinden sich die beiden Betreffenden in einer dynamischen Beziehung: Mal sind sie einer Meinung, mal nicht. Sie drücken ihre persönliche und kollektive Identität aus. In ständigen Konfrontationen vergegenständlichen sie so ihren Willen und ihr Tun. Zusammen legen sie einen Weg zurück und hinterlassen Spuren ihrer Existenz in der Welt.

Die Regeln des Zusammenlebens

Die einfachsten *geistigen Vergegenständlichungen der Liebe* sind die Regeln des Zusammenlebens, die sich innerhalb einer Partnerschaft herauskristallisieren. Wenn zwei Personen heftig ineinander verliebt sind, versucht in der Regel keiner der beiden, dem anderen starre Regeln aufzuerlegen. Beide sind bereit, sich zu ändern und neue Lebensweisen auszuprobieren. Erst beim täglichen Zusammenleben bilden sich nach und nach gewisse Regeln heraus. Einige entwickeln sich langsam aus dem täglichen Miteinander, aus der Gewohnheit, ohne daß es zu Auseinandersetzungen kommt. Wer zuerst aufwacht, bringt dem anderen, der seine Augen einfach nicht aufbekommt, den Kaffee ans Bett. Jeder sucht sich seinen Lieblingsplatz vor dem Fernseher aus, und dieser bleibt es dann auch über Jahre hinweg. Wenn der eine keinen Wein trinkt und der andere nur gelegentlich zu besonderen Anlässen, wird die Weinflasche irgendwann vom Tisch verschwinden und nur dann wieder auftauchen, wenn Gäste geladen sind.

Weiterhin gibt es Regeln bzw. Verhaltensweisen, die der eine vom anderen lernt. Es ist vor allem die Frau, die den Mann zum Leben zu zweit »erzieht«. Sie hat in der Regel eine bessere Vorstellung davon, wie das gemeinsame Leben aussehen soll. Sie weiß, wie ihr Partner sich verhalten sollte und wie sie ihn dazu bringen kann. Und so bringt sie ihn nach und nach durch Andeutungen, entsprechende Gesten und diplomatisches Feingefühl dazu, das zu tun, was sie für richtig hält. Ein Beispiel hierfür sind *Anna und Maurizio*. Sie kennen sich erst seit kurzem und haben sich heftig ineinander verliebt. Er besucht sie meistens abends. Und da er gerne joggt und ihm nur wenig Zeit zur Verfügung steht, erscheint er verschwitzt und außer Atem im Jogginganzug an ihrer Haustür. Sobald die Türe hinter ihnen zufällt, umarmt er sie, hebt sie hoch und beginnt schon in der Diele, ihr die Kleider vom Leib zu zerren. Manchmal schaffen sie es noch bis ins Bett, manchmal lieben sie sich aber dort, wo sie sich gerade befinden, auf dem Teppich oder auf dem Sofa. Sie schläft gerne mit ihm, doch wäre es ihr lieber, wenn er sich erst waschen oder kurz unter die Dusche stellen würde. Ihr Problem ist: Wie soll sie seinen liebevollen Überschwang bremsen? Sie kann ihm schlecht sagen: »Mein Liebster, du hättest dringend eine Dusche nötig!« Also läßt sie es fürs erste. Doch sie nimmt sich fest vor, daß sie ihm diese Unart austreiben wird, sobald sie einmal verheiratet sind. Sie wird ihre ganze weibliche Überredungstaktik anwenden, um ihm beizubringen, wie man sich verhält. Es wird eine regelrechte Umerziehung sein. Anna will sich nicht wie seine Mutter aufführen, sondern seine Geliebte und Komplizin sein. Sie ist naiv, wie alle jungen Frauen. Im Endeffekt wird sie sich aber der Wirklichkeit beugen müssen. Da sie ihn liebt und nicht auf ihn verzichten will, wird sie sich schließlich auch wie seine Mutter aufführen.

Bisweilen bringt diese feine Erziehungstaktik jedoch nicht den gewünschten Erfolg. Wenn die Beziehung trotzdem aufrechterhalten werden soll, kommt es zu Krisen, die nur durch bewußt gefaßte Entscheidungen gelöst werden können. Ein Mann, der daran gewöhnt war, seine Sachen in der ganzen Wohnung zu verstreuen, weil seine Mutter diese früher immer liebevoll eingesammelt hat, glaubt, dies auch bei seiner Frau tun zu können. Sie versucht geduldig, ihn umzuerziehen. Sie sammelt seine Sachen ein und verstaut sie, wo sie hingehören. Sie zeigt ihm, wo die Schubladen sind, wo sie seine Schuhe aufbewahrt. Er aber läßt sich von seiner alten Gewohnheit nicht abbringen, sondern wird sogar noch unordentlicher als früher. Die Spannung wächst, bis sie eines Tages reagiert:»Ich bin weder deine Mutter noch dein Dienstmädchen!« Ab diesem Augenblick muß er bewußt akzeptieren, daß er sein Verhalten ändern muß.

Ein noch heikleres Thema sind die sexuellen Beziehungen. Die Frau will Sex, wenn sie ausgeruht ist und viel Zeit zur Verfügung steht. Davor möchte sie gestreichelt und umarmt werden. Erst dann bietet sie sich ihm an. Nach dem sexuellen Akt möchte sie noch gerne mit ihrem Geliebten im Halbdunkel plaudern und von ihm in den Arm genommen werden. Der Mann dagegen geht nach einem anderen geistigen Schema vor. Er möchte sie ohne Warnung nehmen, ihr die Kleider vom Leib reißen, den sexuellen Akt mit Urgewalt wieder und wieder durchführen, auch wenn sie nicht will, weil sie müde ist. Denn er ist überzeugt davon, daß ihr dieses Spiel gefällt, daß sie genauso erregt ist wie er. Und ihre Weigerung sieht er als ein Überbleibsel kindlicher Scham. Deswegen setzt er seinen Willen durch. Sie versucht, ihm ihre Wünsche durch Andeutungen, auf symbolische Art und Weise, klarzumachen. In der Regel gelingt ihr das jedoch nicht. Irgendwann kommt der Punkt, an dem sich das Problem zu einer Krise auswächst. Jetzt kann man nur durch eine Klärung und einen Pakt das Mißverständnis beseitigen zwischen dem, was der eine wünscht, und dem, was der andere wünscht; nur so kann man zu einem Mittelweg finden, mit dem beide zufrieden sind. Der Pakt ist wichtig, damit der Vorgang der Verschmelzung weitergehen kann, ohne daß der eine den anderen übervorteilt.[1]

In einer Zweierbeziehung geschieht das, was auch in politischen und religiösen Bewegungen passiert. Anfangs stehen alle einstimmig und spontan hinter ihrem charismatischen Führer. Diese Einstimmigkeit wird jedoch im Laufe der Zeit als Unterdrückung und Diktatur empfunden. Wenn es so weit gekommen ist, muß man den Leuten das Wort geben und in einem demokratischen Verfahren alle Meinungsverschiedenheiten und Konflikte zur Sprache bringen. Nur auf diese Art und Weise kann man erneut zu einer übereinstimmenden Meinung bezüglich der Grundsätze kommen, die man sich gesetzt hat. In einer Partnerschaft gibt es viele solcher Augenblicke. Denn keiner bleibt sich selbst gleich. Ständig erwachen neue Bedürfnisse, neue Wünsche. Eine Zweierbeziehung stellt die Partner jeden Tag vor neue Probleme. Und so unterscheidet sich der Prozeß, in dem man sich auf die Regeln des Zusammenlebens einigt, nicht wesentlich von dem Vorgang der Gesetzgebung in einem Staat, der bei Bedarf neue Gesetze hervorbringt und alte abändert. Die Stabilität des Paares ist nicht statisch, sondern dynamisch.

Gewohnheit, Erziehung, Krise und Pakt sind die Vorgänge, durch die die Regeln des Zusammenlebens eines Paares definiert werden. Diese Regeln stellen auch keineswegs einen Verzicht, ein Nachgeben oder Aufgeben dar, weil sie eben aus der Liebe heraus entstehen. Sie sind vielmehr ein Sieg und eine Bereicherung, eine andere Art, um den Prozeß der Verschmelzung fortzuführen.

Bei dem oben beschriebenen Vorgang entstehen die Regeln durch die Erfahrung und das Zusammenleben. Es gibt aber auch Fälle, bei denen sie von vornherein über einen Ehevertrag geregelt werden. In einem Ehevertrag werden die Rechte und Pflichten jedes Ehepartners bis ins kleinste Detail festgelegt. So wird auch festgelegt, wem was gehört und wie jeder der beiden die einzelnen Besitztümer verwenden kann. Es wird festgelegt, in welchem Glauben die Kinder erzogen werden sollen. Selbst intimere Details können festgelegt werden, wie beispielsweise, ob man im gleichen oder in getrennten Betten schläft, ob im Wohnzimmer geraucht werden darf, welche Tiere in der Wohnung gehalten werden können und welche Art Freunde eingeladen werden dürfen. Ein Ehevertrag wird in der Regel zwischen zwei Partnern geschlossen, die genau wissen, was sie wollen, und die nicht bereit sind, auch nur einen Millimeter von ihren Gewohnheiten und Überzeugungen abzuweichen. Diese Art des Vertrages war in aristokratischen Familien weit verbreitet, wo Ehen geschlossen wurden, um politische Bande zu festigen, oder auch bei Ehen zwischen Personen unterschiedlicher Religion, denn durch den Vertrag wurden alle möglichen Konflikte von vornherein verhindert. Heutzutage werden Eheverträge in der Regel nur noch geschlossen, wenn bedeutende finanzielle Interessen im Spiel sind oder die Eheleute sich nicht lieben bzw. nicht vertrauen.

Das Geschenk

In der Liebe ist die einfachste individuelle *materielle Vergegenständlichung* das Geschenk. Wenn man verliebt ist, möchte man der geliebten Person Geschenke machen. Das Geschenk symbolisiert hierbei immer die eigene Person – man verschenkt sozusagen sich selbst. Aus diesem Grund ist man auch so nervös, wenn man seinem Geliebten ein Geschenk in die Hände drückt. Ängstlich beobachten wir, wie es aufgenommen wird, ob es gefällt, ob der andere es zu würdigen weiß. Wenn er sich dann bei uns bedankt und uns umarmt, sind wir glücklich, weil das bedeutet, daß er uns liebt und wir uns seine Liebe verdient haben. Wenn er dagegen nur zerstreut einen Blick auf unser Geschenk wirft und es beiseite legt, ist es, als ob er uns selbst beiseite schöbe. Wenn man wirklich verliebt ist, wird man deswegen auch immer das Geschenk als wunderschön bezeichnen, selbst wenn es eigentlich nicht dem eigenen Geschmack entspricht. Es kostet auch keine Überwindung, dies zu tun: Das Geschenk ist ein Symbol für unseren Geliebten, und unser Geliebter ist für uns immer das Schönste. Wenn wir ein sonderbares oder gar abstoßendes Geschenk erhalten, suchen wir immer nach einer möglichen symbolischen Bedeutung.

Zu Beginn einer Beziehung schenken sich die Liebenden Sachen, die nicht unbedingt dem Geschmack des jeweils anderen entsprechen. Dies ist auch nicht möglich, weil sie sich noch gar nicht richtig kennen. Außerdem schenkt man dem anderen das, wovon man denkt, daß es ihn noch schöner und begehrenswerter erscheinen läßt. Beim Kauf der Geschenke läßt man sich nicht selten von seinen Träumen und erotischen Phantasien leiten. Ein Mann schenkt deswegen vielleicht seiner Geliebten einen übertrieben auffälligen Pelzmantel, den sie nie in der

Öffentlichkeit tragen wird. Für ihn wird sie ihn anziehen, doch schließlich wird er höchstens noch als weiche Unterlage für ihre wilden Liebesspiele dienen. Mit diesem Geschenk will er sich einen Jugendtraum erfüllen: Der auffällige Pelzmantel ist ein Symbol für die weiblichen Kinostars, von denen er in seiner Jugend träumte. Er steht für die Faszination, die sie auf ihn ausgeübt haben und für ihre Schönheit. Eine verliebte Frau übertreibt nicht weniger mit ihren Geschenken, besonders, wenn sie noch sehr jung ist. So findet eine junge Frau, die sich in einen älteren Mann verliebt hat, absolut nichts Ungewöhnliches daran, ihm Kleidung zu schenken, die einem Jugendlichen gut stehen würde, ihn aber ganz einfach nur zum Gespött der Leute macht. Sie hingegen findet ihn darin unwiderstehlich.

Mit der Zeit nimmt unser Bedürfnis ab, die geliebte Person unseren Vorstellungen anpassen und sie noch schöner machen zu wollen. Wir lernen ihre Vorlieben kennen und respektieren. Bis uns schließlich die gleichen Dinge gefallen und wir ein gemeinsames Schönheitsideal entwickeln.

Geschenke gehören in den Bereich des Außergewöhnlichen.[2] Sie müssen sich vom Alltagsleben abheben. Sie stellen eine Unterbrechung dar, ein Fest. Deswegen müssen sie auch entsprechend verpackt und mit Schleifen und Bändern geschmückt werden. Geschenke müssen den Abstand zur normalen Welt signalisieren und das Ritual der freudigen Erwartung in Gang setzen. »Was kann es sein?« fragt sich jemand, dem ein Geschenk gemacht wird. Und während er das Geschenkpapier entfernt und die Knoten löst, wächst seine Neugier. Das Schöne an einem Geschenk ist vor allem die Vorfreude darauf. Währenddessen wird sich der Geber fragen: »Wird es ihm gefallen?« und voller Ungeduld auf das freudige Staunen des anderen warten. Deswegen ist beim Ritual des Geschenkemachens auch unbedingt erforderlich, daß man das, was man schenkt, herunterspielt: »Wirklich nur eine Kleinigkeit.« Denn nur so kann man verhindern, daß der andere dann vielleicht enttäuscht ist.

Ein Geschenk ist in allen Beziehungen immer etwas sehr Persönliches, das einzig und allein auf den anderen als Persönlichkeit gerichtet ist. Ein Liebesgeschenk richtet sich an den anderen, der hier erotisches Subjekt ist. Er wird auf erotischer Ebene geschätzt und gewürdigt. Wenn ein Mann seiner Frau zum Geburtstag ein Haushaltsgerät schenkt, zum Beispiel einen Kochtopf, ein Teeservice oder ein Tischtuch, ist das eine deutliche Ablehnung seiner Frau als Geliebte. Genauso gut könnte er ihr einen Besen schenken.

Es gibt auch Geschenke, die nur scheinbar den einzelnen ansprechen, während sie in Wirklichkeit das Paar und seine Einheit symbolisieren. Ein Beispiel hierfür ist der Ring. Wenn ein Mann seiner Geliebten ein Halsband schenkt, kann er es als eine »hübsche Kleinigkeit« bezeichnen, auch wenn es in Wirklichkeit ein Symbol für ihn selbst ist, das er immer auf ihrem Busen ruhen sehen will. Wir haben den gleichen Fall, wenn eine Frau ihrem Geliebten eine Uhr oder ein Portemonnaie schenkt, denn dieses sind Objekte, von denen er sich nie trennt. Doch in dem Augenblick, in dem man sich einen Ring schenkt, ist die Bedeutung ganz eindeutig. Man bietet dem anderen an, eine Verpflichtung einzugehen. Mit dem Ring meint man eigentlich: »Willst du dein Leben mit meinem verknüpfen?« Wenn der andere nun den Ring annimmt, lautet seine Antwort: »Ja, das will ich.«

Es kommt vor, daß dieses Symbol Angst und Fluchtgedanken auslöst. Dies passiert hauptsächlich bei Personen, die negative Erfahrungen gemacht haben. Einer meiner Freunde hat in seinem ganzen Leben nur einen Ring getragen, nämlich seinen Ehering. Nach seiner Scheidung hat er sich dessen voller Erleichterung entledigt. »Endlich frei!« Mit diesen Worten zeigte er mir seine unberingte Hand. Einige Jahre später lernte er eine Frau kennen, die ihm sehr gefiel. Er verliebte sich in sie. Eines Abends schenkte sie ihm einen wunderschönen antiken Ring, den sie in einem Antiquitätengeschäft erworben hatte. Er bewunderte ihn und steckte ihn sich lächelnd an den Finger. Tags drauf im Büro fragte ihn lachend ein Kollege, ob der Ring ein Verlobungsring sei. Plötzlich war ihm, als ob sich die Erde unter ihm auftäte. Er murmelte eine unverständliche Erklärung, daß der Ring einem verstorbenen Onkel gehört habe, und steckte ihn sich in die Hosentasche. Das Wort »Verlobung« war eine Art Fallstrick für ihn, weil es ihn an seine unglückliche Ehe erinnerte. Erst nach einiger Zeit, als er sich endlich seiner Gefühle sicher war, akzeptierte er seine Liebe und trug den Ring fortan voller Stolz.

Vom Nomadentum zur Seßhaftigkeit

In einer Liebesbeziehung ist anfangs die Umgebung eher nebensächlich. Das einzige, was zählt, ist die geliebte Person, ihr Gesicht, ihre Augen, ihr Körper, ihre Zärtlichkeiten. Der Rest ist unerheblich. Zwei Verliebte treffen sich, wo und wann sie können, auf dem Bahnhof, im Kino, in einem Restaurant. Sie umarmen sich an der Straßenecke. Die Gegend, so häßlich sie auch sein mag, erfährt durch die geliebte Person eine Wandlung. Nach Jahren noch werden sie sich daran erinnern wie an einen wunderschönen und zauberhaften Ort.

Dann irgendwann suchen sie ganz bewußt die Schönheit der Natur, für die sie sehr empfänglich sind. Diese äußere Schönheit ist im Einklang mit ihrer inneren Schönheit. Eine endlose Ebene, ein felsiger Abgrund, eine vom Mond erhellte Landschaft oder ein feuriger Sonnenuntergang über dem Meer: Die Liebe beschwört nicht nur in unserem Geist poetische Metaphern herauf, sondern sie schärft auch unser Wahrnehmungsvermögen, unseren ästhetischen Sinn. Verliebte sehen Dinge, die sie nie wieder sehen werden, Farben, die ihnen bislang völlig unbekannt waren. Und diese Empfindungen sind selbst dann unauslöschbar, wenn die Liebe unglücklich endet. Diese *Transfiguration* der Welt kann durch nichts mehr verdrängt werden.

Doch zunächst entwickeln die Verliebten noch keine Bindung zu den Orten, die später einmal die erklärten Heiligtümer ihrer Liebe werden. Denn ihre Lebensenergie ist so groß, daß sie sich sicher sind, immer wieder neue, genauso schöne entdecken zu können. Sie lassen ohne Zögern alle schönen Dinge hinter sich, weil sie überzeugt sind, daß bereits neue auf sie warten. Sie fühlen sich auf der ganzen Welt heimisch, jede Schlucht ist ihr Zuhause. Verliebte ähneln den ersten Menschen der Zivilisation, den Sammlern und Nomaden.

Irgendwann verspüren sie aber das Bedürfnis nach einem geeigneteren Platz, der ausschließlich ihnen gehört. Der Mann verspürt den Drang, zu den Orten der ersten Begegnungen zurückzukehren, die langsam immer mehr an Bedeutung gewinnen und ganz ihrer Liebe geweiht werden. In der Frau regt sich der Wunsch, eine Wohnung mit ihrem Geliebten zu teilen, etwas

Schönes, ihr Nest. Vielleicht ist das so, weil in unserer Zivilisation die Liebe von der Frau schon viel länger als Zusammenleben verstanden wird und sie sich schon in frühen Kindheitstagen damit beschäftigt, wie ihr Heim einmal aussehen soll. Das Heim ist für sie ihr eigener, vergegenständlichter Körper, in dem sie ihre Lieben mit offenen Armen empfängt.

Etwas gemeinsam machen, gemeinsam etwas aufbauen und sich vergegenständlichen sind alles Versuche, die Liebe nicht enden zu lassen. Natürlich wollte man auch davor schon nicht, daß die Liebe aufhört. Was bedeutet also dieser Übergang zur Häuslichkeit? Man könnte ihn mit dem Übergang des Nomadentums zur Seßhaftigkeit und dem darauf folgenden Städtebau vergleichen.[3] Eine Stadt kann man nicht wie ein Zeltlager einfach abbrechen und an einem anderen Ort wieder aufbauen. Mit dem Entstehen von Städten passen sich die Menschen nicht mehr nur passiv an ihre Umgebung an, sie leben nicht mehr streng nach den klimatischen Gegebenheiten. Sie leiten Flüsse um, kanalisieren sie, sie bewässern das Land und beschaffen sich mittels Handel und Schiffahrt Produkte, die sie benötigen. Sie verändern unwiderruflich die Welt, um sie ihren Bedürfnissen anzupassen. Das heißt auch, daß sie sich den Problemen nicht mehr stellen, wenn diese auftreten, sondern daß sie sie voraussehen. Von nun an steht ihnen von vornherein ein ganzes Repertoire an Lösungen zur Verfügung, mit denen sie ihre Probleme angehen können.

Um diesen Übergang von der nomadischen zur seßhaften Phase zu vollziehen, muß das Paar die Möglichkeit haben, eine gewisse Zeit zusammenzuleben, um sich darüber klarzuwerden, was seine Bedürfnisse sind. Dazu gehört auch, daß sich die mentalen Verhaltensschemata der beiden Liebenden ändern. Zwei Verliebte lassen sich einfach nur vom Strom treiben, ein »seßhaftes« Paar dagegen baut sich nicht nur ein Schiff, sondern es legt auch eine Reiseroute fest und ortet die Häfen, in denen es seinen Proviant aufstocken kann. Beide Liebenden müssen sich also nach konkreten und pragmatischen Gesichtspunkten orientieren. Sie müssen die Fähigkeit zum Nachdenken, zum Rechnen und ein Erinnerungsvermögen entwickeln.

In dieser zweiten Phase beschafft sich das Paar alles, was es benötigt und was ihm gefällt. Es wird es so einzurichten versuchen, daß alle Gegenstände zur Verfügung stehen, die nützlich sein könnten, damit sein Leben bequemer und sicherer verlaufen kann. Selbst das soziale Umfeld, in dem das Paar lebt, wird verändert. Es werden Bindungen zu einigen Nachbarn und Bekannten geknüpft, es entscheidet sich, mit welchen Freunden man Umgang pflegt und mit welchen Leuten man Geschäfte macht.

Die dritte Phase der Zivilisation besteht aus dem Ausbau der Städte mit Monumenten. Dazu gehören Paläste, Tempel, Thermen – ganz allgemein: der Luxus. In einer Partnerschaft entspricht dieser Phase die Wiederentdeckung des Schönen. Wir müssen bedenken, daß anfangs alles schön ist, weil alles von der Liebe durchdrungen und verändert wird. Diese erste Phase entspricht der kontemplativen Phase. Die zweite Phase dagegen ist aktiv und pragmatisch. In dieser Phase dominieren die funktionellen Ansprüche, die Forderung nach Bequemlichkeit. In der dritten Phase macht sich wieder der Wunsch nach dem Schönen und dem kontemplativen Geist stark. Das Paar besitzt an diesem Punkt bereits ein eigenes Schönheitsideal und läßt aktiv Schönes um sich herum entstehen. Das Schöne, das in der ersten Phase ein Geschenk war, ist nun eine Errungenschaft, eine *geistige Vergegenständlichung der Liebe*.

Menschen, die nicht fähig sind, sich zu erneuern und sich zu ändern, treten unter Umständen nun in die Phase des Verfalls, der Dekadenz ein. Sie sind nicht mehr in der Lage, das Schöne, das sie umgibt, zu erkennen. In ihnen ist das Feuer der aufsteigenden Liebe erloschen, das alle Dinge verwandelt und magisch erscheinen läßt. Sie sind nicht mehr fähig, das Schöne zu schaffen, sie versuchen es nicht einmal mehr. Statt dessen klammern sie sich an Gewohnheiten und sind Neuerungen gegenüber mißtrauisch. In ihrem Heim ändern sie nichts mehr. Alles bleibt, wie es ist. Und für diesen Stillstand haben sie auch ein Alibi: Jeder einzelne Gegenstand muß so bleiben, wie er ist, weil an ihm glückliche Erinnerungen hängen. Und so leben sie zwischen ihren alten und bröckelnden Mauern dahin, während ihre Tapeten vergilben und die Federn in ihren Sesseln springen, ohne daß sie es bemerken. Nur ein Erwachen, eine Wiedergeburt, könnte sie aus diesem Dämmerzustand reißen und ihnen die Kraft zu leben zurückgeben.

Die Frau und ihre Wohnung

Für eine verliebte Frau sind der Aufbau und die Einrichtung einer gemeinsamen Wohnung ein Liebesakt. Häufig ist sie es, die die einzelnen Möbel und die unzähligen Gegenstände aussucht, die beide für ihr Leben zu zweit benötigen werden. Dabei wählt sie alles nach dem Gesichtspunkt aus, ob es auch ihrem Mann gefallen könnte, denn ihr Ziel ist es, daß er sich dort in jedem Augenblick seines Lebens wohl fühlen kann. Vor ihrem geistigen Auge sieht sie bereits, wo sie sich gemeinsam hinsetzen werden, um fernzusehen. Sie sieht bereits das schöne Tischtuch auf dem Tisch in dem Zimmer liegen, in dem sie ihre Freunde empfangen werden. Auch welches der Platz ihres Mannes und welcher ihr eigener sein wird, hat sie bereits deutlich vor Augen. Und dann ihr Schlafzimmer mit den Laken, mit der kostbaren Tagesdecke, den warmen Decken und dem Federbett für die kalte Jahreszeit. Selbst das Zimmer für die Kinder, die sie einmal haben werden, hat sie in Gedanken bereits eingerichtet: An den Wänden werden bunte Tapeten sein und auf dem Boden ein weicher Teppich, damit sie sich nicht verletzen können. Und im Bad wird sie ein Eckchen für sich abstecken, in dem sie sich schön machen und ihr Make-up auflegen kann. Auch an den Platz für seine Sachen hat sie gedacht: Dort kommt sein Rasierapparat und dort sein Aftershave hin. Und dann gibt es noch die Küche, die bequem und geräumig sein sollte und all das enthalten muß, was man zum Arbeiten braucht. Schon sieht sie die Gerichte vor sich, die sie dort zaubern wird. Wenn ihr Ehemann nun einer geistigen Tätigkeit nachgeht, dann wird sie es so einrichten, daß er ein Arbeitszimmer für sich hat, oder wenn er ein sportlicher Typ ist, wird sie für seine Gerätschaften einen Platz in der Garderobe oder in speziell eingerichteten Schränken finden.

Eine Frau drückt ihre Weltanschauung, ihre Träume für ihr Privatleben und die Art der sozialen Beziehungen, die sie eingehen will, in der Einrichtung ihrer Wohnung aus. Doch vor allem ist die Einrichtung ihrer Wohnung auch eine Verlängerung ihres Körpers. Jeder Gegenstand darin ist ein Teil von ihr. Deswegen ist es in der Regel auch die Frau, die sich um das Haus und seine Pflege kümmert. Sie tut dies so, wie sie sich um ihren Körper kümmert. Dies ist auch der Grund, warum sie nur Gäste empfangen will, wenn ihr Haus aufgeräumt und vorzeigbar ist. Genausowenig würde sie sich Fremden gegenüber in Pantoffeln und mit Lockenwicklern im Haar zeigen. Wie sie ihren Körper für sich und ihren Mann parfümiert, so fürchtet sie auch alle schlechten Gerüche, die sich in den Vorhängen, dem Sofa oder der Küche festsetzen könnten. Deshalb achtet sie stets darauf, daß alle Zimmer gut gelüftet sind. Sie wacht über die Sauberkeit ihrer Wohnung und hat eine Abscheu vor schlechten Gerüchen und Schmutz, als wären sie ansteckende Krankheiten. Deswegen zeigt sie sich auch ungehalten, wenn ihre Putzfrau nur oberflächlich saubergemacht hat, die Gegenstände verrückt hat, ein Loch in einen Teppich brennt oder etwas zerbricht, was für sie einen ganz besonderen symbolischen Wert hatte. Die Unachtsamkeit und die Gleichgültigkeit der anderen empfindet sie als persönliche Beleidigung, über die sie nur schwer hinwegkommt. Genausowenig wird sie auch einen ungeschickten Gast vergessen, der ihr einen Fleck auf den Teppich gemacht hat. Jede Handlung, durch die ihr Haus verunstaltet wird, erlebt sie als Gewalt gegen ihre Person. Wenn Einbrecher im Haus waren, erlebt sie das als Vergewaltigung und Entweihung. Viele Frauen wollen nach einem Einbruchdiebstahl nicht mehr in ihrer gewohnten Umgebung leben. Sie desinfizieren die ganze Wohnung und richten sie neu ein.[4]

Für eine Frau ist das Einrichten und das Pflegen ihres Zuhauses eine Form der Erotik, denn sie drückt ihre Liebe nicht nur dadurch aus, daß sie eine neue Frisur trägt, sich die Augen anders schminkt oder sich eine frisch gebügelte Bluse anzieht, sondern auch dadurch, daß sie ihr Bett mit frischen Laken bezieht, daß sie Blumen in Vasen aufstellt und aromatische Düfte in der Wohnung versprüht oder ihrem Mann eine Mahlzeit bereitet, die ihm schmeckt.

Häufig erkennt der Mann die Arbeit nicht, die seine Frau geleistet hat, um ihre gemeinsame Wohnung harmonisch und behaglich herzurichten. Er versteht nicht, daß es sich dabei um ein wahres Kunstwerk handelt, das ständig aufgefrischt wird und das ihr Denken und Fühlen in Anspruch nimmt. Wenn er dann nach Hause kommt und zerstreut seine schmutzigen Sachen in der Gegend verteilt, ist das für sie ein Zeichen seines Desinteresses an ihrer Person, wie eine Geringschätzung ihrer kreativen Leistung. Natürlich verbittert und verletzt sie das.

Wenn sich ein Mann in eine Frau verliebt, die bereits ein Haus besitzt, zieht er zu ihr, ohne sich groß Gedanken darüber zu machen. Er hat weder den Anspruch noch das Bedürfnis, dem Haus seine persönlichen Stempel aufzudrücken. Er gibt sich einfach damit zufrieden. Es ist, als ob sie ihn in ihre Arme, ihr Bett und ihren Körper aufnähme. Wenn dagegen eine Frau zu einem Mann zieht, hat sie das starke Bedürfnis, der Wohnung ihre persönliche Note zu verleihen. Wenn sie aus dem einen oder anderen Grund die Wohnung nicht nach ihrem Geschmack ändern kann, wenn sie sie nicht wie ein Kleid nach Maß zuschneiden kann, fühlt sie sich nicht wohl. Sie zieht sich in sich selbst zurück, macht sich ganz klein. Zwischen ihr und ihrem Mann kann es keine Übereinstimmung, keine Harmonie geben. Selbst die leidenschaftlichste Liebe ist dann zum Scheitern verurteilt. Ein solcher Fall ist der von *Marina und Alberto*. Als sie sich kennenlernen, haben beide bereits eine Vergangenheit hinter sich, die sie gerne vergessen würden. Er ist Witwer, sie geschieden. Sie verbringen Zeit miteinander und fühlen sich wohl in der Gesellschaft des anderen. Sie ist verliebt in ihn und überzeugt davon, daß sie endlich den Mann gefunden hat, von dem sie immer geträumt hat. Er ist zärtlich, überschüttet sie mit Geschenken und Aufmerksamkeiten. An einem gewissen Punkt bietet er ihr an, zu ihm in seine geräumige Villa zu ziehen. Sie willigt ein. Sobald sie jedoch die Schwelle seines Hauses überschritten hat, erstarrt sie innerlich: In seiner Villa ist die Anwesenheit seiner verstorbenen Frau überall zu spüren. Im ganzen Haus hängen Fotografien von ihr, ihre Gegenstände, ihre Möbel – alles erzählt ihre Geschichte. Marina fragt ihn schüchtern, ob sie die Einrichtung ändern kann. Er sagt ihr, daß das noch Zeit habe, und überredet sie gleichzeitig dazu, die Wohnung, in der sie mit ihrem Ex-Mann gelebt hat, zu verkaufen. Er will nicht, daß sie dorthin zurückkehrt, sie darf ihren Ex-Mann nicht einmal erwähnen. Nach und nach begreift Marina, daß er ihre Vergangenheit auslöschen und sie zum Teil seiner eigenen machen will. Das Haus, in das er sie gebracht hat, ist das Haus seiner ersten Frau und wird nie ihr Haus sein. Es ist der Körper, das Grabmal seiner ersten Frau, und er zwingt sie, dort einzutreten und diese Frau zu sein. Das bedeutet, daß er sie nicht liebt und sie nie lieben wird. Ihr bleibt nichts anderes, als zu gehen.

Unstimmigkeiten

Konflikte und Meinungsverschiedenheiten zwischen Ehepartnern zeigen sich als Unstimmigkeiten und Disharmonien in ihrer Wohnung. Wenn man sich die Wohnung eingehend betrachtet, kann man leicht erkennen, ob sich die beiden Partner verstehen oder nicht. Ich erinnere mich an den Fall zweier Freiberufler, die heftig ineinander verliebt waren, obwohl sie grundverschieden waren. Er war systematisch und analytisch veranlagt, sie dagegen wirkte zigeunerhaft und laut. In ihrer Wohnung war ein Zimmer sauber und aufgeräumt, das andere dagegen schmutzig und chaotisch. In dem einen befanden sich nur nützliche und funktionelle Gegenstände, das andere sah aus wie die Abstellkammer eines Trödlers. Trotz ihrer Liebe zueinander hatten sie zwei unvereinbare Lebensanschauungen. Eines Tages haben sie sich dann auch getrennt. Ich erinnere mich aber auch an einen umgekehrten Fall, nämlich den zweier Modeschöpfer, die immer unterschiedlicher Meinung sind: Sie ist vorsichtig, schüchtern, er dagegen ein verwegener Abenteurer. Aber ihr Haus hat eine einheitliche künstlerische Note, die sehr streng ist. Trotz ihrer Meinungsverschiedenheiten ergänzen sie sich vorzüglich. Sie leben noch immer zusammen.

Aus der gemeinsamen Wohnung kann man ableiten, ob einer der beiden den anderen beherrscht, ihm seinen Geschmack aufzwingt und ihn erdrückt. Das kann man daran erkennen, wenn ein einziger Stil die ganze Wohnung beherrscht. Wenn man sich dann aber die Einzelheiten genau betrachtet, beispielsweise das Badezimmer der Frau oder das Arbeitszimmer des Mannes, findet man Überreste eines anderen Stils, der vom ersten abweicht. Etwas, das gleichzeitig fehl am Platz und pathetisch wirkt, wie zum Beispiel Plastikblumen und ein Madonnenbild in einer Wohnung, in der die komplette Einrichtung modern und geometrisch ist, oder ein hochmoderner Computer, der in einer Ecke hinter Antiquitäten hervorlugt.

Aus der Wohnung kann man auch schließen, ob ein Mann in

eine andere Frau verliebt ist. Denn wenn er in eine andere verliebt ist, wird er sich daheim wie ein Gast verhalten. Er wird ständig unterwegs sein und erst sehr spät abends nach Hause kommen. Eigentlich ist ihm alles gleichgültig. Seiner Frau sagt er großmütig: »Das überlasse ich dir. Du kannst das besser als ich.« Die wenigen Stunden, die er zu Hause verbringt, nimmt er so wenig Raum wie nur möglich ein. Am Tisch sitzt er auf der äußeren Kante seines Stuhls, im Bett rückt er ans äußerste Eck. In den Schränken stapelt er seine Hemden und Hosen auf einem Stoß. Seine Sachen läßt er nicht mehr herumliegen, er hinterläßt keine Spuren mehr. Er hängt sogar seine Fotografien von den Wänden ab. Nach und nach spürt man nur noch die Anwesenheit der Frau und der Kinder im Haus. Es ist, als ob es ihn dort nie gegeben hätte.

Ganz anders ist es, wenn der Mann aus geschäftlichen Gründen längere Zeit abwesend sein muß. In diesem Fall wird die liebende Ehefrau im ganzen Haus auf seine symbolische Anwesenheit Wert legen. Überall werden seine Fotos, seine persönlichen Gegenstände, seine Sportgeräte und Pfeifen herumliegen. Man kann sehen, daß sie auf seine Rückkehr wartet, denn all seine Sachen stehen für ihn bereit.

Wenn dagegen die Frau einen Liebhaber hat, vernachlässigt sie die Wohnung in keiner Weise, im Gegenteil: Sie wird sie noch schöner gestalten. Ihren Mann stößt sie innerlich aus ihrer Wohnung aus. Wenn sie ihn sieht, empfindet sie Ekel. Er kommt ihr wie ein Fremder vor, der mit seinem abstoßenden Körper und seinen widerlichen Sachen in ihr Territorium eindringt. Er ist ein Einbrecher, der ihre Intimsphäre stört. Also setzt sie alles daran, ihm das Leben zur Hölle zu machen. Sie steht in aller Herrgottsfrühe auf und macht dabei unnötigen Lärm. Wenn er einmal spät abends nach Hause kommt, findet er die Tür zu ihrem gemeinsamen Schlafzimmer verschlossen. Sie vergißt, ihm das Abendessen zu kochen, oder setzt es ihm kalt vor. Oder sie nimmt ihm noch während des Essens ungeduldig den Teller weg, bevor er noch richtig fertig ist. Dann wieder vergißt sie seine Sachen in der Reinigung oder bügelt ein Loch hinein. Sie sagt ihm, daß er stinkt. Er wird mit Vorwürfen überschüttet, weil er seine widerlichen Schuhe in der Diele stehengelassen hat. Langsam übernimmt sie die Wohnung und drückt ihr ihren persönlichen Stempel auf; es ist, als ob sie bereits geschieden wären.

VIERZEHNTES KAPITEL

Formen
des Zusammenlebens

Das tägliche Zusammenleben

Es gibt Paare, die alles zusammen machen. Sie leben in demselben Haus, schlafen in demselben Bett, sie stehen morgens zur gleichen Uhrzeit auf, sie lesen die gleichen Zeitungen, sie arbeiten in derselben Firma und sie nehmen gemeinsam ihre drei Mahlzeiten am Tag ein. Abends gehen sie zur gleichen Uhrzeit ins Bett. Sie haben die gleichen Freunde. Wenn einer auf die Reise gehen muß, begleitet ihn der andere. Sie sind gewohnt, sich ihre Erlebnisse zu erzählen und über das Verhalten der Leute, die sie treffen, zu diskutieren. Ihre Kleidung kaufen sie gemeinsam ein. Er berät sie dabei, und sie ihn. Gemeinsam suchen sie auch den Ort aus, an dem sie wohnen möchten, die Einrichtung, gemeinsam entscheiden sie, wo und wie sie ihren Urlaub verbringen wollen. Sie sind sich treu, ohne daß sie das Anstrengung kosten würde, denn sie gefallen sich wirklich und fühlen sich sexuell stark vom anderen angezogen.

Diese Nähe zwischen den Partnern ist nicht das einfache Produkt, das aus einer amourösen Verschmelzung hervorgeht. Es handelt sich vielmehr um das Ergebnis einer langsamen und schrittweisen Annäherung, bei der sie nach und nach entdecken, daß es ihnen besser geht, wenn sie zusammen sind, daß sie gemeinsam stärker, klüger und lebensfroher sind. Wenn der eine müde ist, hilft ihm der andere. Wenn der eine gereizt ist und seine Geduld verliert, bewahrt der andere seine Ruhe und Gelassenheit. Jeder hat Vertrauen in die Urteilsfähigkeit des anderen. Beide haben gesehen, wie der andere Prüfungen besteht. Deswegen vertrauen sie einander. Wenn der eine etwas nicht persönlich erledigen kann, dann schickt er den anderen an seiner Stelle, weil er genau weiß, daß dieser sein Bestes geben wird. Sie haben natürlich auch die Möglichkeit, ihre Ansichten miteinander zu vergleichen und zu einem gemeinsamen Standpunkt zu kommen. Da der eine männlich und die andere weiblich ist, ergänzen sie sich in ihrer Sensibilität. Der eine sieht Dinge, die am anderen unbemerkt vorbeigehen, und wenn sie über einen Fall diskutieren, haben sie die Möglichkeit, ihn weiter zu vertiefen, als dies jeder für sich könnte. Im Laufe der Zeit haben sie sich auch daran gewöhnt, die kleineren Fehler des anderen zu akzeptieren und die größeren zu korrigieren. Sie haben gelernt, miteinander zu lachen, Reizthemen auszuklammern, um Verzeihung zu bitten und Fehler gutzumachen.

Im großen und ganzen leben sie so, wie sie sich normalerweise vorstellen, daß Verliebte leben: immer zusammen, immer Hand in Hand. Und doch bleiben sie zwei unabhängige Persönlichkeiten, zwei unverwechselbare Individuen. Es ist, wie Murray Davis bemerkt, die Tatsache, daß sie so vieles gemeinsam haben, die bewirkt, daß sie ihre persönlichen Eigenarten besser ausarbeiten können. Davis sagt dazu, daß der Mensch die Fähigkeit hat, sich in unzählige Teile zu zerlegen und sich in jedem davon wiederzuerkennen. Dank dieser psychischen *Synekdoche* kann sich jeder Mensch ganz hingeben und doch gleichzeitig er selbst bleiben, indem er nur die Teile zurückhält, die ihn charakterisieren.[1]

Es ist deswegen falsch, in solchen Fällen von Symbiose zu reden, wie dies einige Psychoanalytiker tun. Obwohl beide eng zusammenleben, bleibt jeder der beiden eine freie und eigenständige Person. Beide haben ihr persönliches Lieblingsgericht. Ihr jeweiliger Biorhythmus ändert sich nicht, auch wenn sie ihn auf den der geliebten Person abgestimmt haben. Jeder der beiden hat seine Lieblingsfilme und -autoren, eigene philosophische, politische und religiöse Überzeugungen. Natürlich ist man gegenseitig sehr offen gegenüber der Meinung des anderen, man versteht dessen Gründe und legt, wenn man mit ihm diskutiert, viel Geduld und Respekt an den Tag. Man könnte sagen, daß beide die Fähigkeit haben, die Welt mit ihren eigenen Augen, aber auch mit den Augen des anderen wahrzunehmen. Ihre Beziehung ist nicht eine einzige und ununterbrochene Zustimmung, sondern ein ununterbrochener Dialog, ein ständiges Gegeneinanderhalten, bei dem es natürlich unzählige Übereinstimmungen, aber auch Meinungsverschiedenheiten gibt. Doch entstehen Diskussionen, die letztlich beide bereichern.

Getrennte Wohnungen

Im Film »Jenseits von Afrika« erzählt der Regisseur Sidney Pollak das Leben der dänischen Schriftstellerin Karen Blixen. Karen verliebt sich heftig in ihren Vetter Hans von Blixen-Finecke. Ihre Liebe wird nicht erwidert, und so heiratet sie, um wenigstens einen Schatten dieser Jugendliebe zu bewahren, dessen Zwillingsbruder Bror. Als sie in Afrika sind, geht die Ehe auseinander. Bror ist unbeständig und zynisch. Er ist ein Schürzenjäger, der allen Frauen nachstellt, ob nun schwarz oder weiß. Bei einem seiner Eroberungsfeldzüge steckt er sich mit Syphilis an und infiziert seine Frau. Sie trennen sich. Eines Tages begegnet Karen Denys Finch Hatton, einem englischen Aristokraten, und verliebt sich in ihn. Allerdings ziehen sie nicht zusammen und leben nicht wie Eheleute. Sie treffen sich immer bei Karen. Für ihn verschönt sie ihr Haus und richtet es behaglich ein. Finch geht auf Elefanten- und Löwenjagd, treibt Handel und geht auf Reisen, die Tage, manchmal auch Monate dauern. Wenn er von seinen Reisen zurückkommt, findet er in ihrem Haus Ruhe und Frieden. Karen ist glücklich. Wenn Denys bei ihr ist, erscheint ihr sogar der Tod bedeutungslos. Sie ist so glücklich, daß sich für eine einzige gemeinsam verbrachte Woche alle Mühen und Sorgen, sogar ihre Krankheit, gelohnt haben. Sie ist Denys auf ewig verbunden und liebt sogar den Boden, über den er schreitet.[2] Karen leidet freilich unter dem ständigen Verlassenwerden. Sie hätte Denys gerne in ihrer Nähe. Und doch akzeptiert sie seine Art zu lieben, indem sie sich sagt, daß Denys wie Ariel ist, der das Wesen der Luft hat. Also besteht ihre Liebe bis zu seinem vorzeitigen Tod weiter. Sie besteht immer nur aus Begegnungen, nie aus Beständigkeit oder Alltäglichkeit.

Auch Erica Jong erinnert sich an eine Liebeserfahrung, bei der sie nicht mit ihrem Geliebten zusammenlebte. Es handelt sich dabei um Piero, von dem sie in ihrem Roman »Der letzte Blues« berichtet. Die typische Struktur der Romane und die persönlichen Erfahrungen Erica Jongs sind immer ähnlich. Die Frau verliebt sich und erlebt ein außergewöhnliches erotisches Abenteuer. Sie heiratet. Nach einiger Zeit beginnt ihr Mann fremdzugehen. Sie erträgt dies nicht und verläßt ihn nach heftigen Auseinandersetzungen. Daraufhin folgt eine Phase der sexuellen Promiskuität, während der sie alle möglichen Erfahrungen mit den unterschiedlichsten Männern sammelt. Sie hofft, eine rein sexuelle Beziehung ohne gefühlsmäßige Komponente haben zu können, das, was sie als »Spontanfick« bezeichnet. Doch sie wird immer wieder enttäuscht und ist schließlich verbittert. An diesem Punkt verliebt sie sich in einen anderen Mann, wird wieder monogam, heiratet ihn und zieht zu ihm. Woraufhin der Zyklus erneut beginnt.

Im Fall von Piero wird jedoch nicht geheiratet, denn er ist bereits verheiratet, und sie verlangt nicht von ihm, daß er sich für sie scheiden läßt. Sie ziehen nicht einmal zusammen, sondern leben als Geliebte. Er kommt, geht, kehrt zurück. »Doch wenn er fortging, vertraute ich nicht auf seine Rückkehr. Diese Geschichte hat kein Ende. Wenn er heute hier erscheinen und mich berühren würde, würde ich wieder in diesen Wald gezogen, in diese Lagune, in diesen wirbelnden Sabbattanz.«[3] »Hätte ich mit dem Gott der Wälder leben können? Nur zeitweilig. Er war nicht bereit, mehr als zeitweilig da zu sein. Und ich akzeptierte seine Bedingungen und führte mein Leben weiter.«[4]

Erica Jong strebt eine stabile Beziehung an, doch nach vielen Enttäuschungen mit Männern verzichtet sie darauf. Sie gibt sich mit dem, was sie hat, zufrieden. Die Situation ist ähnlich wie die von Karen Blixen. In ihrem Buch »Keine Angst vor Fünfzig« gibt Erica Jong eine theoretische Beschreibung davon, die genau dem Modell entspricht, das wir als *goldene Insel* bezeichnet haben: »Leidenschaft darf nicht vom gewöhnlichen Leben berührt werden, wenn sie Leidenschaft bleiben soll. Und das gewöhnliche Leben macht sich gern breit und verbannt die Leidenschaft. Gewöhnliches Leben ist das zäheste Unkraut von allen.«[5]

Das Leben mit Kindern

Die Geburt und Anwesenheit von Kindern wirkt sich entsprechend dem anfänglich gesteckten Lebensziel unterschiedlich auf das Leben eines Paares aus. In der Vergangenheit hatte eine Ehe, und häufig auch eine Liebesbeziehung, ohne Kinder keinen Sinn. Sowohl die Frau als auch der Mann wünschten sich Kinder. Beide betrachteten sie als den Ausdruck und die wichtigste Vergegenständlichung ihrer Beziehung. Obwohl Abraham seine Frau Sarah liebt, quält ihn die Tatsache, daß sie ihm keine Kinder schenken kann. Deswegen willigt er auch ein, ein Kind mit Hagar zu zeugen. Heutzutage hat der Wunsch nach Kindern stark abgenommen. In Europa gibt es nur wenige Männer, die sich verlieben und dabei daran denken, einmal Kinder zu haben. In diesem Zusammenhang fällt mir der Fall eines südländischen Künstlers ein, den ich als den *Bildhauer* bezeichnen werde. Für ihn ist es undenkbar, keine Kinder zu haben. Er verliebt sich heftig in eine wunderschöne Frau, die für ihn die Traumfrau schlechthin ist. Sie ist allerdings in einer armen Familie aufgewachsen und mußte sich allein um vier kleine Geschwister kümmern. Deswegen will sie auch auf keinen Fall einmal selbst Kinder haben. Als dem *Bildhauer* klarwird, daß sie ihre Meinung hierzu niemals ändern wird, rückt er unmerklich immer weiter von ihr ab, bis sich seine Liebe schließlich verflüchtigt.

Wenn auf der anderen Seite ein Mann ausdrücklich keine Kinder will und die Frau trotzdem welche bekommt, kann dies seine Libido töten. Dies passiert hauptsächlich bei den Formen der Liebe, die als Auflehnung gegen etwas zu verstehen sind, wie beispielsweise im Falle des *Mannes aus Turin* oder in dem von Antonio aus Buzzatis Roman. Dies ist so, weil der Mann bei seiner Geliebten eine zügel- und hemmungslose Erotik sucht, ohne jegliche Art von Disziplin. Sobald Kinder im Spiel sind, muß sich der Mann beherrschen, sich verstecken, Uhrzeiten einhalten und still sein. Er kann sich nicht mehr gehenlassen und mit seiner Frau dionysischen Ausschweifungen, dem ekstatischen Paradies oder der totalen und ausschließlichen Verschmelzung frönen, ohne daß sie gestört werden könnten. Bei zahlreichen Männern zerstört das tägliche Zusammenleben mit den Kindern, die Erziehung, das Einhalten von Uhrzeiten, der Anstand und die indiskreten Augen langsam aber sicher das erotische Begehren, das ja einen eigenen Bereich darstellte, in dem sie sich hemmungslos gehenlassen konnten. Man könnte fast sagen, daß Kinder das zerstören, was die Erotik eigentlich für den Mann ausmacht.

Oft ist das Bedürfnis, den erotischen Bereich von anderen Bereichen abzugrenzen, in der Frau schwächer ausgebildet als im Mann. Frauen haben meist das Bedürfnis, Kinder zu kriegen. Zuneigung, Zärtlichkeit, Emotionalität und Erotik gehen bei der Frau Hand in Hand. Sie hat den Eindruck, daß es keinen Gegensatz zwischen den einzelnen Bereichen gibt, sondern daß sie sich gegenseitig sogar fördern. Für viele Frauen ist die Schwangerschaft ein Ausdruck ihrer Liebe zu ihrem Mann. Sie erwarten, daß ihr Mann ihre neue und andere Schönheit, nämlich die einer Schwangeren, bewundert, und sind enttäuscht, wenn dies nicht der Fall ist. Häufig ist die Geburt eines Kindes für die Frau die Erfüllung ihrer Liebe. Es gibt sogar Frauen, die sich nur dann wirklich verliebt fühlen, wenn sie gleichzeitig auch Mutter sein können.[6] Alles ist auf Beständigkeit und Zuwachs ausgerichtet. Um dem Mann ihre ganze Liebe zu zeigen, findet die Frau es natürlich, ihr Kind ins gemeinsame Bett zu nehmen, es zu liebkosen und an ihren Busen zu drücken. Und beim Aufwachen erwartet sie natürlich, daß ihr Mann auch einmal wieder Gentleman sein und ihr einen Blumenstrauß schenken könnte. Es kommt ihr nicht in den Sinn, daß ihr Mann vielleicht eine andere Art Erotik vorzieht, eine, die hauptsächlich auf ihn ausgerichtet ist. Auch der Mann ist durch die Berührung mit dem zarten Körper seines Kindes gerührt, doch dieses Gefühl hat nichts mit dem Verlangen zu tun, das er für den erregten Körper seiner Frau empfindet, für ihren Geruch, für die Zuckungen ihres Unterleibs und ihres Beckens. Der Anblick der Mutter mit dem Kind läßt in ihm eine ganz andere Form der Liebe entstehen: Es ist eine Liebe, die von Pflichtgefühl und Verantwortung durchdrungen ist, ein Gefühl, das der Mann der menschlichen Spezies in der langen Zeit seiner Menschwerdung gelernt hat, als er noch als Jäger und Krieger sein Territorium, seine Frau und seine schutzlosen und schwachen Jungen verteidigen mußte.

Es ist eine Liebe ähnlich der Mutterliebe, allerdings ohne deren sinnliche Wahrnehmungen. Diese Liebe hat nichts Erotisches. Es ist eine wachsame Liebe voller Fürsorge und versteckter Aufmerksamkeiten. Es ist eine Liebe, die sich in Handlungen ausdrückt und nicht in Zärtlichkeiten, eine Liebe, die sich in der Verteidigung vor äußeren Gefahren zeigt. Am besten läßt sich diese Liebe mit einem Wachposten vergleichen, der nachts vor dem Lager Wache hält, um es zu beschützen. Es ist eine Liebe, die in keiner Weise durch die körperliche Nähe beeinflußt wird und für die körperliche Nähe oder Kontakt nicht Voraussetzung sind. Diese Art der Liebe wächst im Laufe der Jahre, mit der Geburt der Kinder und dem Leben zu zweit. Es ist eine Liebe, die durch gemeinsame Erinnerungen und den gemeinsamen Kampf gegen alle Widrigkeiten des Lebens gefestigt wird. Sie ist durchwoben von intellektueller und spiritueller Vertrautheit, von der Gewohnheit, miteinander zu reden. Auf diese Art und Weise wird die Frau für den Mann die »bessere Hälfte«, wie man früher so schön sagte.

Dennoch ist es möglich, daß diese wahre und tiefe Liebe absolut nichts Erotisches an sich hat. Ein Mann kann seine Frau, die für ihn unersetzlich ist, tief und innig lieben und absolut keine sexuelle Anziehung ihr gegenüber empfinden. Er kann sie sogar abstoßend finden. Er kann dann mit allen anderen Frauen der Welt ins Bett gehen außer mit ihr oder nur dann mit ihr, wenn sie ihn dazu zwingt oder er sich dazu verpflichtet fühlt. Wenn er unter anderen Leuten oder auf Reisen ist, kann er nicht umhin, anderen Frauen nachzuschauen. Und selbst dann, wenn er seine Frau im Vergleich zu diesen besser oder sogar schöner findet, gelingt es ihm doch nicht, sein Begehren nach anderen Körpern und anderen Kontakten zu unterdrücken. Es geht hierbei nicht um Wertschätzung, Anerkennung und Zuneigung. Er schätzt weiterhin die außergewöhnlichen intellektuellen und moralischen Eigenschaften, die Eleganz und den guten Geschmack seiner Frau. Vielleicht findet er auch ihre Ratschläge hilfreich. Vor allem aber möchte er sie auf keinen Fall verletzen. Er leidet unter seiner eigenen Gleichgültigkeit ihr gegenüber und redet sich selbst Schuldgefühle ein.

All diese Gefühle gehören ganz sicher in den Bereich der Liebe. Der Mann kann sagen, daß er seine Frau liebt. Sie ist jedoch für ihn kein erotisches Objekt mehr und kann deswegen auch sein Bedürfnis nach Erotik nicht befriedigen. Doch dieses Bedürfnis verspürt er weiterhin, genau wie man Hunger und Durst verspürt. Es zerreißt ihn innerlich.

Frauen leiden viel weniger unter dieser Art der inneren Zerrissenheit. Für sie gehen Erotik und Liebe Hand in Hand. Normalerweise ist es so, daß sie jegliches erotische Interesse für ihren Mann verlieren, wenn sie ihn nicht mehr lieben. Dann wollen sie ihn nicht einmal mehr sehen. Wenn sie ihn jedoch lieben, erwarten sie von ihm weiterhin romantische Gesten, Zärtlichkeit, Umarmungen oder liebevolle Aufmerksamkeiten, die für sie gleichbedeutend sind mit Erotik. Für den Mann ist Erotik jedoch etwas ganz anderes. Ritterlichkeit ist nicht Erotik, Blumen sind nicht Erotik, Zärtlichkeit ist nicht Erotik. Für den Mann ist Erotik ein eigener, schöner und doch quälender Bereich. Immer sucht er sie, und immer entflieht sie ihm. Sie erscheint ihm wie eine Fata Morgana, und im nächsten Moment ist sie schon wieder verschwunden. Das ganz spezielle Drama des Mannes ist, eine Frau zu lieben und eine andere zu begehren und dies als Schuld zu empfinden. Für ihn ist es eine Schuld, die er nicht sühnen kann, eine Erbsünde, die er wiedergutmachen versucht, indem er mehr Verpflichtungen und mehr Verantwortung auf sich lädt. Das ist alles sinnlos, weil etwas ganz anderes von ihm verlangt wird. Er soll nämlich zwei Sachen vereinen, die für ihn unvereinbar sind. Genau dieser Konflikt ist der Grund für die eiserne Selbstdisziplin, der sich Männer seit der Antike unterwerfen.[7] Beherrschung und Unterdrückung des sexuellen Dranges wurden stets als Verdienst angesehen.

Liebschaften

Unter den unzähligen Möglichkeiten, eine Partnerschaft einzugehen, gibt es auch die, bei der eine noch bestehende alte Beziehung nicht gelöst wird, das heißt, es erfolgt keine Scheidung, man trennt sich nicht, sondern man hat eine heimliche Liebesbeziehung. Es gibt mindestens tausend Gründe, um ein derartiges Verhalten an den Tag zu legen. Vielleicht ist man im großen und ganzen mit der eigenen Ehe zufrieden, oder man will seinem Ehepartner keinen Schmerz zufügen. Vielleicht will man auch Probleme mit den Kindern vermeiden, oder man will sich die enormen Kosten einer Scheidung nicht aufhalsen oder nicht auf sein schönes Haus und seinen angenehmen Lebensstil verzichten. Möglicherweise ist man sich auch einfach noch nicht sicher, die andere Person zu lieben bzw. von ihr geliebt zu werden. Vielleicht will man aber auch nur ein kleines Abenteuer, das ein bißchen Farbe in den grauen Alltag bringt, eine kleine Zugabe und nicht etwas, das eine bereits bestehende Beziehung ersetzen soll.

Erotik wird durch das Andersartige und Neue stimuliert.[8] In den meisten Fällen verliert der erotische Reiz nach einigen Jahren Ehe an Stärke, während er gegenüber anderen wieder erwacht. In der Folge kommt es mitunter auch zu Abenteuern und erotischen Schwärmereien, zu einer Beziehung, die nicht zu einer Trennung oder Scheidung führt, sondern die nur das tägliche Leben mit einer Prise verloren geglaubten Glücks bereichert. Der Betreffende findet nun bei seiner Geliebten all das, was er bei seiner Frau nicht mehr findet: feuriges Begehren, freudige Erwartung, ungezügelte Hingabe und süße und verzehrende Lust. Auf diese Art und Weise kommt es ihm vor, als ob er sich etwas nimmt, das ihm zusteht, etwas, das seine Frau ihm nicht mehr geben kann.

Wenn die Geliebten nicht ineinander verliebt sind, beschränkt sich ihre Beziehung auf einen Teil ihrer Person. Sie wollen ihr Leben und ihre Vergangenheit nicht miteinander vereinen. Sie streben nicht die absolute Verschmelzung ihrer Seelen an. Es ist ihnen nicht wichtig, die gleichen Vorlieben oder Grundsätze zu haben. Sie erzählen sich auch nicht die kleinen Dinge ihres Lebens, sie vergleichen nicht ihr Urteil über andere Personen aus ihrem Umfeld miteinander, sie lesen nicht die gleichen Bücher und vertrauen sich nicht ihre geheimen Gedanken an, denn sie müssen kein Leben zu zweit oder eine gemeinsame Welt aufbauen. Zwischen ihnen besteht wohl Vertrautheit, jedoch keine Verschmelzung. Ihre Nähe betrifft vor allem ihre Körper und ihre sexuelle Beziehung. Sie ändern in keiner Weise ihr physisches und soziales Umfeld. Es ist nicht wichtig, ob sie sich bei ihm oder bei ihr treffen oder ob sie in ein Hotel gehen. Der Ort ist Nebensache. Das einzige, was zählt, ist ihre Beziehung, nicht aber die Formen ihrer Vergegenständlichung.

Ihre Nähe ist auch zeitlich begrenzt. Sie treffen sich nur an gewissen Tagen oder zu bestimmten Zeiten und haben als einziges Ziel, sich gegenseitig zu gefallen und sich sexuell zu befriedigen. Die Geliebten malen sich ihre Treffen bereits vorher aus, sie bereiten sich sorgfältig auf ihre Verabredungen vor. Die Frau zieht sich elegant an, geht zum Friseur, schminkt sich. Der Mann rasiert sich, verwendet ein wohlriechendes Aftershave und bringt ihr Blumen oder ein Geschenk mit. Bei jedem Treffen umwerben sich die Geliebten; anschließend folgt die erotische und zügellose Orgie, bei der die einzelnen Kleidungsstücke quer durch den ganzen Raum fliegen und die nackten Körper sich umschlingen. Es ist wie in der Anfangszeit einer Liebesbeziehung, die vor Frische und Überraschungen nur so sprüht. Es gehört zum Reiz einer außerehelichen Beziehung, sich heimlich zu verabreden und sich in einem versteckten Appartement oder in einem abgelegenen Hotel zu treffen. Es ist etwa der Reiz eines Wochenendes, einer heimlichen Reise – fast einer Hochzeitsreise –, die aber durch das Wissen, daß man anderen diese Freude raubt, als um so aufregender empfunden wird.

Das Eheleben besteht auch aus Vorwürfen, Gegenvorwürfen und kleinen Rachefeldzügen. Einige »bestrafen« ihren Ehepartner für dessen Mängel und Fehler, indem sie einen Geliebten haben. Manchmal ist diese Rechtfertigung nur ein Alibi für das eigene Gewissen. In anderen Fällen bedeutet ein Seitensprung jedoch schlicht und einfach Freude am Betrügen. Wenn es zu Hause starke Spannungen gibt, machen sich die Geliebten gerne über ihre betrogenen Ehepartner lustig. Sie machen sich über die ganze Welt lustig und behaupten ihre Lust gegen ihre ehelichen und familiären Verpflichtungen, ihre zügellose Freiheit gegen ihre sozialen Pflichten. Es handelt sich hierbei nicht um eine Umwälzung wie die Verliebtheit, sondern um eine *Entweihung* ihrer offiziellen Beziehung, der Institution. Es gibt Leute, die daran Gefallen finden, mit ihren Geliebten im Bett des eigenen Ehepartners zu schlafen. Andere wollen im Bett ihrer Geliebten schlafen, eben um es zu besudeln, um den Ehepartner der Geliebten symbolisch zu verletzen und abzuwerten, auf obszöne Art und Weise dessen Platz einzunehmen und sich dann lustig über ihn zu machen.

In anderen Fällen begegnen wir dagegen der Form der Liebe, die wir als *goldene Insel* bezeichnet haben, einer Liebesbeziehung, die vom Rest der Welt ferngehalten und durch ihre Reinheit geschützt wird, wo alle Pflichten, alle Mühen draußen und das Gute und die Freude drinnen bleiben. Hier ist das Leben ein einziges Fest. Es ist eine Liebe, die sich nicht die Familie und das profane Leben zum Modell nimmt, sondern den Mysterienkult mit seinen heiligen Orgien, die von Initiationsgeheimnissen geschützt werden. Es ist eine Liebe, deren Modell nicht die öffentliche Zeremonie der Hochzeit ist, mit einem Heim, das allen Freunden offensteht, sondern die Sekte, in der die Anhänger durch eine Bruderschaft miteinander verbunden sind und der Verpflichtung unterliegen, ihre Zugehörigkeit geheimzuhalten. Es ist eine heimliche, vor neugierigen Augen versteckt gehaltene Liebe. Sie ist die Belohnung, die einen erwartet, wenn man seine ehelichen Pflichten erfüllt und alle Arbeit erledigt hat. Dann kann man sich seiner Seele und seinem Körper widmen und sich dem Jubel hingeben.

Die Beziehung zu einem Geliebten oder einer Geliebten kann lange Zeit dauern, manchmal sogar über Jahre hinweg. In einigen Fällen verliert sie zunehmend an Bedeutung, bis schließlich nichts mehr von ihr übrigbleibt. In anderen Fällen dagegen wird sie mit den Jahren noch stärker. Nach und nach vertieft sich die Nähe, das gegenseitige Vertrauen wächst, und es entsteht eine echte Freundschaft. Und der Ort, an dem man sich trifft, wird zu einem zusätzlichen Heim, einem zweiten Heim mit einem zweiten Ehemann bzw. einer zweiten Ehefrau. Bisweilen gibt es in diesen heimlichen Beziehungen auch Kinder. So entstehen zwei Familien, von denen die eine von der anderen nichts wissen darf, obwohl sie sich womöglich sogar in der gleichen Stadt befinden.

FÜNFZEHNTES KAPITEL

Treue/Untreue

Treue und Exklusivität

In der Liebe bedeutet Treue *Exklusivität*: Liebe zu einer einzigen Person, sexuelle Beziehungen nur mit ihr. Es ist wie im absoluten Monotheismus:»Du sollst keine anderen Götter neben mir haben!« Im Polytheismus kann man dagegen mehreren Gottheiten gleichzeitig treu sein, ähnlich wie in der Freundschaft. Einem Freund treu sein bedeutet, ihm über die Jahre hinweg unsere Liebe, Loyalität und Hilfe zu schenken. Es bedeutet aber nicht, keine anderen Freunde neben ihm zu haben.[1]

In unserer Tradition hat die Treue zweierlei Ursprung. Zum einen hat sich die Treue aus dem Konzept des ausschließlichen Besitzes entwickelt. Im patriarchalischen Zeitalter gehört die Frau dem Mann, und wenn sie ihm untreu ist, wird sie getötet. Zum anderen hat die Treue ihre Wurzeln auch in der ausschließlichen Loyalität gegenüber dem Stamm, dem Vaterland, dem Glauben und dem jeweiligen Anführer. Diese Art der Treue wird sowohl von politischen und religiösen Bewegungen als auch von Verliebten gefordert. Individuelle Liebe und Liebe zum vergötterten charismatischen Führer sind im Grunde genommen ein und dasselbe.

Durch meine Treue gebe ich der geliebten Person zu verstehen, daß sie mir mehr als alle anderen bedeutet, daß sie mein einziges Glück ist, mein einziger Wunsch. Wenn ein Verliebter jeden Abend vor dem Haus seiner Angebeteten verbringt, gibt er ihr damit zu verstehen, daß sie das einzige auf dieser Welt ist, das wirklich zählt, daß er nicht mehr ohne sie sein kann und jeden Augenblick in ihrer Nähe verbringen will.

Was ist aber, wenn der andere nicht weiß, daß man ihm treu ist? Was bedeutet es, jemandem treu zu sein, der dies nicht zur Kenntnis nimmt? Die Treue wird in diesem Fall zu einer Beziehung mit mir selbst. Es ist eine Handlung, die ich in mir selbst ausführe. Aus meinen Gedanken verjage ich alle anderen, jedes andere Begehren, um nur der einen Person Platz zu machen, die zum absoluten und bevorzugten Protagonisten meiner Gedankenwelt wird. Ich öffne meine Seele, mein Herz, indem ich alles, was stören könnte, was meiner Liebe Abbruch tun könnte oder mich von der geliebten Person entfernen könnte, ausschließe. Ich eliminiere jede mögliche Verführung und Versuchung. Um meine Liebe herum errichte ich einen Schutzwall.

Wie lange aber kann ein Mann es durchstehen, jeden Abend vor dem Haus seiner Angebeteten zuzubringen? Und wenn er eines Abends nicht mehr erscheint, heißt das dann, daß er sie nicht mehr liebt? Nein, denn wir müssen auch arbeiten, essen, schlafen, soziale Verpflichtungen einhalten, produzieren, schaffen. Man kann treu und ergeben sein und trotzdem all diese Dinge tun. Doch bis zu welchem Grad? Die Frau eines befreundeten Wissenschaftlers behauptete, daß ihr Mann sie mit seinen Forschungsarbeiten betrog. »Wen liebst du mehr: mich oder deine Versuchskaninchen?« fragte sie ihn so manches Mal. Und wahrscheinlich hatte sie sogar recht, denn er hatte wirklich nur Augen und Ohren für seine Arbeit. Zwar hatte er keine Abenteuer und keine Geliebte, doch abends kam er erst sehr spät nach Hause und häufig ging er auch samstags und sonntags ins Labor.

Treue bedeutet immer auch, daß man einen Teil seiner Energie, einen Teil seiner selbst der geliebten Person widmet. Man schenkt sich selbst, seine Zeit, seine Aufmerksamkeit und seine Gedanken. Selbst bei einem Freund – der ja sicher nichts Ausschließliches von uns will – erfordert die Treue, daß die Freundschaft gepflegt wird, daß man sich seiner erinnert, an ihn denkt, sich um ihn kümmert. Jemand, der Gott treu ergeben ist, bringt ihm Gaben dar, wendet sich im Gebet an ihn und dankt ihm für das, was ihm zuteil wurde.

Dann gibt es noch die Beziehungen zum anderen Geschlecht.

Wo genau beginnt die Untreue? Wann kann man behaupten, daß der andere uns etwas vorenthält, das ausschließlich uns gebührt? In unserer Gesellschaft ist es kein Treuebruch, wenn eine Frau beim Tanz einen anderen Mann umarmt, oder wenn sie ihn bei der Begrüßung oder beim Abschied auf die Wangen küßt. Es ist auch kein Treuebruch, wenn man eine Geschäftsreise mit einem Kollegen des anderen Geschlechts unternimmt. Wie sieht es aber aus, wenn man jeden Abend zu ihm nach Hause geht, um persönliche Gespräche zu führen, selbst, wenn alles auf rein platonischer Ebene abläuft? Wann genau überschreitet die Freundschaft zwischen einem Mann und einer Frau den Punkt, ab dem man von Untreue sprechen kann? Wenn die Beziehung zwischen zwei Ehepartnern abwechslungsreich ist und sie sich regelmäßig und befriedigend austauschen, stellt auch eine Freundschaft auf geistiger Basis zu einer anderen Person kein Problem dar. Wenn der Austausch zwischen ihnen allerdings mäßig ist, reicht schon eine lebhafte Unterhaltung mit einer anderen Person, um Eifersucht zu verursachen. Genau das ist einer Frau passiert, die ich als die *Schriftstellerin* bezeichnen werde. Diese Frau beginnt einige Jahre nach ihrer Hochzeit und der Geburt ihrer beiden Kinder zu schreiben. Sie lädt andere Künstler zu sich nach Hause ein, um über ihre Arbeit zu reden. Sie ist überzeugt davon, daß sie ihrem Mann so noch mehr gefallen wird. Außerdem hofft sie, ihn auf diese Weise in ihre künstlerische Tätigkeit einbeziehen zu können. Er dagegen – ein Unternehmer – reagiert sehr ungehalten. Er fühlt sich ausgeschlossen. Ihre Ehe geht in die Brüche, und schließlich reichen sie die Scheidung ein.

Und dann gibt es auch die außerehelichen Beziehungen sexueller Art. Jahrtausendelang wurden die außerehelichen Beziehungen des Mannes mit Dienstmädchen und Prostituierten nicht als Untreue betrachtet. Die der Frau dagegen sehr wohl. Heutzutage sind die beiden Geschlechter in dieser Beziehung gleichberechtigt. Es gibt jedoch immer noch Unterschiede: Zum einen gibt es Leute, die ein gelegentliches Abenteuer, bei dem keine Gefühle mitspielen, als unbedeutend ansehen. Für andere dagegen ist schon ein einfacher Kuß auf den Mund ein Treuebruch.

Treue kann auch unter dem Aspekt des Leides gesehen werden, das wir dem anderen zufügen. Derjenige, der den Treuebruch begeht, leidet nicht. Es leidet der, der betrogen wird, besonders, wenn er selbst dem anderen treu ist. Er leidet allerdings nur, wenn er von unserem Treuebruch erfährt. Und was ist, wenn er es nicht erfährt? Was ist, wenn man so geschickt lügt, daß der andere den Eindruck gewinnt, man liebe nur ihn; und was ist, wenn man diese Lüge ein ganzes Leben lang aufrechterhalten kann? Was ist aus moralischer Sicht gesehen korrekter: die Wahrheit zu sagen oder zu verhindern, daß der andere leidet? Untreue kann auch eine Art sein, sich am anderen zu rächen. Es gibt Menschen, die untreu sind, wenn sie sich vernachlässigt oder schlecht behandelt fühlen. Der *Mann aus Turin* ging jedesmal zu einer Prostituierten, wenn er sich mit seiner Frau gestritten hatte. Der *Kommandant* ging zu einer seiner zahlreichen Freundinnen, mit denen er eine erotische Freundschaft unterhielt. Manchmal wird die Untreue auch mit Untreue vergolten, nach dem Motto:»Ich bestrafe dich mit meiner Untreue, weil du mir untreu warst. Ich räche mich, indem ich dich betrüge. Und um die Rache um so süßer zu machen, um dich im tiefsten Innern zu treffen, mache ich es vor deinen Augen.«

Sexuelle Rastlosigkeit

Wenn sich zwei Individuen ineinander verlieben, entscheiden sie sich freiwillig füreinander, ziehen einander anderen vor, und sie verpflichten sich gegenseitig, einander treu zu sein. Diese Tendenz wird jedoch immer durch eine gegenläufige Kraft in Frage gestellt, nämlich durch die sexuelle Anziehung, die man für andere, neue und interessante Menschen empfindet. Die Liebe, die zwei Individuen ausschließlich aneinander bindet, hat als ständigen Gegner die in jedem Mann und in jeder Frau vorhandene Tendenz, Neues auszuprobieren.

Unsere Abhandlung über die Liebe haben wir mit der Verliebtheit, der Exklusivität und der Monogamie begonnen. Wir hätten jedoch genausogut anders beginnen können: mit der natürlichen Tendenz jedes Menschen, verschiedene sexuelle Erfahrungen zu machen. So könnte man die Verliebtheit und die Liebe als Einbruch in diese Tendenz bezeichnen, die einen Teil unseres biologischen Erbguts ausmacht. In praktisch allen Tiergattungen, besonders aber bei den Säugetieren, produziert und verteilt das Männchen Milliarden von Spermatozoen. Seinem sexuellen Verhalten liegt das Prinzip zugrunde, so viele Weibchen wie nur möglich zu begatten. Das Weibchen dagegen ist auf der Suche nach dem Männchen mit dem besten Erbgut. Auf diese Art und Weise stellt es nämlich sicher, daß sein Wurf stark und überlebensfähig wird.

Die erotische Versuchung kann auch den treuesten Ehemann und die tugendhafteste Ehefrau treffen. Die Erotik erwacht ganz unvermutet als lustvolle Übertretung, Treuebruch, Abenteuer oder Chaos. Sie äußert sich in einer plötzlichen Anziehung zu einer Person, die unter anderen Umständen nie unser Interesse geweckt hätte. Sie weckt in uns brennendes Verlangen, Lust auf einen unbekannten oder verbotenen Körper, Sehnsucht zu verführen oder verführt zu werden, Begehren nach erotischen Spielen, nach heißen Schauern, nach Übertretung der Regeln.

Was hat seit jeher verheiratete Männer mit Kindern und familiären Verpflichtungen dazu getrieben, gefährliche, manchmal sogar katastrophale erotische Abenteuer zu suchen? Und was hat viele verheiratete Frauen dazu getrieben, wegen Ehebruch den Tod zu riskieren? Was treibt heutzutage viele Menschen dazu, eine tödliche Infektion wie Aids zu riskieren? Wir meinen oft, daß es einen schwerwiegenden Grund dafür geben muß, zum Beispiel eine tiefe Unzufriedenheit in der Ehe oder eine leidenschaftliche Liebe zu einer anderen Person. In der Regel haben Liebe und Verzweiflung jedoch nur sehr wenig damit zu tun. Es ist vielmehr ein weit nichtigeres Motiv, ein weit unbeständigeres und banaleres Vergnügen, nämlich der Reiz des Neuen, des anderen, ein ursprünglicher und irrationaler Drang. Genau diese unbekannte Kraft hat Freud dermaßen fasziniert, daß er die Sexualität als Antriebskraft aller menschlichen Handlungen gedeutet hat. Die Sexualität erschien ihm als die Kraft, die am wenigsten zu lenken, zu leiten und zu beherrschen ist.

Der Begriff »Sexualität« ruft in uns den Gedanken an einen Triebimpuls wie Hunger, Durst oder Müdigkeit hervor; es ist also eine Spannung, die entladen werden will und die, wenn sie einmal entladen ist, verschwindet. Im Menschen wird die Sexualität jedoch durch die Phantasie beflügelt, sie wird durch Liebe und Haß, durch Gefühle, Hoffnungen, Leidenschaften,

Freuden, Ängste, Abneigungen, Träume und Pläne getrieben. Sobald aus Sexualität Erotik geworden ist, wird sie zu einer beunruhigenden, unbeständigen und maßlosen Kraft, die gefährlich werden kann, weil sie von einer unerschöpflichen Phantasie getrieben wird. Wir alle wünschen uns ein intensiveres Leben. Wir wollen andere Länder sehen und anderen Menschen begegnen. Wir wollen nicht nur länger leben, sondern auch mehrere Leben haben. Wir werden von einer inneren Unruhe charakterisiert, der Tendenz, uns selbst zu transzendieren. Erotik entsteht, wenn sich diese gleichermaßen göttliche und dämonische Tendenz in die Sexualität einschleicht und uns etwas Wunderbares, Außergewöhnliches, die Enthüllung von etwas erstaunlich Neuem erahnen läßt. Dies hat schon Bataille[2] erkannt, für den die Erotik ein Synonym für die Übertretung und das Brechen von Tabus ist. Deswegen ist für ihn auch keine Erotik möglich, die in Normalität und Institution mündet.

Während es bei der Verliebtheit keine Unterschiede zwischen Geschlecht, Alter und Herkunft gibt, ist doch die Tendenz, Neues auszuprobieren, nach wie vor bei den beiden Geschlechtern sehr unterschiedlich ausgeprägt. Der Mann wird eher vom Neuen und anderen angeregt, die Frau von Qualität. Den Mann fasziniert der Körper einer Frau. Um ihn zu erregen, reicht ein Kleid, das viel Busen zeigt oder erahnen läßt, ein kurzes Röckchen, das hochrutscht, wenn sich die Frau bückt, oder ein Rock mit einem Schlitz, der sich öffnet, wenn sie sich bewegt. Außerdem ist der Mann vor allem auf Sex aus, auf das rein körperliche Vergnügen. Es ist bezeichnend, daß selbst Schauspieler aus Hollywood, denen die Frauen nur so hinterherlaufen, doch weiterhin zu Prostituierten gehen.

Der Frau jedoch reicht die ästhetische Schönheit eines männlichen Körpers nicht aus, obwohl sie auch diese bewundert. Damit der Körper für sie Erotik ausstrahlt und ihr Verlangen weckt, muß er für sie auch körperlich eine Einladung darstellen und ihr eine intime Beziehung versprechen. Eine Frau wird durch die Begierde erregt, die ein Mann für sie zeigt. Ein echter Don Juan läßt jede Frau spüren, daß sie einzigartig und außergewöhnlich ist. Er steckt sie mit seinem Verlangen an. Die weibliche Erotik ist stets eine amouröse Phantasie, in der der Geschlechtsakt nur ein Moment darstellt. In Wirklichkeit – und das möchte ich hier betonen – ist die Frau potentiell natürlich genauso promiskuitiv wie der Mann. Sie hat das gleiche Bedürfnis nach Abwechslung wie er. Auch sie würde mit immer neuen Männern ins Bett gehen. Was hält sie also davon ab? Es ist die Tatsache, daß sie nicht den geeigneten Mann dafür findet, denn sie ist sehr viel wählerischer als der Mann. Sie fühlt sich einzig und allein zu Männern hingezogen, die voller Lebenskraft, voller Begierde und Leidenschaft für sie sind. Die Frau versucht deswegen, den Mann zu erregen. Sie stellt sich zur Schau, sie tanzt. Der erotische Tanz, der Tanz der sieben Schleier, der Bauchtanz und der hemmungslose Balztanz in der Diskothek sind typisch für die Frau. Vielfach verschafft es der Frau größere Befriedigung, die Wirkung ihrer Verführungskünste beim Mann zu beobachten, als wirklich mit ihm ins Bett zu gehen. Und das ist etwas, das der Mann unmöglich nachvollziehen kann.

Trotzdem ist es bei beiden Geschlechtern eben diese umherschweifende, zerstörerische Tendenz, Neues auszuprobieren, diese Unordnung, die sich an einem gewissen Punkt in eine kreative und vereinigende Kraft verwandelt. Plötzlich wird aus dem Chaos Ordnung. Die erotische Explosion der Verliebtheit führt zur Verschmelzung, zu einem Paar, zur Exklusivität. Die Suche nach einem Partner wird durch die Verliebtheit, durch das »Ich liebe dich« unterbrochen, und es entsteht statt dessen eine stabile Struktur, eine dauerhafte Einrichtung, ein treues Paar. Für den Mann, der ja ein größeres Bedürfnis nach Abwechslung hat, ist deswegen das Sich-Verlieben ein überraschenderes und umwerfenderes Ereignis als für die Frau.

In unserer Zeit ist das Leben sehr vieler Menschen über einen mehr oder weniger langen Zeitraum von Promiskuität geprägt, das heißt, man hat mit mehreren Personen mehr oder weniger gleichzeitig Geschlechtsverkehr. Es hat auch immer schon politische und religiöse Bewegungen gegeben, die versucht haben, die freie Liebe innerhalb ihrer Gruppe zu verwirklichen. Sie waren daher gegen ausschließliche Partnerbeziehungen und haben die Verliebtheit mit mißtrauischen Augen betrachtet. Derartige ideologische Gemeinschaften finden sich bei den Brüdern und Schwestern des freien Geistes im späten Mittelalter und bei einer jüdischen Sekte, den Frankisten, die aus der messianischen

Bewegung Sabbatai Zwi hervorgegangen ist. Im vergangenen Jahrhundert sind in den Vereinigten Staaten die Gemeinschaften Nashoba und Oneida entstanden. Später sind dann mit den Jugendbewegungen der sechziger und siebziger Jahre weitere Gemeinschaften entstanden, die am Prinzip der freien Liebe orientiert waren. Das Maximum an Promiskuität wurde jedoch wahrscheinlich in homosexuellen Gruppen verwirklicht, in denen es eine gewisse Zeit lang praktisch ein Muß war, Sexualität ohne Liebe auszuüben. Einen analogen Vorgang konnte man in den Cliquen der Singles in den siebziger und Anfang der achtziger Jahre beobachten.[3] Zur Zeit sind die Netze der erotischen Freundschaften »en vogue«. Jedes »Mitglied« hat regelmäßig oder auch nur gelegentlich Geschlechtsverkehr mit einer gewissen Anzahl von Freunden des anderen Geschlechts, und diese ihrerseits mit anderen. Auf diese Art und Weise entsteht ein flächendeckendes Netz, in dem mehrere Freunde mit derselben Person ins Bett gehen. Manchmal wissen sie voneinander, manchmal auch nicht. Diese Art von erotischen Freundschaften trifft man häufiger bei jungen Singles an. Es gibt sie jedoch auch unter verheirateten Leuten. Wenn sich innerhalb eines solchen Netzes zwei Personen ineinander verlieben, unterbrechen sie ihre erotischen Beziehungen zu den anderen Mitgliedern. Es reicht allerdings häufig ein kleiner Zwist aus, und schon fallen die beiden in ihre alten Gewohnheiten zurück. Wenn ein Paar sich treu bleiben will, muß es sich aus seinem alten Kreis erotischer Freundschaften zurückziehen und nur noch Freunde sehen, die keine erotischen Interessen haben.

Auf der einen Seite ist Erotik Übertretung und Verletzung, auf der anderen Seite ist sie aber auch die antreibende Kraft, um andere mögliche Bindungen, Beziehungen und Liebschaften zu erkunden. Jede erotische Begegnung, selbst ein einfacher Blick, ein Verlangen, das von uns Besitz ergreift, ein koketter Satz, die flüchtige Berührung mit der Hand, dem Arm oder dem Körper des anderen kann der Beginn von etwas anderem sein. Es ist, als ob sich uns die Möglichkeit einer Liebe, einer Beziehung, und infolgedessen auch eines neuen Lebens anbieten würde.

Aus diesem Grund sind Menschen, die jemanden lieben, eifersüchtig und ertragen es nicht, daß die geliebte Person einen anderen ansieht, ihm den Hof macht oder mit ihm ins Bett geht. Denn dieser kurze Akt ist in keinem Fall eine rein körperliche Beziehung, er kann es auch nie sein. Selbst die flüchtige Beziehung zu einer Prostituierten ist das nicht. Es findet in jedem Fall eine Begegnung von Seelen statt, ein liebevolles Sich-Öffnen gegenüber dem anderen, das durch eben die sexuelle Beziehung, die extreme Nähe der Körper und ihre Verschmelzung möglich wird. Denn die sexuelle Beziehung, selbst wenn sie sich zwischen zwei Fremden abspielt, läßt alle gesellschaftlichen Konventionen fallen. Bis zu einem gewissen Punkt halten sich der Mann und die Frau an ein gesellschaftliches Ritual, das die Wahl der Kleidung, der Worte, der Gesten und der physischen Distanz zwischen ihnen regelt, aber plötzlich befreien sie sich davon. Sie ziehen sich aus, und mit diesem Ablegen der Kleidung legen sie auch alle Regeln ab. Jetzt können sie sich küssen und sich auf alle erdenklichen Arten miteinander vereinen. Sie können sich winden, schreien, sich obszöne Worte zuraunen, die Körpersäfte in sich aufsaugen und miteinander vermischen. Sie können also all das machen, was im gesellschaftlichen Leben sonst nicht nur verboten ist, sondern auch als abstoßend empfunden wird. Und in dieser Nähe, dieser Zweisamkeit, läßt man sich Geheimnisse entreißen, die man sonst wohlweislich für sich behalten würde. Selbst die simpelste Umwerbung, selbst der sittlichste Flirt schaffen Nähe, eine Beziehung und gemeinsame Erinnerungen.

Bei den meisten treuen Paaren wird die sexuelle Rastlosigkeit nur in der Welt der Phantasien ausgelebt. Selbst Personen, die eine andere tief und innig lieben, können sich von einer dritten Person angezogen fühlen und davon träumen, eine Beziehung mit ihr zu haben. In diesem Fall ersetzt die Phantasie die eigentliche Handlung, sie hat deren Stellenwert und ermöglicht es der Person, ihrem Partner treu zu bleiben. Viele Männer verschlingen regelrecht pornographische Heftchen oder Filme, und viele Frauen erleben ihre erotischen Abenteuer in Filmen oder TV-Serien. Häufig betrügen sich die Partner auch, während sie miteinander schlafen. Manche Frauen stellen sich vor, sie schliefen gerade mit ihrem Lieblingsschauspieler oder mit einem verflossenen Liebhaber. Männer dagegen stellen sich Einzelheiten aus früheren Beziehungen vor. In der Regel verschwinden diese

Phantasien jedoch, je näher der Orgasmus rückt. Sie sind nicht mehr als eine Art Vorbereitung. Anschließend konzentrieren sich Erinnerungen, Träume und Phantasien auf die geliebte Person, sie vereinigen sich in ihr und laden auf sie die Energie und die Phantasien der Vergangenheit ab. Man kann also ohne weiteres behaupten, daß sich selbst die treuesten Partner auf der Ebene der Vorstellungswelt betrügen. Sie können ihre monogame Beziehung nur unter der Voraussetzung bewahren, daß sie ihre jeweilige Phantasiewelt vor dem anderen geheimhalten. Ganz anders ist die Situation zweier Menschen, die sich nicht lieben. In diesem Fall richten sich die erotischen Phantasien nicht auf die geliebte Person, sondern sie entfernen sich von ihr. Und um den Orgasmus zu erreichen, muß sich jeder der beiden Partner vorstellen, mit jemand anders zu schlafen. Diese Situation kann jedoch auf lange Sicht gesehen nur zu Impotenz oder Ablehnung führen.

Der Treueschwur

Grundsätzlich treffen in jedem Menschen zwei gegensätzliche Tendenzen aufeinander: Einerseits ist es das sexuelle Herumstromern, die Suche nach dem Neuen und die Promiskuität, und andererseits ist es die Verliebtheit, die eine ausschließliche und dauerhafte amouröse Bindung möglich macht. Der *Status nascendi* muß sich in letzterem Fall in Planung und Institution umwandeln, wobei es viele mögliche Lebenspläne und viele mögliche Institutionen gibt. Zwei Verliebte können sich auch dafür entscheiden, nicht zusammenzuziehen oder nicht miteinander zu schlafen. Vielleicht beschließen sie sogar, sich die absolute Freiheit zuzugestehen, auch sexuelle und amouröse Beziehungen zu anderen Personen einzugehen. Dies kommt jedoch relativ selten vor, weil man im Normalfall den anderen, wenn man in ihn verliebt ist, ganz für sich haben will. Allerdings kann es sehr wohl passieren, wie folgendes Beispiel zeigt.

Die Schriftstellerin George Sand begegnet Alfred de Musset im Jahr 1833. Sie ist damals dreißig Jahre alt, er zweiundzwanzig. Sie verlieben sich ineinander und gehen zusammen nach Italien. Doch jeder der beiden betrachtet sich als frei, keiner hat irgendwelche Treueschwüre geleistet. Als sie in Genua ankommen, wird George Sand krank. Alfred läßt sie allein, um sich mit den Prostituierten des Hafenviertels zu vergnügen. Das gleiche wiederholt sich in Florenz und besonders auch in Venedig, wo sie alleine auf dem Zimmer bleibt, während Alfred sich den Schauspielerinnen und Tänzerinnen widmet. An dieser Stelle erscheint der italienische Arzt Pagello auf der Bildfläche, der sie von ihrer Krankheit heilt und die gleichgültige Haltung von de Musset ausnutzt, um eine Affäre mit ihr zu beginnen. Plötzlich kommt es zu einem Rollentausch. Jetzt ist es nämlich Alfred, der krank wird, während sich George – inzwischen von ihrer Krankheit geheilt – mit Pagello vergnügt. Alfred muß nach Frankreich zurückkehren. George Sand und Pagello brechen zu einer Reise in die Alpen auf und fahren ihm erst sehr viel später nach Paris nach. Dort nehmen George Sand und Alfred de Musset ihre Beziehung ohne rechte Begeisterung wieder auf. Zur gleichen Zeit endet auch Georges Beziehung zu Pagello.

Die Frage ist, waren George Sand und Alfred de Musset wirklich ineinander verliebt? Wahrscheinlich waren sie das. Mit Sicherheit kann man sagen, daß keiner der beiden die geringste Anstrengung unternommen hat, dem anderen treu zu sein oder ihrer Beziehung monogame Züge zu verleihen. Kaum lag George krank im Bett, hat sich Alfred gelangweilt und seine Zeit mit anderen Frauen totgeschlagen. Um ihm zu zeigen, daß sie ihm ebenbürtig war, hat sie das gleiche mit ihrem Arzt gemacht. Auf diese Art und Weise ist von ihrer Beziehung schon bald nichts mehr übriggeblieben.

Verliebtheit kann nur zu einer ausschließlichen und treuen Liebesbeziehung führen, wenn beide es wollen. Die Liebe ist im Gegensatz zum *Status nascendi* der Verliebtheit eine Institution, das heißt etwas, das man gewollt und für das man sich entschieden hat. Sie ist das Produkt eines Versprechens, eines Paktes. Wenn man sich keinen *Treueschwur* leistet, kann der *Status nascendi* zu anderen Formen von Beziehung führen.

Wie die Treue in der Partnerschaft aussieht, wird sehr von der jeweiligen Kultur beeinflußt. Ein Paar ist sich treu, wenn in der Gesellschaft, in der es lebt, Treue und die Dauerhaftigkeit von Beziehungen die Norm sind. Wenn die Gesellschaft dagegen Treue kritisiert und statt dessen die Polygamie, Promiskuität, die offene Beziehung oder das Leben als *Single* zum Vorbild erhebt, wird eine dauerhafte Partnerschaft nicht als erstrebenswert erscheinen. Der kulturelle Rahmen ist für das Bestehen eines Paars von entscheidender Bedeutung. Wenn man verliebt ist, befindet man sich in einem formbaren Zustand. Wenn es in einer Kultur nicht üblich ist, dauerhafte Partnerschaften zu bilden, ein Haus zu bauen und eine Familie zu gründen, dann wird dies auch nicht geschehen. Die Menschen suchen sich zwar, doch wenn sie einander gefunden haben, wissen sie nicht, was sie miteinander anfangen sollen. Héloise wollte Abälard nicht heiraten, weil sie die Ehe in keine Beziehung zur Liebe setzen konnte. Vielmehr war sie davon überzeugt, daß die Ehe das Verderben der Liebe mit sich führt. Diese Vorstellung dominierte bis weit in die romantische Epoche. Eine andere kulturell bedingte Vorstellung ist die, daß Erotik keinen Platz in einer Ehe haben kann. Die Ehe wird hier lediglich als Mittel betrachtet, Nachkommen zu zeugen.

Vor wenigen Jahrzehnten hat sich eine Ideologie verbreitet, die sich gegen Zweierbeziehungen und eheliche Treue ausspricht. Diese Ideologie hat sich besonders schnell in den siebziger Jahren durch die sexuelle Revolution und den Feminismus durchsetzen können. Ich will hier nur über einen der unzähligen Fälle jener Zeit berichten. Es handelt sich dabei um zwei junge und sehr verliebte Paare. Ich werde sie als *Bruno und Bruna* und *Carlo und Carla* bezeichnen. Mit dem Aufkommen des Feminismus beginnt *Bruna*, eine feministische Selbsterfahrungsgruppe zu besuchen, in der ihr erklärt wird, daß die sexuelle Treue rückschrittlich sei. Sie nimmt *Carla* mit in die Gruppe, und bald schon beginnen beide, in ihrem eigenen Haus mit anderen Männern zu schlafen. Die jeweiligen Ehemänner müssen vor der Tür warten, bis sie fertig sind. Nach und nach weiten sich diese sexuellen Begegnungen immer mehr aus. In der Nacht wimmelt es im Haus von ineinander verschlungenen Körpern. Nach einigen Monaten beginnt *Carla*, sich zu erbrechen. Sie hat einen Magersuchtsanfall. Ihr Ehemann wird sehr schweigsam, sucht sich schließlich eine neue Arbeit und zieht in eine andere Stadt. Nach zwei Jahren verliebt er sich in eine andere Frau. *Carla* geht aus all dem völlig zerschlagen hervor.

Bruno dagegen hält der Prüfung stand. Er bleibt bis zum Morgengrauen vor der Tür, um seine Frau nicht zu stören, die gerade ihre erotischen Übungen mit dem jeweiligen Liebhaber ausführt. Als sie ein Kind bekommt, kümmert er sich liebevoll darum. Zwar trennen er und *Bruna* sich nach einiger Zeit, doch keiner der beiden verliebt sich wieder. Sie bleiben Freunde, wenn sie auch ein wenig traurig sind. Als *Bruno* stirbt, trauert *Bruna* lange Zeit um ihn, weil er im Grunde ihre einzige wahre Liebe gewesen ist.

Die spontane Tendenz zur Exklusivität und Treue während der Phase der Verliebtheit verwandelt sich nur dann in effektive Treue, wenn sie gewünscht und angestrebt wird und in den Liebespakt der beiden Partner als *Punkt ohne Wiederkehr* eingeschlossen wird. Dies ist ein sehr wichtiger Punkt. Der *Treueschwur* formt sich während der Verschmelzung, bei der die Gefühle und Versprechungen wie flüssiges Metall sind, das in ein Modell gegossen wird und dort in seiner endgültigen Form erstarrt. Dieser Treueschwur ähnelt der Niederschrift einer demokratischen Verfassung; diese wird im euphorischen Moment der Befreiung geschrieben, und die Erinnerung daran lebt in den Herzen und Gedanken der Menschen weiter.

Wie alle anderen Verpflichtungen, die man in einer Partnerschaft eingeht, muß auch das Treueversprechen nach einer gewissen Zeit erneuert werden. Das Versprechen muß bestätigt werden, damit es zu einer Institution kommen kann. Wenn das Versprechen über längere Zeit hinweg eingehalten wird, kommt es zu einer tiefgreifenden Änderung der erotischen Beziehung. Nach und nach verzichten beide Partner darauf, Betrug-Phantasien zu haben, sie setzen sich nicht mehr Versuchungen aus und lernen, die Schönheit und Lust im Körper des anderen zu suchen. Ein Vergleich sei mir hier gestattet. Es gibt Menschen, die gerne reisen und ständig neue Horizonte suchen. Wenn sie gezwungen werden, immer am gleichen Ort zu bleiben, langweilen sie sich schon nach kurzer Zeit. Es gibt dagegen andere Menschen, die sich in einen bestimmten Ort »verlieben«, und wenn es auch nur ihr eigener Garten ist. Sie entdecken darin eine unendliche Vielfalt. Sie wissen die Farbschattierungen der einzelnen Jahreszeiten zu schätzen, sie freuen sich über die Blumen, die darin blühen. Und man kann nicht sagen, daß ihre Empfindungen geringer einzuschätzen seien als die derjenigen, die zu den Iguaçu-Fällen reisen oder die Gipfel der Alpen bewundern.

Sich überschneidende Liebesbeziehungen

Es gibt Kreise, in denen die Untreue – selbst wenn sie anderen Leid zufügt – nicht als ausreichendes Motiv für eine Scheidung angesehen wird. Dies geschieht häufig in der Welt der Schönen und Reichen, wo Adelstitel und unermeßliche Reichtümer auf dem Spiel stehen. Es handelt sich dabei jedoch keinesfalls um die sogenannte »offene Ehe«. Die beiden Ehepartner müssen einander nichts beichten. Beide tun so, als wüßten sie von nichts, vorausgesetzt, der andere erfüllt weiterhin seine familiären Pflichten und weiß die Form zu wahren. Der Fall der *Prinzessin* spielt sich in diesen Kreisen ab. Sie ist die Tochter einfacher Bauern, doch unglaublich intelligent, schön, so voller Leben, daß man ihr nur schwer widerstehen kann. Als sie sechzehn Jahre alt ist, gewinnt sie einen Schönheitswettbewerb und wird Model. Während einer Modenschau lernt sie einen steinreichen Aristokraten kennen, der sich in sie verliebt. Er ist ein echter Traumprinz. Sie ist von ihm fasziniert und verliebt sich in ihn. Er stellt sie seinem Vater vor, einem findigen Industriellen alten Schlags, der so von der Persönlichkeit des Mädchens beeindruckt ist, daß er trotz der Einwände von Geschwistern und Verwandten seine Einwilligung zur Ehe gibt. Für die junge Frau beginnt nun ein wundervolles Leben, das sich zwischen Empfängen, Reisen, Yachten, Magnaten, Künstlern und gekrönten Häuptern abspielt. Sie ist eine perfekte Hausherrin und schenkt ihrem Mann in den folgenden zehn Jahren zahlreiche Kinder. Die Familie ist stolz.

In ihrem Land steht sie im Scheinwerferlicht des mondänen Lebens. Sie wird bewundert und begehrt. Eines Tages erfährt sie, daß ihr Mann sie mit einer ihrer engsten Freundinnen betrügt. Wenn sie ihrem ersten Impuls gefolgt wäre, hätte sie ihn vor die Haustür gesetzt und die Scheidung eingereicht. Doch sie hält sich zurück, denn sie weiß, daß man in ihren Kreisen für eine solche Banalität keine Ehe zerstört. Man setzt deswegen nicht die eigene Familie mit den Kindern, den Titel und das Unternehmen aufs Spiel. Doch etwas ist zerbrochen. Sie reist immer häufiger allein und führt ein intensiveres Gesellschaftsleben. Schließlich lernt sie einen großen Maler kennen, einen der berühmtesten Künstler seiner Zeit. Er ist zwanzig Jahre älter als sie und verheiratet. Langsam beginnt er, sein Alter zu spüren. Ab und an wirft sich ihm die eine oder andere Bewunderin an den Hals, doch er lehnt ernsthafte Bindungen ab. Er lebt zurückgezogen zwischen seinen Gemälden. Aber die *Prinzessin* vermittelt ihm eine unbezwingbare Lebenslust, und so verliebt er sich in sie.

Auch sie ist eigentlich bereit, sich wieder zu verlieben. Doch sie hält sich zurück. Ihr ist es wichtig, eine gute Ehefrau und Mutter zu sein. Sie will sich des hohen Ranges, den sie sich erheiratet hat, würdig zeigen. Der Künstler erfährt durch seine Verliebtheit jedoch eine wahre Wiedergeburt. Ihn interessieren plötzlich seine früheren politischen Engagements und seine Ideologien nicht mehr. Statt dessen baut er seine gesamte künstlerische Welt um die Frau herum, die er liebt, die ihn mit ihrer Schönheit bezaubert. Zwanzig Jahre lang malt er nur sie. Es entstehen so wahre Meisterwerke. Die *Prinzessin* ist überwältigt von dieser Liebe, dieser Verehrung, diesem kreativen Fluß. Unter Wahrung des Scheins wird sie seine Geliebte. Die Frau des Malers weiß nichts davon. Der Mann der *Prinzessin* vermutet auch nichts, oder vielleicht will er auch einfach nichts wissen. Und sie liebt beide, wenn auch auf eine unterschiedliche Art und Weise. Bei ihrem Mann ist es Liebe voller Zärtlichkeit, beim Maler eine Liebe, die vom Traum und der Mystik belebt wird.

Ist sie verliebt? Zweifellos, wenn auch auf eine gemäßigte, kontrollierte Art. Es ist eher so, daß sie sich lieben läßt, als daß sie selbst aktiv liebte. Sie haben nicht vor zusammenzuleben. Ihre Liebe spielt sich ausschließlich in der Abgeschiedenheit seines Ateliers ab. Sie reist, besucht ihn, bleibt einige Stunden, verläßt ihn wieder und lebt ihr Leben weiter. Ihm genügen diese ekstatischen Begegnungen. Aus ihnen schöpft er neue Kraft und Inspiration. Wenn sie nicht bei ihm ist, läßt er sie auf der Leinwand erstehen. Ihr reicht das jedoch nicht. Sie würde ihn gerne in den Strudel ihres aufregenden Gesellschaftslebens hineinziehen, ihre beiden Welten vereinen, vielleicht sogar ein Kind mit ihm haben.

Und so macht sich in ihr erneut eine leichte Unzufriedenheit breit. In dieser Situation lernt sie einen großen Don Juan kennen, einen der schönsten Männer weit und breit, und sie verliebt sich in ihn. Dieses Mal erlebt sie eine erotische Explosion. Doch auch diese Beziehung führt nicht zu einem Zusammenleben. Sie besucht weiterhin den Maler, dem sie tief und innig verbunden ist. Er ist eifersüchtig. Da er jedoch so gut wie nie sein Haus verläßt, ist es relativ leicht, gewisse Dinge vor ihm geheimzuhalten. Doch auch wenn er von ihrer neuen Leidenschaft erführe, würde wahrscheinlich nichts geschehen. Er würde sie weiter lieben. Immerhin ist er verheiratet und will sich nicht scheiden lassen. Er will seiner Ehefrau, die mit ihm alt geworden ist, diesen tiefen Schmerz ersparen. Außerdem ist er ganz in seiner Kunst gefangen, mit der er die *Prinzessin* ständig neu erschafft. Seine Liebe ist die der *goldenen Insel*: Es zählt nur, was im Hier und Jetzt geschieht, die äußere Welt bleibt draußen. Es ist eine Form der Liebe, in der die Vorstellung, daß der Partner fremdgeht, das Gefühl intensiviert. Denn der Maler besitzt die *Prinzessin* durch seine Kunst, er entreißt sie der Welt und verewigt sie. Dadurch gehört sie ausschließlich ihm.

Diese Situation bleibt über zehn Jahre bestehen, bis der Maler eines Tages stirbt. In diesem Moment begreift die *Prinzessin*, daß sie die wichtigste Person in ihrem Leben verloren hat. Ihre ganze Jugend und Schönheit steckt in seinen Bildern. Er, der unsterblich ist, hat auch sie unsterblich gemacht. In kürzester Zeit verblassen ihre anderen Liebschaften. Sie ist jetzt wirklich in ihn verliebt. Endlich trennt sie sich von ihrem Mann, verläßt ihren Geliebten und lebt fortan allein.

Die offene Ehe

Um mich nicht in Abstrakta zu verlieren, werde ich hier mit einem konkreten Beispiel beginnen, dem von *Giovanna und Donato*. Er ist Amerikaner, sie Italienerin. Sie lernen sich Ende der sechziger Jahre in den USA kennen, als unter den Jugendlichen die Ideologie der Kommune verbreitet ist und Monogamie und Eifersucht als spießig verschrien sind. Als die beiden heiraten, treffen sie folgendes Übereinkommen: Beide sind frei und können sexuelle und amouröse Beziehungen zu jeder beliebigen anderen Person eingehen, sofern sie drei Bedingungen einhalten.

Erstens: Jeder muß dem anderen seine Erfahrungen in allen Einzelheiten schildern; zweitens: Sie schlafen weiterhin miteinander und pflegen ihre Freundschaft; und drittens: Sie kümmern sich gegenseitig um den anderen, ziehen gemeinsam alle eventuellen Kinder groß und werden weder eine Trennung noch eine Scheidung verlangen. Im Grunde handelt es sich dabei um eine Monogamie, die zwar auf erotischer Ebene freier ist, doch sehr viel strenger in bezug auf familiäre Verpflichtungen.

Dieses Schema funktioniert zwanzig Jahre lang. Jeder der beiden hat zahlreiche sexuelle Erfahrungen mit anderen Personen. Die Frau verliebt sich mehrere Male, erklärt ihrem jeweiligen Liebhaber allerdings sofort, daß sie niemals mit ihm zusammenleben und daß sie ihm niemals treu sein wird. Zunächst wird dies meistens akzeptiert. Dann jedoch unternimmt der Betreffende den einen oder anderen Versuch, sie von ihrem Versprechen abzubringen, und da das nichts fruchtet, beginnt er, sie seinerseits zu betrügen und so von ihr Abstand zu nehmen.

Der Zwang, alle Gedanken, Gefühle und Pläne dem Ehepartner mitzuteilen und sich die jeweiligen Liebhaber gegenseitig vorzustellen, hat bei beiden verhindert, daß sie eine alternative Liebesbeziehung entwickeln konnten. Auch wurde dadurch die Form der Liebe als Zufluchtsort, der *goldenen Insel* fern von aller Welt, unmöglich gemacht. Giovannas Verliebtheiten sind deswegen niemals über die Phase des Ausprobierens hinausgekommen und konnten so nie ihre Ehe gefährden.

Auf der anderen Seite haben die beiden es mit ihrer offenen Ehe ihren Freunden nicht sehr einfach gemacht. Sie hatten nämlich die Tendenz, ihr Ehemodell auf andere zu übertragen. So machten sie zum Beispiel den Partnern ihrer gemeinsamen Freunde den Hof, als ob es die natürlichste Sache der Welt wäre. Wenn dann wirklich einer in eine sexuelle Erfahrung einwilligte, wurde der Ehepartner sofort in alle Einzelheiten eingeweiht. Die Folgen können Sie sich leicht ausmalen …

Liebeszyklen

Es gibt Menschen, die man als »erotische Herumtreiber« bezeichnen könnte. Sie tendieren einfach zur Promiskuität. Andere dagegen sind bodenständig und haben starke und dauerhafte Beziehungen. Im Laufe seines Lebens macht jeder von uns Phasen durch, in denen die erste Tendenz überwiegt, und Zeiten, in denen die zweite vorherrschend ist. So pendeln wir zwischen Zeiten des erotischen oder gefühlsmäßigen »Streunens«, des Ausprobierens und der Promiskuität, und Zeiten der starken und treuen monogamen Liebe hin und her.[4] Da es große individuelle Unterschiede gibt, ist es klar, daß dieses Schema beim einzelnen stark abweichen kann. Es gibt Männer und Frauen, die überwiegend promiskuitiv veranlagt sind, während andere streng monogam sind. Es gibt Menschen, bei denen die Trennungslinie zwischen der monogamen und der promiskuitiven Phase ganz klar gezeichnet ist. Bei anderen dagegen gibt es keine klare Trennung. Unter Berücksichtigung dieser Unterschiede werden wir nun eine Reihe von typischen Fällen skizzieren.

1) *Absolute Promiskuität*: Fälle absoluter Promiskuität finden sich am ehesten bei Paaren, die sehr früh geheiratet und eine offene Ehe geführt haben. Ein Beispiel ist die Geschichte von *Giovanna und Donato*. Manchmal wird die Promiskuität durch kurze Phasen der Monogamie unterbrochen, wie dies auch bei Hugh Hefner, dem Gründer der Zeitschrift »Playboy«, der Fall ist. Hefner heiratet sehr jung. Die erste, kurze Phase seiner Ehe ist eine monogame Phase. Daraufhin folgt eine lange polygame Phase, als er die Zeitschrift »Playboy« gründet und in Chicago einen richtigen Harem gründet, aus dem er jeden Monat seine Favoritin wählt, die er dann dem Publikum seiner Zeitschrift nackt vorstellt. Zweimal hat er jedoch eine stärkere Bindung: einmal zu Baby Benton aus Los Angeles und später zu Karen Christy aus Chicago. Es handelt sich dabei um zwei kurze monogame Phasen. Der Konflikt zwischen den beiden Frauen läßt ihn allerdings schnell wieder in seine gewohnte Promiskuität verfallen.[5]

Die typischsten Fälle der absoluten Promiskuität finden wir bei einigen Stars, die in sehr jungen Jahren zu Ruhm und Ansehen gekommen sind, wie beispielsweise Elvis Presley, der nach seinem triumphalen Aufstieg selbst während seiner Ehe mit Priscilla ein absolut promiskuitives Leben geführt hat. Die letzte Phase seines Lebens bis hin zu seinem Tod ist gekennzeichnet von ausschweifenden Orgien und Drogenmißbrauch.[6]

2) *Aufeinanderfolgende Liebschaften*: Hier folgen erotische Verhältnisse bzw. Liebesbeziehungen aufeinander wie die Glieder einer Kette. Ein Beispiel finden wir im Leben George Sands. Sie hat Casimir Dudevant geheiratet, ohne ihn zu lieben. Es gelingt ihr, ihm eine Art offene Ehe aufzuerlegen, und so hat sie ein erstes Verhältnis mit Jules Sandeau. Die Beziehung zu Sandeau endet, weil sie sich in Prosper Mérimée verliebt, nach ihm in Alfred de Musset und in den Italiener Pagello. Als sie wieder in Paris ist, verliebt sich George Sand in den Politiker Michel de Bourges, dem Leroux und später Chopin folgen. All dies geschieht im Zeitraum von acht Jahren, von 1830 bis 1838.[7]

Ein weiteres Beispiel finden wir im Leben D'Annunzios. Nach seiner Jugendliebe zu Giselda Zucconi verliebt sich D'Annunzio in Maria Hardouin di Gallese, die Tochter eines Marquisen. Er ist besonders von ihrem hohen sozialen Rang angezogen. Schon nach kurzer Zeit ist D'Annunzio das Eheleben leid, und er verliebt sich leidenschaftlich in Barbara Leoni. Wir schreiben das Jahr 1887. Bis zu diesem Augenblick hat D'Annunzio ausschließlich Gedichte geschrieben. Seine Verliebtheit markiert einen neuen Lebensabschnitt und eine neue kreative Phase in seinem Leben. Er schreibt seine Romane »Triumph des Todes«, »Lust« und »Der Unschuldige«. Nach seiner Liebesgeschichte mit Barbara Leoni folgt ein eheliches Intermezzo mit Maria Gravina, die ihm weitere zwei Kinder schenkt. Doch dann lernt er Eleonora Duse kennen. Für sie schreibt er die Dramen »Il sogno di un mattino di primavera«, »Die tote Stadt«, »Die Gioconda«, »Francesca da Rimini«. In der letzten Phase seines Lebens verliebt sich D'Annunzio allerdings nicht mehr. Er widmet sich dem Krieg und der Politik und führt ein vollständig promiskuitives Leben.[8]

3) *Mehrere gleichzeitige Liebesaffären*: Diese Form ist weitverbreitet. Ein Beispiel dafür ist der Fall der *Prinzessin*. Nach einer monogamen Phase verliebt man sich erneut bzw. fängt man eine neue erotische Beziehung an, ohne die vorhergehende Beziehung zu beenden. Dieses Verhalten behält man auch bei allen nachfolgenden Beziehungen bei. Auf diese Art hat man eine Hauptbeziehung und gleichzeitig eine oder mehrere Affären, die alle über einen längeren Zeitraum andauern. In Mexiko war es in den wohlhabenden Schichten unter den Männern Usus, jeder neuen Geliebten ein Haus zu kaufen, wobei die Häuser der Ehefrau und aller vorangegangenen Geliebten vergrößert und ausgeschmückt wurden, damit die Hierarchie ihres Standes gewahrt wurde. Diese Form kann man als eine inoffizielle Form der Polygamie bezeichnen.[9]

4) *Lange Phasen der Verliebtheit*: Ein typisches Beispiel hierfür ist Goethe, der in seiner Jugend in mehrere Frauen verliebt ist, die seine Liebe nicht erwidern. Besonders auffällig ist die Liebe zu Charlotte Buff, die Verlobte – und schließlich Ehefrau – seines Freundes Kestner. Seine Erfahrungen aus dieser Zeit verarbeitet er in »Die Leiden des jungen Werthers«. Als er bereits berühmt ist, lernt er in Frankfurt den Herzog Karl August kennen, der ihn nach Weimar einlädt, wo er die rechte Hand der Staatsregierung wird. Hier lernt Goethe Charlotte von Stein kennen, eine elegante und gebildete Frau, die um einige Jahre älter ist als er. Er verliebt sich in sie, und sie haben eine lange Beziehung. Mit ihr erreicht er seine Reife und wird Staatsmann. Als er siebenunddreißig Jahre alt ist, lehnt er sich jedoch gegen diese Beziehung auf und reist heimlich nach Italien ab. Dort verbringt er beinahe zwei Jahre. Als er nach Weimar zurückkehrt, neigt sich seine Beziehung zu Charlotte von Stein ihrem Ende zu. Er verliebt sich in Christiane Vulpius, die das krasse Gegenteil von Charlotte ist. Sie ist lebhaft, liebt farbenfrohe Kleidung, auffallende Schmuckstücke und gutes Essen. Für Goethe beginnt nun eine dritte Phase, in der er keine Reisen unternimmt, ein eher häusliches Leben führt und sich der Botanik, Physik und den Naturwissenschaften widmet.[10]

5) *Promiskuitive Phase des Ausprobierens mit monogamem Ausgang*: Es handelt sich hierbei um eine Art der Erfahrung, die besonders talentierte Personen aus sehr niedrigen sozialen Positionen machen. Anfangs werden sie von keinem beachtet, sie erleiden mehrere frustrierende Niederlagen und geben sich schließlich mit einer Liebesbeziehung zufrieden, die lediglich eine »Notlösung« ist. Sobald sich dann der Erfolg einstellt, leben sie wie in einem Rausch und lassen sich zu Exzessen hinreißen. Sie heiraten, lassen sich scheiden und haben zahlreiche Verhältnisse. Erst, wenn sie ihre Reife erlangen, finden sie die Person, mit der sie eine starke Seelenverwandtschaft verbindet. Jetzt folgt eine stabile Phase der Monogamie.[11]

6) *Die große und einzige Liebe*: Es gibt Menschen, die eine einzige große Liebe in ihrem Leben haben und dieser bis zum Ende treu bleiben. Giuseppe Verdi ist ein solcher Fall. Nachdem er die Tochter seines Wohltäters geheiratet hat, ohne im geringsten in diese verliebt zu sein, verliebt er sich in die Sopranistin Giuseppina Strepponi, die Vertrauen in ihn und seine Fähigkeiten hat und ihn am Anfang seiner Karriere unterstützt. Die beiden leben bis zu Giuseppinas Tod zusammen. Die einzige Unterbrechung in diesem monogamen Verlauf ist Verdis Verliebtheit – die wahrscheinlich nie über eine platonische Ebene hinausgeht – in die Sopranistin Teresa Stolz. Nicht viel anders liegen die Dinge bei Freud.[12]

SECHZEHNTES KAPITEL

Die vorzeitige Krise

Warum kommt es zur Krise?

Studien zum Eheleben belegen ganz deutlich, daß in allen Kulturen und Gesellschaften Krisen und Scheidungen vornehmlich in den ersten Jahren der Ehe erfolgen.[1] Was ist der Grund hierfür? Viele erklären dies damit, daß Liebesbeziehungen von gefühlsmäßigen Faktoren, von kindlichen Träumen und folglich von impulsiven und irrationalen Entscheidungen bestimmt werden. Wir dagegen sind der Überzeugung, daß es zu dieser *vorzeitigen Krise* kommt, weil noch keine starke amouröse Bindung besteht, mit anderen Worten: Es ist zu keiner wirklichen Verliebtheit gekommen. Natürlich gibt es auch Fälle, in denen es zur Krise kommt, obwohl die Betreffenden ernsthaft ineinander verliebt sind. Doch dies geschieht dann, wenn die gemeinsamen Zukunftspläne und die Meinungen über das gemeinsame Lebensziel zu stark voneinander abweichen.

Es fehlt die Verliebtheit

Die Probleme vieler Paare ergeben sich schlicht und ergreifend daraus, daß die Partner eine Beziehung miteinander eingegangen sind, ohne wirklich ineinander verliebt zu sein. Wir werden im folgenden vier solcher Situationen unter die Lupe nehmen.

267

1) *Das Ausprobieren*: Verliebtheit ist anfangs immer eine Art Ausprobieren. Zuerst ist da ein Interesse, eine Verknalltheit, eine intensive Emotion. Beide versuchen, dem anderen zu gefallen.
Keiner bittet den anderen um unangenehme Dinge, sondern jeder versucht im Gegenteil, dem anderen zu helfen. Es fallen
keine harten Worte, keine Vorwürfe – man macht sich vielmehr
Komplimente. Anstatt Befehle zu erteilen, zeigt man sich hilfsbereit. In der Phase des Werbens widmen wir uns vollkommen
dem Angebeteten. Wir arbeiten so wenig wie möglich, wir legen
nichts auf die hohe Kante, sondern geben mit vollen Händen
aus, als ob wir uns im Urlaub befänden oder es etwas zu feiern
gäbe. Wir verhalten uns mehr oder weniger wie reiche Herr-
schaften. Unsere ganze Sorge gilt unserem Körper, unserer
Schönheit, der Erotik und der Liebe.

Sobald die beiden Liebenden sich jedoch mit einer gewissen
Regelmäßigkeit treffen und schließlich zusammenziehen, beginnen auch die Sorgen des Alltags wieder. Die Arbeit wird wieder wichtig, wir spüren wieder alle Mühen und Sorgen auf uns
lasten. Und schon müssen diese zwei Personen, die anfangs alle
Zeit der Welt hatten, um sich ihren Liebesspielen hinzugeben,
die praktischen Seiten des Lebens angehen. Beide müssen den
anderen um Gefallen bitten, die ersten Kritiken und Vorwürfe
werden laut, man erinnert sich gegenseitig an die jeweiligen
Pflichten. Jetzt kommen auch die verschiedenen Charaktere
und Lebensgewohnheiten zum Vorschein. In Italien leben heutzutage viele junge Menschen lange Zeit in ihren Familien, wo sie
von den Eltern umhegt und verwöhnt werden. Sie sind es nicht
gewohnt, die kleinen Schwierigkeiten des Lebens – waschen,
spülen, kochen, Betten machen, arbeiten und sparsam wirt-
schaften – zu bewältigen. Wenn hinter ihrer Beziehung keine
wirkliche Verliebtheit steht, wird das Poetische daran schnell
verschwinden und ihre Liebe erlöschen.

In ihrer Abhandlung über das Ende der Liebe (»Quando l'amore
finisce«), stellt uns Donata Francescato ähnlich gelagerte Fälle vor.
Teresa etwa sagt: »Weil ich mich, als ich mich samstags und sonntags mit ihm getroffen habe, immer amüsiert habe, ... dachte ich
mir, daß, wenn ich mit ihm die ganze Woche oder das ganze Leben
zusammen gewesen wäre ... das wäre noch besser gewesen, und
ich wäre ein besserer Mensch geworden.«

»Meinen Mann zu heiraten, war ein ganz impulsiver Akt. Es hat mir so viel Spaß gemacht, mit ihm zu schlafen, ich fand ihn schön, faszinierend und unberechenbar ... Aber keinem von uns beiden hat es gut getan, sich so früh zu binden, unsere Freunde waren alle frei, wir nicht. Wir waren es gewohnt, zu Hause von unseren Müttern bedient zu werden ... na ja, je älter ich wurde, um so mehr wurde mir klar, daß das Ganze eine Farce war, eine Sache ohne Hand und Fuß.«

2) *Romantische Phantasien über die Ehe*: Mädchen im Jugendalter haben überaus hohe Erwartungen an die Liebe. Viele geben sich Liebesträumen hin, in denen ihre Filmhelden die Hauptrolle spielen. Einige heiraten später einen Mann, der diesem Ideal nicht annähernd entspricht, in den sie nicht einmal verliebt sind, obwohl sie dies vielleicht nie zugeben würden. Sie wollen es sein. Ihr Traum ist die große Liebe. Doch da sie nun einmal nicht verliebt sind und der »wirkliche« Mann ihrem Traummann nicht das Wasser reichen kann, reden sie sich eine Leidenschaft ein, die sie gar nicht empfinden. Manche denken nur an das weiße Brautkleid, an einen rauschenden Empfang, an die Bewunderung der Freundinnen und ihren Eintritt in die Welt der verheirateten Frauen. Sie glauben, daß die Trauung, die Institution als Versprechen, das Gefühl der Liebe auslösen werde. Wie uns schwer vorauszusehen ist, tritt diese magische Umwandlung mit der Hochzeit keinesfalls ein. Die Leidenschaft wächst nicht, der Ehemann verwandelt sich nicht in einen unwiderstehlichen Prinzen. Sie haben sich jetzt, wo sie zusammenleben, nicht mehr zu sagen als vorher. Wenn sie allein sind, wollen die Stunden einfach nicht verstreichen; sie langweilen sich. Beide entdecken, daß der andere er selbst bleibt, mit seinen Gewohnheiten, Fehlern und Vorurteilen. Langsam schleichen sich Enttäuschung, Wut, Vorwürfe, Streit, Anschuldigungen und Anklagen in ihr Leben ein. Bereits nach wenigen Monaten, spätestens nach einem Jahr, reichen dann viele die Scheidung ein.[4]

Als Beispiel möchte ich hier die *Tochter des Bankiers* anführen. Sie sieht gut aus, ist etwas arrogant und sehr selbstsicher. Sie hat sich nie zuvor wirklich verliebt, wenn sie auch mehrere Flirts und Schwärmereien hinter sich hat – alles Phänomene, die laut unserer Terminologie als reines Ausprobieren zu werten sind.

Sie fühlt sich unvollständig. Seit ihrer Kindheit träumt sie von der großen Liebe und einer rauschenden Hochzeit mit allem Drum und Dran, dem weißen Brautkleid und Hunderten von geladenen Gästen. Sie will eine »Dame« werden, mit dem dazugehörigen Ehemann und einem Haus. Ihr Traum ist es, erwachsen zu sein. Ihr Freund gefällt ihr körperlich. Sie schläft gerne mit ihm. Beide wohnen noch bei ihren Eltern, die für sie sorgen. Sie verbringen zusammen schöne Ferien. Es sind romantische Ferien, in denen sie sich an der Hand halten und sich als befreundet zu erkennen geben. Alle sehen sie voller Wohlwollen an. Sie ist überzeugt davon, daß ihre Liebe in der Ehe nur noch größer werden kann.

Sie will einfach verliebt sein, und so ist sie auch überzeugt davon, es zu sein. Doch wenn man ihr Verhalten genauer betrachtet, kann man leicht erkennen, daß bei ihr kein *Status nascendi* eingetreten ist. In ihr hat nicht die radikale Umwandlung stattgefunden, die es ihr erlauben würde, sich ganz auf den anderen einzustellen, mit ihm zu verschmelzen und eine neue Lebensgemeinschaft zu bilden, die sich im Leben durch Kämpfe und Opfer würde behaupten können, weil sie eine gemeinsame Bestimmung und ein Ziel hat. In ihrem Innern ist sie noch immer das kleine Mädchen, das verhätschelt und verwöhnt wird. Sie glaubt, daß es die Ehe ist, die Liebe auslöst, daß sie diese freisetzen und entstehen lassen kann. Die Ehe, also die Institution, soll das Wunder des *Status nascendi* erzeugen. Ein unglaublicher und doch nicht seltener Fehler, der vor allem von sehr jungen Frauen begangen wird.

3) In anderen Fällen fehlt die Verliebtheit, weil der Betreffende sich dazu entschlossen hat, *die passende Person nach praktischen Gesichtspunkten auszusuchen*. Dalma Heyn stellt uns den Fall von *June* vor, die es für angemessen hält zu heiraten, als sie sich ein Kind wünscht. Also sucht sie sich einen anständigen, passenden, ausgeglichenen und hilfsbereiten Mann. Kurz nach der Hochzeit stellt sie fest, daß sie ihn nicht ausstehen kann, und läßt sich von ihm scheiden. Interessanter noch ist der Fall von *Connie*, einer sehr jungen Frau, die Sex als Eroberung und Pflicht betrachtet. Um modern und emanzipiert zu sein, schläft sie mit Hunderten von Männern. An einem gewissen Punkt beschließt sie, daß jetzt

mit dem Lotterleben Schluß sein müsse, daß sie eine erwachsene und seriöse Frau werden und heiraten will. So sucht sie nach dem geeigneten Mann fürs Leben. Um keinen Fehler zu begehen und sich nicht vom Gefühl oder der sexuellen Anziehung verleiten zu lassen, sucht sie sich einen Mann aus, der ihr gesetzt und seriös erscheint, allerdings keinerlei Emotionen oder gar sexuelle Anziehung in ihr auslöst. Das Ergebnis – wie könnte es anders sein – ist eine Katastrophe.[5]

Häufig findet man dieses Verhalten – das heißt das Aussuchen eines Mannes nach praktischen Gesichtspunkten –, nachdem jemand eine schwere Enttäuschung erlebt hat. Wir haben darüber bereits im Kapitel über die *Liebe als Trost* gesprochen, in dem wir den Fall des *Mannes aus Turin* erwähnt haben. Zuerst führt er ein ungeregeltes Leben. Nach mehreren Jahren verspürt er jedoch das Bedürfnis nach Wärme, nach der aufrichtigen Zuneigung und hingebungsvollen Liebe einer Frau. Daraufhin beginnt er, sich regelmäßig mit einer sehr sympathischen und netten Schulkameradin zu treffen, die ihm gegenüber voller Zärtlichkeit ist und sich für ihn aufopfert. Er ist zwar nicht in sie verliebt, doch er schätzt ihre menschlichen Eigenschaften über alles. Sie ist großzügig, ehrlich, fröhlich und treu. Sie gibt eine ideale Ehefrau ab. Sexuell fühlt er sich jedoch nur mäßig zu ihr hingezogen. Er kennt weitaus schönere und begehrenswertere Frauen, doch ihm ist auch klar, daß man nicht alles haben kann. Außerdem, so versucht er sich einzureden, wachse die Liebe mit der Nähe. Und er fühlt sich bei dieser Frau sicher, beschützt und geliebt. Also heiratet er sie. Nach einiger Zeit kommen Kinder. Wie wir jedoch wissen, verliebt er sich ein paar Jahre später in eine andere Frau. Zum Abschluß wollen wir noch einmal an die tragische *Geschichte von Chiara* erinnern. Nach einer schweren Enttäuschung willigt sie ein, einen Mann zu heiraten, der in der Nähe von Mailand lebt, nur weil Mailand sie an ihre große verlorene Liebe erinnert. Als ihr Vater stirbt, verläßt sie in einer kalten Winternacht ihr Haus und wird nie mehr gesehen.

4) *Wenn nur einer von beiden verliebt ist*: Damit ein Liebespaar entstehen kann, muß die Liebe gegenseitig sein. Ohne gegenseitige Liebe kann der Verschmelzungsprozeß nicht abgeschlossen werden, das *Historisieren* kann nicht stattfinden und der Zusam-

menschluß hat nicht die überragende Bedeutung, die er hat, wenn er zwischen zwei Menschen zustande kommt, die sich wirklich lieben. Eine Volksweisheit sagt, daß mit der Zeit die Liebe des einen die des anderen entfacht. Vielleicht war das früher der Fall, in bäuerlichen Gesellschaftsformen. Heutzutage jedoch sind sowohl Männer als auch Frauen über einen langen Zeitraum hinweg sexuell aktiv. Von überall strömen Reize auf sie ein, die Möglichkeit, andere Menschen kennenzulernen, bietet sich tagtäglich. Derjenige, der den anderen nicht liebt, fühlt sich wie ein Opfer oder ein Gefangener. Er kann wohl Zärtlichkeit empfinden, manchmal sogar Dankbarkeit, doch es kommt nur sehr selten vor, daß sich diese Gefühle in Liebe umwandeln.

Betrachten wir nun den Fall, den ich als *die Frau des Arztes* bezeichnen werde. Sie ist vaterlos bei einer sehr autoritären Mutter aufgewachsen. Durch ihre Schönheit und ihre gute Figur hat sie schon früh die Blicke der Männer auf sich gezogen. Die Mutter sah in der Schönheit ihrer Tochter ein wertvolles Kapital, das man gewinnbringend investieren muß. So hatte sie ihr von klein auf eingetrichtert, sich nie an einen armen Mann zu binden. Die Jahre vergehen, und als das Mädchen schließlich die Dreißig erreicht, ist sie zwar immer noch schön, doch langsam beginnen sich die Jahre zu zeigen, was ihr große Sorgen bereitet.

Eines Abends lernt sie in der Diskothek einen Arzt kennen. Dieser fährt seit seiner Jugend nur schnittige Sportwagen. Auch zu diesem Zeitpunkt gibt er immer noch einen guten Teil seines Einkommens für teure Autos aus. Dadurch vermittelt er seiner Umwelt den Eindruck, reich zu sein. Zu der Zeit, zu der er ihr begegnet, macht er gerade eine Phase des sexuellen Ausprobierens durch. Abends geht er in die Disko und kehrt nie vor drei Uhr nachts zurück. Ihn ziehen die unterschiedlichsten Frauentypen an. Er hat einen Flirt nach dem anderen. Doch in Wirklichkeit wäre er bereit für eine radikale Veränderung: Er ist bereit, sich zu verlieben.

Sie fühlt sich von ihm angezogen. Zwar gefällt er ihr körperlich nicht, doch seine schnittigen Autos und sein luxuriöser Lebensstil faszinieren sie. Ihre Mutter holt Informationen über ihn ein und erfährt, daß ihm über kurz oder lang eine große Erbschaft zufallen wird, daß er also reich ist. Diese Information verfehlt ihre Wirkung auf die junge Frau nicht. Sie glaubt, daß endlich ein langgehegter Wunsch in Erfüllung gehen wird: Sie wird einen Millionär heiraten.

Als er sie zum ersten Mal sieht – hochgewachsen, kurvenreich, mit roter Mähne und wogendem Busen –, funkt es bei ihm. Er lädt sie zu einer Spritztour in seinem Luxuswagen ein, und alle Leute drehen sich nach ihnen um. Noch nie hatte er eine Frau wie sie an seiner Seite. Für ihn ist sie eine Göttin, ein Star. Und diese Göttin läßt sich zu ihm herab, zeigt sich ganz verliebt und ist sogar bereit, zu ihm zu ziehen und mit ihm zu leben. Nie zuvor hat er einen ähnlichen Stolz verspürt, ein derartiges Gefühl der Macht. Der Besitz dieser Schönheit, die alle bewundern, die von allen bemerkt wird und die alle begehren und die nur er allein besitzt, ist fast zu viel für ihn. Er fühlt sich wie Paris, der Helena – die schönste Frau der Welt – sein eigen nennen konnte. Sein Verlangen nach ihr wird durch das Verlangen aller anderen Männer gesteigert, die sie sehen und begehren. Seine Situation ähnelt der des Mädchens, das einem großen Star begegnet, von ihm auserwählt wird und fortan stolz an seiner Seite geht, gefolgt von den neidischen Blicken aller anderen Frauen. Der einzige Unterschied ist, daß seine Star-Verehrung für sie in wahre Liebe umschlägt. Er verspürt das Verlangen, mit ihr zu verschmelzen, sich ihr vollends hinzugeben. »Dies ist die Frau«, so denkt er, »die ich immer schon gesucht habe und die ich für immer lieben werde.«

Sie hingegen ist nicht in ihn verliebt. Er gefällt ihr körperlich nicht. Er verdreht ihr nicht den Kopf. Sie ist vielmehr von seinem Luxusleben angezogen, von seinen Prachtkarossen und seinem Reichtum. Sie amüsiert sich und vor allem sieht sie in ihm auch das Versprechen einer Zukunft voller Reichtum für sich, ihre Familie und ihre zukünftigen Kinder. Außerdem befindet sie sich in einem Lebensabschnitt, in dem sie gewisse Entscheidungen treffen muß, wenn sie noch Mutter werden will. Und das will sie. Schon bald ist sie schwanger. Und so heiraten sie.

Die Enttäuschung folgt auf dem Fuße. Nach einigen Monaten Eheleben stellt sie fest, daß er in Wirklichkeit gar nicht so reich ist, wie sie dachte. Zwar verdient er gut, er hat schöne Autos und macht ihr großzügige Geschenke, weil er sie wie verrückt liebt, doch ein Millionär ist er nicht. Hinter seinen grandiosen Gesten steckt seine Arbeit als Arzt, sein Einkommen, das er sich Tag für Tag durch seine Arbeit sichert. Diese Entdeckung ist für sie ein Trauma. Eine heftige Wut steigt in ihr auf. Sie fühlt sogar einen Anfall von Ekel ihm gegenüber, vor seinem Körper und ihrem sexuellen Leben. Als das Kind geboren wird, kümmert sie sich ausschließlich darum und würdigt ihren Ehemann keines Blickes mehr. Sie wirft ihm vor, daß er geizig und egoistisch sei. Sie stellt ihn in aller Öffentlichkeit bloß. Die Ehe steht kurz vor dem endgültigen Zusammenbruch, als der Mann reagiert. Er erklärt ihr, daß er ihr nie vorgegaukelt habe, reich zu sein, daß er sie nie belügen wollte. Dann verlangt er von ihr die Entscheidung, ob sie lieber einen Vater für ihr Kind haben wolle oder es vorziehe, allein zu leben. Er liebt sie und verspricht ihr, ein guter Vater zu sein. Doch sie muß sich entscheiden, ohne Vorbehalt. Als sie vor eine solch klare Wahl gestellt wird, entscheidet sich die Frau, bei ihm zu bleiben. Da sie ihn jedoch nicht liebt, ist ihre Ehe zum Scheitern verurteilt.

Pseudoverliebtheit

Es geschieht häufig, daß ein Paar in eine Krise gerät, weil beide eine Pseudoverliebtheit für eine wirkliche Verliebtheit gehalten haben. Bei der Pseudoverliebtheit sind die Betreffenden davon überzeugt, daß sie ineinander verliebt sind. Nur durch eine aufmerksame Prüfung wird offensichtlich, daß nicht alle Elemente des *Status nascendi* vorhanden sind. Die am häufigsten verbreiteten Formen der Pseudoverliebtheit sind folgende: konkurrenzorientierte Liebe, starorientierte Liebe und erotische Schwärmerei.

1) *Die konkurrenzorientierte Liebe*: Bei dieser Form der Liebe ist das Grundgefühl, auf dem die Verliebtheit beruht, das Konkurrenzdenken. Wir begehren heftig eine Person, die einem anderen gehört und die uns widersteht. Das Verlangen nach dieser Person wird durch das Hindernis, durch den Kampf, gesteigert.

Die konkurrenzorientierte Liebe hat drei Ausprägungen: Deren erste ist der Eroberungswille, das Verlangen also, den anderen zu verführen. Beispiele hierfür finden wir in den Charakteren von Diego und Stefano in den Romanen von Castellaneta und im Herzog von Nemours im Roman »Die Prinzessin von Cleve«. Eine konkurrenzorientierte Liebe steht der Bildung einer Partnerschaft entgegen, weil sich diese Art der Liebe verflüchtigt, sobald sie erwidert wird.

Die zweite Art der konkurrenzorientierten Liebe wird vom Verlangen gesteuert, die eigene *Überlegenheit über den Rivalen* zu beweisen. Beispiele hierfür sind *Casanova* im Film mit Alain Delon oder die *Frau, die einen Ehemann suchte*. Auch diese Art der Liebe verflüchtigt sich, sobald der Rivale oder die Rivalin besiegt sind.

Die dritte Form der konkurrenzorientierten Liebe ist die des Paares, das sich *gegen einen gemeinsamen Feind* zusammenschließt. Diese Form finden wir recht häufig unter sehr jungen Leuten, die sich von der Bevormundung durch ihre Familie befreien, sich emanzipieren und selbständig werden wollen. Jürg Willi liefert uns ein Beispiel dafür.[6] Der Sohn eines reichen jüdischen Kaufmannes will eine deutsche Katholikin heiraten. Seine Eltern versuchen durch Drohungen und gutes Zureden, ihn davon abzuhalten, allerdings ohne Erfolg. Die beiden heiraten heimlich und leben lange Jahre in perfekter Harmonie. Was sie verbindet, ist der Kampf gegen seine Eltern, gegen den Druck und ihre Ächtung. Mit der Zeit finden sich die Eltern jedoch mit der Ehe ab und nehmen die Frau in ihre Mitte auf. Als dies geschieht, erleidet der junge Mann einen heftigen Nervenzusammenbruch und die Beziehung zu seiner Frau verschlechtert sich rapide.

2) *Die Schwärmerei für einen Star*: Bislang haben wir von der starorientierten Liebe fast ausschließlich im Zusammenhang mit Jugendlichen geredet. Die Unstabilität der Star-Liebe rührt daher, daß die Zuneigung zu einem Star von einer *kollektiven Indikation* der Gesellschaft beeinflußt wird. Sobald sich die kollektive Meinung gegen den Star richtet, vergeht in der Regel auch die Liebe, die man ihm gegenüber empfindet. Genauso kann die Liebe jedoch auch durch die Nähe, das Leben zu zweit vergehen, wenn sich die geliebte Person als ein »ganz normaler Mensch« entpuppt, mit all den Vorzügen und Fehlern eines normalen Menschen. Die außergewöhnlichen Eigenschaften, die wir in einem

Star wahrnehmen, sind nicht das Produkt unserer persönlichen Umwandlung; die erhöhte Wahrnehmung entsteht nicht durch die Fähigkeit, die wir während des *Status nascendi* erlangen, das Sein als solches zu schätzen und zu lieben, seine außergewöhnliche und einzigartige Schönheit zu erfassen. Bei der Schwärmerei für einen Star sehen wir nicht den Menschen, sondern das, was die Gesellschaft in diesen Star hineinprojiziert. Wenn wir ihn dann aus nächster Nähe erleben, sind wir oft sehr enttäuscht. Vielleicht haben wir uns vorgestellt, daß er stark, großzügig und furchtlos sei, während er in Wirklichkeit geizig, ängstlich und falsch ist. Oder wir dachten, daß er zärtlich und hilfsbereit sei, und dabei ist er brutal und arrogant. Außerdem müssen wir uns auch stets vor Augen halten, daß die Beziehung zu einem Star unausgeglichen ist, denn er (oder sie) betrachtet sich meist als etwas Besseres und glaubt infolgedessen, daß ihm mehr Rechte zustünden als anderen.

Was häufig erschwerend hinzukommt, ist die Tatsache, daß die Ehepartner einer berühmten Person oft die gleiche Berühmtheit auch für sich selbst begehren. Auf Empfängen befindet man sich aber meist in der Situation, daß der eine umschwärmt und umjubelt und der andere vollkommen ignoriert wird. In der Regel verkraften Frauen dieses Ungleichgewicht besser als Männer. Sie sind eher daran gewöhnt, sich mit der Rolle der »Frau von…« zufriedenzugeben. Für Männer ist die Sache jedoch anders, wie der Fall des *Mannes der Sängerin* deutlich zeigt. Sie ist eine der größten Sängerinnen ihres Landes, schön, intelligent und geheimnisvoll. Er ist ein herausragender Architekt. Eines Abends hört er sie zum ersten Mal singen. Er ist fasziniert von ihr. Es ist Liebe auf den ersten Blick. Leidenschaftlich macht er ihr den Hof. Sie beginnt gerade eine neue Phase ihres Lebens und kann so seine Liebe erwidern. Sie ist sofort bereit, ein gemeinsames Leben zu gründen, ihn sogar zu heiraten. Der Mann jedoch durchlebt eine Krise. Jedesmal, wenn sie zusammen ausgehen, wird nur sie von allen beachtet. Wenn sie auf einem Empfang sind, fragen alle nur nach ihr. Und wenn sie auf der Bühne steht, sind alle Augen auf sie gerichtet, während er vergessen in einer Ecke sitzt. Er kann sich damit nicht abfinden und weigert sich, der »Geliebte von…«, der »Mann von…« zu sein. Und so verzichtet er auf ein gemeinsames Leben. Er verhält sich wie ein Junggeselle und zwingt sie, ihn nur gelegentlich und in aller Heimlichkeit zu treffen, als ob sie zwei Geliebte wären, die sich vor der Welt verstecken müßten.

3) *Die erotische Schwärmerei*: Wir haben bereits mehrere Fälle von erotischer Schwärmerei untersucht. Bei Männern ist sie gekennzeichnet durch hemmungslose sexuelle Begierde, die sich jedoch niemals in einen *Status nascendi* und einen gemeinsamen Lebensplan verwandelt. Bei Frauen hingegen spielen häufig Komponenten der starorientierten Liebe mit. Dies ist auch der Fall bei *Carmen* in der gleichnamigen Oper von Bizet. Carmen ist eine feurige Frau, die lieben und geliebt werden will. Don José gefällt ihr, weil er schön ist, weil er eine Uniform trägt und ihr bei der Flucht hilft. Daß sie nicht in ihn verliebt ist, sieht man dann, als er aus dem Gefängnis entlassen wird, wo er ihretwegen saß, und in seine Kaserne zurückkehren will, um nicht erneut verhaftet zu werden. Sie macht sich über ihn lustig und überredet ihn durch ihre Verführungskünste, zu desertieren und ihr und den Schmugglern zu folgen. Sie verzichtet auf nichts, er auf alles. Jetzt, wo er ein Deserteur geworden ist, fühlt er sich traurig und verzweifelt. Carmen wird seiner schnell überdrüssig. Ihr schwebt bereits ein neuer Liebhaber vor: der Stierkämpfer Escamillo.

Ein typischer Fall erotischer Schwärmerei ist der eines italienischen Geschäftsmannes, der beim Karneval in Rio von einer sehr jungen Mulattin verzaubert wird. Ich werde den Mann im folgenden als den *Mann aus Rio* bezeichnen. Er ist davon überzeugt, leidenschaftlich in die junge Frau verliebt zu sein, und überzeugt sie, die Woche darauf mit ihm nach Italien zu fliegen. Er besorgt ihr ein kleines Appartement in Mailand, ohne daß seine Ehefrau etwas davon erfährt. Jeden Monat gibt er ihr eine beträchtliche Summe, die sie regelmäßig ihrer Familie in Brasilien schickt. Die junge Frau lebt sehr zurückgezogen, sie spricht nur schlecht Italienisch und leidet unter ihrer Einsamkeit. Ihr fehlen die Mutter, die Geschwister und die Freundinnen. Sie wird immer trauriger. Ihr ganzer Elan, ihr Lebensgeist und die überquellende Erotik, die sie während des Karnevals ausstrahlte, sind wie weggeblasen. Der Mann bemerkt nun, daß seine Brasilianerin einen schmächtigen Körper hat, daß sie mager ist, sehr kleine Brüste hat und fast wie ein kleines Mädchen aussieht. Plötzlich empfindet er nicht mehr sexuelle Begierde, sondern ein väterliches Gefühl der Zärtlichkeit. Nach einigen Monaten bittet ihn das Mädchen mit Tränen in den Augen, sie nach Brasilien zurückkehren zu lassen. Er fühlt sich erleichtert, schenkt ihr eine großzügige Summe und begleitet sie zum Flughafen. Ihre Beziehung bleibt freundschaftlich. Einmal sehen sie sich sogar in Brasilien wieder. Von der großen Liebe ist jedoch keine Spur mehr.

Unvereinbarkeit der Lebenspläne

Selbst wenn es zu einer echten Verliebtheit gekommen ist, heißt das nicht, daß eine Krise ausgeschlossen werden kann. Mit echter Verliebtheit meinen wir *Status nascendi*, Verschmelzung, Historisierung und Liebespakt. Doch obwohl der *Status nascendi* uns formbar macht, so daß wir uns an den anderen anpassen können, bleiben wir doch eigenständige Personen mit eigenen Träumen, Plänen, Gefühlen und Lebensentwürfen. Wir haben bereits vom *Kampf mit dem Engel* und den daraus folgenden Problemen und Tragödien gesprochen. Wir haben auch schon einige Fälle untersucht. Hier wollen wir uns darauf beschränken, noch einmal an die Geschichte von Tolstoj und Sofja zu erinnern. Nach ihrer Hochzeit ziehen sie auf das Gut von Jasnaja Poljana. Es ist das Reich Tolstojs und seiner Gewohnheiten. Dort herrscht das wahre Chaos, Schmutz überall, die Bauern schlafen auf den Gängen, der Koch ist ein Trinker. Sofja fühlt sich von dem launenhaften Genie Tolstojs zwar angezogen, gleichzeitig möchte sie jedoch aus ihm einen normalen Ehemann machen. Sie übernimmt die Führung des Haushalts und versucht, das Haus in eine elegante Residenz zu verwandeln. Tolstoj versteht ihre Bedürfnisse als Koketterie. Und so gelingt es keinem der beiden, den jeweiligen Lebensplan zu verwirklichen, den sie im Sinn haben. Sie will ein frohes und geselliges Leben, er ein einfaches und bäuerliches Dasein. Sie sucht einen Mann, mit dem sie einen Gedankenaustausch haben kann, er sucht eine Frau, mit der er ins Bett gehen kann, die sich unauffällig kleidet, auf ein gesellschaftliches Leben verzichtet und sich ausschließlich um

Haus und Kinder kümmert, ohne intellektuelle Ansprüche zu stellen. Und das, obwohl sich Tolstoj, als er sich in sie verliebte, eben von ihrer Lebhaftigkeit, ihrem Elan und ihrer Eleganz angezogen wurde. Jetzt aber will er genau das in ihr auslöschen, was ihn zu ihr hingezogen hatte: ihre Fröhlichkeit, Spontaneität und ihre Lebenslust.[7] Und da beide dem anderen ihr jeweiliges Tagebuch zu lesen geben, in denen sie ihren Zweifeln und ihrem ganzen Groll Ausdruck geben, lassen die ersten Ehestreitigkeiten nicht lange auf sich warten.

Äußere Faktoren

Wenn wir verliebt sind, nehmen wir erneut unser individuelles Schicksal in die Hand. Wir befreien uns von der Beeinflussung durch unsere Familie und unser soziales Umfeld und versuchen, unseren eigenen Weg zu gehen. Doch bisweilen sind wir so in diese gesellschaftlichen Beziehungen und Zwänge eingebunden, daß wir wieder zu dem werden, was wir davor waren. Und damit ist auch die Liebe zu Ende. Im Buch von Woods Kennedy[8] »Un anno d'amore« wird die Liebe zweier achtzehnjähriger Amerikaner in Paris erzählt. Die Geschichte spielt zur Zeit der regellosen Existenz der amerikanischen Intellektuellen-Diaspora, die aus Fitzgerald, Pound, Henry Miller und Hemingway bestand. Die männliche Hauptperson kommt aus einer reichen Familie und hat noch keine sexuellen Erfahrungen gemacht. Sarah dagegen kommt aus der Welt des Showbiz von New York. Sie ist die Geliebte eines Regisseurs gewesen. Als Folge einer Geschlechtskrankheit kann sie keine Kinder mehr bekommen. Sie ist bildschön und sehr zärtlich. Sarah enthüllt ihm die Geheimnisse des weiblichen Körpers und führt ihn in die erotische Liebe ein. Auf diese Art und Weise entsteht zwischen ihnen eine tiefe und innige Liebe. Das Mädchen beginnt, in seinen Kreisen zu verkehren, sie gehen zusammen auf eine Kunstschule und leben in absoluter Zweisamkeit. In dieser chaotischen und regellosen Welt sind sie ein unzertrennliches und treues Liebespaar.

Dann kommt der Augenblick, in dem seine Mutter ihm befiehlt, nach Boston zurückzukehren. Er nimmt Sarah mit. Doch seine Welt, die von Reichtum, Hochmut und Puritanismus beherrscht wird, ist ihr fremd. Dort herrschen andere Werte, andere Regeln. Sarah ist wie vor den Kopf gestoßen. Sie wird von Angst gepackt. Sie fühlt sich zurückgewiesen. Ihr ist, als ob sie ersticken müßte. Der Mann, den sie liebt, ist der unbeschwerte Junge aus Paris, und nicht der untertänige Sohn, der sich den Wünschen seiner Familie beugt. Sarah wird klar, daß sie dort nie akzeptiert werden wird und nie ihre Traumliebe verwirklichen kann. Und so erwacht in ihrem Herzen der Widerstand, der Haß auf diese andere Welt, die sie als Kind von fern gesehen hat, kalt, feindselig und unbarmherzig. Sie besucht ihre Mutter im armseligen Viertel von New York, wo sie in sich die wilde und widerspenstige Kraft wiederfindet, die es ihr ermöglicht hat, zu kämpfen und zu überleben. Sie beschließt, in die Welt der Schauspieler zurückzukehren und dazu skrupellos ihre Schönheit und Sexualität auszunutzen. Das ist das Ende ihrer Liebe, denn keinem der beiden gelingt es, sich von der Vergangenheit zu befreien, die nach ihnen greift und sie wie mit Fangarmen umschlingt. Es gelingt ihnen nicht, ein anderes Lebensmodell für sich zu entwerfen. Beide werden von ihrer Welt aufgesogen, und so bleibt ihnen nur die Trennung.

Diese Form des Kampfes zwischen dem »neuen« Paar und der sozialen Herkunft der beiden Individuen ist immer unterschwellig vorhanden, auch wenn der Kampf häufig nicht so deutlich zu Tage tritt. Unzählige Streitigkeiten in den ersten Ehejahren sind auf die Einmischung der Eltern bzw. der Schwiegereltern zurückzuführen.[9]

Den anderen schwächen

Es gibt Leute, die sich in jemanden verlieben, dessen Fähigkeiten weit über den eigenen liegen. Sobald sie dann sicher sind, daß ihre Liebe erwidert wird, versuchen sie, eben die Eigenschaften des anderen zu zerstören, die sie anfangs so angezogen haben. Dies passiert dem verheirateten Mann, der reich und sehr bürgerlich ist und sich in eine Tänzerin oder Schauspielerin verliebt, weil er von ihrem Freiheitsdrang fasziniert ist und sie für ihn das Symbol für die lustvolle Regelverletzung, für hemmungslose Sinnlichkeit ist. Über sie will er sich der Grenzen und Schranken seiner eigenen Mittelmäßigkeit entledigen. Dann plötzlich hat er aber Angst vor ihrer Schönheit, vor der Wirkung, die sie auf andere Männer und auf ihn selbst hat. Er weiß, daß er, um sie halten zu können, stets den Erwartungen entsprechen muß, die er in ihr geweckt hat. Und er ist sich nicht sicher, ob ihm das gelingen wird. Er zweifelt an seinen Fähigkeiten. Ihm ist wohl bewußt, welche erotische Kraft sie ausstrahlen kann, wenn sie sie selbst sein kann, nämlich eine Diva. Er fürchtet sich davor, daß jemand anders sie ihm wegnehmen könnte. Ihm macht seine eigene Liebe angst. Und so schließt er sie zu Hause ein, er entreißt sie ihren Kreisen, er bittet sie, ihre Arbeit aufzugeben, er schwängert sie und verlangt von ihr, daß sie gewöhnliche und unauffällige Kleider trägt. Damit verwandelt er sie in eine ganz normale Hausfrau, harmlos und ohne jegliche erotische Ausstrahlung. Er neutralisiert sie sozusagen, zerstört sie. Doch damit hört er auch auf, sie zu lieben und sie zu begehren. Er entledigt sich gewissermaßen seiner Liebe.

Haben wir nicht gesagt, daß jemand, der wirklich verliebt ist, seine Liebe ständig steigern will? Sicher, doch haben wir auch gesehen, daß jedem Menschen nicht nur Kräfte innewohnen, die für die Liebe arbeiten, sondern auch Kräfte, die dagegen wirken. In dieser Art Mensch sind die zerstörerischen Kräfte stärker ausgeprägt. Die *Angst* ist stärker als die Liebe. Er hatte sich in ein wildes und schönes Raubtier verliebt, das frei durch die Welt streifte. Dann fürchtet er sich plötzlich davor. Er fürchtet, ein Sklave zu werden. Und er will nicht verzichten, er will nicht leiden. Deswegen macht er Gebrauch von einem viel hinterlistigeren Mittel, um seine Liebe zu töten. Er versucht, die Geliebte in etwas Bekanntes, etwas Harmloses zu verwandeln, sie zu bändigen. Er stutzt ihre Flügel, und als er es schließlich geschafft hat, sie zum einfachen Hausmütterchen zu erniedrigen, empfindet er auch keine Liebe mehr für sie. Ein Beispiel dafür finden wir auch in der Geschichte von Tolstoj und seiner Frau Sofja.

Wenn wir diese Form der Liebe etwas genauer untersuchen, stellen wir fest, daß sie in die Kategorie der konkurrenzorientierten Liebe fällt, einer Liebe, die durch das Verlangen ausgelöst wird, den Konkurrenzkampf gegen einen Rivalen zu gewinnen, sich einer Trophäe zu bemächtigen, andere zu überbieten, besser zu sein. Es ist eine Form der Liebe, bei der der Betreffende sich selbst behauptet, ohne jedoch bereit zu sein, sich hinzugeben oder sich zu schenken. Es ist eine egoistische Liebe. Diese Liebe hat nicht zum Ziel, den anderen zu erheben, sondern es wird mit allen Mitteln versucht, ihn zu erniedrigen und auf das eigene Niveau herunterzuziehen. Hier kommt der Neid des Konkurrenzkampfes ins Spiel. Wenn es einem Mann schließlich gelingt, eine große Diva zu heiraten und sich alle Augen auf sie richten, dann ist er zunächst stolz darauf. Bald jedoch schon fühlt er seinen eigenen Wert dadurch geschmälert. Es steigt *Neid* in ihm hoch. Also versucht er, ihre Schönheit zu zerstören, sie einer ganz gewöhnlichen Frau gleichzumachen, die genauso gewöhnlich ist wie er selbst. Nur so fühlt er sich wirklich wohl und muß sich nicht mehr anstrengen, um besser zu werden und ihr Niveau zu erreichen.

Ein ähnlicher Fall ist der von Sandra Milo, einer Schauspielerin, die durch Fellini bekannt wurde und die ihre Diva-Rolle aus Liebe aufgibt. Sie heiratet einen Arzt und zieht zu ihm in ein kleines Dorf. Dort wird sie Mutter. Als er sie heiratet, bittet er sie, auf ihre Schauspielerei zu verzichten und seine Frau zu werden, eine Frau, die nur Ehefrau ist und nichts weiter. Er bittet sie also gewissermaßen, sich von einem Star in eine ganz normale Frau zu verwandeln. Und das, obwohl er sich in sie verliebt hat, als sie im Zenit ihrer Karriere stand, als sie berühmt, unerreichbar und schön war. Als sein Zerstörungswerk vollendet ist, ist auch ihrer beider Liebe am Ende. Sandra Milo kehrt nach Rom zurück in ihre Kreise. Dort finden sich jedoch keine Heerscharen von Bewunderern mehr ein, keine Regisseure, die sich um sie reißen. Die Zeit ihres Ruhmes ist vorüber.

Etwas Vergleichbares passiert Ingrid Bergman, als sie den italienischen Regisseur Rossellini heiratet. Rossellini war berühmt für die Erfindung eines neuen Filmstils, des Neorealismus. Ingrid Bergman war ein Star aus Hollywood, der mit Filmen wie »Wem die Stunde schlägt«, »Berüchtigt« und »Casablanca« Weltruhm erlangte. Beide sind überzeugt davon, daß sie gemeinsam große Dinge erreichen werden. Doch Rossellini kann einfach nicht über seinen Schatten springen. Er zwängt sie in Rollen, in denen sie einfache Frauen aus dem Volk spielen muß, von der Art, wie sie in den neorealistischen Filmen oft dargestellt werden. Sie ist dafür jedoch denkbar ungeeignet. Das Ergebnis ist niederschmetternd. Ingrid Bergman konzentriert sich daraufhin auf den Haushalt, auf ihre Kinder. Sie ist weit weg von Hollywood, von ihrer Welt und ihren Freunden. Bis sie eines Tages genug davon hat und geht. Doch nichts ist mehr, wie es früher war. Verliebtheit gründet sich auf Gleichberechtigung und gegenseitige Wertschätzung. Sobald einer versucht, den anderen herabzusetzen, tötet er damit automatisch die Liebe. Niemand darf sich, wenn er verliebt ist, unterdrücken, beherrschen und einsperren lassen, weil Verliebtheit Gleichheit und Freiheit bedeutet, und wenn ich nicht meine Würde und meinen Wert geltend mache und meine Persönlichkeit verteidige, verrate ich nicht nur mich selbst, sondern auch den anderen, der mich gewählt hat, weil ich so bin, wie ich bin.

Überschreiten eines Punktes ohne Wiederkehr

Jeder von uns hat Liebesobjekte und Werte, die der eigenen Persönlichkeit zugrunde liegen und nicht einmal durch eine Verliebtheit zerstört werden können. Im Gegenteil: Wenn wir uns verlieben, entdecken wir diese neu und bestätigen sie dadurch. Sie werden nun der Drehpunkt, um den sich unser ganzes Liebesprojekt dreht. Wir haben von dem Fall der *Frau, die sich ein Kind wünschte* berichtet; sie verliebt sich und stellt dann fest, daß sie ein Kind haben will. Dieser Wunsch wird durch ihre Verliebtheit verstärkt. Es gibt Männer, die ein ähnliches Bedürfnis haben: Vater zu werden. Ein Beispiel hierfür ist der des *Bildhauers*. Wie wir bereits weiter oben berichtet haben, verliebt sich dieser Mann in eine sehr junge und schöne Frau, der er hartnäckig den Hof macht. Als sie endlich seine Liebe erwidert, redet er mit ihr über seine Heiratsabsichten. Er ist reich und besitzt ein großes Haus am See. Dort möchte er mit ihr leben und viele Kinder haben. Die junge Frau hat für ihr Leben jedoch ganz andere Pläne. Sie möchte die Universität abschließen und sich dann der Filmregie beim Fernsehen widmen, was sie bereits gelegentlich und aushilfsweise tut. Vielleicht wird sie auch irgendwann einmal den Wunsch nach einem Kind haben. Doch im Augenblick hat sie nicht die geringste Lust, sich lebendig in seiner Villa am See zu begraben. Statt dessen möchte sie in der großen Stadt, in der sie lebt, bleiben, denn nur dort kann sie ihre berufliche und künstlerische Karriere verwirklichen. Der Bildhauer gibt nicht auf. Er versucht, sie mit allen Mitteln der Verführung zu überzeugen. Die junge Frau fühlt sich jedoch in die Enge getrieben. Der Wunsch, ihn zu sehen, verwandelt sich in den Wunsch, vor ihm zu fliehen. Deswegen verläßt sie ihn. Jahre später findet der Bildhauer endlich eine Frau, die sich, genau wie er, eine große Familie wünscht. Er heiratet sie, obwohl er sie nicht liebt. Ein Kind folgt dem anderen. So verwirklicht der Bildhauer seinen Traum. Indem er auf die Liebe verzichtet, wird er zum Patriarchen.

Bisweilen hängt der *Punkt ohne Wiederkehr* von einer bereits in der Vergangenheit gefaßten Entscheidung ab. Dies ist der Fall bei der *Freundin des Regisseurs*. Ein Regisseur von Fernsehfilmen hat eine gebildete Engländerin geheiratet, die ein umfangreiches literarisches Wissen und eine Leidenschaft für das Kino hat. Die beiden sind gut aufeinander eingespielt: Sie interessiert sich für seine Arbeit, gibt ihm Anregungen und hilft ihm bei allem, was so anfällt. Zusammen prüfen sie Vorschläge, sie wählen gemeinsam Schauspieler, Filmmusik und Drehbücher aus. Eines Tages jedoch wird er von seiner Produktionsfirma gebeten, sich einer jungen Hochschulabsolventin anzunehmen, die Regisseurin werden will. Er willigt mit Zustimmung seiner Frau ein, und gemeinsam bringen sie der jungen Frau die Grundlagen der Regieführung bei. Bald jedoch beginnen der Regisseur und das Mädchen, sich über die Dreharbeiten des Fernsehfilms zu unterhalten, den sie gerade drehen; sie benehmen sich ganz so, als ob seine Frau nicht anwesend wäre. Die Frau ist am Boden zerstört. Schweigend beobachtet sie das geheime Einverständnis, das sich zwischen den beiden bildet, und begreift, daß für sie kein Platz mehr ist. Sie verläßt ihren Mann, das Filmset, das Haus, das sie gemeinsam gebaut haben, und flüchtet in ein möbliertes Appartement, in dem sie nun versucht, sich auf eine literarische Recherche zu konzentrieren.

In der Zwischenzeit ist das junge Mädchen zum Regisseur gezogen. Sie sagt ihm, daß sie ihn liebt und mit ihm leben will. Alle sind davon überzeugt, daß die beiden ein Verhältnis haben, besonders die Ehefrau, die, mit typisch britischer Selbstbeherrschung, die beiden in Frieden läßt. Überraschend besucht ihr Mann sie eines Tages. Nicht etwa, um sich zu entschuldigen oder um Verzeihung zu bitten für den Schmerz, den er ihr zugefügt hat, sondern um sie um Hilfe zu bitten. Er erzählt ihr, daß das Mädchen, in das er sich verliebt hat, zwar bereit ist, mit ihm zu leben, ihn bei seiner Arbeit zu unterstützen und sich um das Haus zu kümmern, daß sie es jedoch strikt ablehnt, mit ihm zu schlafen. Sie ist bereit, ihm eine Gehilfin, Freundin und Schwester zu sein, nicht jedoch seine Geliebte. Warum? Der Grund liegt in ihrer Vergangenheit. Vor Jahren hatte sie sich in einen gleichaltrigen Jungen verliebt, den sie seit ihrer Kindergartenzeit kannte. Als der junge Mann bei einem Autounfall ums Leben kam, schwor sie ewige Keuschheit. Und sie hat nicht die Absicht, ihr Gelübde aus irgendeinem Grund zu brechen. Der Regisseur gibt nicht auf. Er redet mit ihren Eltern und bittet einen Geistlichen um Hilfe. Doch alles ist umsonst: Sie gibt nicht nach. Sein Leben wird ein Alptraum. Er kann nicht mehr schlafen und nicht mehr arbeiten. Das Verlangen nach ihr zerfrißt ihn. Doch er hat nicht den Mut, ihre Beziehung zu beenden. Allein der Gedanke daran macht ihm angst. Was soll er tun?

Seine Frau hört ihn wortlos an. Dann reißt sie die Wohnungstür auf und wirft ihn mit folgenden Worten raus: »Ich bleibe so lange hier, bis ich das Vergnügen haben werde, das Ende deines romantischen Abenteuers zu erleben. Dann werde ich nach England zurückkehren«. Als er wieder zu Hause ist, findet der Regisseur nicht das Mädchen vor, sondern nur einen Zettel, auf dem steht: »Mein Platz ist in einem Kloster. Das Leben eines Regisseurs wird von den chaotischsten Leidenschaften beherrscht. Ich hätte keine Chance, mein Gelübde auf Dauer einzuhalten. Wenn ich weiterhin in diesen Kreisen bliebe, würde ich vielen Leuten weh tun. Auch Dir habe ich bereits genügend Schmerz zugefügt. Suche nicht nach mir.« Von diesem Moment an sucht der Regisseur tatsächlich nicht mehr nach ihr. Auch seine Frau, die nach England zurückgekehrt ist, sucht er nicht mehr auf. Er macht Schluß mit der Arbeit und mit der Liebe und flüchtet sich in die Einsamkeit und in den Alkohol.

SIEBZEHNTES KAPITEL

Dauerhafte Beziehungen

Sich gemeinsam entwickeln

Das Leben ist ein Prozeß ständigen Wandels. Alle Veränderungen – selbst wenn sie ganz allmählich geschehen – offenbaren sich in der Regel erst nach einer gewissen Zeit und dann meistens schlagartig. Ein Stück Draht, an dem ständig ein Gewicht hängt, ändert sich auf molekularer Ebene, bis es zu einem bestimmten Zeitpunkt nachgibt und reißt. Auch Krankheiten brechen ganz plötzlich aus. Häufig kann unser Körper die Wirkung von Krankheitserregern lange Zeit unter Kontrolle halten, bis ganz plötzlich der Schutzmechanismus überfordert ist und sich die ersten Symptome zeigen. Das gleiche geschieht im Bereich der zwischenmenschlichen Beziehungen. Wenn zum Beispiel meine Unzufriedenheit über meine Arbeit immer mehr zunimmt, werde ich mich irgendwann nach anderen Möglichkeiten umschauen. Vielleicht nehme ich auch Kontakt zu Freunden oder zu bestimmten Agenturen auf. Dann wird schließlich der Moment kommen, in dem ich eine unwiderrufliche Entscheidung treffen muß. Sobald dies geschehen ist, wird mein Leben eine schlagartige Richtungsänderung erfahren. Die kollektiven Bewegungen und selbst die Verliebtheit folgen dem gleichen Prinzip: Es häufen sich viele kleine Änderungen, viele kleine Spannungen, zahlreiche neue Wege werden in der Phantasie erforscht, bis schließlich eine Explosion erfolgt, eine wahre Revolution.

Wenn Veränderungen kontinuierlich oder in unendlich kleinen Schritten vonstatten gingen und wir uns ihrer bewußt wären, könnten wir uns leicht darauf einstellen und alle Krisen vermeiden. Das ist jedoch strukturell gesehen unmöglich. Auch die Spannungen, Mißverständnisse und Probleme, die in einem Paar heranreifen, folgen dem gleichen Gesetz. Dies ist der Grund, warum Psychologen Ehepartnern immer wieder dazu raten, miteinander zu reden und alle Probleme zur Sprache zu bringen, bevor sie zu einem ernsten Problem werden und die kritische Schwelle erreichen. Doch da alle vorhandenen Kräfte, alle Wechselfälle des Lebens in diskontinuierlicher Weise auf uns einwirken, werden Paare dazu gezwungen, sich plötzlichen Änderungen und unerwarteten Problemen zu stellen. Einige sind die Folge früherer Wünsche, die wir nie befriedigen konnten, wie beispielsweise Kinder oder ein schönes Haus zu haben oder Reisen in ferne Länder zu unternehmen. Andere entstehen ganz einfach, weil man reifer wird und man sich weiterentwickelt. Sobald wir ein Ziel erreicht haben, stecken wir uns ein höheres. Wir wollen die Anerkennung, von der wir glauben, sie uns verdient zu haben. Andere Veränderungen oder Probleme wiederum wirken von außen auf uns ein, wie zum Beispiel eine Krankheit, die uns, unseren Ehepartner, unsere Geschwister oder Eltern trifft.

All dies kann die beiden Partner unabhängig voneinander treffen und sich ganz unterschiedlich auf den einen und den anderen auswirken. Jede Veränderung ist deswegen ein potentieller Krisenherd, weil beide Partner gezwungen werden, ihre Pläne anzupassen. In diesen Situationen können die beiden Betreffenden sich an einem gewissen Punkt treffen, das heißt einen gemeinsamen Weg finden und ihre Liebe wiederentdecken. Sie können aber genausogut auseinanderstreben und Wege gehen, die sie immer weiter voneinander entfernen. Alle diskontinuierlichen Ereignisse des Lebens stellen für das Paar gleichermaßen Gelegenheit für eine Veränderung dar, die sie zueinander- oder auseinanderbringt.

Liebe ist folglich nicht etwas, das einfach da ist, das ewig währt und immer erhalten bleibt, sondern etwas, das ständig geprüft, getestet und überarbeitet wird. Sie kann sich immer wieder erneuern und wiedergeboren werden, genau wie sie auch schwächer werden, entarten und schließlich gänzlich vergehen kann. Es gibt keine Untersuchung über die Dauerhaftigkeit der Liebe in der Partnerschaft, die nicht gleichzeitig auch eine Untersuchung über die Schwierigkeiten wäre, mit denen sie konfrontiert wird und die überwunden werden müssen. Die Liebe ist auch eben dies: das Überwinden von Krisen und eine ständige Erneuerung durch diese Krisen. Die *Ko-Evolution*[1] ist kein kontinuierlicher Vorgang, sondern das Produkt der Lösung, die sich aus Spannungen, Konflikten und Krisen herausgebildet hat.

Nehmen wir uns jetzt den Fall vor, den ich als *die beiden Intellektuellen* bezeichnen werde. Er ist Wissenschaftler, sie Schriftstellerin. Das Paar hat keine Kinder, beide sind trotz Ehe immer noch heftig ineinander verliebt, sie gefallen sich auf sexueller Ebene und fühlen sich stark miteinander verbunden. Sie reisen zusammen, arbeiten zusammen, diskutieren über alle Probleme und gelangen in der Regel auch immer zu den gleichen Schlüssen. Von außen betrachtet hat man den Eindruck, daß diese beiden keine Probleme und Meinungsverschiedenheiten kennen. In Wirklichkeit ist ihre Liebesbeziehung ein ständiges Sich-voneinander-Entfernen, um etwas auszuprobieren, und ein ständiges Wieder-Zusammenfinden.

An einem gewissen Punkt hat der Mann ein großes und unerwartetes Erfolgserlebnis. Seine Frau, die ihn aufrichtig liebt, ist glücklich darüber und fühlt sich noch stärker zu ihm hingezogen. Doch obwohl sie ihm intellektuell gesehen in nichts nachsteht, zeigen alle nur noch Interesse für ihren Mann. Ständig wird er interviewt. Dabei werden ihre intellektuellen Fähigkeiten in keiner Weise gewürdigt. Häufig ist sie es, die die Lösung für Probleme findet. Doch alle nehmen diese Lösungen nur ernst, wenn sie von ihrem berühmten Mann geäußert werden. Die Frauen beneiden sie, weil sie »die Frau von...« ist und schenken ihr bei öffentlichen Veranstaltungen nicht die geringste Beachtung. Die Konkurrenten ihres Mannes greifen sie an, um ihn indirekt damit zu verletzen. Sie leidet unter dieser Ungerechtigkeit und in gewissen Augenblicken hat sie regelrechte Krisen, die leicht in Neid und Groll gegenüber ihrem Mann umschlagen könnten. Neid entsteht nämlich genau dann, wenn bei zwei Personen, die sich als ebenbürtig betrachten, die eine erfolgreicher ist als die andere.[2] Die Krise, die leicht hätte zerstörerische Ausmaße annehmen können, wird von ihnen überwunden, indem sie beschließen, sich in der Öffentlichkeit stets und überall zusammen und unzertrennlich zu zeigen. Sie reisen zusammen, geben zusammen Konferenzen und stellen sich so Seite an Seite der Welt. Auf diese Art und Weise erneuert sich auch ihre Erotik. Beide sind ganz spontan zu diesem Entschluß gekommen, doch gleichzeitig haben sie damit auch eine intelligente Lösung zu einem potentiell gefährlichen Problem gefunden.

Einige Jahre später beginnt die Frau, sich lebhaft für Politik zu interessieren. Immer mehr läßt sie sich davon vereinnahmen. Ihr Mann zieht aus Liebe zu ihr mit. Es ist eine grundsätzliche Regel der Ko-Evolution, daß beide an dem, was der andere macht, Interesse zeigen und auch daran teilnehmen müssen. Doch das Interesse für die Politik wird bei der Frau schließlich dominierend. Ständig führen sie Diskussionen über die Politik, aber er hat bald genug davon und würde sich gerne mit etwas anderem beschäftigen. Seine Frau verbringt ihre ganze Zeit auf Parteitreffen und nimmt auch einige politische Aufträge an. Schließlich wird sie aufgefordert, bei den politischen Wahlen zu kandidieren. Ihr Mann hält sie nicht zurück. So beginnt sie, allein auf Reisen zu gehen und andere Männer kennenzulernen. Ihr Mann stellt fest, daß er eifersüchtig ist, und sagt ihr das. Sie weiß, daß ihr Leben zu zweit sich von Grund auf ändern müßte, wenn sie sich auf die Wahlliste stellen ließe und eine politische Laufbahn anstreben würde. Sie ziehen auch die Möglichkeit in Betracht, sich beide der öffentlichen Aufgabe zu widmen, beide in die Hauptstadt zu ziehen, um zusammenbleiben und weiter gemeinsam arbeiten zu können. Doch dann wird der Frau klar, daß ihr Mann dafür nicht geeignet ist, daß es für ihn ein zu großes Opfer bedeuten würde. Deswegen stellen sie ein Programm auf, nach dem sie vier Tage der Woche abwesend sein und die restlichen drei mit ihm verbringen wird.

Dies geht gut, bis der Frau eines Tages aufgeht, daß Politik nicht nur ein Kampf für Ideale ist, sondern auch aus aufreibenden Wartephasen besteht, aus unzähligen Plänkeleien und ständigen Kompromissen. Plötzlich hat sie Sehnsucht nach ihrer Wohnung, nach ihren Büchern, nach dem friedlichen Sinnieren und den tiefschürfenden Gesprächen, die sie mit ihrem Mann hatte. Sie begreift, daß ihre wahre Berufung die Schriftstellerei ist. So finden sie erneut ein gemeinsames Ziel. Sie beschäftigen sich zwar weiterhin mit Politik, jetzt betrachten sie sie allerdings nur noch als eine Art intellektuellen Zeitvertreib, ohne daß sie sich direkt am Geschehen beteiligen würden. Diese neue Phase in ihrem Leben gibt ihr den Anstoß, einen großen historischen Roman zu schreiben.

Freundschaft

Freundschaft und Verliebtheit sind zwei unterschiedliche Dinge.[3] Verliebtheit stellt sich ganz plötzlich und unvermutet mit dem Auftreten des *Status nascendi* ein. Freundschaft festigt sich nach und nach bei jeder Begegnung ein wenig mehr, durch die Freude, zusammen zu sein und über das gegenseitige und ständig wachsende Vertrauen. Verliebtheit ist eine Leidenschaft. Wir lieben selbst Leute, die uns nicht wiederlieben. Freundschaft dagegen muß auf Gegenseitigkeit beruhen. Verliebtheit befindet sich jenseits von Gut und Böse. Wir können sogar einen schlechten Menschen lieben, der uns weh tut. Freundschaft dagegen ist ein moralisches Gefühl. Wir können nicht mit jemandem befreundet sein, der uns schlecht behandelt, uns betrügt und uns verrät. Wenn ich die Person erblicke, in die ich verliebt bin, fängt mein Puls zu rasen an. Wenn ich einen Freund sehe, bin ich zufrieden und entspannt. Verliebte streben nach Vereinigung und üben Druck aufeinander aus. Im Vergleich dazu behandeln sich Freunde wie Gentlemen. Jeder hat höchsten Respekt vor dem anderen, vor seiner persönlichen und gesellschaftlichen Existenz. Wenn ich verliebt bin, ertrage ich es nicht, fern von der geliebten Person zu sein. Ohne sie scheint die Zeit stillzustehen. Bei Freunden können auch Monate vergehen, bevor sie sich wiedersehen, und wenn sie sich dann treffen, nehmen sie ihr Gespräch an dem Punkt auf, an dem sie es vor langer Zeit unterbrochen hatten. Liebe ist ausschließlich und ruft leicht Eifersucht hervor. Wenn die geliebte Person mir gesteht, daß sie einen anderen liebt, werde ich verrückt vor Schmerz. Wenn ein Freund mir erzählt, daß er sich in jemanden verliebt hat und mit der geliebten Person auf eine Weltreise geht, freue ich mich für ihn.

Und doch müssen in einer Liebesbeziehung, die dauerhaft sein soll, die moralischen Gefühle einer Freundschaft vorhanden sein: Vertrauen, Vertrautheit, gegenseitiger Respekt, Loyalität, Beherrschung, Vorsicht und Aufrichtigkeit. Es sind Feinfühligkeit und auch die Freiheit erforderlich, die in der Freundschaft herrschen. Man darf dem anderen nichts aufzwingen, denn es muß einem bewußt sein, daß man nicht das Recht dazu hat. Außerdem muß man das Anderssein der geliebten Person respektieren. In der Verliebtheit kann sich die Freundschaft erst einen Weg bahnen, wenn der unwiderstehliche Drang zur Vereinigung etwas nachgelassen hat und sich statt dessen wieder das in jedem Menschen vorhandene Bedürfnis nach Respekt vor der eigenen Individualität behauptet. Der Prozeß der Institutionalisierung kann in gewisser Hinsicht als Übergang von der Verschmelzung zur Freundschaft beschrieben werden, mit all den dazugehörigen Grenzen und Einschränkungen und den moralischen Bindungen, die auf bestimmten Verpflichtungen und Abmachungen beruhen.

Man kann sich nun fragen, ob ein Paar eine stabile Liebesbeziehung aufrechterhalten kann, die ausschließlich auf Freundschaft basiert und in der die Zeit der stürmischen Leidenschaft und des erotischen Interesses vorüber ist. Unserer Meinung nach ist das nicht möglich. Zur gleichen Überzeugung ist auch Sternberg gekommen. Laut Sternberg[4] besteht die Liebe in der Partnerschaft aus drei Komponenten, nämlich aus Leidenschaft, Nähe oder Freundschaft, und der Verpflichtung. Wenn der Aspekt der Leidenschaft komplett fehlt, kann man nicht einmal von einem Paar reden.[5]

Die Freundschaft ist also eine wichtige Komponente der Liebe in der Partnerschaft. Die Entwicklung der moralischen Bindungen in einer Freundschaft trägt dazu bei, daß die Partnerschaft um so enger wird. Allein reicht die Freundschaft jedoch nicht aus, denn Freundschaft gründet sich auf das Lustprinzip, und ein Freund, der uns weh tut, hört auf, unser Freund zu sein. Wenn er uns schlecht behandelt, uns anlügt oder auch einfach nur chaotisch ist oder uns auf die Nerven geht, meiden wir ihn.

Liebe ist eine Kraft, die diese Schwierigkeiten überwindet. Die Freundschaft jedoch nicht.

Dann gibt es da noch die erotische Verführung. Zwei Freunde müssen sich nicht auf erotischer Ebene gefallen. Keiner versucht, den anderen zu verführen. Wenn er dies täte, dann könnte man nicht einmal von Freundschaft reden. Freunde zeigen sich einander so, wie sie sind, ohne Künstlichkeit, in aller Natürlichkeit und Spontaneität. Von einem Paar jedoch, in dem sich keiner mehr anstrengt, dem anderen zu gefallen und in ihm Interesse zu wecken, ist recht wenig übriggeblieben, vielleicht noch gegenseitige Wertschätzung oder auch nur Gewohnheit. Das funktioniert unter Umständen bei zwei älteren Partnern, die nichts mehr vom Leben erwarten. Wie kann das aber zwei jungen Menschen genügen, die voller Wünsche und Träume stecken?

Freundschaft macht auch keine Ansprüche auf Exklusivität geltend. Mein Freund kann so viele andere Freunde haben, wie er will. Er kann heiraten, sich scheiden lassen, Geliebte haben und sie wieder verlassen, ohne verpflichtet zu sein, mir dies mitzuteilen. Was geschieht jedoch, wenn diese totale Freiheit auch in einem Paar erlaubt ist? Was würde die Bezeichnung »Paar« dann noch rechtfertigen? Wir reden ja auch nicht von einem »Freundespaar«, sondern einfach von »zwei Freunden«.

Intimität

In letzter Zeit wurde der Intimität viel Gewicht beigemessen,[6] besonders von einigen feministischen Psychologinnen. Diese haben beobachtet, daß Freundinnen – und insbesondere Mädchen im pubertären Alter – sich berühren, sich umarmen, ihre Körper untersuchen und ohne Scham selbst die intimeren Bereiche vergleichen. Sie erzählen sich auch ihre sexuellen Erfahrungen und reden ohne Zurückhaltung über ihre Gefühle. Sie vertrauen sich alles an. Gegenüber einer Freundin empfinden sie dieselbe schamlose und grenzenlose Neugier, die eine Mutter gegenüber ihrer Tochter an den Tag legt. Es ist, als ob sie Teil des Körpers der Freundin wären, eine Art Verlängerung ihrer Seele.

Männer dagegen haben Schwierigkeiten, sich ihre Gefühle und ihren Liebesschmerz mitzuteilen. Sie schämen sich dafür, als ob sie damit eine Schwäche zeigen würden, und haben Angst, eine verletzbare Stelle ihrer Seele zu offenbaren, denn schließlich ist die vorherrschende Meinung immer noch, daß ein wahrer Mann nicht jammert und klagt, daß er sich nicht in wirren Gefühlsergüssen ergeht, nicht weint, nicht seufzt, nicht klatscht und tratscht, denn all das ist »Weibersache«. Er hat grob, stark und schweigsam zu sein. Unerschrocken soll er sich allen Wechselfällen des Lebens stellen.

Dieser Unterschied zwischen den Geschlechtern ist das Produkt einer langen kulturellen Tradition. Er ist immer noch stark präsent und kann sich störend in einem Paar bemerkbar machen, wenn nämlich die Frau ein starkes Bedürfnis danach hat, ihre Gefühle auszutauschen und mitzuteilen, und der Mann sich statt dessen in sein Schneckenhaus zurückzieht. Diese Dynamik haben wir in vielen unserer Fälle beobachten können. Der Mann geht seiner Arbeit nach, kehrt abends müde nach Hause zurück und bemerkt überhaupt nicht die tausend kleinen Dinge, mit denen die Frau ihre Liebe zu ihm ausdrückt: die Vase mit den frischen Blumen auf dem Tisch, die neue Tischdecke auf dem Eßzimmertisch oder ein bunt bedrucktes Kissen auf dem Sofa. Manchmal hat er keine Lust zu reden. Vielleicht fällt ihm manchmal auch einfach nichts ein, was er sagen könnte. In solchen Fällen tröstet sie sich vielleicht mit einer Seifenoper oder einem Frauenroman, während er sich die Sportschau ansieht.

Wenn sich ein Mann verliebt, dann fühlt auch er gegen seinen Willen die Schwingungen, die Gefühle und Leidenschaften, die von ihm Besitz ergreifen, und er spürt auch das Bedürfnis, sie auszudrücken und der geliebten Person mitzuteilen. Wenn er sich verliebt, dann ist sogar der gefühlloseste Mann anfällig gegenüber Rührung; er seufzt, weint und fühlt das Bedürfnis, mit seiner Geliebten zu verschmelzen, ihr alles von sich zu erzählen und alles von ihr zu wissen. Häufig dauert diese Phase des Sich-Öffnens und der Verschmelzung nicht sehr lange an. Sobald der Mann sich der Liebe seiner Partnerin sicher ist, taucht seine alte Vorsicht gegenüber allen gefühlsmäßigen Äußerungen wieder auf, und er verschanzt sich erneut hinter seiner gewohnten harten Schale.

Das Leben als Paar hängt von der Fähigkeit ab, die durch den *Status nascendi* hervorgerufene Intimität zu bewahren, und sei es nur zu einem geringen Teil. Die Institution muß der Hüter und das Erbe des Versprechens des *Status nascendi* sein. Sie muß etwas von dem geben, was der *Status nascendi* hat erahnen lassen. Es wäre allerdings ein Fehler anzunehmen, daß die Stabilität eines Paares proportional zum Grad der Verschmelzung und der Identifikation der beiden Liebenden sei; als ob diese ununterscheidbar zu einer einzigen Person verschmelzen würden. Diese Art der Intimität findet man bei identischen oder eineiigen Zwillingen, bei denen beide ihr Äußeres, ihre Gefühle, Gedanken und Gesten im anderen wiedergespiegelt sehen und sich deshalb bis ins tiefste Innere kennen, ohne Schranken oder Schutzmechanismen. Der eine lernt sich selbst über den anderen kennen, der sein Spiegelbild ist. Die Intimität in der Liebe dagegen beinhaltet stets einen gewissen Abstand zum anderen, einen Unterschied, eine Entdeckung. Der andere ist immer auch Neuland, nichts ist selbstverständlich, alles ist Eroberung oder Geschenk.

Einige sind der Meinung, daß sich Ehepartner alles erzählen müssen und nichts voreinander verbergen sollten, sich auch unter keinen Umständen belügen dürfen. Daß sie auch ihre Aggressivität ausdrücken, sie sich unter Umständen ins Gesicht schreien müssen. Daß sie es dem anderen sagen müssen, wenn sie eine andere Person begehren, denn alles, was offen auf den Tisch gelegt wird, tut nicht weh, während all das, was versteckt wird, sich in das Unterbewußtsein eingräbt und dort Schaden anrichtet. All dies ergibt nicht den leisesten Sinn. Der »Bewußtseinsfluß« ist ein chaotischer Sturzbach von Gedanken, Überlegungen, Hypothesen, Gefühlen, Zweifeln, Ängsten, Träumen, amourösen, aber auch aggressiven Impulsen.[7] Er ist ein Fluß, der aus Tausenden von Zuflüssen gespeist wird, der sich seinerseits wieder in Tausende von Nebenzweigen verliert, erneut zusammenfließt, nur um sich dann wieder im Nirgendwo zu verlieren. Wenn man sich von ihm leiten läßt, dann heißt das, sich ziel- und wahllos zu verändern, Gewalttätigkeit zum Ausbruch kommen zu lassen und sich ständig selbst zu widersprechen.

Das Leben zu zweit erfordert Aufrichtigkeit, gleichzeitig aber auch Konsequenz und Planung. Es erfordert auch, Gedanken und Gefühle zu verschweigen, die die geliebte Person zu sehr verwirren oder verletzen könnten. Gemeinheiten, wütende Anklagen und Obszönitäten hinterlassen Wunden, die nach und nach einen wahren Abgrund zwischen den beiden Partnern schaffen. Jeder von uns besteht in Wirklichkeit aus vielen unterschiedlichen Individuen. Im Laufe unseres Lebens haben wir viele Wege eingeschlagen, wir haben angefangen, Persönlichkeiten zu entwickeln, die wir schließlich nicht weiter ausgebildet haben. Und bei jeder Veränderung unserer Existenz, jedesmal, wenn wir einen neuen Weg eingeschlagen haben, haben wir einige Fragmente unseres *vorhergehenden Ichs* verwendet, das wir vor Zeiten verworfen hatten. In jedem Fall sind unsere *vorhergehenden Ichs* – auch wenn sie unserer neuen Identität untergeordnet sind – ein Teil von uns. Sie sind der Kern unseres Seins, auf den wir im Notfall – oder auch, um uns weiter zu differenzieren – zugreifen können.

Wenn wir uns verlieben, und zwar beim Prozeß des Historisierens der Vergangenheit, erzählen wir unserem Partner, wie wir waren und wie wir zu dem geworden sind, was wir jetzt sind. Indem wir uns unsere Vergangenheit vor Augen halten, finden wir unsere alten Persönlichkeiten wieder, wir erwecken sie erneut zum Leben. Sie sind wie schlafende und angekettete Geister, die uns außergewöhnliche Kräfte verleihen können. Wir dürfen sie jedoch auf keinen Fall freisetzen und sie nach Belieben in unser Leben eingreifen lassen. In intimen Gesprächen können wir sie wohl heraufbeschwören, sie sprechen und handeln lassen, doch dies muß immer im Bannkreis einer Geisterbeschwörung vonstatten gehen. Wenn wir diese Geister unkontrolliert freisetzen, bedeutet dies eine Spaltung unserer Persönlichkeit: Das Chaos würde über uns hereinbrechen. Die Liebe hätte keine Chance, denn der *Status nascendi* ist ja eben der Übergang vom Chaos zur Ordnung. Intimität bedeutet folglich auch, unmögliche Träume zu erzählen und verbotene Persönlichkeiten freizusetzen, allerdings immer im Einklang mit der neuen Liebe, der neuen persönlichen und kollektiven Identität, also als kreatives Instrument während des Vorgangs der Ko-Evolution.

Diese *vorhergehenden Ichs* stellen desgleichen eine außergewöhnliche Möglichkeit dar, auf neue und unvorhergesehene Situationen zu reagieren. In einer berühmten Erzählung von Rabindrānāth Tagore beschließt ein großer Staatsmann, der die Schwelle des Alters überschritten hat, sich zur Meditation in die Berge zurückzuziehen. Und tatsächlich lebt er auch lange Jahre in der größten Einsamkeit, ohne jemals ein Wort zu sprechen, bis er sich praktisch nicht mehr von einer Pflanze oder einem Felsen unterscheidet. Die Einwohner des Dorfes betrachten ihn als Heiligen. Sie wagen es nicht, sich ihm zu nähern. Eines Tages wird die Gegend von einem verheerenden Orkan heimgesucht. Ganze Sturzbäche regnen auf die Dörfer und Häuser nieder und schwemmen sie fort; die Menschen hetzen in Todesangst herum, um sich in Sicherheit zu bringen. Der Alte scheint in dieser Situation wie aus einem Traum zu erwachen und ist plötzlich wieder der, der er vor ewigen Zeiten einmal war: ein großer Staatsmann. Er erteilt Befehle, organisiert die verstörte Bevölkerung, läßt Erdwälle aufschütten, Befestigungen errichten und rettet sie so. Danach kehrt er schweigend auf seinen Berg zurück, um sein asketisches Leben wieder aufzunehmen.

Während des Vorgangs der Ko-evolution muß man bisweilen auf diese verborgenen Ressourcen zugreifen, um auf neue Situationen reagieren zu können, die eine andere Vorgehensweise erfordern. Einfacher ist das Ganze, wenn zwischen den Liebenden Vertrauen herrscht, und sie sich ohne Furcht auch diese verborgenen und gefährlichen Aspekte ihrer Persönlichkeit und ihrer Geschichte erzählen können.

Komplizenschaft

Der deutsche Begriff »Komplize« ist negativ behaftet. Er bezieht sich auf den Zusammenhalt, das Vertrauen und die gegenseitige Hilfe zwischen zwei Personen, die eine kriminelle Handlung vornehmen. Man ist ein Komplize, wenn man einem Dieb beim Stehlen und bei der Flucht vor dem Gesetz hilft. Der Grund, aus dem man dies tut – Geld, Freundschaft, Liebe –, ist dabei gleichgültig. Aus der Sicht des Gesetzes ist das Motiv dafür unerheblich. Die Handlung als solche ist und bleibt strafbar.

Im Französischen ist der Begriff jedoch auch positiv belegt und bedeutet Vertrauen, wortlose Übereinstimmung und Solidarität zwischen zwei Menschen, die sich lieben. So sagt man von zwei Verlobten oder Ehepartnern, daß sie Komplizen sind. Die Komplizenschaft ist einer der intimen und der Liebe vorbehaltenen Aspekte. Sie bedeutet, daß zwei verliebte Menschen auf der gleichen Seite stehen, daß sie gemeinsam gegen die angehen, die sie behindern, ihnen drohen und eine Gefahr für ihre Vereinigung darstellen. Diese Bedeutung des Begriffes ist wichtig. Es reicht nämlich nicht zu sagen, daß die beiden sich verstehen, daß sie sich gegenseitig helfen und unterstützen. In der Beziehung zwischen zwei Partnern gibt es noch einen weiteren wichtigen Punkt: Sie verteidigen sich gemeinsam gegen die äußere Welt. Ein Liebespaar ist eine soziale Einheit, die in einer feindlichen Welt bestehen muß. Deswegen muß sie auch eine Festung sein, ein Schutzwall, sie muß Angriffe abwehren und in die Offensive gehen. Wie beim Militär müssen die beiden Komplizen Strategien entwerfen, Pläne ausarbeiten und sie mit Geduld und Beharrlichkeit bis ans Ziel verfolgen, ohne einer Menschenseele ein Sterbenswörtchen davon zu verraten.

Beide kennen die Stärken und Schwächen des anderen. Die Stärken des einen sind die Stütze des anderen, und die Schwächen des einen werden durch den anderen ausgeglichen. Im gesellschaftlichen Leben kehren sie die Tugenden des anderen heraus und verstecken dessen Fehler. Wenn der eine angegriffen wird, kommt ihm der andere mit jedem zur Verfügung stehenden Mittel zur Hilfe: mit Geld, Lügen, wenn notwendig sogar mit Gewalt.

Die Komplizenschaft vermittelt einem ein bestimmtes Lustgefühl. Dieses verspürten bereits die Krieger antiker Stämme, wenn sie in kleinen Gruppen ausrückten, um einen Einfall in feindliches Gebiet zu unternehmen, wo sich hinter jedem Busch und jedem Schatten ein Hinterhalt verbergen konnte, wo sie allein und doch nicht allein waren, weil jeder einen anderen an der Seite hatte, der ihm Rückendeckung gab. Dieses uralte Lustgefühl hat bis heute überlebt, wenn zwei Freunde, zwei Geliebte oder zwei Ehepartner gemeinsam ein Hindernis oder eine Herausforderung angehen. Wir können es bei den unterschiedlichsten Paaren beobachten, selbst bei einem Ehepaar, das zusammen ein Geschäft führt. Auf den ersten Blick kann uns ihre Verbindung als eine rein von finanziellen Interessen geprägte Lebensgemeinschaft vorkommen, dabei ist es jedoch ein wahres Abenteuer, das aus Jagd und Krieg besteht, ein Spiel zu zweit, eine ständig neu bearbeitete Inszenierung, bei der ein Blick oder auch nur ein bestimmter Tonfall in der Stimme ausreichen, um dem anderen eine Nachricht zu übermitteln. Es ist wie bei zwei gut eingespielten Falschspielern. Ich habe Ehepaare erlebt, die gemeinsam ein Unternehmen leiten und nach außen hin den Eindruck ständiger Uneinigkeit vermitteln, die in Wirklichkeit aber fest in das Unternehmen integriert sind, die sich gegenseitig ergänzen und ohne einander überhaupt nicht mehr auskommen würden. In der Ehe kann die Komplizenschaft eine stärkere Bindung darstellen als die Erotik, bzw. sie kann die Erotik ersetzen, wenn diese schwindet.

Die Komplizenschaft ist eine Erscheinung der Liebe, nicht aber der heftigen Leidenschaft. In der Regel nimmt sie mit dem Leben zu zweit zu, mit der gegenseitigen Vertrautheit und der Gewohnheit, gemeinsam an einem Strang zu ziehen. Sie lebt von moralischen Tugenden wie der Aufrichtigkeit, dem Vertrauen und der Intimität. Die Komplizenschaft braucht jedoch die Rationalität, um Probleme zu lösen, Menschen einzuschätzen oder Strategien auszuarbeiten. Leidenschaftliche Gefühle sind nur ein Störfaktor. Eifersucht zerstört Komplizenschaft, weil Eifersucht zu Mißtrauen führt und die beiden Liebenden sich plötzlich wie zwei potentielle Feinde gegenüberstehen. Doch auch andere Gefühlsüberschwänge, wie Zorn und Angst, sind Störfaktoren, weil sie zu heftig und instabil sind. Komplizen müssen sich ergänzen. Es ist äußerst schlecht, wenn beide vom gleichen Gefühl ergriffen werden und sich darin gegenseitig hochschaukeln. Wenn der eine Angst hat, muß der andere unbedingt seine ganze Selbstbeherrschung und seinen klaren Kopf bewahren. Wenn einer zu sehr beschleunigt, muß der andere auf die Bremse treten, und wenn der eine den Kopf verliert, muß der andere mit beiden Füßen fest auf dem Boden stehen.

ACHTZEHNTES KAPITEL

Die späte Krise

Wie kommt es dazu?

Viele Studien zeigen, daß durch das Zusammenleben, die ständige Wiederholung der Gesten und die immer bessere Kenntnis des anderen das Vertrauen und die Zuneigung wachsen, daß gleichzeitig aber auch das sexuelle Interesse am anderen und die Erwartung nach Neuem abnehmen.[1] Dies fördert das Entstehen einer Liebe ohne Leidenschaft, ohne Probleme und ohne Abenteuer. In seinem Buch »Die Kunst des Liebens« bezieht sich Erich Fromm auf diese zweite Form der ehelichen Liebe, die sich auf die ruhige Sicherheit gründet, daß man auf den anderen zählen kann. Was fehlt, ist das Bedürfnis, ständig in der Nähe des anderen zu sein, und die Rührung, die einen anfangs erfaßt, wenn man ihn gehen, schlafen oder auch nur atmen sieht. Die Zeit der erotischen Schauer ist vorbei, die Schmetterlinge im Bauch sind eingeschlafen, und die Momente der überschwenglichen Glückseligkeit und der Ekstase werden immer seltener.

Die Untersuchungen, die ich mit meinem Team angestellt habe, haben ergeben, daß sowohl bei Männern als auch bei Frauen die Leidenschaft in den ersten drei Jahren der Ehe am stärksten ist. Danach flaut sie langsam ab. Und nach zehn Jahren ist sie vor allem bei den Frauen auf einem Tiefpunkt angekommen, den diese jedoch schmerzlicher empfinden als die Männer.[2] Der Mann gewöhnt sich leichter an die Eintönigkeit des Ehelebens, die ihm eher entgegenkommt. Für Frauen liegt die Sache anders, denn es ist immer noch die Frau, die sich um alle häuslichen Angelegenheiten und um die Organisation des Haushaltes kümmert, während der Mann daraus den Nutzen zieht. Außerdem mißt die Frau den Gefühlen, dem Gedankenaustausch und der Intimität mehr Bedeutung bei als der Mann. Die Eherechtlerin Laura Remiddi hat in einem Interview gesagt, daß ihr noch nie ein Mann untergekommen sei, der die Trennung verlangt oder die Scheidung eingereicht hat, weil seine Frau nicht mehr mit ihm redet. Andersherum hingegen sei dies kein ungewöhnlicher Fall.[3] Das Unbehagen, das viele durch die Teilnahmslosigkeit ihres Mannes empfinden, veranlaßt nicht wenige Frauen, lieber ohne ihren Mann zu leben, als ihr Leben mit einem Mann zu verbringen, der ihnen mehr und mehr wie ein Hotelgast vorkommt. Sie denken voller Sehnsucht an die aufregende und glückliche Zeit ihrer Verliebtheit zurück, als derselbe Mann sie mit Leidenschaft und Aufmerksamkeit überschüttete. Damals glich er einem mutigen und edlen Ritter, der ihr Herz zum Schwingen brachte. Bis dann eines Tages – sie können nicht sagen, wann – in ihnen Sehnsucht nach Liebe hochstieg. Wenn sie dann ihre Sehnsucht überwunden haben, macht sich erst ein Gefühl der Entfremdung in ihnen breit, dann eine stumme Wut. Wut darüber, daß ihr Mann sie nicht versteht. Deswegen werden sie noch wütender. Bis dann der Entschluß für sie feststeht, wieder allein wohnen zu wollen. Ihre Männer schienen häufig schon nach wenigen Ehejahren immer weniger Begehren für sie zu empfinden. Alle anderen Frauen schienen ihnen interessanter zu sein.

Was genau steht nun dahinter? Ist es das langsame Abnehmen der Erotik, die Gewöhnung an das tägliche Einerlei und dessen Banalität oder sind es die Überbleibsel zahlloser Krisen, die schlecht bewältigt wurden oder ungelöst blieben? Die Antwort auf diese Fragen ist recht komplex.

1) *Die Veralltäglichung der Liebe*: Am Anfang ihrer Beziehung sind die Liebenden davon überzeugt, daß Luft und Liebe zum Leben ausreichen. Später jedoch entdecken sie, welche Anstrengung es sie kostet, frühmorgens aus den Federn zu kommen, sie spüren wieder die Spannungen an ihrem Arbeitsplatz, und das Weinen der Kinder ist nicht zu überhören. Dabei hatten sie doch von einer Zukunft ohne Mühen geträumt, von einem

Schlaraffenland. Jetzt aber werden sie täglich mit neuen Problemen konfrontiert, die ihren Schwung bremsen und der Welt ihren Zauber rauben. Optimisten, die voller Leben und Liebe stecken, begegnen der Welt mit Großherzigkeit, sie scheuen sich nicht zu kämpfen, bewältigen Frustrationen und freuen sich auch über kleine Erfolgserlebnisse. Andere Leute sind jedoch nicht so robust. Sie überkommt leicht das Gefühl, gescheitert zu sein.

Wir wollen wiederholen, was wir bislang gesagt haben: Schlüsselfaktoren sind die Intensität der Verliebtheit, die vorhandene Energie, der Enthusiasmus, die Entschlossenheit, das Vertrauen in die eigenen Fähigkeiten und in die eigene Liebe und folglich auch die Freude daran, für den Erfolg zu kämpfen, die geliebte Person glücklich zu machen, koste es, was es wolle. Hinzu kommt der Vorgang der *Transfiguration*, durch den alle Dinge an Sinn und Schönheit gewinnen. Doch kann man auch nicht leugnen, daß bei allen, selbst bei den verliebtesten Paaren, das Zusammenleben aus vielen kleinen Pflichten und Ärgernissen besteht. Beide verlangen, daß der andere gewisse Arbeiten ausführt, und wenn dies nicht geschieht, protestieren sie oder machen dem anderen Vorwürfe und kritisieren ihn.

Wenn dieser Vorgang unkontrolliert abläuft, leidet die Erotik darunter. Erotik besteht aus Spiel, aus Enthusiasmus, aus Schmeicheleien. Erotik ist immer auch ein Einbruch in das gewöhnliche, alltägliche Leben.[4] Häufig führt dies auch zum ersten Seitensprung. Dieser ist Auflehnung gegen die Eintönigkeit, gegen die Pflichten und die Fesseln des Alltags. Hier drückt sich das Bedürfnis aus, sich wieder wie neugeboren und voller Leben und Frische zu fühlen, ohne Zwänge, ohne, daß einem dauernd jemand hiermit oder damit in den Ohren liegt. Mit einer anderen, fremden Person kann ich vergessen, wer ich bin, ich kann meine Frustrationen und Pflichten für kurze Zeit ablegen. Die erotische Begegnung ist ein ganz besonderes Ereignis. Sie unterbricht das alltägliche Einerlei, das aus Arbeit, Konfrontationen, Erwartungen, Protesten und Verpflichtungen besteht. Der oder die Geliebte macht keine Vorwürfe, übt keine Kritik und nörgelt nicht herum. Er oder sie ist freundlich und gibt einem den Eindruck, wieder schön, interessant und begehrenswert zu sein. Es kommt einem vor, als ob man wieder richtig durchatmen könne, als ob einem die Jugend und Freiheit wiedergeschenkt würden. Es ist, als ob man nach nichts streben müßte als nach Lust und Freude.

2) *Die Krisen*: Krisen allein sind nicht die Erklärung für alles. Ein Paar ist eine lebendige Gemeinschaft mit einem Leben und einer Geschichte. Es erfährt Wandlungen, Spannungen und Krisen. Diese Krisen können in drei Kategorien unterteilt werden: Die erste Form von Krisen hat ihren Ursprung in dem Einbruch der Vergangenheit, die zweite in einer divergenten Entwicklung, bei der die beiden Partner unterschiedlich auf gewisse Lebensumstände reagieren, und die dritte Form entsteht dadurch, daß sich Konkurrenzdenken und Neid sowie gegenseitiger Haß bei den beiden Partnern einstellen, mit all den daraus folgenden Rachefeldzügen und Vergeltungsmaßnahmen.

Der Einbruch der Vergangenheit

Wir haben bereits einige Fälle von Frauen gesehen, die sich ein Kind wünschten oder sich kreativen Tätigkeiten widmen wollten, und deren Männer sich dagegen stellten. In anderen Fällen wiederum wird die Vergangenheit verleugnet. Ein Beispiel ist die *Frau aus dem Süden Italiens*, die einen Unternehmer aus dem Norden Italiens heiratet. Er ist ihr Traummann. Deswegen ist sie bereit, sich seinem Lebensstil anzupassen und so zu werden, wie er es wünscht. Der Mann hängt extrem an seiner Familie, an deren Gewohnheiten. Er hat starke Vorurteile gegenüber Süditalienern und weigert sich strikt, ihre Familie zu besuchen. Er geht so weit, daß er ihr befiehlt, alle Kontakte zu ihrem Heimatort, ihren Verwandten und ihren Traditionen abzubrechen. Ständig wirft er ihr ihre Aussprache vor. So besucht sie einen Sprechunterricht, um ihren Akzent zu verlieren. Was er ihr auferlegt, ist praktisch eine erzwungene Naturalisierung. Sie unterwirft sich seinem Willen, obwohl sie seine Haltung übertrieben und manchmal sogar erniedrigend findet. Nach einigen Jahren überkommt sie jedoch eine starke Sehnsucht nach ihrer Heimat und ihren Eltern. Sie möchte endlich einmal wieder den Klang ihres

Dialektes hören. Und da ihr Mann sie fortwährend anderswohin führt, hat sie das Gefühl, sich im Exil zu befinden. Als ihre Mutter krank wird, bittet sie ihn, zu ihr fahren zu dürfen. Er ist damit nicht einverstanden, schließlich ist er es gewohnt, daß er alles bestimmt. Sie gibt jedoch nicht auf, und so kommt es zum Streit. Sie reist ab. Kaum ist sie am Flughafen angelangt, ergreift sie ein überwältigendes Gefühl der Freiheit. Ihr Mann bombardiert sie mit Telefonaten und versucht sie zur Heimkehr zu bewegen. Er versteht ihr Problem nicht, denn ihre Mutter ist ihm gleichgültig. Zum ersten Mal kommt der Frau in den Sinn, daß sie auch die Möglichkeit hat, ihm etwas zu verweigern. Plötzlich steigt Haß in ihr hoch. Und so lehnt sie sich gegen ihn auf. Sie erklärt ihm klar und unmißverständlich, daß sie genug von seinen Übergriffen hat, daß sie in ihrer Heimat bleiben will und erst dann zu ihm zurückkehren wird, wenn ihr danach ist. Der Mann fühlt sich verlassen, verraten, er ist überzeugt davon, daß ihre Familie hinter diesem Komplott steht. So beginnt eine Krise, die weitreichende Folgen haben wird.

In diesem Fall handelt es sich um einen Einbruch der Vergangenheit, einer Vergangenheit, die keine Bedeutung mehr zu haben schien, jedoch statt dessen einen ganz wichtigen Teil der betreffenden Person darstellte. Während des Entstehens einer Partnerschaft verzichten wir auf viele Aspekte von uns, wir verändern uns. Wir verdrängen Wünsche und Bedürfnisse, die selbst nach langer Zeit plötzlich hervorbrechen können. Dies passiert dem *Ingenieur*, einem Mann, der in einer armen Familie groß geworden ist, dann Karriere gemacht und eine reiche Frau geheiratet hat. Nach einigen Ehejahren träumen sie von einer großen Villa. Die Frau schlägt vor, sie auf einem Grundstück ihres Vaters zu errichten, womit ihr Mann einverstanden ist. Der *Ingenieur* gibt zum Bau der Villa seine gesamten Ersparnisse aus. Seine Frau, die – auch in den Augen ihres Mannes – einen sehr guten Geschmack hat, entwirft die Pläne, wählt den Architekten und die Einrichtung aus. Als das Haus fertiggestellt ist, bittet der *Ingenieur* seinen Schwiegervater, ihnen das Grundstück um ihr Haus herum zu verkaufen. Er möchte seinen Traum von einem eigenen Haus mit einem Park verwirklichen. Der Schwiegervater antwortet ihm jedoch, daß das unmöglich sei, weil er das Land nicht aufteilen wolle, weil das Grundstück all seinen Kindern gemeinsam gehöre. Die Frau des *Ingenieurs* steht auf der Seite ihres Vaters, was den *Ingenieur* sehr verletzt. Er versucht es erneut, muß daraufhin aber feststellen, daß die ganze Familie seiner Frau über seine Forderung empört ist. Seine Frau macht ihm bittere Vorwürfe, daß er einen derartigen Vorschlag überhaupt gemacht habe. Er hat nun den Eindruck, daß er mit einer Fremden zusammenlebt, die nur ihrer Familie und ihrer Familientradition verbunden ist. Hier zeigt sich also ein doppelter Einbruch der Vergangenheit: einmal bei ihm und einmal bei seiner Frau. Für ihn erwacht die Vergangenheit in Form seines Jugendtraumes, für sie in der Form des Familienstolzes.

Divergente Entwicklung

Wir reagieren unterschiedlich auf die Herausforderungen, die das Leben an uns stellt, auf die unterschiedlichen Situationen, mit denen wir konfrontiert werden. Zwei Menschen, die anfangs eine unzertrennbare Einheit bilden, können sich mit der Zeit auseinanderleben und eigene Wege gehen. Dies kann leicht geschehen, wenn die Rollenverteilung sehr stark ausgeprägt ist, also wenn der Mann den ganzen Tag außer Haus ist, seinen Geschäften nachgeht, und die Frau sich ausschließlich der Hausarbeit und den Kindern widmet. Auf diese Art und Weise werden die Themen stark eingeschränkt, über die die Ehepartner reden können. Dies geht oft so weit, daß sich entweder der Mann oder die Frau eine Liebhaberin bzw. einen Liebhaber nehmen, und sie sich folglich noch weniger zu erzählen haben.

Heute passiert es häufiger, daß eine divergente Entwicklung einsetzt, weil die Frau ihre Talente verwirklichen und ihre Fähigkeiten nicht brachliegen lassen will. Wir haben weiter oben einen derartigen Fall besprochen: den der *Schriftstellerin*. Die Begegnung zwischen ihr und dem Mann, der schließlich ihr Ehemann wird, ähnelt einem Märchen. Ein Blick, ein Lächeln, leuchtende Augen, die bereits »Ja, du gefällst mir« gesagt haben, bevor noch Worte die Zustimmung geben konnten. Als sie heiraten, ist sie achtzehn und er siebenundzwanzig. Er ist Inhaber einer Elektronikfirma, reich, gutmütig, hilfsbereit, und liebt sie von ganzem Herzen. Sie wird von ihm mit Geschenken überhäuft. Alles, was er kauft, überschreibt er auf ihren Namen: das Haus auf dem Land, das Haus in den Bergen und das Haus am Meer. Er will, daß sie seine ganzen Kunden kennenlernt und erträgt es nicht, auch nur einen Augenblick von ihr getrennt zu sein. Überallhin nimmt er sie mit. Nach einigen Monaten schreibt sich die junge Frau an der Universität ein. Er ist nicht begeistert davon, sondern versucht vielmehr, sie davon abzubringen, besonders auch, weil er gerade von ihr erfahren hat, daß sie ein Kind erwartet. Die Frau hört jedoch nicht auf ihn. So besucht sie die Universität, und als das Kind geboren wird, kümmert sie sich liebevoll darum. Später macht sie ihren Magister. Nach abgeschlossener Universität verspürt sie den Drang, ein Buch zu schreiben. Und obwohl sie schon bald ein zweites Kind erwartet, macht sie sich voller Begeisterung ans Werk. Sie ist ganz bei der Sache, sie lernt neue Freunde kennen und lädt sie nach Hause ein. Die Abende werden nun zunehmend von intellektuellen Gesprächen beherrscht. Ihrem Mann gefällt das immer weniger. Er fühlt sich in dieser intellektuellen Welt nicht zu Hause. Außerdem stört es ihn maßlos, daß ständig seine Frau im Mittelpunkt steht. So zieht er sich immer mehr zurück und schmollt still vor sich hin. Die Situation wird um so unerträglicher, als sich der Roman der Frau gut verkauft. Plötzlich sind da auch die Kritiker und Journalisten. Er wird immer eifersüchtiger. Kein Detail entgeht ihm. Eines Abends wirft er ihr vor, ihre Bluse nicht richtig zugeknöpft und ihren Busen zur Schau gestellt zu haben. Gleichzeitig erregt ihn das auch. Als der Abend zu Ende ist, will er mit ihr schlafen – einmal, zweimal. Doch schnell und ohne Zärtlichkeit. Damit drückt er aus, daß er sie besitzt. Es ist, als ob er sein Territorium markieren wollte, seinen Besitz. Seine Eifersucht nimmt schließlich Züge von Besessenheit an. Er fragt sie, mit wem sie zusammen war, was sie gemacht habe. Wenn sie ihn dann bittet, sie auf Buchlesungen oder ähnliches zu begleiten, hat er wahre Tobsuchtsanfälle. An einem gewissen Punkt verbietet er ihr, zu schreiben und mit ihren idiotischen intellektuellen Freunden zu verkehren. Seine Frau beginnt nun, an Klaustrophobie zu leiden. Ihre innere Spannung wächst immer mehr, bis sie sogar an Selbstmord denkt. Nach einigen Jahren verläßt sie mit den Kindern die eheliche Wohnung und reicht die Scheidung ein.

Wenn zwei Partner noch sehr jung sind und ihre eigenen Fähigkeiten selbst noch nicht kennen, kann es leicht geschehen, daß sie schnell neue Sichtweisen entwickeln und andere Wege einschlagen. Und wenn sie nur mäßig verliebt sind und zu starr in ihren Ansichten, können sie die Entwicklung des anderen nicht akzeptieren. So geschieht es auch im Fall von *Renato und Gianna*, der von Donata Francescato beschrieben wird. Renato sagt, daß sie geheiratet haben, weil sie sehr ineinander verliebt waren und sie sich körperlich stark zueinander hingezogen fühlten. Für ihn war die Ehe heilig und unantastbar, und so hoffte er, sein ganzes Leben mit ihr zu verbringen. Doch dann hat sie sich geändert und ist eine andere Frau geworden als die, in die er sich verliebt hatte. Ihr gefiel ein bewegtes Leben, das sie selbst dirigieren konnte, während er eine Partnerin suchte, die vor allem Mutter und Hausfrau war. Und dies war ihr größter Stolperstein. Sie hatten zwei unterschiedliche Visionen des Lebens und der Zukunft entwickelt. Seine Frau bestätigt seine Analyse im großen und ganzen. Sie sagt, daß sie nicht mehr in der Lage war, die Frau zu sein, die er sich wünschte. Zwar liebte auch sie die Familie und ihren Sohn, doch den ganzen Tag im Haus herumzusitzen, war nicht nach ihrem Geschmack. Für sie hatte auch nicht so sehr die Quantität der Stunden oder Tage Bedeutung, die sie mit einer Person verbrachte, sondern vielmehr die Qualität des Zusammenseins. Sie reiste gern, traf gerne neue Leute und hielt sich auch gerne mit ihrem Sohn außerhalb ihrer Wohnung auf. Ihr Mann dagegen war das genaue Gegenteil von ihr. Er fand es nicht einmal gut, daß sie arbeitete.[5]

Eine divergente Entwicklung kann durch Mißerfolge entstehen, die die Lebenskraft eines der beiden Ehepartner schwächen. Genauso gut kann sie auch durch Reichtum oder Erfolg ausgelöst werden. Viele Paare durchleben eine Krise, wenn einer der beiden einen unerwarteten Erfolg hat. Christiaan Barnard heiratet eine Krankenschwester, als er noch sehr jung ist. Sie hilft ihm bei seiner schwierigen Laufbahn als Chirurg. Durch seine erste Herztransplantation erreicht er Weltruhm und wird ein Star, dem junge, reiche und schöne Frauen nachlaufen. Er verliebt sich in eine dieser Frauen und heiratet sie.

Konkurrenzdenken und Neid

Einige Leute sind überzeugt davon, daß ein gewisses Konkurrenzdenken den Partnern guttut. Eine empirische Untersuchung, die wir angestellt haben,[6] beweist jedoch das Gegenteil. Es gibt auf der einen Seite den Wunsch, uns im Leben zu behaupten, um dem anderen zu beweisen, daß wir seine Liebe verdienen; auf der anderen Seite gibt es das Verlangen, besser zu sein als er, also unsere Überlegenheit ihm gegenüber zur Schau zu stellen. Jeder Mensch will etwas wert sein. Man will sich nicht nur geliebt fühlen, man will auch, daß die anderen das eigene Verdienst anerkennen. Man will für seine Tugenden und Fähigkeiten geschätzt werden. Selbst in der harmonischsten, solidarischsten und liebevollsten Beziehung will man die Wertschätzung des anderen spüren. Man will fühlen, daß man in seinen Augen einen Wert hat, und sich sicher sein, daß das, was man macht, Zustimmung findet. Wenn eine Frau sich um die Kinder und den Haushalt kümmert, während der Mann ein großer Chirurg ist, kann ihre Liebe nur bestehen, wenn es ihm gelingt, ihr das Gefühl zu vermitteln, daß die Rolle, die sie spielt, genauso wichtig, edel und bedeutungsvoll ist wie seine. Dies ist möglich, weil durch die Verliebtheit ganz eigene interne Wertmaßstäbe geschaffen und die gesellschaftlichen einfach ignoriert werden.

Sobald die Verliebtheit jedoch vergangen ist, gewinnen die Werte der Gesellschaft plötzlich wieder an Bedeutung. Die Frau, die ständig mitansehen muß, wie ihr Mann von allen bewundert und vergöttert wird, während sie immer nur an zweiter Stelle kommt, wird plötzlich von einem großen Gefühl der Leere überkommen. Zuerst war sie glücklich für ihn, jetzt ist sie verbittert. Hier liegt das Drama der starorientierten Liebe. Die Verehrung für den Star, das Glück, sich neben einer so berühmten Person zu befinden und das Licht, das sie umgibt, teilen zu können, macht nach und nach dem Wunsch Platz – der übrigens ohne weiteres nachvollziehbar ist –, sich selbst ins Rampenlicht zu rücken und einen eigenen Wert, unabhängig vom Partner, zu haben. Schlimm wird es erst, wenn in Fällen wie diesem plötzlich das Konkurrenzdenken einsetzt, denn letztendlich ist es die Gesellschaft, die das Urteil über Wert oder Nicht-Wert fällt. Der Kampf gegen einen berühmten Partner ist zum Scheitern verurteilt. Und mit dem Scheitern stellt sich auch der Neid ein.

Neid ist das Gefühl, das wir empfinden, wenn jemand, dem wir ebenbürtig sind, mehr Erfolg hat als wir und die Bewunderung der anderen für sich beansprucht. In diesen Momenten fühlen wir die ganze Ungerechtigkeit der Welt auf unseren Schultern lasten. Wir versuchen dann, uns davon zu überzeugen, daß er sich den Erfolg gar nicht verdient hat, wir tun unser möglichstes, um ihn auf unsere Ebene herunterzuziehen und ihm seinen Wert abzusprechen. Wir sprechen schlecht über ihn und kritisieren ihn. Doch wenn die Gesellschaft ihn weiterhin als Star behandelt, beginnen Neid und Zorn an uns zu nagen. Gleichzeitig überkommen uns jedoch Zweifel, denn vielleicht haben wir ja doch nicht recht. Also schämen wir uns des Neides, aber vor allem auch dafür, daß die anderen nun auf uns zeigen und sich sagen, daß wir ja nur neidisch sind.

Die Gefahr, die Konkurrenzdenken und Neid mit sich bringen, ist besonders bei Paaren gegeben, die der gleichen Tätigkeit nachgehen und die beide davon überzeugt sind, daß ihre Arbeit absolut gleichwertig ist. Dann genügt es nämlich schon, daß die Außenwelt – egal, ob zu Recht oder zu Unrecht – der Arbeit des einen mehr Beifall zollt als der des anderen, damit der andere von Zweifeln und Hoffnungslosigkeit geplagt wird. Aurore Sand (die sich später George Sand nennt) und Jules Sandeau waren heftig ineinander verliebt und hatten zusammen den Roman »Rose und Blanche« geschrieben, den sie mit den Anfangsbuchstaben des Namens Jules (von *Jules* Sandeau) und Sand (von Aurore *Sand*) veröffentlichen. Dann macht sich Aurore jedoch selbständig. Sie zieht sich in das Landhaus von Nohant zurück und schreibt ganz allein in einem Zug einen neuen Roman (»Indiana«). Sie veröffentlicht ihn nicht unter ihrem Vornamen Aurore, sondern verwendet das Pseudonym ihres ersten mit der Abkürzung G. Sand. Aus Jules Sand ist nun George Sand geworden. Ihr Buch hat enormen Erfolg. Sandeau ist wie vor den Kopf gestoßen. Vielleicht beginnt bereits der Neid an ihm zu nagen. Zur Katastrophe kommt es jedoch erst, als Aurore einen weiteren Roman schreibt, »Valentine«, und ihn unter dem Namen George Sand veröffentlicht. Jetzt ist sie George Sand, die berühmte und bewunderte Schriftstellerin, während er in Vergessenheit gerät. Es ist das Ende ihrer Liebe.

Um Neid zu besiegen, ist eine wirklich große Liebe erforderlich. Es muß dem einen gelingen, den Erfolg des anderen zu genießen. Dies ist leichter, wenn er aktiv zu dessen Erfolg beitragen kann, zum Beispiel, indem er der Manager seines Partners wird. Auf diese Art und Weise erlebt er den Erfolg des Partners wie den eigenen. Allerdings muß sein Beitrag auch öffentlich anerkannt und mit Treue belohnt werden.

Bosheiten und Provokationen

Wenn die Liebe zu Ende geht, werden die Frustrationen, die sich die Partner gegenseitig verursachen, nicht mehr heruntergespielt, vergessen oder vergeben. Vielmehr erzeugen sie Wut und Zorn. So staut sich über einen längeren Zeitraum hinweg ein gewaltiger Groll an, der sich dann häufig in kleinen Bosheiten und Provokationen entlädt.

Unter einer *Bosheit* verstehen wir eine aggressive Handlung, die der Ausführende hinterhältig ausführt, damit der andere ihm deswegen keine Vorwürfe machen kann. Darauf angesprochen wird er so tun, als ob er aus allen Wolken fiele und dem anderen voller Entrüstung entgegenhalten: »Das traust du mir doch wohl hoffentlich nicht im Ernst zu?« Wenn mich jemand ganz offen beleidigt, kann ich darauf reagieren, und wenn mir jemand droht, kann ich ihm auch drohen. Gegenüber diesen kleinen Bosheiten bin ich jedoch machtlos. Ich kann versuchen, sie zu ignorieren oder das gleiche Spielchen mit meinem Partner treiben und ihm einen ähnlichen Streich spielen. Wie der Psychologe Eric Berne[7] entdeckt hat, ist das Spiel wie ein magischer Zirkel, wie eine geistige Schranke, hinter die es kein Zurück mehr gibt. Wenn der Betreffende die jüngste Bosheit, die ihm zuteil wurde, bemerkt, wird er von einem blinden Zorn ergriffen werden und nur noch einen einzigen Gedanken haben: »Wie kann ich mich rächen?«

In einer Partnerschaft können diese Spiele unvorstellbare Ausmaße annehmen, bei denen jeder eine Art perverse Buchführung darüber hält, welche und wie viele Ungerechtigkeiten einem der andere zugefügt hat, um sich dann bei Gelegenheit dafür zu rächen. Es gibt Frauen, die ihre kleinen Bosheiten an den (eigenen Ehe-) Mann bringen, indem sie ihm genau das versagen, was er sich am meisten wünscht. Wenn es ihm zum Beispiel wichtig ist, zu einer gewissen Stunde zu Abend zu essen, dann wird sie es stets so einzurichten wissen, daß erst zu einer späteren Stunde gegessen werden kann. Natürlich wird sie Hunderte von guten Gründen finden, die diese Verspätung rechtfertigen, und diese werden auch immer unschuldig genug klingen. Und es gibt Männer, die ihrer Frau mit schönster Regelmäßigkeit genau dann sagen, daß sie zugenommen hat, sie Orangenhaut hat, ihr Kleid ihr nicht steht oder ihre Frisur sie älter macht, als sie ist, wenn sie gerade beim Friseur gewesen ist oder sich ein neues Kleid gekauft hat und sich anschickt auszugehen.

Die *Provokation* ist den kleinen Bosheiten nicht ganz unähnlich, sie ist allerdings schlimmer, systematischer und hat als Ziel, den Zorn des anderen zu erregen, ihn zu einem Nervenzusammenbruch zu treiben und ihm die Freude am Leben zu vergällen. Ich möchte hier zwei von Mara Palazzoli Selvini[8] beschriebene Fälle erwähnen. Eine sehr junge und attraktive Frau heiratet einen Industriellen, der nichts anderes im Kopf hat als seine Arbeit. Er hat eine wunderschöne Villa gekauft, in der sie keine Hand rühren muß. Und doch ist sie bei allem chronisch zu spät: Das Abendessen steht immer zu spät auf dem Tisch. Wenn sie mit Freunden ausgehen wollen, ist sie nie zur festgesetzten Stunde bereit. Am Morgen kommt sie nicht aus dem Bett. Wenn sie auf Reisen gehen, sind die Koffer nicht rechtzeitig gepackt. Der Mann verliert in diesen Situationen regelmäßig die Geduld und bekommt einen Wutanfall. Irgendwann beginnt er, sie zu beleidigen, sie in aller Öffentlichkeit bloßzustellen. Was hat diese Frau nun damit erreicht, daß sie ihren Mann derartig provoziert? Sie zeigt damit sich selbst, ihrem Mann und ihren Freunden, daß er nicht der ausgeglichene, intelligente und unparteiische Mann ist, der er vorgibt zu sein; daß er nicht der perfekte Organisator ist, der er gerne sein würde. Mit der Provokation wird in der Regel eine Eigenschaft des Menschen ins Visier genommen, auf die das Individuum viel hält. Der zweite Fall ist der eines Mannes, der eine schöne und gebildete Künstlerin geheiratet hat, die jeden bezaubert, der ihr zuhört. Sobald seine Frau zu reden beginnt, kann er sich vor lauter Gähnen kaum auf dem Stuhl halten. Seine Frau verliert dadurch die Kontrolle über die Situation. Alle Intelligenz scheint plötzlich von ihr gewichen.

Wenn man zwei Ehepartner sieht, die miteinander streiten, wenn Frauen plötzlich Heul- und Männer Wutanfälle bekommen, kann man sich ziemlich sicher sein, daß beide versuchen, den anderen zu besiegen. Häufig beginnt die Schlacht schon am frühen Morgen. Sie wacht nicht auf, wenn sie nicht ihren Kaffee im Bett zu sich nehmen kann. Er dagegen würde seinen lieber um die Ecke im Café trinken. Und so wirft er ihr wutentbrannt entgegen, daß er das Recht auf einen anständigen Kaffee habe. Sie kontert darauf, daß es nur ein Vorwand sei, um nur ja keine Minute länger im Haus bleiben zu müssen. Dieses Spielchen kann man beliebig lange fortsetzen.

Das Spielchen mit den Provokationen ist ein aggressives Spiel und zielt darauf ab, den anderen zur Weißglut zu bringen, im schlimmsten Fall, ihn zu töten. Ich muß dabei an eine äußerst beeindruckende Geschichte denken. In meiner Nachbarschaft lebte ein Ehepaar mittleren Alters mit Kindern. Er war von mächtiger Statur, grobschlächtig und hatte einen traurigen Gesichtsausdruck. Sie dagegen war schmächtig, ruhig und sprach mit einem leichten venezianischen Akzent. Ich konnte nur seine Stimme hören, wenn er abends nach Hause kam. Ihre war unhörbar, so leise sprach sie. Er fing stets damit an, sich über etwas zu beschweren, was die Kinder betraf: daß sie ihre Hausaufgaben nicht gemacht hatten, daß sie nicht sauber waren, daß sie schlechte Noten in der Schule hatten. Sie verteidigte sie und redete dabei unaufhörlich mit dieser leisen und monotonen Stimme weiter. Er wurde dagegen immer lauter. Sie gab ihm Kontra, während sie ihren häuslichen Arbeiten nachging. Nach und nach wurde seine Stimme lauter, bis er schließlich zu brüllen anfing und einen Wutanfall hatte, der durch nichts mehr aufzuhalten war. Dabei hat er ihr nie körperlich ein Leid zugefügt. Er beschränkte sich darauf, zu brüllen, was das Zeug hielt.

Eines Abends, am Höhepunkt einer ihrer unzähligen Krisen, erlitt er einen Herzinfarkt, an dem er wenige Stunden später starb. Aus Gesprächen mit den Ärzten erfuhr ich, daß er bereits früher den einen oder anderen Herzinfarkt gehabt hatte, und daß alle – er selbst, seine Frau und seine Kinder – gewußt hatten, daß ein Wutanfall für ihn tödlich ausgehen konnte. Nach seinem Tod blühte seine Frau regelrecht auf.

Andere Zeiten, andere Lebenszyklen

Früher war es der Mann, der sich um sein vierzigstes Lebensjahr herum in eine jüngere Frau verliebte und mit ihr ein neues Leben begann. Heutzutage kommt es immer häufiger vor, daß die Frau ihren Mann verläßt, sich einen Geliebten zulegt oder sich in einen anderen Mann verliebt. Der Grund dafür ist, daß es früher beinahe ausschließlich der Mann war, der außer Haus ging und aktiv war, der sich für Sport und Politik interessierte und sich so weiterentwickelte. An einem gewissen Punkt war er oft reif für einen neuen Lebenszyklus: Er wollte dann einen Neubeginn wagen. Die Frau dagegen wurde von der Eintönigkeit des häuslichen Lebens beherrscht. Durch ihre Schwangerschaften und den Haushalt alterte sie vorzeitig.

Heute studieren jedoch auch Frauen, sie arbeiten und machen Karriere. Mit vierzig Jahren ist eine Frau noch jung. Sie ist jünger und lebhafter als ihr Mann. Über die Hälfte ihres Lebens liegt noch vor ihr, denn sie hat eine durchschnittliche Lebenserwartung von über achtzig Jahren. Ihre Kinder sind fast mit der Schule fertig. Mit ihnen kann sie Gespräche führen und Reisen unternehmen. Für Nachkommen hat sie gesorgt und sie kann jetzt eine neue Lebensphase beginnen.

Wenn eine Phase unseres Lebens zu Ende geht, werden uns die Pflichten der Vergangenheit, selbst die leichtesten, unerträglich. Eine Frau, auf deren Schultern noch die Verantwortung für den Haushalt, die Kinder und den Ehemann lastet, ist der Routine bald überdrüssig. Es belastet sie, daß sie immer noch das Haus aufräumen und die Mahlzeiten zubereiten muß, alles eintönige Tätigkeiten, für die ihr niemand Anerkennung zollt. An einem gewissen Punkt hat sie dann den Eindruck, daß sie ihr ganzes Leben in den Dienst von Mann und Kindern gestellt und dabei sich selbst vernachlässigt hat. Sie fühlt sich enttäuscht, betrogen und ausgenutzt. Erst war sie voller Optimismus, voller Hoffnungen und Träume: Sie war auf der Suche nach der großen Liebe, dem großen Abenteuer. Und was hat sie letztendlich davon gehabt? In ihr keimt die Lust, sich aufzulehnen, laut zu schreien. Nach und nach wandelt sich ihr Groll in Verlangen und Hoffnung. Sie möchte die verlorene Zeit aufholen, das Leben leben, das sie nicht gelebt hat, und die Möglichkeiten verwirklichen, die sie bislang vernachlässigen mußte. Sie möchte noch einmal ein junges und schönes Mädchen sein und ihre Zeit so verbringen, wie ihr der Sinn danach steht. Sie hat Lust, mit Freunden auszugehen, Reisen zu unternehmen, erneut begehrt und umschwärmt zu werden. Tief in sich fühlt sie eine große Lebensenergie, ein Verlangen nach Erotik und Action. Und ihr Mann? Meistens mag sie ihn ganz gern. Doch die Liebe zu ihm ist von Gewohnheit geprägt. Der anfängliche Elan, ihre Leidenschaft füreinander und ihre Abenteuerlust haben sich schon lange erschöpft. Er ist ruhig geworden und selbstsicher. Immer öfter kommt er ihr wie ein Hotelgast vor, der abends nach Hause kommt und alles fertig vorfindet.

Wenn sich der Mann in dieser kritischen Lebensphase nicht ändert, sich nicht wieder in seine Frau verliebt, ihr den Hof macht und sich beide ein neues Leben schaffen, kann die Spannung der Frau zu einem wahren Sprengsatz werden. Sie ist bereit für eine Veränderung, für eine Metamorphose, für eine Erfahrung von Tod und Wiedergeburt. Mit einem Wort: Sie ist bereit für einen *Status nascendi*. Einige Frauen gehen in dieser Lebensphase an die Universität zurück, andere widmen sich ganz ihrem Körper, wieder andere nehmen einen neuen Beruf auf oder machen sich selbständig, weitere beschäftigen sich mit östlicher Philosophie oder Psychologie oder schreiben Romane und Gedichte. Es gibt Frauen, die sich einen Liebhaber zulegen, und andere, die sich neu verlieben.

Wir verlieben uns, wenn wir mit unserem Leben zutiefst unzufrieden sind und uns gleichzeitig von einem überschäumenden »élan vital« belebt fühlen, wenn wir also bereit sind, eine bereits gemachte und abgenutzte Erfahrung hinter uns zu lassen, und über die Energie verfügen, etwas Neues auszuprobieren, Fähigkeiten zu nutzen, die wir zuvor haben brachliegen lassen, und Träume und Pläne zu verwirklichen, die in unserem Herzen herangereift sind. In dieser Situation reicht es aus, daß wir jemandem begegnen, der einen anderen Lebensstil verkörpert, einen freieren und jüngeren Lebensstil, damit wir uns in das Abenteuer und das Neue stürzen. Die Lebenszyklen von Frauen und Männern ändern sich, und mit den Lebenszyklen ändert sich auch die Liebe.

Verliebtheit, die durch einen erneuten *Status nascendi* beendet wird

In der Regel stirbt die Liebe durch langsame Abnutzungserscheinungen, durch sich stetig anhäufende Enttäuschungen, Eifersüchteleien und Vorwürfe. Das, was zum Schluß übrigbleibt, ist ein Gefühl der Gleichgültigkeit und der inneren Leere, die man dem anderen vorwirft. Es gibt jedoch auch Fälle, in denen die Liebe urplötzlich durch das Auftreten eines neuen *Status nascendi* verfliegt, bei dem es sich jedoch um keine Verliebtheit handelt. Der Betreffende hat dabei dieses plötzliche Erlebnis der Befreiung, der Freude, des Wiedergeboren-Werdens, des Entdeckens der eigenen Authentizität und Wahrheit, ohne daß es einen anderen gäbe, der den Platz der bislang geliebten Person einnimmt.

Ein Beispiel für einen *Status nascendi*, der das Ende einer bedrückend gewordenen Liebesbeziehung kennzeichnet, ist die Reise Goethes nach Italien. Viele Jahre lang ist Goethe die rechte Hand Herzog Karl Augusts in Weimar. In dieser Zeit liebt Goethe Charlotte von Stein. Seine Verwaltungsaufgaben beengen ihn jedoch nach und nach immer mehr. Seine Liebe zu Charlotte wird auch immer bedrückender. Goethe ist bereit für einen weiteren Reifungsprozeß. Und so reist er nach Italien ab, ohne jemanden davon zu informieren. Er reist in ein Reich, das ihn schon immer fasziniert hat, eine geistige Welt, zu der er sich zutiefst hingezogen fühlt. Als er die Alpen überschritten hat, schreibt er:»Man glaubt wieder einmal an einen Gott. Es ist mir, als wenn ich hier geboren und erzogen wäre und nun [...] zurückkäme. [...] Mir ist's wie einem Kinde, das erst wieder leben lernen muß.«[9] Es ist eine wahre Explosion der Freude und der Befreiung, es ist ein *Status nascendi*. Er eilt gen Rom mit »der Ungeduld eines jungen Mannes, der sich der Erfüllung eines Liebeswunsches nähert, sicher eines Sieges und doch in den letzten Stunden durch Zweifel die Vorfreude steigernd.«[10] Er selbst deutet seine Erfahrung als eine spirituelle Wandlung, als eine Wiedergeburt, die einer Bekehrung nicht unähnlich ist, vergleichbar mit der, die ein Sünder erfährt, der in Christus wiedergeboren wird. Der Moment, in dem er Rom betritt, kommt ihm vor wie ein zweiter Geburtstag; es ist eine wahre Wiedergeburt.[11]

Im Leben von Gabriele D'Annunzio können wir ganz deutlich zwei Phasen unterscheiden. Die erste dauert bis 1915. In dieser Zeit kreist sein Interesse ständig um die eine oder andere Liebschaft. Sobald eine Liebesbeziehung zu Ende ist, beginnt er die nächste. Jede einzelne dieser Liebesbeziehungen schlägt sich in Gedichten, Romanen und Liebestragödien nieder. Nach dem Ausbruch des Ersten Weltkrieges jedoch verliebt sich D'Annunzio nicht mehr. Er schreibt auch nicht mehr über die Liebe. Seiner Feder entspringen kein Roman, kein Drama und kein Gedicht mehr, sondern nur noch Essays, Aufrufe, Erinnerungen, Memoiren und Gedichte, die nicht von Frauen inspiriert wurden, sondern von seinem Vaterland.[12] Den Platz des *Status nascendi* der Liebe nimmt nun eine politische Bekehrung ein.

Es gibt Menschen, die sich selbst befreien und ihre Bestimmung entdecken, indem sie sich einer religiösen Bewegung anschließen und sich zu einem Glauben bekennen. Andere finden die Lösung in einer politischen Bewegung, in einem fanatischen und glühenden Aktivismus. Das Auftreten eines neuen politischen oder religiösen Interesses in einer Partnerschaft bewirkt fast immer eine divergente Entwicklung in derselben. Und diese Wirkung kann verheerend sein, wenn das Ziel der Bewegung in offenem Gegensatz zu dem des ehelichen Zusammenlebens steht. In diesem Fall zählt die Entwicklung des einzelnen, das Wachsen der Unzufriedenheit des einzelnen innerhalb des Paares nicht mehr. Die Bewegung bricht wie ein Wirbelwind von außen in das Leben des Paares ein und entreißt die Individuen ihrem gewohnten und gefestigten Rahmen. Das Aufkommen des Feminismus hat in vielen Frauen in bezug auf ihre Männer eine divergente Entwicklung in Gang gesetzt. Diesbezüglich haben wir bereits die traurigen Fälle von *Bruno und Bruna* und *Carlo und Carla* gesehen.

Wie wir bereits weiter oben erwähnt haben, sind es in unserem Zeitalter vor allem die Frauen, die das Eheleben in Frage stellen. Nach einer gewissen Anzahl von Ehejahren – häufig, nachdem die Frauen das vierzigste Lebensjahr überschritten haben – und wenn die Kinder schon groß sind, hat die Frau den Eindruck, ihr ganzes Leben und ihre ganzen Energien in ihre Arbeit, ihre Kinder und ihren Ehemann investiert zu haben, ohne daß dabei etwas für sie selbst übriggeblieben wäre. Dann entdeckt sie die ersten Falten, sie merkt, daß ihre Jugend langsam verblaßt. Und sie will nun um jeden Preis die verlorene Zeit aufholen. Am liebsten wäre sie wieder ein junges Mädchen, allein und ungebunden. Sie verspürt den Wunsch, ihre Zeit zu verbringen, wie ihr der Sinn danach steht: spät aufstehen, essen, wenn sie Hunger hat, sich die Nächte um die Ohren schlagen und ausgehen, mit wem sie will. Sie möchte wieder sie selbst sein, die Frau, die sie einmal war, und die irgendwann vergessen hat, was sie eigentlich wollte. In diesen neuen Plänen haben der Ehemann oder eine neue Ehe oft keinen Platz mehr. Da ist bestenfalls noch Platz für einen Liebhaber, mit dem sie tanzen oder ins Kino geht, mit dem sie ein neues Leben leben kann, das reich ist an Gefühlen und Erotik. Allerdings ist das kein Mann, den sie jeden Tag sehen möchte. Es ist kein fester Freund, mit dem sie »geht«. Mit ihm möchte sie lediglich eine lose Beziehung ohne Verpflichtungen und ohne Routine haben, eine Art späte Jugendliebe. Diese Befreiung erfolgt in einigen Fällen mit einem lauten Knall – ein wahres Feuerwerk der Freude und Ausgelassenheit. Es handelt sich um einen *Status nascendi.*

Diese Sehnsucht nach Befreiung, dieses Verlangen, die Ketten der familiären Verpflichtungen abzuwerfen, wird in Rosa Giannetta Alberonis Roman »Paolo e Francesca« dargestellt. Francesca, die ihren Ehemann verlassen hat, den sie aus Ehrgeiz und aus Kalkül geheiratet hatte, ruft aus: »Ich fühlte mich frei. Mein Körper lebte wieder, er opferte sich nicht mehr. Ich fühlte mich stark, jung und leicht. Ich fühlte mich wie ein anderer Mensch, wie eine Frau. Von diesem Zeitpunkt an war es mir unmöglich, die Hände von Paolo auf meinem Körper zu ertragen. Und eines Tages fand ich, wie durch ein Wunder, den Mut, ihm ins Gesicht zu schreien, welchen Ekel ich vor ihm empfand. [...] Ja, denn eigentlich ist es kein Kunststück jemandem zu sagen, du *ekelst* mich an. Und ich habe auch keine Gewissensbisse. Im Gegenteil, ich hätte Lust, es ihm wieder und wieder ins Gesicht zu schleudern: Du ekelst mich an, du ekelst mich an. Jedesmal, wenn ich es denke, jedesmal, wenn ich es ihm entgegenschreien kann, ist es wie eine Explosion, wie eine Befreiung, eine Freude, die mir lange unbekannt war. Mein Körper frohlockt, er schwingt und wird von einer unsagbaren Euphorie belebt. Es ist, als ob ich mich reinigen würde.«[13]

Auch der Film »Thelma und Louise« symbolisiert diese Auflehnung der Frau gegen die traditionelle Rolle, die ihr von der Gesellschaft auferlegt wird. Anfangs wollen die beiden Frauen nur eine kleine Spritztour unternehmen, um ihrem Alltag für kurze Zeit zu entgehen. Dann werden sie jedoch von einem Vergewaltiger angegriffen. Sie töten ihn. Dies ist der Auslöser für sie, alle Hemmungen fallenzulassen. Sie überfallen einen Supermarkt, entledigen sich eines Polizisten und setzen einen LKW in Brand, dessen Fahrer sie belästigt hat. Die beiden werden zu Freiheitskämpferinnen, die ihr ganzes Geschlecht rächen. Am Schluß gehen sie lächelnd wie zwei antike Krieger in den Tod.

Beinahe zwei Jahrhunderte zuvor schreibt George Sand, als sie ihren Mann verläßt und ihre künstlerische Berufung entdeckt: »Leben! Welch Freude, welch Wunder! Trotz Ehegatten und Betrübnissen und Schulden und Verwandten und den bösen Zungen; ungeachtet tiefsten Verzweiflungen und lästigen Kümmernissen. Leben ist wie ein Rausch. Lieben und geliebt werden ist Glückseligkeit, ist Paradies! Der Himmel sei gelobt! Das Leben eines Künstlers zu leben, dessen Flagge die der Freiheit ist.«[14]

NEUNZEHNTES KAPITEL

Was ist Liebe?

Was ist Liebe? Auf diese Frage müssen wir im Rahmen unserer Theorie eine Antwort finden. Dazu werden wir als Ausgangspunkt die Schlüsselerfahrung der gegenseitigen Verliebtheit nehmen. Zwei Menschen setzen in einem ganz bestimmten Moment ihres Lebens den Grundstein zu einem tiefen inneren Wandel. Sie sind ab dem Zeitpunkt bereit, sich von ihren vorhergehenden Liebesobjekten und Beziehungen zu lösen, um eine neue Gemeinschaft ins Leben zu rufen. Dabei treten sie in den *Status nascendi* ein, einen fließenden und kreativen Entstehungszustand, in dem sie sich gegenseitig erkennen und eine Verschmelzung anstreben. Auf diese Art und Weise bilden sie ein Wir, eine Gemeinschaft höchsten Zusammenhalts und höchster Erotik. Innerhalb dieser Gemeinschaft verwirklichen die beiden Individuen ihre erotischen und nicht-erotischen Träume, ihre Pläne und die Möglichkeiten, denen sie bislang noch keinen Ausdruck geben konnten. Dieser starke Zusammenhalt und die enorme erotische Lust, die sie sich gegenseitig verschaffen, erlauben jedem der beiden, einen starken Druck auf den anderen auszuüben. Dieser Druck führt zur Bildung einer gemeinsamen Zielsetzung für eine gemeinsame Weltanschauung. Das neue Paar, das im Entstehen begriffen ist, wird von einer unerschöpflichen Energie und einem überschäumenden Enthusiasmus getrieben. Die Welt erscheint den Liebenden zauberhaft, ihr Aktionsradius unumschränkt. Sie entwerfen eine neue Lebensanschauung, sie geben allen internen und externen Beziehungen eine neue Struktur und schaffen sich eine neue ökologische Nische.

Die fließende und kreative Energie des *Status nascendi* wird so in Strukturen, in Normen umgewandelt. Es handelt sich dabei um Grundsätze, Regeln, Konventionen und Gewohnheiten, die mit Elan und Enthusiasmus festgelegt werden, weil sie zu dem Zeitpunkt aufkommen, in dem der Drang zur Verschmelzung am größten ist. Es sind Liebespakte und Schwüre, die die Hoffnungen und Versprechen des *Status nascendi* eingefangen haben und immer vom Absoluten durchdrungen sind. Durch den Übergang der Institution zum *Status nascendi* ist eine Umkehr der Struktur – Familie, Haus, Kinder, Freunde, gemeinsame Ideen – in reine Energie erfolgt. Jetzt passiert das Gegenteil. Der Energie wird erneut eine Struktur gegeben: neues Haus, neue Freunde, neue Weltanschauung.

Jetzt wollen wir uns die Frage stellen: Was ist Liebe für ein Gefühl, für eine subjektive Erfahrung, und was ist sie für ein Gemütszustand? Liebe stellt die innere und emotionale Seite der Entstehung einer neuen Lebensgemeinschaft und eines neuen Ich dar. Und die geliebte Person ist der Angelpunkt, um den diese neue Struktur entsteht. Liebe ist die Erfahrung der Verschmelzung mit dem Geliebten. Dadurch wird eine neue Einheit gebildet, die mich zu einem anderen Menschen macht. Durch diese Einheit werden ich und die Welt, in der ich lebe, neu geschaffen. Liebe ist die Erfahrung, mich als Teil einer neuen Welt, eines neuen Himmels und einer neuen Erde zu entdecken. Und die geliebte Person ist die Tür, durch die ich diese neue Welt betreten kann.

Die Liebe als Emotion, als Elan, als Schmachten, Begehren, Verlangen und Traum ist also die kreative Energie, die freigesetzt wird. Diese kreative Energie durchströmt mich und benutzt mich als Grundsubstanz, mit der eine neue Welt und ein neues Ich erschaffen werden. Deswegen lieben wir auch das, was uns neu erschafft und was wir selbst erschaffen.

Dies alles bezieht sich erst einmal auf die Verliebtheit. Die Frage stellt sich nun, ob wir die gleiche Definition auch auf die anderen Formen der Liebe anwenden können, die wir kennen. Beginnen wir also bei der *Mutterliebe*. Wir hatten gesagt, daß wir das lieben, was wir erschaffen und was uns neu erschafft. Eine Mutter erlebt, während sie ein Baby erwartet, es dann stillt, füttert und aufzieht, das Gefühl, ein Wesen zu schaffen, das ihr ermöglicht, selbst ein neuer Mensch zu werden. Sie erschafft eine neue Gemeinschaft mit einer neuen Welt, in der sie beide andere Menschen sein werden. Es ist die gemeinsame Schöpfung einer Welt. Das Kind ist dabei keineswegs passiv. Es reagiert auf die Reize seiner Mutter und bringt sie dazu, ständig sich selbst, ihr Kind und ihre Welt neu zu definieren. Dieser Prozeß währt ein ganzes Leben lang. Aus eben diesem Grund kann die Liebe einer Mutter zu ihrem Kind und die des Kindes zu seiner Mutter die Zeit überdauern. Die Liebe hält, weil sie ständig erneuert wird.

Jetzt drängt sich die Frage auf, warum nicht auch diese Form der Liebe Gefahr läuft zu vergehen, wie es bei der Liebe zwischen zwei Partnern geschehen kann. Warum hält diese Liebe den tiefsten Frustrationen und den bittersten Enttäuschungen stand? Der Grund ist, daß in einer Partnerschaft beide Partner bereits »fertige« Individuen sind, die eigene persönliche und kollektive Bindungen und eigene Weltanschauungen haben. Wenn sie verliebt sind, strukturieren sie ihr *vorhergehendes Ich* und ihre frühere Welt um. Dies kann jedoch nur teilweise geschehen. Der Prozeß der gemeinsamen Schöpfung eines Paares erfolgt über Konflikte, Prüfungen und Kompromisse. Beide müssen auf gewisse Dinge verzichten, dafür halten sie jedoch an anderen Werten fest. Im Laufe der Zeit können beide Individuen auch gegenläufige Entwicklungen durchmachen. Zwischen Eltern und Kindern bestehen im Vergleich dazu viel größere Gemeinsamkeiten. Der Prozeß der gegenseitigen Anpassung erfolgt, wenn das Kind noch formbar ist. Er wird Tag für Tag unter der Leitung der Eltern weitergeführt, die darauf achten, daß in der Entwicklung keine unlösbaren Konflikte und unüberbrückbaren Abgründe auftreten. Erst im Jugend- bzw. Erwachsenenalter kann es dazu kommen.

Betrachten wir nun die Bindung, die in einer *Freundschaft* entsteht. Eine Freundschaft baut auf dem Lustprinzip auf. Sie wird nicht unter dem Feuer eines *Status nascendi* geschmiedet. Es gibt keine anfängliche, feurige, risikogeladene und leidenschaftliche Verschmelzung. Eine Freundschaft entsteht mit der Zeit: Bei jedem Treffen wird eine Verbindung zum nächsten Treffen geschaffen. Freundschaft ist der Boden, der sich im Laufe der Zeit durch gut verlaufene, befriedigende, beruhigende und angenehme gemeinsame Erlebnisse gebildet hat. Auch zwei Freunde tendieren zur teilweisen Verschmelzung und zu einer gemeinsamen Weltanschauung. Auch sie bilden ein Wir. Es fehlt jedoch die heftige und radikale Zerstörung der früheren Welt. Wenn es zwischen ihnen von Anfang an abweichende politische oder religiöse Überzeugungen, unterschiedliche Geschmäcker, Gewohnheiten und Meinungen gibt, kommt es zu keiner Verschmelzung. Die Unterschiede bleiben bestehen und sind der Grund dafür, warum ihre Beziehung sehr störanfällig ist. Freunde bleiben Freunde, weil sie nach und nach entdecken, daß zwischen ihnen eine Seelenverwandtschaft besteht und weil sie sich freiwillig bemühen, sich aufeinander einzustellen, indem sie das suchen, was sie vereint, und nicht das, was sie voneinander trennt. Wenn jedoch ideologische Meinungsverschiedenheiten und Interessenkonflikte auftreten, oder wenn sich einer der beiden ethisch nicht korrekt verhält, zerbricht die Freundschaft. In der Regel ist ein Bruch zwischen Freunden nicht wiedergutzumachen. Zwar kann der Freund die Lüge oder den Verrat vergeben, doch die Freundschaft kann nie mehr wie früher sein. Die Freundschaft ist die ethische Form des Eros. Auch die Bindung in einer Freundschaft ist abhängig von der Errichtung einer gemeinsamen Welt und einer eigenen Identität. Die Freundschaft wird stärker in den Zeiten der Veränderungen, der Krisen, wenn wir uns unserem Freund anvertrauen und ihn um Unterstützung und Rat bitten. Genauso wird sie auch stärker mit dem Erfahrungsaustausch, oder wenn man gemeinsam Probleme bewältigt und Seite an Seite gegen eine Bedrohung kämpft.

Ähnlich verhält es sich mit der *Star-Verehrung,* bei der wir oben gesagt haben, daß ihr der Mechanismus der *Indikation* zugrunde liegt. Wenn das Interesse für den Star sehr stark ist, wird er eine wichtige Komponente bei der Definition des Ich und der Welt des Betreffenden. Denken wir nur daran, was für Jugendliche die Spitzensportler, Kinostars und Popidole bedeuten. Für sie sind es Personen, mit denen sie sich identifizieren. Junge Frauen nehmen regen Anteil am Liebesleben ihres bevorzugten Stars. Manchmal träumen sie auch von einem Leben zu zweit mit ihm.

Noch tiefgreifender ist der Prozeß, der in der Beziehung zum charismatischen Führer einer politischen bzw. religiösen Bewegung stattfindet. Ein charismatischer Führer deutet die geschichtliche Situation, gibt der Welt einen Sinn und legt die Ziele und Richtungen fest, die die Bewegung einhalten soll. Die Liebe zu ihm ist der Liebe ähnlich, die wir für die geliebte Person empfinden. Und wenn er über einen langen Zeitraum hinweg unser Anführer bleibt, reihen wir die Liebe zu ihm in einer Linie mit der zu unserer Mutter oder unserem Vater ein, so daß er schließlich den festen Bezugspunkt für alle Probleme unseres Lebens darstellt.

Diese Definition ist auch für den Mechanismus des *Verlustes* gültig. Ein Verlust erschüttert die uns bekannte und familiäre Welt, unsere festen Bezugspunkte und unsere Ziele, er bedroht sie in ihren Grundfesten. Von einer Sekunde auf die andere tut sich vor uns ein gähnender Abgrund auf. Wir sind gezwungen, den Wert aller Dinge, die wir besitzen, zu überprüfen, uns selbst, unser Leben und unsere Zukunft zu überdenken. Wir müssen neu definieren, was Wert hat und was nicht. Der Kampf, unser persönliches oder das kollektive Liebesobjekt vor dem Untergang zu bewahren, ist deswegen eine Rekonstruktion der Welt. Es ist nicht der Anbruch einer neuen Welt oder die Reise in das Gelobte Land, sondern die Reise in das verlorene Vaterland, dessen Wert und Schönheit man neu entdeckt hat. Es ist das Vaterland, das man zurückerobern muß, in dem vollen Bewußtsein, daß es das höchste Gut ist und daß es auch wert ist, dafür das eigene Leben zu geben.

Damit haben wir nun festgestellt, daß alle Formen der Liebe, sowohl diejenigen, die aus dem *Status nascendi* entstehen, als auch die, die durch die anderen Mechanismen hervorgerufen werden – Lustprinzip, Indikation und Verlust – immer auch die Schöpfung bzw. Neuschöpfung einer Gemeinschaft mit sich bringen, deren Teil wir sind und die uns formt. Wir können somit abschließend sagen, daß die Liebe der subjektive und emotionale Aspekt eines Prozesses ist, bei dem wir einerseits Schöpfer sind und andererseits von einer transzendierenden Kraft geschaffen werden.

Aus all dem oben Erwähnten ergibt sich eine wichtige Konsequenz: Wenn die Liebe über einen langen Zeitraum hinweg währt, dann bedeutet dies, daß weiterhin die Prozesse und Mechanismen wirken, die ganz am Anfang im Moment der Enthüllung, des Entdeckens und der Verliebtheit wirksam waren. Die wahre Liebe ist immer »im Entstehen begriffen« (*nascendi*). Sie ist immer Entdeckung, Enthüllung, Bewunderung, Verehrung, Verlangen nach Vereinigung mit etwas, das uns transzendiert und der Welt Sinn und Ordnung verleiht. Die Person, die wir lieben, ist in dem Moment, in dem wir sie lieben, für uns der Mittelpunkt der Erde. Durch sie erkennen wir das Wesen der Welt und ihre ordnende Kraft. Folglich ermöglicht die Liebe dem Verliebten, das Absolute im Alltäglichen zu erblicken, das Geheimnisvolle, Wunderbare und Göttliche. Und wenn sie erwidert wird, ist sie Geschenk und Gnade, etwas, das nach Lob und Anerkennung verlangt.

ZWANZIGSTES KAPITEL

Das Liebespaar

Das verliebte Paar

Es gibt Paare, die selbst nach Jahren noch ineinander verliebt sind. Es ist hier auch unerheblich, ob diese Liebe das ganze Leben währt oder nur über einen sehr langen Zeitabschnitt. Und es interessiert uns auch nicht, ob es viele dieser Paare gibt oder nur sehr wenige, und ob es in der Zukunft mehr oder weniger dieser Liebespaare geben wird. Das einzig Wichtige ist, daß es sie gibt. Bei diesen Paaren erneuern sich die außergewöhnlichen Eigenschaften des *Status nascendi* ständig. Aus der Bewegung wird Institution, doch die Institution bewahrt die Frische und die Energie der Bewegung. Aus Verliebtheit wird Liebe, doch die Liebe bewahrt die Emotionen, die Erotik und den Schauer der Verliebtheit. Beide Partner sehen sich immer noch mit den gleichen verwunderten und anerkennenden Augen, mit denen ein Verliebter seine Geliebte ansieht. Wenn sie morgens aufwachen, sind sie stets aufs Neue von der Schönheit des Menschen neben sich bewegt. Ab und an überkommt sie ganz plötzlich Rührung und ein Gefühl der Ergriffenheit. Und sie sind sich des Privilegs bewußt, des außergewöhnlichen Geschenks, das ihnen gewährt wird, und so können sie auch ganz richtig von sich sagen, daß sie in ihren Ehepartner verliebt sind.

Wie ist dies möglich? Um eine Antwort auf diese Frage zu finden, müssen wir auf die Frage »Was ist Liebe?« zurückgreifen. Liebe ist nicht ein Daseinszustand, sondern ein Zustand des Werdens. Sie ist das innere Echo auf einen Prozeß, bei dem jeder das erschafft, was ihn wiederum erschafft. Es ist, als ob man seine Augen öffnete und von der Schönheit des Seins überwältigt würde. Ein Paar ist so lange verliebt, wie es den Partnern gelingt, sich zu verändern, zu wachsen, anders zu werden und sich immer wieder neu zu finden, neu zu entdecken und mit den strahlenden Augen anzusehen, die der *Status nascendi* hervorruft.

Ein Paar kann durch Gewohnheit, durch Zärtlichkeit, durch gegenseitige Hilfe oder durch die Tatsache zusammengeschweißt werden, daß es gemeinsam Dinge auf die Beine gestellt hat. Doch verliebt sind die Partner nur dann, wenn es ihnen gelingt, innerhalb des Paares den kreativen Impuls des Wandels zu befriedigen. Alle Studien zeigen, daß die ständige Wiederholung des immer gleichen positiven Reizes schließlich negative Reaktionen hervorruft. Genauso zeigen alle Untersuchungen, daß der gleiche Stimulus, der ständig unverändert wiederholt wird, Langeweile und Gleichgültigkeit erzeugt. Nur auf neue Reize reagiert man erregt und erfreut.[1] Zwei Partner können ihre Verliebtheit bewahren, wenn sie dieses Bedürfnis nach Neuem befriedigen, wenn es ihnen also gelingt, dem Partner immer neue Reize zu bieten. Ein verliebtes Paar erneuert also ständig sich selbst und die Welt, in der es lebt. Es darf nicht statisch sein, sondern muß sich in ständigem Wandel befinden. Ein Organismus kann nur leben, wenn sich seine Zellen ständig erneuern. Gedanken sind nur wirkliche Gedanken, wenn man sich immer wieder mit neuen Themen befaßt. Denken bedeutet, sich Probleme zu stellen und diese zu lösen. Das Leben ist Erneuerung, Suche und Aufstieg. Zwei Partner können ihre Verliebtheit nur dann bewahren, wenn die Energien der Veränderung und der Neugierde am Werk sind und den beiden Liebenden ständig neue Kraft geben.

Die Partner müssen also darum bemüht sein, in ihre Beziehung immer ein bißchen Überraschung, Risiko, Unsicherheit und Neues zu bringen, um ihre Verliebtheit am Leben zu erhalten. Das Liebesleben des Paares spielt sich zwischen *zwei entgegengesetzten Polen ab, die beide vorhanden sein müssen.* Der eine Pol steht für Sicherheit, Treue, gegenseitigen Zuspruch und für die Schaffung von gemeinsamen Verhaltensschemata, mit deren Hilfe das Paar Problemen und Gefahren begegnet. Der andere

Pol steht für Geheimnis, Zauber und Abenteuer. Es ist unbedingt erforderlich, daß es in der Beziehung zwischen den beiden Liebenden einen Rest von Unsicherheit, Ungewißheit und Risiko gibt. Die absolute Vorhersehbarkeit des Verhaltens ist typisch für die unbelebte Welt, für Roboter und Maschinen. Das Leben ist laut Definition unvorhersehbar. Der Geist ist frei. So kann auch in einer Liebesbeziehung keiner der beiden sich der Reaktion oder der Liebe des anderen absolut sicher sein. Der andere ist immer ein unabhängiges, freies und stets neues Wesen. Die Verbindung besteht nicht einfach, weil sie besteht, wie das bei einem unbelebten Gegenstand, einem Fels beispielsweise, der Fall ist. Sie besteht vielmehr, weil sie ständig erneuert wird. Und damit sie erneuert wird, muß sie immer wieder in Frage gestellt, durch Gefahren herausgefordert und durch fremde Verlockungen bedroht werden. In einem Liebespaar muß jeder der beiden Partner das Gesicht des anderen prüfend betrachten, um zu entdecken, ob dieser zufrieden oder unzufrieden ist, und um an ihm eine Reaktion oder ein Lächeln zu erkennen. Hinter den Kulissen muß auch immer ein bißchen Unsicherheit, Herzklopfen, Eifersucht und Angst stecken. Beide müssen sich dem anderen voller Aufmerksamkeit, Respekt und sogar mit ein wenig Ehrfurcht nähern, denn keiner kann sich absolut sicher sein, daß seine Liebe erwidert wird. Doch das Ergebnis dieser Suche, dieses Zweifelns, dieses Beobachtens der Mimik des anderen in Erwartung eines Ja, endet immer positiv. Es gibt sozusagen ein Happy-End am Ende des Romans.

Aber es handelt sich trotzdem um einen Roman. Und daß dieser gut ausgeht, ist nicht selbstverständlich. Vielmehr muß man sich den guten Ausgang verdienen. Und immer erscheint das Happy-End einem wie ein Geschenk oder eine Gnade. Man empfindet das Ja der geliebten Person immer als Wunder. Ein Wunder, das sich wiederholt. Im Gebet *Yôser* des »Sema« wird Gott dafür gedankt, daß er täglich den Tag und die Nacht anbrechen läßt und damit jeden Tag die Schöpfung wiederholt.[2]

In der Liebe wiederholt sich für uns unzählige Male die Erfahrung des Verlustes und des Sich-Wiederfindens, der Verbannung und des Eintreffens im Gelobten Land. Ich habe dich begehrt, und ich bin dir begegnet. Ich bin gegangen, und ich bin wiedergekommen. Ich habe dich verloren, und ich habe dich wiedergefunden. In der Liebe hört man nie auf zu suchen, sich zu verlieren und sich wiederzufinden. Alles Seiende ist ein ständiges Entdecken, etwas, das einem entgegenkommt und sich offenbart. Alles in der Welt ist zerbrechlich und provisorisch, alles vergeht schließlich. In der Liebe jedoch kehrt auch alles wieder, wird wiedergefunden. Man kommt uns mehr entgegen, als wir es uns eigentlich verdient hätten, mehr sogar noch, als wir es uns vorgestellt oder es erwartet hätten. In anderen Bereichen ist unser Leben vielleicht unvollständig geblieben, doch da, wo Liebe ist, ist es vollkommen. In der Liebe lernt man die Vollkommenheit kennen. Plötzlich ist unser Leben für würdig befunden worden, weil es von der Gnade berührt wurde.

Ständige Erneuerung

Der amouröse Zustand hält an, solange die Mechanismen funktionieren, die bei der Verliebtheit zum Tragen kommen: Lust, Verlust, Indikation und *Status nascendi*, mit der Einschränkung, daß sie nicht mehr explosionsartig auftreten wie bei einer Supernova oder einer thermonuklearen Explosion, sondern kontrolliert, wie dies in der Sonne oder einem Kernkraftwerk der Fall ist. Die Vorgänge sind die gleichen, die Art der Energien ebenfalls. Doch anstelle einer einzigen und heftigen Explosion haben wir ein Aufeinanderfolgen von vielen kleineren Lichtblitzen. Die Liebe bleibt von ihrem innersten Wesen her diskontinuierlich. In stürmischen Zeiten, in Zeiten der Fehler und der Ängste, ist die geliebte Person von neuem die Achse, um die sich die Welt dreht. Ein Paar macht also die gleichen Erfahrungen, wie wir sie von zwei frisch Verliebten her kennen, doch die Erfahrungen treten jetzt als Wellen auf, die die Kraft zur Erneuerung in sich tragen.

Wir wollen mit der *Einzigartigkeit* unseres Partners beginnen. Das Wunder der Liebe besteht darin, daß jedem Menschen, selbst dem ärmsten und häßlichsten, die Erfahrung zuteil wird, das zu besitzen, was wichtiger als alles andere ist, das, was auf dieser Welt am meisten zählt. Diese Erfahrung ist zum Zeitpunkt des Sich-Verliebens sehr intensiv und verschwindet später bei vielen Paaren. Nach einiger Zeit beginnen die Partner dann, Vergleiche zu anderen zu ziehen, und plötzlich kommt es ihnen vor, als ob es andere gäbe, die dem eigenen Ehepartner vorzuziehen wären. Bei einem verliebten Paar hingegen gibt es immer einen Moment, vielleicht während einer Party oder während eines Ausflugs, in dem der eine den anderen anblickt und auf einmal wieder »hin und weg« von ihm ist. Es wird ihm dann klar, daß er den Partner jeder anderen Person vorzieht, daß er keinen besseren hätte finden können und daß das Leben ihm damit ein Geschenk gemacht hat, das bei weitem seine Hoffnungen und Träume übertrifft. In dem Moment fühlt er sich dankbar, zufrieden und glücklich.

Wenn wir uns verlieben, läutet die geliebte Person den Beginn unseres neuen Lebens ein; sie ist dessen Krönung. Sie ist wie ein Tag voller Sonne: Er beginnt mit ihr und endet mit ihr. Sie ist das Alpha und das Omega, die Morgenröte und der Sonnenuntergang. Es ist diese Erfahrung von *Anfang und Vollständigkeit*, die das Leben eines verliebten Paares begleitet und ihm einen Rhythmus verleiht. Zwar nicht kontinuierlich, sondern diskontinuierlich, über Neuzündungen und Neubeginne. Ab und an, wenn wir unser Leben neu überdenken, sehen wir es in seiner Gesamtheit, und es wird uns klar, daß es dank unserer Liebe wunderschön geworden ist. Wir verstehen, daß wir das Wesentliche gefunden haben, und sind zufrieden damit. Natürlich können wir noch lange Jahre leben und unzählige Dinge zu tun haben, doch ganz gleich, was uns geschieht, wir wissen, daß wir bereits viel gehabt haben und daß uns dies auch ausreichen könnte. In jedem Fall sind wir bereit, unserem Schicksal entgegenzusehen. An der Seite unseres Partners können wir auch ohne Angst die Schwelle des Todes betrachten. Ein vollständiges Leben ist vollkommen und beinhaltet auch den Tod.

Alle Verliebten machen sich anfangs den Hof. Jeder will schön, interessant und faszinierend sein, um dem anderen zu gefallen. Der Mann wird freundlich und hilfsbereit. Ganz spontan drängen sich ihm poetische Wendungen auf. Die Frau wird weicher, zärtlicher und anziehender. Beide wollen dem anderen gefallen, sie wollen begehrenswert und unwiderstehlich sein. Und gleichzeitig versprechen sie auch Liebe und Hingabe. Jemanden zu umwerben ist auch Verpflichtung und Versprechen: »Schau!«, will man damit sagen. »So werde ich zu dir sein, wenn

wir erst verheiratet sind.« In der Regel gehen diese Verhaltensweisen jedoch in der täglichen Routine unter. Als bestünde
keine Notwendigkeit mehr, seinen Partner neu zu erobern und
zu verführen, wenn man sich seiner erst einmal sicher ist. Bei
einem verliebten Paar hört die Verführung hingegen nie auf. Die
Frau bereitet sich für ein Rendezvous mit ihrem Mann vor, als
ob sie auf eine Party ginge und sich von einem Unbekannten
umschwärmen lassen wolle. Wir brauchen ständig etwas
Neues. Aus diesem Grund gibt es auch das Gesellschaftsleben,
die Partys, Tanzbälle, die nackten Körper am Strand, die Tren-
nungen und Spiele. Bei diesen Gelegenheiten kann man den
Partner mit den Augen eines Fremden sehen. In einem verliebten Paar will jeder dem anderen gefallen und ihn verführen, als
ob er einen Fremden vor sich hätte. Nichts ist selbstverständlich.
Ständig lauert die Angst, der andere könne einen nicht lieben.
Ständig muß man sich seine Liebe erst verdienen. Auf diese Art
und Weise behält jede Begegnung ein wenig von dem Herzklopfen der ersten Verliebtheit.

In einem Liebespaar will auch jeder der beiden seinen gesell-
schaftlichen *Wert* geltend machen. Es gibt in allen Gesellschaften Prüfungen und Rituale, in denen der Mann das zur Schau
stellt, was als wichtig erachtet wird: seine Stattlichkeit, Kraft,
Geschicklichkeit, seinen Mut, Reichtum, seine kriegerischen
Fähigkeiten und seine Charakterstärke. Und die Frau zeigt ihre
Schönheit, Eleganz, Anmut, Treue und Intelligenz. Nach der
Hochzeit wird dieser Prozeß im Eheleben häufig unterbrochen.
Bei einem verliebten Paar hingegen wird er fortgeführt. Jeder
will dem anderen beweisen, daß man etwas wert ist, daß die anderen einen wegen der eigenen Eigenschaften, wegen der Tugenden und des persönlichen Wertes schätzen, daß man folglich
auch die Wertschätzung und die Liebe des Partners verdient
hat. Beide Partner wissen, daß sie sich um die Liebe des anderen
verdient machen müssen, daß sie sich auch gesellschaftlich
darum bemühen müssen.

Bei einem verliebten Paar unterbrechen die Partner auch nicht
ihre Suche nach der persönlichen Wahrheit, nach ihrem *eigenen
Ich*. Lieben heißt aufsteigen und dem Partner helfen, die Stufe
des Seins zu erklimmen. Deswegen ist jeder der beiden ständig
bemüht, sich selbst – in seinen Augen, in den Augen des Part-

ners und in den Augen der Gesellschaft – zu vervollkommnen. Und während wir den Partner als ein Wunderwerk des Seins betrachten, wissen wir auch, daß er noch besser werden kann. Wir haben das Gefühl, daß es unsere Aufgabe ist, ihm zu helfen, das Beste von sich zu Tage zu bringen. In einem verliebten Paar erfolgt diese Verbesserung der eigenen Person und des Partners mit der nötigen Vorsicht und Geduld. Jeder der beiden ändert sich, um sich dem eigenen Ideal und dem Ideal, das der Partner von einem hat, anzupassen. Auf diese Art und Weise werden beide bessere Menschen, als sie es gewesen wären, wenn sie nicht zueinander gefunden hätten. Ihr Wille bereichert sie gegenseitig, ihre Intelligenz steht in einer wechselseitigen Beziehung, und ihre Fähigkeiten ergänzen sich. Hier haben wir das genaue Gegenteil von Konkurrenzdenken und Neid, wo beide versuchen, dem anderen überlegen zu sein und ihn zu erniedrigen. In einem verliebten Paar will jeder den Partner vollkommen sehen, und er will auch, daß diese Vollkommenheit anerkannt wird. Deswegen hilft er ihm, die gesellschaftliche Leiter emporzuklimmen.

Wenn man jemanden wirklich liebt, hat man das tiefe Bedürfnis, ihm die Wahrheit zu sagen. Man hat keine Angst, belogen zu werden. Die Intimität wurde als Möglichkeit definiert, sich tiefgehende und geheime Gefühle mitteilen zu können. Man kann sich selbst aufs Spiel setzen, ohne dabei die Befürchtung haben zu müssen, der andere könne einen nicht verstehen oder werde einem nicht antworten. Es entstehen tiefe Emotionen und große Freude, wenn man erkennt, daß der andere einen versteht und zu einem steht.[3]

Verliebte lassen es nicht zu, daß sich auf ihnen der Staub der Gewohnheit sammelt. Sie tragen nicht unzählige Bedürfnisse mit sich herum, sondern können auch auf gewisse Dinge verzichten. Ein untrügliches Zeichen für ein wirklich verliebtes Paar ist seine *Formbarkeit*, seine Fähigkeit, sich zu ändern und anzupassen, wie dies in der Anfangszeit der Verliebtheit der Fall war. Wir sind in der Lage, zu lernen und bessere Menschen zu werden. Die Liebe überlebt, wie jedes Lebewesen, mit Hilfe von Erfindungsgeist, Flexibilität und Intelligenz.

Eine weitere Eigenschaft der dauerhaften Liebe ist *der »Kommunismus« der Liebe*. Die Partner, die sich weiterhin lieben, führen nicht Buch über das, was sie geben und nehmen. Selbst Paare, die beschlossen haben, ihr Hab und Gut getrennt zu halten, handeln nach dem Grundsatz des »was mir gehört, gehört auch dir, und was dir gehört, gehört auch mir«. Jeder gibt gemäß seinen Möglichkeiten und nimmt gemäß seinen Bedürfnissen. Und die Liebe verleiht beiden, eben weil sie ehrlich ist und nur auf das Wesentliche achtet, Maß und Bescheidenheit. Außerdem ist auch das Gefühl, *gleich viel wert zu sein,* stark ausgeprägt. Die Liebenden fühlen sich absolut gleichwertig, weil jeder der beiden davon überzeugt ist, daß der andere mehr wert ist als er selbst. Die Liebe ist in dem Moment zu Ende, in dem ich überzeugt bin, daß ich mehr wert bin als mein Partner und daß ich demzufolge mehr Rechte habe.

Damit die Liebe nicht endet, ist es notwendig, daß die geliebte Person ständig zu einem gewissen Grad transfiguriert wird, daß sie also immer im »Lichte des Seins« erscheint, in dem die Dinge in ihrem vollen Glanz erstrahlen. Dies ist etwas, das mit Demut zu tun hat, ein Gefühl, das dem Religiösen sehr nahekommt. Einen religiösen Charakter haben auch der Respekt und die Ehrfurcht, mit denen wir uns dem Partner nähern, denn dieser ist uns unendlich nah, und gleichzeitig auch unendlich fern. Auf jeden Fall ist er unendlich begehrenswert. Und wir sind uns im klaren darüber, daß wir verloren wären, wenn er uns nicht lieben würde. Manchmal stellen wir uns vor, wie unser Leben verlaufen wäre, wenn wir ihm nicht begegnet wären und er uns jetzt nicht lieben würde. Dann läuft uns ein kalter Schauer den Rücken hinunter. Das Gefühl der Gnade, des Wunders, das Staunen und die Angst – all dies sind Emotionen, an denen man erkennt, daß die Liebe einer religiösen Erfahrung ähnelt.

Wenn ich verliebt bin, möchte ich für das geliebt werden, was ich bin, im Guten wie im Bösen. Doch im Laufe der Zeit, wenn die Beziehung immer weiter gefestigt wird, reicht mir das nicht mehr. Mir reicht nicht mehr, daß der andere ständig wiederholt: »Ich liebe dich, ich liebe dich, was immer du auch machst, ich liebe dich. Du bist dumm, doch ich liebe dich, ich achte dich zwar nicht, aber ich liebe dich«. Beide Partner möchten sich selbst verwirklichen und für ihren Wert ganz objektiv anerkannt werden. Ich möchte sagen können: »Ich habe es mir verdient.« Je häufiger mir mein Partner sagt: »Ich liebe dich, ich liebe dich«, um so mehr kommt in mir der Einwand hoch: »Aber ich will nicht, daß du mir sagst, daß du mich liebst, ich will, daß du mir sagst, daß du mich schätzt, daß du mich anerkennst, weil ich effektiv etwas wert bin. Wenn du mich immer liebst, egal, was ich auch anstelle, dann behandelst du mich wie ein Kind und nicht wie einen Erwachsenen. Wenn du mir diese ganzen schönen Sachen schenkst, mir jedoch nicht die Gelegenheit gibst, sie auch zu verdienen, wenn du sie mir also nur aus deiner Gnade, vielleicht aus einer Laune heraus schenkst, dann kommst du mir wie ein Despot vor, wie ein Herrscher, dem gegenüber ich nie das Recht haben werde, etwas einzufordern. Ich will nicht nur Liebe, sondern auch Anerkennung und Rechte.«

Eine lebendige Gemeinschaft

Ein Paar ist eine lebendige Gemeinschaft, in der sich ein ständiger Prozeß der Differenzierung und Kreation abspielt. Gleichzeitig laufen dort auch Vorgänge ab, die Brüche wiedergutmachen, die die Einheit wiederherstellen und auf diese Art und Weise das Paar am Leben erhalten und dessen Identität bewahren.

Alle großen Zivilisationen werden von heftigen kreativen Vorgängen bewegt, von Konflikten und Gegensätzen. Doch all diese Kräfte führen nicht zum Zerfall, denn die einzelnen Mitglieder wissen um die Wichtigkeit ihrer Zivilisation, die aufzubauen sie im Begriff sind und die sie lieben. Sie wollen sie wohl ändern, nicht aber zerstören. Eine lebendige Gemeinschaft macht sich alle Individuen, ihre Energien, alle Konflikte und Schöpfungen zunutze, um zu wachsen und weiterzubestehen. Die Gemeinschaft wird von Individuen erschaffen, die ihrerseits von ihr geschaffen und geformt werden und denen sie Ziele und Werte vorgibt. Und so können sich die Individuen auch nicht vorstellen, in einer anderen Gemeinschaft zu leben. Es ist, wie Romeo so schön in Shakespeares Tragödie sagt, daß es keine Welt außerhalb der Mauern von Verona gebe. Durch die Gesellschaft, die Kirche oder die Partei werden alle Wertvorstellungen beeinflußt. Nur durch sie erhalten Handlungen einen Wert. Das gilt auch für Auseinandersetzungen und Konflikte. Politische

Parteien kämpfen, um ihr Land zu verbessern, und theologische Lehren wollen die wahre Religion verbreiten. Deshalb wird selbst ein Verbannter nicht aufhören, sein Vaterland zu lieben, auch wenn dieses ihn ausgestoßen hat. Und ein Ketzer wird seine Religion weiterhin lieben, auch wenn diese ihn verdammt hat.

Wir haben nicht nur individuelle Liebesobjekte, sondern auch kollektive: unser Vaterland, unsere Partei, unsere Kirche, unsere Familie. Und diese kollektiven Einheiten sind um so stärker, je stolzer wir sind, ihnen anzugehören, und je mehr wir unser Leben nach ihnen richten.

Das gleiche gilt auch für das Paar. Die Liebe der beiden Partner besteht nicht nur aus der Liebe, die jeder dem anderen entgegenbringt, sondern auch aus dem, was beide für ihre Zweiergemeinschaft empfinden. Ein Paar kann nur weiterhin bestehen, wenn diese Art der Liebe oder des Stolzes vorhanden ist. Es kann bestehen, wenn uns unsere Liebe wichtig ist, wenn wir dem Paar als solchem Bedeutung beimessen und das als gut befinden, was wir zusammen unternehmen, das heißt, wenn wir unsere Bestimmung in der Liebe voll und ganz akzeptieren. Was unsere Liebe gefährdet, sind nicht nur Meinungsverschiedenheiten, sondern vor allem das mangelnde Vertrauen in unsere Verbindung und in unsere Bestimmung.

Wenn zwei Partner ineinander verliebt sind, sind sie stolz auf ihre Liebe und auf sich selbst. Sie sind davon überzeugt, einen Wert und eine Aufgabe zu haben. Sie denken, daß jede ihrer Handlungen mustergültig für alle anderen ist. Während des *Status nascendi* ist die entstehende kollektive Einheit wichtiger als die einzelnen Glieder, aus denen sie besteht, denn nur über ihre Einheit erkennen sich die Individuen, über sie erneuern und vervollkommnen sie sich. Auch später kann die Liebe nur Bestand haben, wenn diese Art der Erfahrung, dieses Vertrauen, sich ständig erneuern. Sobald die beiden Partner anfangen, Buch über ihre Gewinne und ihre Verluste zu führen, wenn sie also plötzlich wieder nur als Individuen wichtig sind und sich nur noch als einzelne Personen sehen, mit dem ganzen Egoismus und der ganzen Armseligkeit, die damit einhergehen, dann vergeht die Liebe. Die Liebe kann nur bestehen, wenn man in der Lage ist, mehr zu geben als zu empfangen, wenn also zwei

Individuen in eine Einheit eingebunden werden können, die wichtiger ist als die zwei einzelnen Personen, und in der beide sich selbst transzendieren und durch ihre Gemeinschaft bereichert werden.

Ein Paar ist eine lebendige Einheit, die den Drang hat, sich in der Welt zu verwirklichen. Es ist eine gesellschaftliche, kulturelle, ideologische und politische Kraft, die einem Organisationszentrum mit einer bestimmten Ideologie gleicht. Das Paar als Einheit ist sich seines Wertes bewußt. Es rechtfertigt seine Handlungen und stellt neue Gesetze für sich auf. Durch die Organisation seines Umfeldes vergrößert es sich wie ein Staat, wie eine Partei oder eine Kirche. Ein Paar kann überleben, wenn es ihm gelingt, sowohl seine inneren Spannungen als auch die, die aus seinem Umfeld kommen, zu kontrollieren, wenn es sich vor den unzähligen Angriffen schützen und siegreich alle Drohungen zurückweisen kann, die es schwächen und zerstören könnten.

Vergangenheit und Bestimmung

Alle sozialen Verbände erinnern voller Stolz an ihre Vergangenheit, wenn sie ihre Zukunft planen. Selbst der kleinste Stamm gedenkt seiner Vorfahren und Helden und überliefert ihre Lebensgeschichte in Erzählungen und Legenden. Und dadurch, daß sie lebendig gehalten werden, verleihen sie der Gegenwart mehr Glanz und Ruhm. Das religiöse Ritual ist das Heraufbeschwören der göttlichen Anfangszeit, als die Götter noch die Erde bewohnten. Laut Mircea Eliade[4] werden alle Religionen durch eine ewige Sehnsucht nach ihren Wurzeln genährt. Das jüdische Gesetz und der jüdische Ritus beschwören das herauf, was während der Zeit der Patriarchen – Abraham, Jakob, Moses – geschah. Im Christentum gedenkt man der Taten Christi, im Islam des Lebens von Medina und des göttlichen Wortes, das Mohammed diktiert wurde. Auch der Marxismus hat seine Gründungsväter und seine heiligen Schriften. Jede Gemeinschaft gewinnt ihren Lebenssaft aus der Erinnerung und dem Heraufbeschwören ihrer heroischen und kreativen Epochen. Durch die Erinnerungen, die glücklichen Zeitabschnitte, den

Ruhm, die Helden und großen Männer findet man die Kraft, den Blick auf die Zukunft zu richten.

Wir wissen nun, daß jede Gemeinschaft ihren Anfangsimpuls durch einen *Status nascendi* erhält. Wir wissen auch, daß die *göttliche Anfangszeit* nichts anderes ist als der *Status nascendi*, aus dem sie entstanden ist. Die göttliche Anfangszeit ist die Zeit der Schöpfung, als alles noch möglich war.

Jede Zivilisation kann deswegen nur wachsen und sich weiterentwickeln, ohne dabei ihre Identität zu verlieren, wenn sie in Abständen ihre Vergangenheit wiederaufleben läßt und aus ihr Kraft und Mut zur Erneuerung schöpft. Auf diese Art und Weise bleibt sie jung und kann sich regenerieren. Alle großen religiösen Bewegungen des Christentums – denken wir dabei nur an die des heiligen Benedikt, des heiligen Franz von Assisi, an die von Luther oder Calvin – sind zu den Wurzeln, dem Leben und der Lehre Christi zurückgekehrt, um entstehen zu können. Und die nach ihnen entstandenen Bewegungen haben sich an diesen großen religiösen Persönlichkeiten orientiert. Dadurch entstand eine ununterbrochene Tradition. Das gleiche finden wir auch im Judentum und im Islam. Selbst im nicht-religiösen Bereich, in der Politik beispielsweise, kann man die gleiche Dynamik feststellen. Denken wir nur an die Vereinigten Staaten, die sich immer auf den Geist ihrer Gründerväter, auf die Unabhängigkeitserklärung und auf die großen Persönlichkeiten ihrer Vergangenheit, wie Abraham Lincoln, berufen haben.

Ein Paar ist nichts weiter als die kleinste bestehende Gemeinschaft, für die die gleichen Gesetze gelten wie für die größeren Gemeinschaften. Auch ein Paar entsteht durch einen *Status nascendi* – der Verliebtheit – und erneuert sich permanent über ständig neu erfolgende Wiedergeburten. So kann eine Beziehung währen und gefestigt werden, wenn sie sich immer wieder an der anfänglichen Verliebtheit orientiert, wenn sie diese neu entdeckt, und durch sie frische und kreative Energien erhält. Zwei Partner bleiben ineinander verliebt, wenn sie in regelmäßigen Abständen ihren Ursprung wiederentdecken, den anfänglichen Geist, ihre Anpassungsfähigkeit und ihren Enthusiasmus, und sich darin erneuern. Man könnte auch sagen, daß sich beide immer wieder in dieselbe Person verlieben müssen.

Dabei werden dann die gemeinsamen Erinnerungen und aufregenden Erfahrungen, die zusammen ausgefochtenen Kämpfe und amourösen Erlebnisse wieder wachgerufen. Sie stellen eine Art Treibmittel dar, eine Energie, die auf die Gegenwart einwirkt. Der Mann sieht seine Frau nicht nur, wie sie heute ist, sondern auch, wie sie früher war, in all den schönen Augenblicken ihres Lebens, und in ihm steigen erneut die Zärtlichkeit, der Stolz und die Freude von damals auf. Und die Frau sieht in ihrem Mann, wie er heute ist, das Gesicht und die Gesten, die sie früher bewundert und verehrt hat. Sie fühlt den Zauber seiner Küsse und Umarmungen genau wie damals. Ein Individuum ist nicht nur auf sein gegenwärtiges Leben beschränkt, sondern gewinnt durch seine Vergangenheit an Aussagekraft, Bedeutung und Tiefgang.

Um diesen Vorgang besser zu verstehen, müssen wir uns vor Augen halten, daß die Verliebtheit eine kollektive Bewegung ist. Innerhalb einer Bewegung ist ein charismatischer Führer keine normale Person. Er ist außergewöhnlich, aus ihm leuchtet ein göttliches Licht. Im Laufe der Zeit bildet sich um ihn eine Legende. Die Leute erinnern sich an die Schwierigkeiten der Anfangszeit, an die Kämpfe und Siege. Und all diese Momente prägen sich in der kollektiven Erinnerung und dem Herzen der treuen Anhänger ein. Jeder Augenblick seines Lebens wird festgehalten und den anderen als leuchtendes Beispiel vorgeführt. Auch in der Verliebtheit ist der eine der charismatische Führer des anderen. Beide finden den anderen erhaben und bewunderungswürdig. Und wenn die Liebe hält, wird das Leben des Partners – ähnlich wie das Leben eines charismatischen Führers – eine bewunderungswürdige Biographie, in der jeder Moment seine Bedeutung hat, die – wenn sie heraufbeschworen wird – Kraft und Freude gibt. Ein Liebender ist gerührt, wenn er die Fotografien seines Partners betrachtet, auf denen dieser noch ein Kind war. Und wenn er an die Vergangenheit zurückdenkt, wenn er die alten Fotografien oder die Momentaufnahmen zusammen verbrachter Zeiten vor sich hat, spürt er wieder die gleiche Freude, Zärtlichkeit und den gleichen Enthusiasmus wie damals. Diese Emotionen bringen ein wenig Wärme in die Gegenwart und bereichern sie.

In einer Beziehung gibt es jedoch nicht nur meine eigene Geschichte und die meines Partners. Es gibt auch die Geschichte des *Wir*, der gemeinsam ins Leben gerufenen Gemeinschaft, die Erinnerung an das, was wir zusammen gemacht haben: die Schwierigkeiten, die Kämpfe, Anstrengungen, Siege, und natürlich nicht zuletzt die Früchte, die unsere gemeinsame Arbeit getragen hat. Liebe währt, solange diese Vergangenheit und die Manifestationen der Liebe wie eine einzige, positive Bewegung erlebt werden, die auf die Zukunft ausgerichtet ist, denn Vergangenheit und Zukunft gehen Hand in Hand: Sie bedingen sich gegenseitig. Wenn die Vergangenheit einen Riß bekommt, wirkt sich dies auch auf die Zukunft aus und umgekehrt. Aus diesem Grund müssen zwei Partner an ihren angenehmen Erinnerungen festhalten und Erinnerungen an all die Konflikte und Wunden, die sie sich gegenseitig zugefügt haben, fürchten.

Erotik

In einer Liebesbeziehung muß es aber auch eine *erotische* Vergangenheit und Zukunft geben. In der Geschichte eines Paares stellt die Erotik eine wichtige Komponente dar. Wenn sie an Gewicht verliert, wenn andere Werte ihren Platz einnehmen, wenn es keine Erinnerung mehr an die anfängliche Erotik gibt, dann verliert sich nach und nach auch die Erotik der Gegenwart. Das gleiche gilt für die Zukunft. Wenn die beiden Partner der Erotik keine Bedeutung beimessen wenn sie ihr einen geringen Stellenwert zuerkennen, und das Tag für Tag, dann wird sie schließlich ganz vergehen. Als Ersatz dienen dann Sympathie, Zärtlichkeit, Vertrauen, gegenseitige Unterstützung und Freundschaft, die zwar alles Formen der Liebe, nicht aber wirkliche Verliebtheit sind. Es gibt viele Paare, bei denen sich die Partner nicht mehr begehren, sich nicht einmal mehr berühren, bei denen man den Eindruck hat, daß sie Geschwister wären und zwischen ihnen das Tabu des Inzestes stünde. Einigen Leuten ist dies auch recht. Wir können sie jedoch nicht als »verliebt« bezeichnen. Der *Status nascendi* der Liebe unterscheidet sich vom *Status nascendi* aller anderen Bewegungen darin, daß eben die Erotik ihn entfacht, weil er das zwanghafte Verlangen nach Vereinigung der Körper hervorruft. Der Kitt, der die beiden Liebenden zusammenhält, besteht in der Lust, den sich die Körper gegenseitig geben. Die Erotik stellt die ganz besondere Sprache der Verliebtheit dar, die durch nichts ersetzt werden kann. Es kann keine Verliebtheit ohne Erotik geben. Ein Paar, das sich nicht auf erotischer Ebene austauscht, ist kein verliebtes Paar, sondern bildet eine andere Form des Zusammenlebens.

Es reicht auch nicht die Liebe aus, die sich auf die Lebensgemeinschaft selbst richtet, auf die gemeinsamen Kinder und das Haus. Der Partner muß einem gefallen, und zwar physisch. Es müssen einem seine Augen, seine Haare und seine Nase gefallen, seine Brust, seine Schultern und die Art, wie er sich bewegt. Man muß das Verlangen haben, ihn zu berühren, zu küssen, von ihm geküßt zu werden, ihn an sich zu drücken, von ihm gedrückt zu werden, nackt neben ihm im Bett zu liegen und mit ihm zu schlafen. Und da sein Körper einen nicht gesättigt hat, flammt das Begehren immer wieder auf und erneuert sich. Zwei verliebte Partner gehen nicht zu Bett, weil sie schlafen möchten, sondern weil sie sich lieben wollen, selbst wenn sie statt dessen erschöpft und händchenhaltend einschlafen.

Das erotische Begehren ist nicht allgegenwärtig. Das Leben zu zweit besteht nicht ausschließlich aus Erotik, es gibt auch noch andere Dinge. Man wacht auf, geht zu Bett, man ißt, arbeitet, diskutiert und reist. Bei einem verliebten Paar lauert die Erotik jedoch hinter jeder Ecke, stets bereit, wieder aufzuflammen, zum Beispiel, wenn er sich wäscht und rasiert, oder während sie sich das Hemd über den Kopf zieht und ihren nackten Körper zeigt, vielleicht aber auch, wenn sie ihn schelmisch mit einem koketten Augenaufschlag überrascht. Erotik ist immer auch ein Wiedererwachen. Man öffnet seine Augen voller Erstaunen und brennend vor Verlangen. Es ist der Übergang in eine andere Dimension,[5] so wie das Öffnen einer Tür.

In einem verliebten Paar haben beide Partner auch dieses merkwürdige Gefühl der Spaltung, wenn sie von weitem ihren Partner in Gesellschaft anderer Personen sehen, wenn sie ihm zufällig auf der Straße begegnen oder wenn sie ihn unbemerkt während eines Essens oder einer Party beobachten. Sie wissen, daß diese Person ihr Ehepartner ist. Und doch starren sie ihn wie verzaubert an, als ob es sich um einen Unbekannten handele, um jemanden, den sie noch nie in ihrem Leben gesehen haben. Sie sind fasziniert und können ihre Augen einfach nicht von ihm abwenden. Er erscheint ihnen wie die schönste Kreatur auf Gottes Erden, die faszinierendste und begehrenswerteste von allen. Und sie wundern sich, daß diese Person, die ihnen so gut gefällt, ausgerechnet die ist, mit der sie zusammenleben, mit der sie ihre Tage und ihr Bett teilen. Es erscheint ihnen beinahe unmöglich. Und sie kommen auf den Gedanken, daß sie ihren Partner, wenn sie ihn nicht bereits kennen würden, gerne kennenlernen und mit ihm reden würden. Sie sind sich nicht einmal sicher, ob sie den Mut dazu hätten, weil der andere ihnen so unerreichbar erscheint, viel zu erhaben. Sie wären wahrscheinlich zu schüchtern und zu unsicher, um ihn anzusprechen.

Handelt es sich dabei nicht um die berühmte Liebe auf den ersten Blick, um die Augenblicke der Enthüllung, um die für die Verliebtheit typischen Diskontinuitäten? Wir wissen, daß diese Erfahrungen auftreten, wenn wir unsere Schutzmechanismen zurückschrauben, wenn wir uns der Faszination des anderen, seiner Verführungskraft hingeben. In einer Liebesbeziehung entstehen durch das Alltagsleben nach und nach leichte Trübungen und Widerstände. Müdigkeit, Arbeit, Diskussionen und Erschöpfung bilden eine Art Mauer vor dem Antlitz der geliebten Person. Wir haben irgendwann diesen Schleier, diese Barriere vor unseren Augen. Blockaden, Widerstände und Ängste zügeln unseren Enthusiasmus, unsere außergewöhnliche Lebenslust. Das Alltagsleben hat uns wieder. Es hat uns abgestumpft. Doch plötzlich überwiegt unser »élan vital«, unser Lebensschwung wieder. Plötzlich wird die unsichtbare Schranke gehoben und unser Blick fällt wieder ungehindert auf das Objekt unserer Lust, das die ganze Zeit über anwesend war, selbst in den Augenblicken, in denen wir weggetreten waren, in denen wir geschlafen haben. Unsere Augen öffnen sich schlagartig. Erotik ist ein Wiedererwachen.

Das Paar – ein komplexes Gefüge

Ein Liebespaar ist ein komplexes Gefüge, in dem beide Partner unzählige verschiedene Rollen annehmen. Es ist, als ob es mehr als nur zwei Personen wären, die unterschiedliche Tätigkeiten ausüben und miteinander in Wechselwirkung treten, die miteinander diskutieren, Dinge erschaffen und ihre Welt verändern. Ein Paar ist nicht nur wie ein Dialog aufgebaut, sondern wie eine ganze Symphonie.

Es basiert auf dem Miteinander von zwei scheinbar gegensätzlichen Prinzipien. Das erste ist das der Komplementarität, der Ergänzung, das zweite das der Ersetzbarkeit.

Beginnen wir mit dem ersten. In jedem Paar müssen die Fähigkeiten der beiden Partner *komplementär* sein. Die Fähigkeiten und Eigenschaften des einen müssen die des anderen ergänzen und korrigieren. Wenn der eine ein Enthusiast ist, der sich leicht mitreißen läßt, wird der andere eher nachdenklich und vorsichtig sein. Wenn der eine Optimist ist und Gefahren nicht sieht, ist es gut, wenn der andere ein wenig pessimistisch und wachsam ist. Wenn der eine temperamentvoll ist, sollte der andere am besten diplomatisch sein. Wenn der eine verschwenderisch veranlagt ist, ist es von Vorteil, wenn der andere eher sparsam ist. Wenn der eine in seinen Ansichten festgefahren ist, sollte der andere tolerant sein.

Auch die Tätigkeiten der Partner sollten sich ergänzen, und die anfallenden Aufgaben aufgeteilt werden. Es ist sinnlos, daß beide alles machen. So wird sich vor allem der um die Einrichtung der Wohnung kümmern, der mehr Geschmack hat. Wer tüchtiger und geschickter ist, wird sich dagegen eher um die geschäftlichen Angelegenheiten kümmern. Und man sollte so einsichtig sein, das Können des anderen anzuerkennen und ihn machen zu lassen. Es gibt Menschen, die haben eher einen Blick für große Zusammenhänge, andere dagegen haben eher den Blick für das Detail. Einige verfügen über viel Phantasie, andere sind Realisten. So sollte sich der mit mehr Phantasie um die Märchen und Spiele für die Kinder, und der andere besser um die Organisation des Hauses, des Lebens zu zweit kümmern. Jeder der beiden sollte also frei seine Talente und seine Kreativität ins Spiel bringen können.

Und dann gibt es das *Prinzip der Ersetzbarkeit*. Zwischen den Partnern eines Liebespaares, das gut eingespielt ist, muß auch eine starke Seelenverwandtschaft bestehen. Jeder der beiden muß die Arbeit des anderen verstehen und schätzen und in der Lage sein, mit ihm zusammenzuarbeiten. Wenn der Mann zum Beispiel keinen besonders guten Geschmack hat, was die Einrichtung der Wohnung betrifft, ist es wichtig, daß er das, was seine Frau darin leistet, verstehen und schätzen kann. Wenn er ein unachtsamer und zerstreuter Typ ist, muß er wenigstens erkennen, daß Ordnung besser ist als Unordnung, und dann zumindest den Richtlinien seiner Frau folgen. In einem echten Liebespaar identifizieren sich die beiden Partner miteinander, selbst wenn jeder aufgrund seiner besonderen Fähigkeiten eine unterschiedliche Rolle einnimmt. So verstehen die beiden Partner sich auf Anhieb, sie sind mit den jeweiligen Zielen einverstanden, sie schätzen sie und können auch ihre Gedankengänge gegenseitig nachvollziehen. Zwei verliebte Ehepartner verstehen sich ohne Worte. Es reicht eine einfache Geste, ein Blick, manchmal auch gar nichts. So reagieren sie auf die gleiche Art und Weise, ohne sich miteinander beraten zu müssen. Auch wenn sie verschiedene Tätigkeiten ausüben, interessieren sie sich doch für die des anderen und können ihm Hilfe, Ratschläge und nützliche Hinweise geben. Das kann so weit gehen, daß der eine den anderen ersetzen kann, wenn dieser fehlt, und an seiner Stelle Entscheidungen treffen kann.

An dieser Stelle möchte ich den Fall zweier Eheleute zitieren, die sehr gut aufeinander eingespielt waren. Der Mann hatte eine international renommierte Firma für Elektrogeräte aufgebaut. Seine Frau hatte daran nie teilgenommen. In ihrer Arbeitsaufteilung war allein ihr Mann dafür zuständig. Er erzählte ihr jedoch alles, was sich in der Arbeit abspielte. Sie hörte aufmerksam zu und nahm regen Anteil daran. Auf diese Art und Weise hatten sie über Jahre hinweg alle Probleme und die wichtigsten finanziellen und organisatorischen Entscheidungen besprochen. Sie kannte alle Mitarbeiter ihres Mannes und hatte mehrmals ihre Meinung und Einschätzung der Situation kundgetan. Dies jedoch immer als Außenseiter, immer inoffiziell. Als ihr Mann starb, erwarteten alle, daß sie die Firma verkaufen würde. Zum allseitigen Erstaunen jedoch rief sie die leitenden Angestellten der Firma zusammen und teilte ihnen mit, daß sie fortan die Geschäfte führen werde. Sie erbat sich nur ein wenig Geduld bei all den technischen Fragen, zu denen sie noch Erklärungen benötigte. Doch auch darüber werde sie schnell lernen. Und so war es. Sie richtete sich im Büro ihres Mannes ein und hatte die Firma innerhalb kürzester Zeit im Griff. Sie erwies sich als vorzügliche Unternehmerin, die ihrem Unternehmen zu noch mehr Reichtum und Bekanntheit verhalf.

In einem Liebespaar erkennen beide Partner im anderen nicht nur eine einzige, sondern viele unterschiedliche und immer neue, immer überraschende Persönlichkeiten. Eines Abends war ich in ein Gespräch mit einem Freund vertieft, der seit fünfzehn Jahren verheiratet ist, als ich bemerkte, wie er seine Frau mit liebevollen Augen betrachtete. Daraufhin sagte ich zu ihm: »Vergiß nie, daß deine Frau für dich nicht nur eine einzige Frau ist. Sie vereint in sich viele verschiedene Frauen. Sie ist zerbrechlich wie Glas und voller Anmut, und du hältst sie auf deinen Knien wie ein kleines Mädchen und spielst mit ihr: Sie ist deine Tochter. Gleichzeitig kümmert sie sich um dich: Sie ist deine Mutter. Sie ist schön und du bewunderst sie: Sie ist eine Diva. Gleichzeitig ist sie jedoch auch deine Geliebte, deine Geisha. Auch um das Haus kümmert sie sich: Sie ist deine Haushälterin. Und sie hilft dir voller Eifer: Sie ist deine Sekretärin. Gleichzeitig führt sie dich auch: Sie ist dein Manager. Sie lernt von dir: Sie ist deine Schülerin. Dann lehrt sie dich, wie du handeln mußt: Sie ist deine Lehrerin. Wenn du dich neurotisch verhältst, ist sie auch deine Psychotherapeutin. Sie deckt dir den Rücken: Sie ist deine Komplizin. Manchmal schimpft sie: Sie ist dein Gewissen. Und schließlich ist sie auch deine treueste Verbündete im Kampf gegen alle Widrigkeiten. In Wirklichkeit stecken in euch beiden viele unterschiedliche Personen. Und ihr habt noch so viel vor euch, so viel zu besprechen und euch zu sagen, daß ihr des anderen niemals überdrüssig sein werdet.«

Anmerkungen

ERSTES KAPITEL

[1] Es ist merkwürdig, daß dies von Familienforschern häufig außer acht gelassen wird. Vgl. Pierpaolo Donati, »Famiglia e politiche sociali«, Franco Angeli, Mailand 1981; William Goode, »Soziologie der Familie«, Juventa Verlag, München 1967; Chiara Saraceno, »Sociologia della famiglia«, Il Mulino, Bologna 1988; Antonio Golini, »La famiglia in Italia«, ISTAT, Rom 1986; Rossella Palomba, »Vite di coppie e di figli«, La Nuova Italia, Florenz 1987; Marzio Barbagli, »Provando e riprovando«, Il Mulino, Bologna 1990.

[2] Es verwundert stets aufs neue, wie wenig dieses Thema erforscht wurde und wie viele falsche Aussagen auf diesem Gebiet doch gemacht werden. Natürlich gibt es auch hier Ausnahmen, und in diesem Zusammenhang möchte ich besonders folgende Arbeiten erwähnen: Murray S. Davis, »Intimate Relations«, The Free Press, Macmillan, New York 1973; Dorothy Tennov, »Limerenz – Über Liebe und Verliebtsein«, Kösel, München 1981; C. S. Lewis, »Die vier Arten der Liebe«, Benziger, Einsiedeln 1961; R. J. Sternberg »A Triangular Theory of Love«, in »Psychological Review« 1986, 93, S. 119-135. Und von den aktuelleren Werken: Willy Pasini, »Lust auf Nähe«, Econ Verlag, Düsseldorf 1992; Jürg Willi, »Was hält Paare zusammen?«, Rowohlt, Reinbek 1991; Gilbert Tordjman, »La couple«, Hachette, Paris 1992; Giorgio Abraham, »Un amore tutto nuovo«, Mondadori, Mailand 1995.

[3] Sigmund Freud, »Massenpsychologie und Ich-Analyse«, Fischer Taschenbuch, Frankfurt/Main 1972.

[4] Um diese Abweichung von seiner Regel zu erklären, mußte auch Freud von seiner zuvor aufgestellten These Abstand nehmen. Er behauptet später, daß man sich nicht in eine Person verliebt, weil man mit ihr angenehme sexuelle Erfahrungen gemacht hat, sondern daß man sich in eine Person verliebt, wenn der eigene sexuelle Drang blockiert wird. Wird aber die Libido nicht befriedigt, so wird der blockierte sexuelle Drang umgewandelt zu einem »edleren« Gefühl, nämlich dem des Verliebtseins. Vgl. Sigmund Freud, »Massenpsychologie und Ich-Analyse«, Fischer Taschenbuch, Frankfurt/Main 1972.

[5] Simone de Beauvoir, »Das andere Geschlecht – Sitte und Sexus der Frau«, Rowohlt, Reinbek 1994.

[6] Sextus Aurelius Propertius, »Elegien«, Heimeran, München 1950.

[7] Helen E. Fisher, »Anatomie der Liebe«, Droemer Knaur, München 1993. Die Autorin bemerkt weiterhin, daß auch »die Bem-Bem vom Hochland Neuguineas behaupten, diese Leidenschaft nicht zu kennen. Doch manchmal weigert sich ein Mädchen, den ihr vom Vater bestimmten Mann zu heiraten, und brennt mit ihrer ›wahren Liebe‹ durch. Und die afrikanischen Tiv, die keinen eigenen Begriff für Verliebtheit haben, nennen diese Leidenschaft *Verrücktheit*«. Ebenda, S. 60.

[8] Siehe William Jankoviak und Edward Fischer, »A cross cultural perspective on romantic love«, in »Ethnology«, 31(n 2) 1992, S. 149-155.

[9] Zwei bekannte Soziologen haben sich mit dem Aufkommen der Liebe in diesem geschichtlichen Zeitabschnitt beschäftigt: Niklas Luhmann in seinem Buch »Liebe als Passion«, Suhrkamp, Frankfurt/Main 1990, und Anthony Giddens in »Der Wandel der Intimität«, Fischer Taschenbuch, Frankfurt/Main 1993. Weder Luhmann noch Giddens sind jedoch in der Lage, eine Erklärung dafür zu geben. Das Phänomen wird erst verständlich, wenn man die Verliebtheit (ganz gleich, ob man diese dabei als »Leidenschaft« oder als »romantische Liebe« bezeichnet) als kollektiven Prozeß versteht, durch den der Vorgang der Paarbildung geprägt wird. Solange die Beziehungen zwischen den Familien sehr eng sind, werden Ehen durch die Familienoberhäupter geschlossen und von den Familien dominiert. Sobald diese traditionellen Beziehungen jedoch durch wirtschaftliche Umwälzungen und Arbeitsteilung geschwächt werden, bilden sich Paare mit den gleichen Mechanismen, mit denen andere Gemeinschaften entstehen, nämlich über den *Status nascendi* und die Institutionalisierung. In diesem Fall gewinnt die romantische Liebe an enormer Bedeutung und man kann beinahe von einer »Epidemie« des Sich-Verliebens reden. Diese These wird auch in Francesco Alberoni, »Genesi«, Garzanti, Mailand 1989, behandelt.

[10] Seiner Zeit voraus war Shakespeare. In all seinen Werken – von »Romeo und Julia« und »Viel Lärm um nichts« bis zu »Der Sturm« – wird das Verliebtsein als Voraussetzung für die Ehe gesehen. Auch Goethe und Manzoni spiegeln mit ihren Werken das volkstümliche Empfinden wider. In Goethes »Die Leiden des jungen Werthers« möchte Werther Lotte heiraten. Hier zeigen sich autobiographische Züge, denn Goethe war in eine Frau namens Charlotte Buff verliebt. Nach den von ihren Familien aufgezwungenen Ehen finden Werther und Charlotte aufgrund ihrer Seelenverwandtschaft trotzdem noch zueinander und heiraten schließlich. In »Die Verlobten« von Manzoni geht es um die Liebe zweier Bauernkinder, Renzo und Lucia. In ihrem Fall setzt sich die Kirche für sie ein, damit ihre Ehe trotz der Übergriffe von Don Rodrigo geschlossen werden kann.

[11] José Ortega y Gasset, »Über die Liebe«, dtv, München 1993.

[12] Denis de Rougemont, »Die Liebe und das Abendland«, Diogenes, Zürich 1987.

[13] Erich Fromm, »Die Kunst des Liebens«, Ullstein, Berlin 1994.

[14] Meiner Überzeugung nach rührt diese Tatsache daher, daß es in der englischen Sprache keine Entsprechung für das Wort »Verliebtsein« gibt. Wenn es nun in einer Sprache ein bestimmtes Wort nicht gibt, dann ist in der Regel auch der entsprechende Begriff unbekannt. Folglich richtete sich die Aufmerksamkeit auf die geschichtlichen Formen, in denen sich das Verliebtsein manifestiert. Seit Stendhal ist der Begriff der *leidenschaftlichen Liebe* bekannt. Der Begriff *Ro-*

mantic Love stammt dagegen aus der Literatur. Bedeutend in diesem Zusammenhang ist die Analyse von Giddens (Anthony Giddens,»Der Wandel der Intimität«, Fischer Taschenbuch, Frankfurt/Main 1993, oder Steven Seidman in »Romantic Longings«, Routledge, New York 1991). Es wurden Abstufungen festgelegt, um diese»romantische Ideologie« zu messen, wie im Fall von I. M. Rubin,»The Social Psychology of Romantic Love«, The University of Michigan, Ph. D. Thesis. Nach und nach sind viele dazu übergegangen, die *Romantic Love* mit dem Begriff des Verliebtseins gleichzusetzen. Um diesen Irrtum aus der Welt zu räumen, hat Dorothy Tennov den etwas unglücklichen Neologismus *Limerenz* geprägt.

[15] Diese These wird von allen Psychoanalytikern verfochten. Unter den unzähligen möglichen Zitaten möchte ich Jole Baldaro Verde und Gian Franco Pallanca,»Illusioni d'amore«, Raffaello Cortina, Mailand 1984, anführen. Auch die Theorie, daß die Liebe als Zuneigung zu verstehen ist, ist nichts anderes als die Weiterentwicklung dieses Gedankens. Demnach verlieben sich Personen ineinander und fassen Zuneigung zueinander, weil sie einen Ersatz für ihre Eltern suchen. So etablieren sich zwischen ihnen Beziehungen, bei denen die gegenseitige Versorgung im Vordergrund steht, wie bei der Beziehung zwischen Mutter und Kind. Auf diesem Gebiet wird der interessierte Leser ein umfassendes Literaturverzeichnis im Buch von Lucia Carli,»Attaccamento e rapporto di coppia«, Raffaello Cortina, Mailand 1995, finden. Das Vorhandensein dieses Schemas selbst in der Jungschen Psychoanalyse wird in den ausgezeichneten Werken von Aldo Carotenuto,»Eros e patos«, Bompiani, Mailand 1987;»Amare tradire«, Bompiani, Mailand 1991 und»Riti e miti della seduzione«, Bompiani, Mailand 1994, deutlich.

[16] Es handelt sich hierbei um die These, auf die ich in meinem Buch»Innamoramento e amore«, Garzanti, Mailand 1979, näher eingehe.

[17] Sigmund Freud,»Drei Abhandlungen zur Sexualtheorie«, Fischer Taschenbuch, Frankfurt/Main 1996.»Vorlesungen zur Einführung in die Psychoanalyse«, Fischer Taschenbuch, Frankfurt/Main 1995.

[18] Martin Heidegger,»Der Begriff der Zeit«, Niemeyer, Tübingen 1989.

[19] Abraham Maslow,»Religions, Values and Peak-Experience«, Penguin Books, London 1976.

ZWEITES KAPITEL

[1] Dino Buzzati,»Un Amore«, Nymphenburger Verlags-Handlung, München 1988, S. 354.

[2] Ebenda, S. 354.

[3] Ebenda, S. 357.

[4] Ludwig G. Biswanger,»Tre forme di esistenza mancata«, Garzanti, Mailand 1978.

[5] Stendhal vertritt diese These in seinem Werk»Über die Liebe«, Diogenes, Zürich 1981. Nach unserer Theorie entsteht Verliebtheit durch»Exploration«, also durch»Ausprobieren«. Bei jedem Ausprobieren prüft der Betreffende, ob seine Liebe erwidert wird. Wenn er sich sicher ist, daß seine Liebe nicht erwidert wird, verliert er das Interesse an der betreffenden Person. Natürlich ist

diese Methode nicht hundertprozentig sicher, denn er kann sich auch irren und eine freundschaftliche oder höfliche Haltung bzw. eine anzügliche Antwort als Bereitschaft für eine Partnerschaft mißinterpretieren.

6 Sigmund Freud, »Vorlesungen zur Einführung in die Psychoanalyse«, Fischer Taschenbuch, Frankfurt/Main 1995.

7 Man begegnet dem Begriff »Tür«, »Pforte« oder »Tor« auch im religiösen Sprachgebrauch. In den Litaneien wird die Jungfrau Maria auch als *Janua coeli* (»Himmelspforte«, wörtlich »Tür des Himmels«) bezeichnet. In der islamischen Welt bedeutet *bab* »die Tür«, durch die man zur Gottheit gelangt. Der Sultan-Kalif wird als »die erhabene Tür« bezeichnet.

8 Roland Barthes, »Fragmente einer Sprache der Liebe«, Suhrkamp, Frankfurt/Main 1984, S. 44.

9 Edith Wharton, »Zeit der Unschuld«, Serie Piper, München 1993.

10 David Herbert Lawrence, »Lady Chatterley«, Rowohlt, Reinbek 1982, S. 20-21.

11 Ebenda.

12 Ebenda, S. 52.

13 Ebenda, S. 56.

14 Sigmund Freud, »Gesammelte Werke«, Bd. 7, Fischer Taschenbuch, Frankfurt/Main.

15 Wir hatten bereits den gängigen Standpunkt angesprochen, nach dem eine Liebesbeziehung als Entwicklung und Erweiterung der Bindung zur Mutter zu verstehen sei. Als Referenzwerk zu diesem Standpunkt wird John Bowlby zitiert, »Attachment and Loss«, Kindler, München 1975. Das ganze Thema wird ausgiebig in Lucia Carli, »Attaccamento e rapporto di coppia«, Raffaello Cortina, Mailand 1995, behandelt.

16 John Money, »Lovemaps: Clinical Concepts of Sexual/Erotic Health and Pathology, Paraphilia, and Gender Transposition in Childhood, Adolescence and Maturity«, Irving Publishers, New York 1986; »Amore e mal d'amore«, Feltrinelli, Mailand 1983.

17 Johann Wolfgang von Goethe hat drei Bücher geschrieben, deren Hauptfigur Wilhelm Meister ist: »Wilhelm Meisters theatralische Sendung« (1777), »Wilhelm Meisters Lehrjahre« (1797) und »Wilhelm Meisters Wanderjahre« (an dem er bis 1829 arbeitete).

18 Pietro Citati, »Goethe«, Adelphi, Mailand 1990, S. 73.

19 Ebenda, S. 62-63.

20 Erica Jong, »Keine Angst vor Fünfzig«, Hoffmann und Campe, Hamburg 1995, S. 335-338.

21 Zwei Quellen sind's, die dies entstehen ließen,
Die beid, obwohl verschieden von Gehalt,
Einander nah in den Ardennen fließen.
Die eine macht von Lieb ein Herz durchwallt;
Doch allen, die der andern Flut genießen,
Verkehrt in Eis die erste Glut sich bald.
Ludovico Ariosto, »Der Rasende Roland«, Winkler, München 1980, Band I, Erster Gesang, 78, S. 25.

22 Françoise Giroud, »Alma Mahler oder die Kunst, geliebt zu werden«, Paul Zsolnay Verlag, Wien 1989, S. 48-56.

DRITTES KAPITEL

[1] Francesco Alberoni, »L'amicizia«, Garzanti, Mailand 1984.

[2] Es handelt sich dabei um die bereits weiter oben zitierte Theorie von John Money, »Lovemaps: Clinical Concepts of Sexual / Erotic Health and Pathology, Paraphilia and Gender Transposition in Childhood, Adolescence and Maturity«, Irving Publishers, New York 1986.

[3] Marie Comtesse de Lafayette, »Die Prinzessin von Cleve«, Ullstein, Frankfurt / Main.

[4] Françoise Giroud, »Alma Mahler oder die Kunst, geliebt zu werden«, Paul Zsolnay Verlag, Wien 1989, S. 30.

[5] Von diesem Autor sind besonders folgende Werke zu nennen: René Girard, »Mensonge romantique et vérité romanesque«, Grasset, Paris 1962; »Das Heilige und die Gewalt«, Benziger, Zürich 1987.

[6] René Girard, »Das Heilige und die Gewalt«, Benziger, Zürich 1987.

[7] Ebenda.

[8] Bei der Ausarbeitung des Konzeptes vom *Status nascendi* habe ich im besonderen die Untersuchungen von Max Wertheimer zur Lösung von Problemen herangezogen. Allgemeinere Werke zur Gestaltpsychologie: Kurt Koffka, »Prinzipien der Gestaltpsychologie«, Hrsg.: Gesellschaft für Gestalttheorie und ihre Anwendungen e. V., Westdeutscher Verlag, Wiesbaden 1995; Wolfgang Köhler, »Aufgabe der Gestaltpsychologie«, De Gruyter, Berlin 1971; Gaetano Kanizsa, »Grammatica del vedere«, Il Mulino, Bologna 1980 und Max Wertheimer, »Produktives Denken«, Kramer, Frankfurt / Main 1964.

[9] Arthur Koestler, »Der göttliche Funke – Der schöpferische Akt in Kunst und Wissenschaft«, Scherz, Bern 1966, S. 120.

[10] Ich mußte dieses Prinzip einführen, um den explosiven Vorgang der kollektiven Bewegungen und des Sich-Verliebens zu erklären. Die vollständige Theorie über die drei Prinzipien der Dynamik wird in folgendem Werk vorgestellt: Francesco Alberoni, »Genesi«, Garzanti, Mailand 1989.

[11] Diese Theorie besagt, daß die Idealisierung das Produkt der Schutzmechanismen gegen die Ambivalenz ist. Diese Schutzmechanismen sind vom Typ her entweder depressiv oder persekutiv. Die vollständige Theorie hierzu wird in folgendem Werk dargelegt: Francesco Alberoni, »Genesi«, Garzanti, Mailand 1989, S. 134-166.

[12] Diese Mechanismen sind eine Aufarbeitung der depressiven und schizoid-paranoiden Position, die Melanie Klein postuliert hat. Weiterführende Literatur zum Thema: Franco Fornari, »La vita affettiva originaria del bambino«, Feltrinelli, Mailand 1963, und das bereits weiter oben zitierte Buch »Genesi«.

[13] Lou Andreas-Salomé schreibt: »Aber im Grunde interessiert es den Liebenden auch gar nicht so sehr, wie der andere eigentlich ›ist‹. […] Es genügt ihm zu wissen, daß er ihm ganz unbegreiflich gut bekommt. Wie er das anstellt, das bleibt unerforscht. Die beiden bleiben einander ein letztes Geheimnis.« Lou Andreas-Salomé, »Die Erotik«, München 1979, S. 72. Über die Unmöglichkeit, die geliebte Person zu kennen, vgl. Roland Barthes, »Fragmente einer Sprache der Liebe«, Suhrkamp, Frankfurt / Main 1984, und Alain Finkielkraut, »Weisheit der Liebe«, Droemer Knaur, München 1993.

VIERTES KAPITEL

[1] Es gibt drei unterschiedliche soziale Gruppierungen: die *Gesellschaft*, die *Gemeinschaft* und die *Bewegung*. Die ersten beiden wurden vom deutschen Soziologen Tönnies (siehe Ferdinand Tönnies,»Comunità e società«, Comunità, Mailand 1963) beschrieben. Die *Gemeinschaft* besteht, bevor das Individuum geboren wird. Sie basiert auf der Tradition. Das Individuum wird in die Gemeinschaft hineingeboren. Es ist den anderen Mitgliedern der Gemeinschaft durch gemeinsame Ansichten, Empfindungen und Gedanken verbunden. Familien, Nationen, Stadtstaaten, die Kirche – sie alle sind *Gemeinschaften*. Dagegen ist die *Gesellschaft* etwas, das die Individuen mit ihrem Willen und Verstand mittels eines Paktes oder Vertrages errichten. Beispiele für Gesellschaften sind Aktiengesellschaften oder Turnvereine.

Die dritte Art der sozialen Gruppierung, die *kollektive Bewegung*, kommt bei Tönnies nicht vor. Sie hat etwas von einer Gemeinschaft, weil die einzelnen Mitglieder Ansichten und Werte teilen. Allerdings basiert sie nicht auf der Tradition. Sie entsteht zwar wie eine Gesellschaft, sie wird jedoch nicht vom Verstand diktiert und durch eine Vereinbarung oder einen Pakt besiegelt. Statt dessen bildet sie sich spontan aus Gefühlen, einem Glauben oder Leidenschaft hervor. Anfänglich erlebt jeder, der an ihr teilnimmt, eine Art Befreiung, Wiedergeburt und Offenbarung, eben jene Bekehrung, jene innere Wandlung, die wir als *Status nascendi* beschrieben haben. Und all diejenigen, die sich in diesem Zustand befinden, erkennen sich untereinander und haben die Tendenz, sich zu vereinen und eine *Gemeinschaft* zu bilden, in der eine hohe Solidarität herrscht. Die Einrichtung ist gleichzeitig eine Gemeinschaft – wegen der gefühlsmäßigen Bindungen der Mitglieder zueinander – und eine Gesellschaft – wegen der Pakte und Verträge, durch die sie geregelt wird.

[2] Vgl. die Abhandlung über den Ehebruch von Tony Tanner,»L'adulterio nel romanzo«, Marietti, Genua 1990.

[3] Das Christentum wird von den Christen als Blüte des Judentums angesehen. Für die Juden jedoch handelt es sich dabei um eine Spaltung der jüdischen Gemeinschaft, eine Ketzerei, die dem israelitischen Volk unzählige Schäden zugefügt hat. Die protestantische Reform kann als Gründung eines neuen Christentums interpretiert werden, als die Entstehung von religiösen Gemeinschaften: Lutheraner, Calvinisten, Wiedertäufer und schließlich auch Methodisten und reformierte Baptisten. Sie kann aber auch als Zerfall der mittelalterlichen katholischen Kirche verstanden werden, als unwiederbringlicher Verlust ihrer Einheit. Der Bolschewismus konnte sich behaupten, indem er das politische System in Rußland gespalten und die Sozial-Revolutionäre, die Bauernpartei und den Bund unterdrückt hat. Die Jugendbewegungen der sechziger Jahre – denken wir nur an die Hippies – haben die Universitäten umgekrempelt, die alten Vereinigungen in Frage gestellt und die familiären Beziehungen verändert. Ähnlich verhält es sich mit dem Feminismus, der die Frauen vereinigt hat, indem er die Beziehungen zwischen den Geschlechtern verändert, zerstört und umgewandelt hat.

[4] Zum Entstehen der Moralität aus dem ethischen Dilemma vgl. Francesco Alberoni,»Innamoramento e amore«, Garzanti, Mailand 1979, und vor allem »Le

ragioni del bene e del male«, Garzanti, Mailand 1981. Die Beschreibung, die Dorothy Tennov in ihrem Werk »Limerenz – Über Liebe und Verliebtsein«, Kösel, München 1981, gibt, ist unvollständig, weil sie genau diese Konfliktsituation außer acht läßt. Dorothy Tennov beschreibt das *Idyll* und nicht die konkrete Realität der Liebe.

[5] Vgl. Francesco Alberoni, »Valori«, Rizzoli, Mailand 1992, S. 90.

[6] Vgl. das Kapitel Geschlecht in James Q. Wilson, »Das moralische Empfinden«, Kabel, Hamburg 1994.

[7] In dem äußerst unterhaltsamen Buch von Maria Venturi, »L'amore s'impara: come conquistare e tenersi un uomo«, Rizzoli, Mailand 1989, setzen alle Strategien, den Ehemann zurückzuerobern und die Rivalin außer Gefecht zu setzen, bei dem Schuldgefühl des Mannes an. Sie aktivieren, verstärken und verschlimmern dieses Schuldgefühl. Die gleichen Mechanismen gelten allerdings umgekehrt nicht für die Frau, es sei denn, diese müßte auf ihre Kinder verzichten.

[8] Françoise Giroud, »Die Liebhaberin«, München 1997.

[9] Wie im Buch von Susanna Tamaro, »Geh, wohin dein Herz dich trägt«, Diogenes, Zürich 1995.

FÜNFTES KAPITEL

[1] So definiert es Karl Marx in seinem Werk »Die deutsche Ideologie«, Dietz, Berlin 1960.

[2] Vgl. Jürg Willi, »Was hält Paare zusammen?«, Rowohlt, Reinbek 1991.

[3] Verena Kast, »Paare, Beziehungsphantasien oder: Wie Götter sich in Menschen spiegeln«, Kreuz, Stuttgart 1984.

[4] Bezüglich der Suche nach der eigenen ästhetischen Vollkommenheit und nach der des Partners vgl. Sasha Weitman, »On the Elementary Forms of Socioerotic Life«, Pro manuscripto, University of Tel Aviv 1995.

SECHSTES KAPITEL

[1] Der Prozeß wird folgendermaßen dargestellt:

Wahre Verliebtheit
Status nascendi

Lust	Verlust	Indikation
Erotische	Konkurrenzorientierte	Pseudoverliebtheit in
Pseudoverliebtheit	Liebe	einen Star

[2] Edgar Morin, »Les Stars«, Paris 1972; Francesco Alberoni, »L'élite senza potere«, Vita e Pensiero, Mailand 1963; Francesco Alberoni, »Il volo nuziale«, Garzanti, Mailand 1992; Lisa A. Lewis (Hg.) »The Adoring Audience«, Routledge, London und New York 1992.

[3] Es handelt sich hierbei um ein Thema, das in Francesco Alberonis Buch »Erotik«, Serie Piper, München 1991, behandelt wird.

[4] Vgl. Francesco Alberoni, »Il volo nuziale«, Garzanti, Mailand 1992.

[5] Dorothy Tennov, »Limerenz – Über Liebe und Verliebtsein«, Kösel, München 1981.

349

⁶ Wenn wir die Bindungen innerhalb der Bewegung graphisch darstellen wollten, hätten wir nicht nur die zwischen dem charismatischen Führer und seinen
Anhängern (sternförmig), sondern auch eine Bindung zwischen jedem einzelnen und der Gemeinschaft als solcher. So ist die Liebe, die sich zwischen den
einzelnen Mitgliedern der Gemeinschaft bildet, nicht wirklich eine Liebesbeziehung zwischen Individuen, sondern eine durch die Gemeinschaft vermit-
telte. Siehe folgende Abbildung:

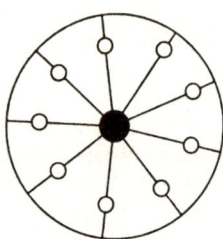

⁷ Siehe folgende Abbildung:

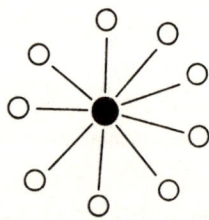

⁸ Sigmund Freud,»Massenpsychologie und Ich-Analyse«, Fischer Taschenbuch,
Frankfurt/Main 1972.
⁹ Sigmund Freud,»Totem und Tabu«, Fischer Taschenbuch, Frankfurt/Main
1995.
¹⁰ Giacomo Casanova,»Memoiren (Histoire de ma vie)«.
¹¹ Carlo Castellaneta,»Le donne di una vita«, Mondadori, Mailand 1993.
¹² Jeanne Cressanges,»Was Frauen verschweigen – Intime Bekenntnisse«, Mün-
chen/Bergisch Gladbach 1983.
¹³ Carlo Castellaneta,»Passione d'amore«, Mondadori, Mailand 1987.
¹⁴ Francis Scott Fitzgerald,»Der große Gatsby«, Klett, Stuttgart 1994.
¹⁵ Elena Gianini Belotti,»Liebe zählt die Jahre nicht – Wenn Frauen jüngere Männer lieben«, Rowohlt, Reinbek 1990, S. 80.
¹⁶ Rosa Giannetta Alberoni,»Paolo e Francesca«, Rizzoli, Mailand 1994.
¹⁷ Jürg Willi,»Die Zweierbeziehung«, Rowohlt, Reinbek 1975.

SIEBTES KAPITEL

[1] Eine ausgezeichnete Beschreibung der Erotik in der Liebe liefert uns Sasha Weitman,»On the Elementary Forms of Socioerotic Life«, Pro manuscripto, University of Tel Aviv 1995. Sie wird charakterisiert durch Anmut, Natürlichkeit, Heiterkeit, Offenheit, Freude am Geben und den Wunsch nach Schönheit für sich und den Partner.

[2] Robert Woods Kennedy,»Un anno d'amore«, Rizzoli, Mailand 1973.

[3] Vladimir Nabokov,»Lolita«, Büchergilde Gutenberg, Frankfurt/Main 1990, S. 68.

[4] Ebenda, S. 73.

[5] Ebenda, S. 94.

[6] Ebenda, S. 268.

[7] Elena Gianini Belotti,»Liebe zählt die Jahre nicht – Wenn Frauen jüngere Männer lieben«, Rowohlt, Reinbek 1990, S. 193.

[8] Ebenda, S. 194.

[9] Ebenda, S. 195.

[10] Marguerite Duras,»Der Liebhaber«, Suhrkamp, Frankfurt/Main 1985, S. 71-83.

[11] Ebenda, S. 138.

[12] Ebenda, S. 168.

[13] Ebenda, S. 193-194.

[14] H. F. Peters,»Lou Andreas-Salomé«, Wilhelm Heyne Verlag, München 1994.

[15] Vgl. Francesco Alberoni,»L'amicizia«, Garzanti, Mailand 1984.

ACHTES KAPITEL

[1] Der Begriff der *leidenschaftlichen Liebe* wurde von Stendhal eingeführt und entspricht weitgehend unserem Begriff der Verliebtheit. Vgl. Stendhal,»Über die Liebe«, Diogenes, Zürich 1981. Wir sollten uns dabei vor Augen führen, daß es im Französischen den Begriff»Verliebtheit« in dieser Form nicht gibt. Früher gab es das Verb *s'enamourer* und das Substantiv *enamouration*, doch diese sind aus dem modernen Sprachgebrauch vollständig verschwunden. Im Englischen gibt es den Ausdruck *to be enamoured of*, der so viel wie»Ich bin verliebt« bedeutet, allerdings veraltet ist. In beiden Sprachen wird also nicht der Vorgang des Sich-Verliebens hervorgehoben, sondern die Diskontinuität, das heißt, der eine, ganz besondere Moment, nämlich das *tomber amoureux* bzw. *fall in love*. Roland Barthes ist der Meinung, daß es angebracht wäre, im Französischen erneut den Ausdruck *enamouration* einzuführen. Aus dem gleichen Grund halte ich es auch für sinnvoll, im Englischen – zumindest für den wissenschaftlichen Gebrauch – die Begriffe *the Nascent State of Love, to be enamoured* und *enamouration* einzuführen. Bislang ist dies leider nicht geschehen.

[2] Etienne Gilson,»Heloise und Abälard«, Herder, Freiburg 1955; Maria Teresa Fumagalli Beonio Brocchieri,»Eloisa e Abelardo«, Mondadori, Mailand 1984.

[3] Denis de Rougemont,»Die Liebe und das Abendland«, Diogenes, Zürich 1987, S. 47.

[4] Siehe das Kapitel »Zarathustra« in Francesco Alberoni, »Genesi«, Garzanti, Mailand 1989.
[5] Siehe das Kapitel »Il misticismo« in Francesco Alberoni, »Genesi«, Garzanti, Mailand 1989.

NEUNTES KAPITEL

[1] Über die Eifersucht siehe Peter van Sommers, »La gelosia«, Laterza, Bari 1991.
[2] Henri Troyat, »Tolstoj«, Wilhelm Heyne Verlag, München 1977.
[3] Dino Buzzati, »Un Amore«, Nymphenburger Verlagshandlung, München 1988, S. 355.
[4] Paul Robinson, Caro Paul, in »Omosessualità«, Feltrinelli, Mailand 1981.
[5] Vgl. die interessante Untersuchung von Letitia Anne Peplau, in der homosexuelle und heterosexuelle Paare verglichen werden. »What Homosexuals Want«, in »Psychology Today«, März 1981. Vgl. auch das Kapitel »Between Pleasure and Community« in Steven Seidman, »Romantic Longings«, Routledge, New York 1991.

ZEHNTES KAPITEL

[1] Francesco Alberoni, »Il volo nuziale«, Garzanti, Mailand 1992.
[2] Igor A. Caruso, »Die Trennung der Liebenden«, Kindler, München 1968.
[3] Ebenda, S. 75-76.
[4] Ebenda, S. 41.
[5] Ebenda, S. 37.
[6] Ebenda, S. 85.
[7] Sigmund Freud, »Gesammelte Werke«, Fischer Taschenbuch, Frankfurt/Main.
[8] John Bowlby, »Attachment and Loss«, Kindler, München 1975; »Costruzione e rottura di legami affettivi«, Raffaello Cortina, Mailand 1982.
[9] H. F. Peters, »Lou Andreas-Salomé«, Wilhelm Heyne Verlag, München 1994.

ELFTES KAPITEL

[1] Aldo Carotenuto, »Riti e miti della seduzione«, Bompiani, Mailand 1994.
[2] Francesco Alberoni, »Erotik«, Serie Piper, München 1991.
[3] Pierre-A. F. Choderlos de Laclos, »Gefährliche Liebschaften«, Büchergilde Gutenberg, Frankfurt/Main 1991.
[4] Ebenda, S. 204.
[5] Ebenda, S. 199.
[6] Siehe Roland Barthes, »Fragmente einer Sprache der Liebe«, Suhrkamp, Frankfurt/Main 1984.
[7] Maria Venturi, »L'amore si impara«, Rizzoli, Mailand 1988. S. 323.

ZWÖLFTES KAPITEL

[1] Peter Berger, Hannsfried Kellner, »Marriage and the Construction of Reality«, in »Diogenes«, 46, 1964.

[2] Vgl. Francesco Alberoni, »Innamoramento e amore«, Garzanti, Mailand 1979.

[3] Der *Liebespakt* entspricht der *Verfassung* bei großen kollektiven Bewegungen. Durch die Verfassung werden der Herrschaftsgewalt und der totalitären Macht der Gruppe Grenzen gesetzt. Der Verfassung muß sich auch der Machthaber beugen.

DREIZEHNTES KAPITEL

[1] Zur Bedeutung des Streites siehe Murray S. Davis, »Il litigio: meccanismo integrativo di un'intimità in pericolo«, in »Rassegna Italiana di sociologia«, XIII. Jahrgang, 2, April-Juni 1972, S. 327-339.

[2] Marcel Mauss, »Die Gabe«, Suhrkamp, Frankfurt/Main 1988.

[3] Die drei Etappen, die wir beschreiben, sind die gleichen, die das erste Mal von Giambattista Vico in »Die neue Wissenschaft«, Klostermann, Frankfurt/Main 1981, Anfang des achtzehnten Jahrhunderts beschrieben wurden. Siehe auch Rosa Giannetta Alberoni, »Gli esploratori del tempo«, Rizzoli, Mailand 1994. Laut Vico durchläuft die Gesellschaft zyklisch drei Phasen. Die erste ist die der Götter, die zweite die der Helden und die dritte die der Menschen. Der ersten entsprechen die Bedürfnisse, der zweiten die Bequemlichkeit und der dritten der Luxus.

[4] Siehe Luisa Leonini, »L'identità smarrita«, Il mulino, Bologna 1988.

VIERZEHNTES KAPITEL

[1] Murray S. Davis, »Intimate Relations«, Macmillan, The Free Press, New York 1972, S. 170-171.

[2] Aus Briefen von Karen Blixen. Auszug aus Pietro Citati, »Ritratti di donne«, Rizzoli, Mailand 1992, S. 248.

[3] Erica Jong, »Keine Angst vor Fünfzig«, Hoffmann und Campe, Hamburg 1995, S. 178.

[4] Ebenda, S. 179.

[5] Ebenda, S. 179.

[6] Es gibt von Patricia Highsmith eine amüsante Erzählung, »Die Künstlerin«, in »Kleine Geschichten für Weiberfeinde«, Diogenes, Zürich 1979, in der eine Frau ihre ganze Weiblichkeit durch Kinderkriegen zum Ausdruck bringt, bis ihr Mann darüber wahnsinnig wird.

[7] Michel Foucault, »Der Gebrauch der Lüste«, in Foucault, »Sexualität und Wahrheit«, Suhrkamp, Frankfurt/Main 1993.

[8] Es handelt sich dabei um ein Phänomen, das in der ganzen Tierwelt verbreitet ist. Siehe Lynn Margulis/Dorion Sagan, »Geheimnis und Ritual«, Byblos Verlag, Berlin 1991.

FÜNFZEHNTES KAPITEL

[1] Es gibt auch Liebestraditionen, bei denen Treue nicht gleichzeitig Exklusivität bedeuten muß. So gibt es beispielsweise in den polygamen Gesellschaften der Senufo an der Elfenbeinküste keine Ehe. Die Männer besuchen des Nachts ihre »Freundinnen«. In diesem Fall hat Treue die gleiche Bedeutung wie Freundschaft. Man ist treu, wenn man wiederkommt, wenn man nicht vergißt, wenn man seine Hilfe anbietet. Siehe Andras Zempleni, »L'amie et l'étranger«, in Cécile Wajsbrot, »La fidélité«, Ed. Autrement, Paris 1990, S. 57.

[2] Georges Bataille, »Die Erotik«, Matthes & Seitz, München 1993.

[3] Siehe Gay Talese, »The Neighbor's Wife«, New York 1980 (Doubleday); Francesco Alberoni, »Erotik«, Serie Piper, München 1991, S. 98 ff.

[4] Generell ist die Kurve der Liebeszyklen also folgende:

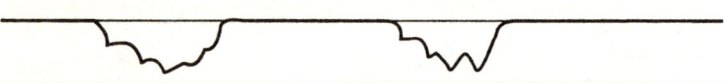

[5] Gay Talese, »The Neighbor's Wife«, Doubleday, New York 1980.

[6] Albert Goldman, »Elvis – Die letzten 24 Stunden«, Bastei-Lübbe, Bergisch Gladbach 1993. Man kann sich das Schema der absoluten Promiskuität folgendermaßen vorstellen:

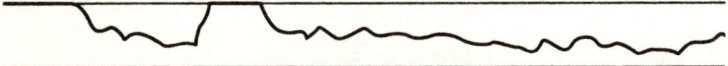

[7] Joseph Barry, »George Sand«, Dall'Oglio, Mailand 1980.

[8] Das Schema für aufeinanderfolgende Liebschaften kann folgendermaßen dargestellt werden:

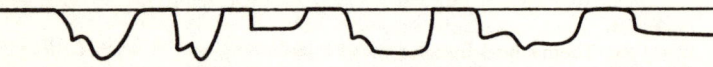

[9] Dieser Zusammenhang kann folgendermaßen dargestellt werden:

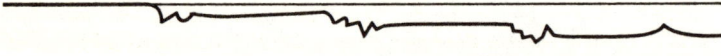

[10] In diesem Fall sieht die Kurve folgendermaßen aus:

[11] Die Kurve kann folgendermaßen dargestellt werden:

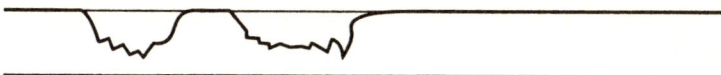

[12] Ernest Jones, »Sigmund Freud. Leben und Werk«, München.

SECHZEHNTES KAPITEL

[1] Helen E. Fisher, »Anatomie der Liebe«, Droemer Knaur, München 1993.
[2] Donata Francescato, »Quando l'amore finisce«, Il Mulino, Bologna 1992, S. 73.
[3] Ebenda, S. 70.
[4] Siehe Francesco Alberoni, »Il volo nuziale«, Garzanti, Mailand 1992, S. 93.
[5] Dalma Heyn, »Die heimliche Lust – Der Mythos von der weiblichen Treue«, Droemer Knaur, München 1995, S. 44, 85.
[6] Jürg Willi, »Die Zweierbeziehung«, Rowohlt, Reinbek 1975.
[7] Henri Troyat, »Tolstoj«, Wilhelm Heyne Verlag, München 1977.
[8] Robert Woods Kennedy, »Un anno d'amore«, Rizzoli, Mailand 1973.
[9] Rosa Giannetta Alberoni/Guido di Fraia, »Complicità e competizione«, Harlequin Mondadori, Mailand 1992.

SIEBZEHNTES KAPITEL

[1] Soweit mir bekannt ist, wurde dieser Begriff von Jürg Willi eingeführt, der eingehende Untersuchungen zu diesem Thema angestellt hat. Siehe Jürg Willi, »Was hält Paare zusammen?«, Rowohlt, Reinbek 1991.
[2] Über das Thema Neid siehe Francesco Alberoni, »Gli invidiosi«, Garzanti, Mailand 1991.
[3] Über das Thema Beziehungen und Unterschiede zwischen Freundschaft und Verliebtheit siehe Francesco Alberoni, »L'amicizia«, Garzanti, Mailand 1984.
[4] Robert J. Sternberg, »The Triangle of Love«, in Robert J. Sternberg/Michael L. Barnes (Hrsg.), »The Psychology of Love«, New Haven, 1988. Diese drei Bereiche können mit entsprechenden Skalen gemessen und in Form eines Dreiecks dargestellt werden. Bei einem Paar, bei dem das Gleichgewicht stimmt, ist das Dreieck gleichseitig. Wenn dagegen einer der drei Bereiche überwiegt, wird das Dreieck entweder spitz zulaufen oder nach einer der beiden Seiten gezogen.

[5] In der Tat verschwindet das Dreieck. Siehe die Abbildung in Guido di Fraia,»La passione amorosa«, Harlequin Mondadori, Mailand 1991, S. 59:

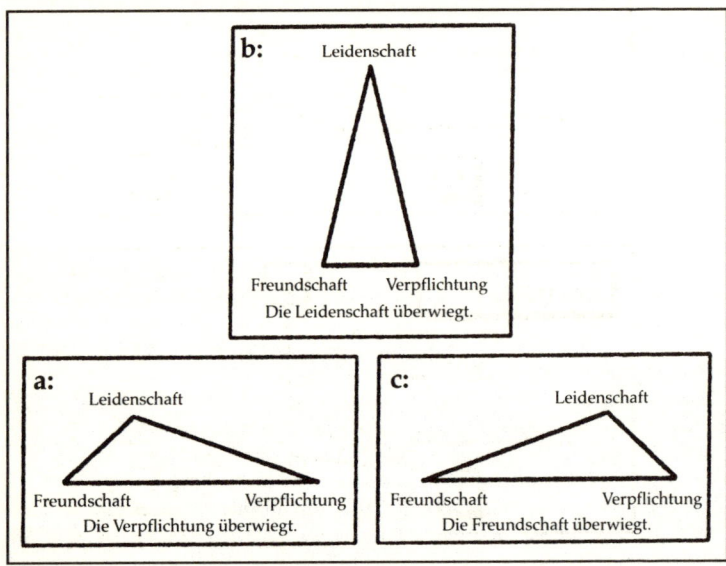

[6] Wir möchten im Zusammenhang mit Liebesbeziehungen auf das bahnbrechende Werk von Murray S. Davis,»Intimate Relations«, The Free Press, Macmillan Publishing Co., New York 1973, verweisen. Für dessen Anwendung auf das Paar siehe Willy Pasini,»Lust auf Nähe«, Econ Verlag, Düsseldorf 1992.
[7] Ein Autor, der versucht hat, diesem»Bewußtseinsfluß« Ausdruck zu verleihen, war James Joyce in seinem Buch»Ulysses«.

ACHTZEHNTES KAPITEL

[1] In mehreren Kibbuzim wurden Untersuchungen durchgeführt, die zeigen, daß von 2769 Ehen nur 13 zwischen Personen geschlossen wurden, die sich seit ihrer Kindheit kannten. Wenn man zusammen aufwächst, entstehen hauptsächlich Gefühle wie Zärtlichkeit und Freundschaft, während die erotische Anziehungskraft eher schwach ist.
[2] Guido di Fraia,»La passione amorosa«, Harlequin Mondadori, Mailand 1991, S. 82-83. Die Unterschiede werden in der folgenden Abbildung dargestellt:

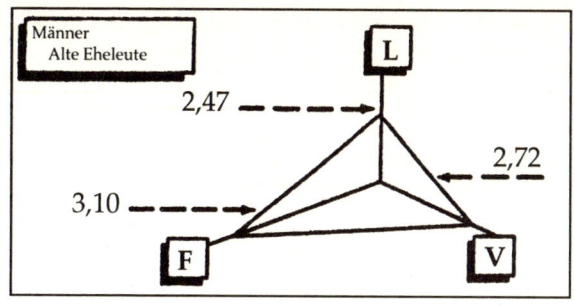

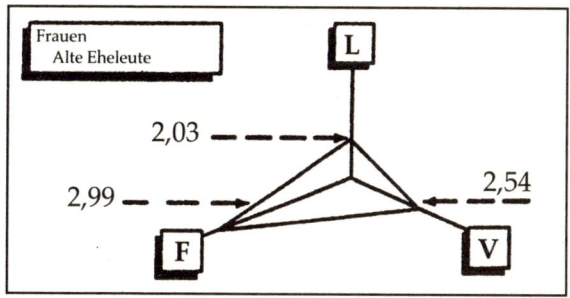

[3] Das Interview wurde im Rahmen der Studie durchgeführt, die anschließend im Buch von Francesco Alberoni, »Il volo nuziale«, Garzanti, Mailand 1992, veröffentlicht wurde.

[4] Es handelt sich dabei um die von Sasha Weitman in seiner für die Veröffentlichung vorbereiteten Abhandlung »On the Elementary Forms of Socioerotic Life«, Pro manuscripto, University of Tel Aviv 1995.

[5] Donata Francescato, »Quando l'amore finisce«, Il Mulino, Bologna 1992, S. 88-90.

[6] Rosa Giannetta Alberoni/Guido di Fraia, »Complicità e competizione«, Harlequin Mondadori, Mailand 1992.

[7] Eric Berne, »Spielarten und Spielregeln der Liebe«, Rowohlt, Reinbek 1974.

[8] »I giochi psicotici nella famiglia«, Raffaello Cortina, Mailand 1988.

[9] Emil Ludwig, »Goethe«, Paul Zsolnay Verlag, Berlin 1931, S. 255.

[10] Ebenda, S. 257.

[11] Pietro Citati, »Goethe«, Adelphi, Mailand 1990, S. 30.

[12] Guglielmo Gatti, »Le donne nella vita e nell'arte di Gabriele D'Annunzio«, Guanda, Mailand 1951, S. 281.

[13] Rosa Giannetta Alberoni, »Paolo e Francesca«, Rizzoli, Mailand 1994, S. 152.

[14] George Sand/Alfred de Musset, »Lettere d'amore«, Archinto, Mailand 1986.

ZWANZIGSTES KAPITEL

[1] Siehe K. Kelley, D. Musialowsky, »Repeated Exposure to Sexually Explicit Stimuli: Novelty, Sex and Sexual Attitudes«, in »Archives of Sexual Behaviour« 1986, 15, S. 487-489.

[2] Joseph Heinemann, »Prayer in the Talmud«, De Gruyter, Berlin 1977.

[3] Siehe Robert J. Sternberg/Michael L. Barnes, »The Psychology of Love«, New Haven, 1988.

[4] Mircea Eliade, »The History of Religions«, New York, 1985.

[5] Siehe Sasha Weitman, »On the Elementary Forms of Socioerotic Life«, Pro manuscripto, University of Tel Aviv 1995.

Fallbeispiele

Abenteurerin 152f.
Anna und Maurizio 221

Bewunderin 134
Bildhauer 239, 283f.
Bruna und Bruno 257f., 316

Carla und Carlo 257, 316
Chiara 121f., 271

die beiden Intellektuellen 288f.
die beiden Modeschöpfer 233

ehrgeiziger Mann 49

Fan 103f.
Frau aus dem Süden Italiens 302
Frau aus Mailand 43f.
Frau des Arztes 272
Frau, die einen Ehemann suchte 114, 195f., 275
Frau, die sich ein Kind wünschte 210, 212, 283
Freundin des Regisseurs 284

Giovanna und Donato 261ff.

Hausmeisterin aus Siena 155f.

Ingenieur 303f.

Jurastudentin 196

Kommandant 130f., 249

Mädchen aus Rom 169f., 172
Mädchen, das studieren wollte 47f.
Manager in Japan 45f.
Mann aus Bari 50ff., 124, 156, 173, 208
Mann aus Rio 277
Mann aus Turin 42, 48, 50, 52, 120f., 152, 239, 249, 271
Mann der Sängerin 276
Marina und Alberto 232

Prinzessin 259ff., 265

Schriftsteller 143
Schriftstellerin 248, 304
Student 28ff., 34, 53, 115, 126, 151f., 161f., 166, 179

Tochter des Bankiers 269

Verlobte 105f.
vorsichtiger Mann 52f., 126, 195, 206f.

Historische Fallbeispiele

Abälard und Héloise 21, 27
Andreas-Salomé, Lou 67, 136, 180f.
Annunzio, Gabriele D' 264, 315

Balzac, Honoré de, und Laure de Berny 116
Barnard, Christiaan 306
Bergman, Ingrid, und Roberto Rossellini 282f.
Blixen, Karen 237f.

Casanova, Giacomo 67, 275

Fitzgerald, Francis Scott, und Zelda Sayre 116
Freud, Sigmund 38, 108, 178

Goethe, Johann Wolfgang von, und Charlotte Buff 179f., 265

Hefner, Hugh 263

Jong, Erica   238

Mahler, Alma   67
Mahler, Gustav und Alma   57
Milo, Sandra, und der Arzt   282

Nietzsche, Friedrich   180f.

Presley, Elvis   264
Proust, Marcel   163ff.

Rimini, Francesca da   77, 141, 264

Sand, George, und Jules Sandeau
   308f.

Tolstoj, Lew und Sofja   278f., 281

Verdi, Giuseppe, und Giuseppina
   Strepponi   55f., 266

Klinische Fallbeispiele

Caruso C.D.   176ff.
Caruso IBN und MAI   175
Caruso RIK   175f.
Connie (Dalma Heyn)   270

Elisabetta und Riccardo (Elena Gianini
   Belotti)   129

Frauen, die in jüngere Männer verliebt
   sind (Elena Gianini Belotti)   129

Gianna und Renato (Donata Francescato)   306

June (Dalma Heyn)   270
junge Frau und Industrieller (Mara Palazzoli Selvini)   310

junger Mann mit schwachem Vater
   (Jürg Willi)   118

Laura (Elena Gianini Belotti)   129

Mann und Künstlerin (Mara Palazzoli
   Selvini)   311

Marta und Mario (Elena Gianini Belotti)   129

Nicolle (Jeanne Cressanges)   112ff.

Sandra (Elena Gianini Belotti)   129
Sohn des Kaufmanns und Katholikin
   (Jürg Willi)   275

Teresa (Donata Francescato)   268

Fallbeispiele aus Literatur und Film

Anna Karenina (Lew Tolstoj)   140
Aschenputtel (Märchen)   115
Auf der Suche nach der verlorenen
   Zeit (A la recherche du temps perdu)
   (Marcel Proust)   164f.

Carmen (Georges Bizet)   277
Casanovas Heimkehr (Le retour de
   Casanova) (Edouard Niermans)   110

Das Piano (Jane Campion)   54, 56
Das süße Leben (La dolce vita) (Federico Fellini)   131
Der große Gatsby (Francis Scott Fitzgerald)   115f., 184
Der Liebhaber (Marguerite Duras)
   132
Der Rasende Roland (Ludovico Ariosto)   41f., 107, 139

Der Wahn und die Träume in Wilhelm Jensens »Gradiva« (Sigmund Freud) 38

Die Artussage 77, 141

Die Leiden des jungen Werthers (Johann Wolfgang von Goethe) 265

Die Wahlverwandtschaften (Johann Wolfgang von Goethe) 218

Don Juan (Wolfgang Amadeus Mozart) 67

Dornröschen (Märchen) 190

Eine gebrochene Frau (Simone de Beauvoir) 79

Gefährliche Liebschaften (Pierre Ambroise / François Choderlos) 198

Gradiva (Wilhelm Jensen) 38

Hilfe! Meine Braut ist übersinnlich (Richard Quine) 191

Jenseits von Afrika (Sidney Pollak) 237f.

Lady Chatterley (David Herbert Lawrence) 36

Le donne di una vita (Carlo Castellaneta) 111

Lolita (Vladimir Nabokov) 124f., 142, 162f.

Madame Bovary (Gustave Flaubert) 56f.

Manche mögen's heiß (Billy Wilder) 119

Nuovo cinema Paradiso (Giuseppe Tornatore) 188

Ossessione – Von Liebe besessen (Luchino Visconti) 53

Paolo e Francesca (Rosa Giannetta Alberoni) 77, 117, 141, 316

Passione d'amore (Carlo Castellaneta) 113f., 146

The Purple Rose of Cairo (Woody Allen) 99

Pygmalion (George Bernard Shaw) 115

Thelma und Louise (Ridley Scott) 317

Tristan und Isolde (Sage) 77, 96, 139, 141

Un Amore (Dino Buzzati) 33, 43, 152

Un anno d'amore (Robert Woods Kennedy) 124, 279f.

Vom Winde verweht (Victor Fleming) 114f., 117

Wilhelm Meister (Johann Wolfgang von Goethe) 40f.

Wuthering Heigths (Emily Brontë) 184

Zeit der Unschuld (Edith Wharton) 36

Zimmer mit Aussicht (James Ivory) 176

Namenregister

Alberoni, Rosa Giannetta 117, 316

Allen, Woody 99

Andreas, Friedrich Carl 67, 137

Andreas-Salomé, Lou 67, 136ff., 180

Annunzio, Gabriele D' 264, 315

Ariosto, Ludovico 41, 139, 155

Aristophanes 19, 161

Assisi, Franz von 335

Astaire, Fred 99

Augustinus, heiliger 158

Augustus, Kaiser 158

Balzac, Honoré de   116
Bano, Al (Albano Carrisi)   104, 194
Barnard, Christiaan   306
Barthes, Roland   35, 165, 167
Basinger, Kim   107
Beauvoir, Simone de   79
Belotti, Elena Gianini   116, 129
Benedikt, heiliger   335
Benton, Barbi   263
Bergman, Ingrid   282f.
Berne, Eric   309
Berny, Laure de   116
Bizet, Georges   277
Bourges, Michel de   264
Bowlby, John   178
Brutus, Gaius Julius   108
Buff, Charlotte   179f., 265
Buzzati, Dino   33, 43, 152, 162, 164, 166, 239

Calvin, Johannes (Jean Cauvin)   335
Caruso, Igor A.   174, 176
Casanova, Giacomo   109f.
Cäsar, Julius   107f.
Castellaneta, Carlo   111, 113, 146, 275
Catull, Gaius Valerius   20
Chopin, Frédéric   264
Christy, Karen   263
Cressanges, Jeanne   112
Cruise, Tom   100, 108
Curtis, Tony   119

Dante Alighieri   20f., 27, 75
Davis, Murray   236
Delon, Alain   110, 275
Dido   158
Diotima   20
Dudevant, Casimir   264
Duras, Marguerite   132
Duse, Eleonora   264

Ekberg, Anita   131
Eliade, Mircea   334
Eros   20

Fellini, Federico   131, 282
Fischer, Edward   21

Fisher, Helen   21
Fitzgerald, Francis Scott   115, 279
Francescato, Donata   268, 306
Freud, Sigmund   15, 23, 26, 38, 71, 178, 250, 266
Fromm, Erich   22, 299

Gable, Clark   108
Gere, Richard   109
Gillot, Pfarrer   136
Girard, René   68
Giroud, Françoise   67, 83
Goethe, Johann Wolfgang von   27, 40, 179f., 218, 265, 314
Gravina, Maria   264
Gropius, Walter   57

Hardouin di Gallese, Maria   264
Hefner, Hugh   263
Heidegger, Martin   27
Helena, Königin von Sparta   273
Hemingway, Ernest   279
Heyn, Dalma   270
Hippothales   20
Hitler, Adolf   101

Jankoviak, William   21
Jong, Erica   41, 238

Kant, Immanuel   217
Karl August, Herzog   265, 314
Kennedy, John F.   101, 107
Kennedy, Robert Woods   124, 279
Kestner, Johann Christian   265
Kleopatra   107
Klimt, Gustav   67
Koestler, Arthur   70

Lacan, Jacques   167
Lemmon, Jack   119
Leoni, Barbara   264
Leroux, Pierre   264
Lincoln, Abraham   335
Livius, Titus   158
Luther, Martin   335
Lysis   20

Madonna (Luisa Veronica Ciccone) 109
Maggio, Joe Di 107
Mahler, Alma 57, 67, 212
Mahler, Gustav 57, 212
Manzoni, Alessandro 27
Maslow, Abraham 27
Mérimée, Prosper 264
Miller, Arthur 107
Miller, Henry 279
Milo, Sandra 282
Money, John 39
Monroe, Marilyn 107, 119
Musset, Alfred de 255f., 264
Mussolini, Benito 101

Nabokov, Vladimir 21, 124, 162, 164, 166
Newman, Paul 108f.
Nietzsche, Friedrich 67, 137, 180
Novak, Kim 191

Ortega y Gasset, José 22

Pagello, Signore 256, 264
Paris 273
Pavarotti, Luciano 108
Platon 17, 19f.
Pollak, Sidney 237
Pound, Ezra 279
Presley, Elvis 264
Properz, Sextus 19f.
Proust, Marcel 163, 165f.

Rée, Paul 67, 137, 180
Remiddi, Laura 300
Robinson, Paul 165f.
Roosevelt, Franklin D. 101
Rossellini, Roberto 282
Rougemont, Denis de 22, 141

Sand, George 22, 255f., 264, 308f., 317
Sandeau, Jules 264, 308
Schiffer, Claudia 107
Selvini, Mara Palazzoli 310
Shakespeare, William 27, 108, 332
Shaw, George Bernard 115
Sinatra, Frank 108
Sokrates 20
Stein, Charlotte von 265, 314
Stendhal (Henri Beyle) 22, 69
Sternberg, Robert J. 291
Stewart, James 191
Stolz, Teresa 266
Strepponi, Giuseppina 55f., 266

Tagore, Rabindrānāth 296
Tasso, Torquato 40
Tennov, Dorothy 105
Tolstoj, Leo 140, 159f., 278f., 281
Tolstoj, Sofja 159f., 278, 281
Tornatore, Giuseppe 188

Valentino, Rudolph 108
Venturi, Maria 198f.
Verdi, Giuseppe 55f., 266
Vergil, Publius Maro 158
Visconti, Luchino 53
Vulpius, Christiane 265

Weber, Max 85
Wharton, Edith 36
Willi, Jürg 118, 275

Zemlinsy 67
Zeus 19, 161
Zucconi, Giselda 264

Sachregister

Abenteuer 135, 148, 250, 326
Achtung 58
Aggression 70f.
Alltag 268, 301
altruistischer Verzicht 173f., 176
Ambivalenz 71f.
amouröse Begegnungen 144
amouröse Enttäuschung 120
amouröse Leidenschaft 124, 172
Anführer 108f.
aufeinanderfolgende Liebschaften 264
Aufrichtigkeit 298
Ausprobieren 33, 35, 43, 85, 168, 172, 181, 194, 198f., 251f., 263, 266, 268f., 271, 313
äußere Faktoren 279

Balzverhalten 112
Befreiung, Gefühl der 87
Begehren 300
Beständigkeitspakt 217, 219
Bestimmung 89, 94, 109, 334
Bindungen 13ff.
Bindungsmechanismen 60ff.
Bosheiten 309f.
Bündnisse 184

charismatischer Führer 77, 93, 99, 102, 107, 109, 117, 203, 246, 322, 336

Dauerhaftigkeit 286, 288, 294
Demut 331
depressive Mechanismen 71
Dilemma 81f., 141, 191
Diskontinuität 50ff., 168, 339
Diva 88
divergente Entwicklung 304, 306, 315
Don Juan 67
Drang, ein besserer Mensch zu werden 189

egoistische Liebe 282
egoistischer Verzicht 173ff.

Ehe 84, 203, 216ff., 239, 243, 259, 267, 269f., 287, 294, 298f., 316, 329, 341
Ehebruch 250
Ehevertrag 223f.
Eifersucht 64, 102, 147ff., 248, 261, 298, 314
eifersüchtige Liebe 161
Eintönigkeit 299
Einzigartigkeit 88, 150, 327
einzige Liebe 266
Ekstase 32, 61, 95, 125, 133, 153
élan vital 34, 37, 97, 313, 339
Eltern 280
Enttäuschung 185, 271, 273, 314
entwickeln, sich gemeinsam 286
Erinnerungen 254f., 336f.
Erleuchtung 87
Erneuerung 327ff.
Eroberung 187ff.
Eroberungswille 274
Erotik 77, 83ff., 100, 123ff., 130, 132, 134, 146, 231, 239, 242f., 250f., 253, 298, 301, 313, 316, 318, 324, 337ff.
erotische Abenteuer 254
erotische Anziehung 168
erotische Freundschaft 253
erotische Liebe 11, 128
erotische Lust 116
erotische Schwärmerei 129f., 132ff., 146, 151, 277
erotische Versuchung 250
erotischer Rang 99f., 112
erotisches Abenteuer 128
erotisches Begehren 338
erotisches Interesse 101
erotisches Objekt 52
erotisches Spiel 32
erotisches Subjekt 225
Ersetzbarkeit 341
Erstarrung 173f., 177f.
ethisches Dilemma 81f., 89f., 97, 141, 173, 177, 191, 199f.
Exklusivität 150, 246ff., 252, 258

Familie 257, 259, 275, 279
Fan 102, 104, 107f.
finanzielles Interesse 115ff.
Formbarkeit 330
Formen der Liebe 98
Freiheit 59, 89, 154, 255, 283
Freude und Pflicht 89
Freunde 184, 223, 230
Freundschaft 13f., 58ff., 126, 135, 137f., 245ff., 290ff., 320f.
Frustration 178ff.

Gäste 231
gebremste Verliebtheit 168ff.
Gegenseitigkeit 214ff.
geistige Vergegenständlichung 219ff.
Geliebte 245
Gemeinheit 295
gemeinsamer Feind 275
Gemeinschaft 76f., 90, 142, 177, 182, 202f., 332
genetisches Engramm 30, 123f., 188
Geschenk 224ff., 232
Gesellschaft 80, 103, 133, 141, 218, 248, 256, 271, 275f., 307, 316
getrennte Wohnungen 237f.
Gewalt 78
Gewohnheit 37, 220, 222f., 229, 241, 253, 268, 292, 313, 319, 325, 330
Gleichberechtigung 283
Gleichgültigkeit 198, 231, 314, 325
Gleichheit 283
Gleichwertigkeit 93
gleichzeitige Liebesaffären 265
goldene Insel 143, 238, 245, 261f.
große Liebe 266, 269
Gruppe 79, 81, 99, 108, 117, 252
Gut und Böse 141f., 177
Gütertrennung 331

Haß 181ff., 302
heimliche Liebe 143
Herumstromern, sexuelles 255, 263
Hexe 191
Hindernis 274
Hingabe 58, 243, 328

Historisieren 92, 118, 157f., 160f., 182f., 186, 271, 278, 295
Hochzeit 269

Idealisierung 94
Identität, neue 92
Imprinting 79
Indikation 68, 98, 103, 105f., 321f., 327
Individualisierung 202f.
innere Zerrissenheit 242
Institution 76ff., 142, 145, 203, 219ff., 255f., 258, 269f., 294, 324
Institutionalisierung 291
Intimität 292ff., 330
Intimsphäre 234
Intuition 74
Inzest 84

Kampf mit dem Engel 209ff., 213, 217, 278
Kantscher Imperativ 85
Kinder 65, 223, 230, 239ff., 316, 320, 338
Kindfrau 125ff.
Kindheit 38ff., 80, 157, 228
Ko-Evolution 288f., 295f.
kollektive Bewegungen 24, 76ff., 107f., 286
kollektive Indikation 103, 275
kollektive Meinung 100
Kollusion 118
Kommune 261
Kommunismus der Liebe 91, 330
Komplizenschaft 64, 296ff.
Konkurrenzdenken 274, 302, 307ff.
konkurrenzorientierte Liebe 69, 98, 109, 113f., 274f., 281
Konsequenz 294
Kontingenz 88
Konventionen 254
Körper der Frau 228, 230ff., 251, 292
kosmische Liebe 89
Kreativität 178ff.
Krise 274, 287f., 299ff.
Krise, vorzeitige 267ff.
kritische Schwelle 43

Kulturkreis 46, 171, 256f.
Kuß 248

Langeweile 45
Lebensanschauung 233
Lebensideal 142
Lebensimpulse 72
Lebenslust 93
Lebensphasen 312
Lebensplan 255, 277ff.
Lebensziel 53, 202, 239, 267
Lebenszyklen 312, 314
Leidenschaft 139ff., 146, 191, 217,
    252, 290f., 293, 298, 300
Liebe als Gnade 92
Liebe als Trost 271
Liebe auf den ersten Blick 48ff., 168,
    339
Liebe aus Eitelkeit 69
Liebe in der Partnerschaft 11ff.
Liebesabenteuer 128
Liebesdramen 141
Liebesehe 22
Liebeskörper 127
Liebesobjekt 35, 63f., 69ff., 105, 108f.,
    120, 173f., 177f., 180, 194, 204, 283,
    318, 322, 333
Liebespaar 20, 324ff.
Liebespakt 214ff., 278, 319
Liebesträume 269
Liebeswissenschaft 11ff.
Liebeszyklen 263ff.
Liebhaber 234, 254, 304, 312f., 316
Liebschaften 242ff., 253
Lovemap 39
Loyalität 58
Lust 65, 82, 135, 243f., 318, 327, 337
Lustprinzip 60ff., 98, 130, 291, 320,
    322
lustvolle Regelverletzung 128, 250

Macht des Negativen 64ff.
Massenpsychologie 108
materielle Vergegenständlichung
    219ff., 224
Mechanismen der Liebe 98
Metanoia 90, 92

mittelstarke Bindung 13
Monogamie 21, 261, 263
Moral 82, 84ff., 97, 181, 217
moralische Bindungen 291
moralische Verpflichtung 83
Moralität 82
Mutterliebe 319

Nebenbuhler 109, 150, 154, 163
Neid 282, 302, 307ff.
Neubeginn 34, 79, 95, 107, 328
Neugier 292
Neustrukturierung 203, 216
Nomadentum 227ff.
Notlösungen 266
nunc stans 95f., 145

Objekt der Begierde 75
offene Ehe 261, 263
Orgasmus 254

Paar 24, 26, 76, 95, 173, 202f., 209,
    217f., 220, 228, 239, 252, 257, 271, 274,
    280, 287, 291ff., 297, 302, 315, 318,
    330, 333f., 337, 340
Pakt 223, 256
paranoide Schizophrenie 113
Partnerschaft 61, 71, 202ff.
persekutorische Mechanismen 71
Pflicht und Freude 89
Pflichten 144, 146, 223, 301, 312
Pläne 316, 318
Planung der Zukunft 96
platonische Liebe 135ff.
Poesie 74
Polygamie 256, 265
Promiskuität 22, 166, 252f., 256, 263f.,
    266
Provokation 309ff.
Prüfung der Gegenseitigkeit 206ff.,
    216, 219
Prüfung der Wahrheit 206, 216, 219
Prüfung des Lebensplans 208
Prüfungen 194, 204ff., 236, 257, 274,
    329
Pseudoverliebtheit 98, 103, 109, 111,
    118, 120, 130, 274ff.

Punkt der Unumkehrbarkeit 168f., 173, 198, 200
Punkt ohne Wiederkehr 212, 215, 258, 283f.

Rache 183, 244, 302
Realität 88
Regeln des Zusammenlebens 220
Regression 23
Reifung 30, 34, 49, 179
Reinheit 90
Reiz 35
religiöse Bekehrung 72
religiöse Bewegungen 183, 246, 335
Revanche 183f.
Rituale 187, 254, 329
Rivalen 67ff., 147, 154, 191, 194, 281
Rivalität 76, 83, 112f., 161, 275
Rollen 304, 341
romantische Phantasien 269

Scheidung 218, 259, 269, 300
Schicksal 89, 93
Schmerz 79, 81, 97, 177, 179, 242
Schuldgefühl 84, 173, 199ff., 241
schwache Bindung 14
schwächen, den anderen 280ff.
Schwangerschaft 240
Schwärmerei 43, 85, 87, 98, 103ff., 109, 114, 117, 129, 132ff., 168, 176, 195, 204f., 243, 275ff.
Seelenverwandtschaft 56, 76, 115, 266, 321, 341
Seinserfahrung 89
Seitensprung 244
Seßhaftigkeit 227ff.
Sex 25, 126, 133, 190, 222, 251
Sex ohne Liebe 253
Sexualität 30, 123, 135f., 250f.
sexuelle Anziehung 14f., 271
sexuelle Befriedigung 16
sexuelle Begierde 33f., 129f., 251f., 277
sexuelle Erfahrungen 14, 249, 292
sexuelle Rastlosigkeit 249ff., 254
sexueller Drang 23, 28ff., 32, 125, 242

sexuelles Begehren 58, 148
sexuelles Interesse 299
sexuelles Verlangen 99
sich überschneidende Liebesbeziehungen 259ff.
Sich-Verlieben 17, 45, 50, 52, 60ff., 107, 203, 252, 327
Singles 253, 257
Solidarität 296ff.
Solidarität der Frau 83
soziale Beziehungen 203
soziale Bindungen 24
sozialer Status 115ff.
späte Verliebtheit 194ff.
Spontaneität 189
Stabilität 223
Star 69, 99, 104ff., 117, 134, 160, 175, 195, 264, 273, 275f., 307, 321
starke Bindung 13, 15, 18
Star-Liebe 98, 109, 275
starorientierte Liebe 277
Star-Verehrung 98, 100ff., 321
Status nascendi 56, 58, 70ff., 87, 92, 95, 98, 101, 103, 106, 108, 110, 116ff., 123, 130, 132, 135, 137, 142, 145ff., 151, 160, 166ff., 173, 177ff., 186, 193, 198f., 203, 216, 255f., 270, 274, 276ff., 290, 294f., 313ff., 318ff., 322, 324f., 327, 333, 335, 337
Streit 311

Tabus 251
Täuschung 118f.
Transfiguration 93ff., 101, 103, 227, 301
Transsubstantiation 96
Transzendenz 142
Traumpartner 39, 106, 269
Traumprinz 88
Trennung 174f.
Treue 246ff., 325
Treueschwur 255f., 258

übersteigerte Begierde 124
Umwandlung 56, 143, 179, 270
Ungerechtigkeit 307, 310
Unstimmigkeiten 233ff.

Untreue 246ff.
unvollständige Verliebtheit 118

Veralltäglichung der Liebe 300
Veränderungen 286f.
Verantwortungsethik 85
Verehrung für einen Star 98
Verfolgungsmechanismen 71f.
Verführungskunst 32, 58, 112, 114, 154, 187ff., 193, 247, 252, 277, 292, 329
Vergangenheit 302, 334
Vergangenheit, Eifersucht auf die 157ff.
Vergegenständlichung 219ff.
Vergeltung 302
Vergessen 185
Verknalltheit 268
Verliebtheit 13, 15ff., 28ff., 72, 87ff., 100, 102f., 105ff., 113, 115ff., 123f., 126, 134, 137, 139ff., 143, 148, 150, 152, 170, 178f., 186, 188, 193, 209, 216, 251, 255f., 258, 267ff., 278, 283, 286, 290f., 300f., 307, 314ff., 318f., 323ff., 327, 329f., 335f., 338
Verlust 63ff., 98, 322, 326f.
Vermittler des Begehrens 68
Verpflichtung 19, 134, 175f., 215, 217f., 226, 242, 244, 247, 250, 291, 316, 328
Verrat 321
Verschmelzung 95, 110, 202f., 219, 222, 271, 278, 291, 294, 318

Verschwörung 109
Versprechen 256, 269, 328
Versuchung 258
Vertrauen 126f., 298f.
Vertrautheit 48, 58f., 76, 241, 245
Verzicht 168ff., 215
Vollkommenheit, Streben nach 94
Vollständigkeit 328
Vorwürfe 244, 295, 314

Wahlverwandtschaft 54ff.
Wahrhaftigkeit 90
Wahrheit 118f.
Wandlung 39, 318, 325
Weltanschauung 76
Werben 268
Werte 36, 158, 283
Wertschätzung 58, 126, 283, 292, 307, 322, 329, 331ff.
Wesentliche, das 90f.
Widerstand 51f., 82, 188, 193, 195
Wiedererkennen 56
Wiedergeburt 26f., 46, 73, 79, 90, 92, 203, 229, 314f., 335
Wohnung 230ff.

Zauberin 190
Ziel 117, 144f., 270, 287, 332, 341
Ziel, gemeinsames 14, 20, 76
Zurückeroberung 187ff., 198ff.
Zusammenleben, Formen 235ff.